陈桥驿系马槐

陈桥驿

当一条岁月长河流过陈桥驿，上下五千年的中华文明史已流过了四千年；

当一条泥沙俱下的大河流过陈桥驿，上下五千多公里的黄河也流过了四千多公里……

从时空的坐标看，它地处黄河北岸，与南岸的一座八朝古都开封隔河相望。一座古驿和一座古都的距离大约二十公里，"黄袍加身"的故事就发生在这里，演绎了一场历史上最完美的政变，赵普这位开国功臣由此开始了他的半部《论语》治天下的生涯，一座古驿就此成为中国历史上一个伟大的、划时代的开端——

寇准

　　寇准的官做得很大,这既是历史,也是戏剧。这个人似乎天生就适合充当一个历史剧里的角色。

　　北宋开国第二年,农历七月,大约在中元节前后,至少发生了两件载入史册的事情:一件是发生在朝廷的大事,宋太祖赵匡胤以一杯酒便解除了数位开国将领把持的兵权;另一件则发生在民间,这在当时还是一个几乎微不足道的小事儿,在中元节的前一天,七月十四日,一个普普通通的婴儿在华州下邽降生了。同杯酒释兵权那足以用伟大来形容的历史事件相比,一个庸常人间的婴孩降生,简直不是个事儿,不过是人间又多了一个新生的襁褓。然谁又能预料到,这个尚未命名的婴儿在三四十年之后将成为大宋帝国的一代名相和一代名将呢,而这个帝国的一段辉煌历史,必将由他——寇准来大手笔书写。

是范仲淹成全了岳阳楼，还是岳阳楼成全了范仲淹？一篇三百多字的《岳阳楼记》，谁又能忽视他在文学上的闪耀的经世不灭的光辉？

登岳阳楼，范仲淹永远是缺席的，他描述的那个大泽，兴许是他曾经到过的西洞庭的风景，也可能是他故乡太湖的风光，而那一楼一岛（君山岛），则是滕子京寄给他的一幅画中的景物，一个士人的精神脉络，就在这纸上的一楼一岛之间贯通了，他对"政通人和，百废俱兴"的描述，也只是一个大宋国士理想主义的憧憬，就在这样一个虚拟的高度上，范仲淹抵达了一个北宋士人最崇高的境界："先天下之忧而忧，后天下之乐而乐。"——这是伟大的文学家为整个天下而确立的伟大价值观，而这个"天下"是"天下兴亡、匹夫有责"的天下。岳阳楼成全了范仲淹，范仲淹也成全了岳阳楼，斯楼也，斯人也，以重叠的影像为一个民族确立了一个精神坐标。而一篇《岳阳楼记》，只有在了解了这个人的一生一世之后，你才能理解那每一个文字都是心血凝成。

岳阳楼

苏轼

这个人一生大起大落，这个人有奇迹般顽强的生命，奇迹般顽强的硬骨头。从入仕到逝世，他屡屡为掌权人物所不容，连性命也几乎丢了，除了与当权者论事意见不合外，更在于他骨子里有种始终不渝的东西。他涉过了无数凶险的江河，直至跨越大海，但他最终却没有走进沉没了屈原的那条幽深的河流，他一生都怀抱对现实残存的幻想。这就是苏轼，世称苏东坡，一个腰板和脊梁都坚挺的人，一个永远都不绝望的人。

王安石

  一幅不知何年何月何人描绘出来的画像，一副标准的古典政治家的形象。

  这样一个相貌堂堂的人，竟然有人拿他的长相进行人身攻击，其中最著名的一个人，就是那个一辈子屡屡发出盛世危言的苏洵，就是他那篇含沙射影的《辨奸论》。无论怎么看，从哪个角度去看，也实在看不出这是一副奸相。事实上，很多人都难以置信，很多人都断定，此文是一篇冒苏洵之名的伪作。

  然而他又没有被越描越黑，他依然浩然清朗，英气逼人。他更接近一个现代人的形象，然而他终究是和一大堆故纸堆里的古人生活在一起，难免成为"历史上蒙受冤屈最多的人"。他是"十一世纪最伟大的改革家"，也是史上最伟大的失败者。

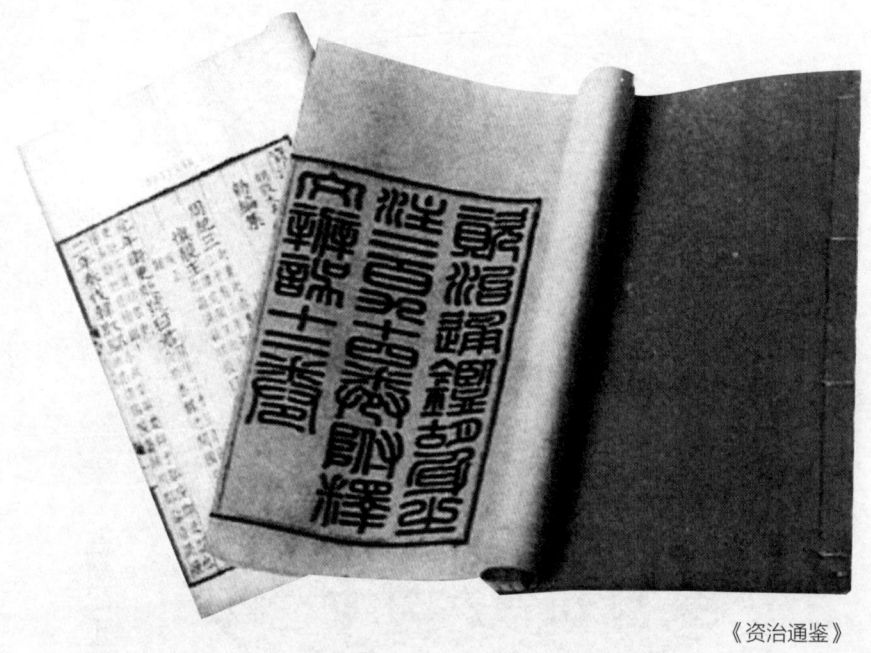

《资治通鉴》

　　《资治通鉴》不是一部普通的史籍，而是一部供当时的统治者作为资鉴的历史，书写的是一部以政治为本位或官本位的历史。如果历史是一部漫长的连续剧，司马光不止是场记，而且扮演了一个历史评论员或裁判员的角色，并企图以自己的思想解释历史中所有的一切，这也使得一部《资治通鉴》从头到尾都是一个人的历史，《资治通鉴》也就成了一部主观色彩最浓厚的史籍。

陈启文 —— 著

北宋卷

大宋国士

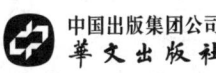
中国出版集团公司
华文出版社

图书在版编目（CIP）数据

大宋国士. 北宋卷 / 陈启文著. —— 北京：华文出版社，2020.1（2023.1 重印）

ISBN 978-7-5075-5203-4

Ⅰ.①大… Ⅱ.①陈… Ⅲ.①历史人物－人物研究－中国－北宋 Ⅳ.①K820.44

中国版本图书馆CIP数据核字(2019)第233662号

大宋国士·北宋卷
DASONG GUOSHI · BEISONG JUAN

作　　者：	陈启文
责任编辑：	谭　笑
出版发行：	华文出版社
地　　址：	北京市西城区广外大街 305 号 8 区 2 号楼
邮政编码：	100055
网　　址：	http://www.hwcbs.com.cn
投稿邮箱：	784263235@qq.com
电　　话：	总 编 室 010-58336239　　发 行 部 010-58336267　58336230
	责任编辑 010-58336237
经　　销：	新华书店
印　　刷：	三河市龙大印装有限公司
开　　本：	710×1000　1/16
印　　张：	28.5
字　　数：	374 千字
版　　次：	2020 年 1 月第 1 版
印　　次：	2023 年 1 月第 2 次印刷
标准书号：	ISBN 978-7-5075-5203-4
定　　价：	79.00 元

版权所有，侵权必究

目 录

绪 言　重新发现一个王朝 …………………… 1

赵 普　大宋帝国的总设计师 …………………… 1
　一、谁在创造历史 …………………………… 2
　二、历史幕后的总导演 ……………………… 10
　三、大宋帝国的总设计师 …………………… 20
　四、天子与士大夫"共治天下" ……………… 32
　五、最后的阴谋与辉煌 ……………………… 41

寇 准　将相兼荣谁敢比 …………………………… 54
　一、龙虎榜上的探花郎 ……………………… 54
　二、士人与仕途 ……………………………… 58
　三、北宋王朝的魏征 ………………………… 64
　四、将相兼荣谁敢比 ………………………… 72
　五、一个创造了历史纪录的贬官 …………… 80
　六、宿命中的一条路 ………………………… 84

晏 殊 "第一才子"和"太平宰相" ………… 90
    一、北宋第一神童 ………… 90
    二、当智商遭遇政治 ………… 101
    三、太平宰相 ………… 111
    四、一曲新词酒一杯 ………… 117

范仲淹 北宋的一只"乌鸦" ………… 125
    一、一个弄丢了姓名的孩子 ………… 126
    二、有客狂且淳,少小爱功名 ………… 134
    三、范仲淹与应天书院 ………… 138
    四、宁鸣而死,不默而生 ………… 146
    五、以文驭武的将领 ………… 154
    六、昙花一现的庆历新政 ………… 160
    七、时空中的另一个范仲淹 ………… 165

欧阳修 一个活得最像人的人 ………… 175
    一、一个人从这里走远 ………… 176
    二、曾是洛阳花下客 ………… 180
    三、一个命定的方向 ………… 190
    四、悟道醉翁亭 ………… 202
    五、一生最好的注解 ………… 210
    六、在生杀予夺之间 ………… 221
    七、谁识当年旧主人 ………… 235

苏 洵 在传说中活着 ………… 239
    一、故乡的风水 ………… 239
    二、追溯一个家族的历史 ………… 246
    三、在传说中活着 ………… 250

四、一个生与死高度默契的生命 ………… 260

苏　轼　一个人的大悲咒 ………………………… 269
　　一、失落的状元 …………………………………… 269
　　二、一些过渡性的人生片段 ……………………… 277
　　三、乌台诗案：一个人的大悲咒 ………………… 282
　　四、从苏轼到苏东坡 ……………………………… 287
　　五、一个神话的创造者 …………………………… 292

苏　辙　被颠覆的寓言 …………………………… 301
　　一、一个逆光的侧影 ……………………………… 301
　　二、被颠覆的寓言 ………………………………… 305
　　三、光荣与耻辱 …………………………………… 309
　　四、生于早春，死于晚秋 ………………………… 320
　　五、是处青山可埋骨 ……………………………… 327

王安石　双刃剑，或双重人格 …………………… 334
　　一、一个被历史提前塑造的国士 ………………… 335
　　二、看似平常最奇绝 ……………………………… 345
　　三、秦汉以下第一大文 …………………………… 358
　　四、一朝天子一朝臣 ……………………………… 363
　　五、双刃剑，或双重人格 ………………………… 373
　　六、从熙宁变法到元丰改制 ……………………… 382
　　七、对历史的一些假定与猜想 …………………… 391

司马光　乾坤只在掌拿中 ………………………… 399
　　一、一个圣人胚子 ………………………………… 400
　　二、历史的一些切片 ……………………………… 403

三、一场没有悬念的历史交锋 …………… 412
四、有鉴于往事，以资于治道 …………… 416
五、与孔孟并列的圣人 …………………… 422

绪　言

重新发现一个王朝

  这是一部宋朝士人的命运之书。所谓"士人",又称"士",是中国古代才有的一种特殊身份,一般而言,士人被视为中华民族所独有的一个精英群体,也可谓中国古代文人或知识分子的泛称。宋朝士人黄庭坚对国士的解释:"士之才德盖一国,则曰国士。"国士乃一国中才能最优秀出众的、以天下兴亡为己任的士人,而这正是宋代士人共同的特征。

  从士人到士大夫,则是士人与官吏的合二为一。北宋开国,即定下了天子与士大夫共治天下的政治架构,赵宋政府不仅以文人治国,而且以文驭武,连"佐天子执兵政"的最高军事长官枢密使和兵部尚书也基本上由文臣担任。当一个国家把政事、军事、人事等一应国家大事全都压在了士人身上,这使宋朝士人在历代士人中成了最有担当、最有使命感和天下抱负的一代士人。

  从政治上看,赵宋之世把皇权和士人的关系调适到了历史上的最佳程度,从北宋到南宋,一直以士人主政,这让有宋一朝在中国历代王朝中不同于那些诉诸强权武力的王朝,而是一个人文理想主义色彩特别浓厚的王朝,一个相对开明、宽仁、廉洁的王朝,一个充满了危机感和忧患意识又锐意进取、不断变法图强的王朝。从"将相兼荣谁可比"的寇准到"宁鸣而死,不默而生"的范仲淹,从"慨然有矫世变俗之志"的王安石到"乾坤只在掌拿中"的司马光,直至一个王朝覆没之际的最后拯救者、"留取丹心照汗青"的文天祥,这些士人出身的政治家层出不穷,或跻身于宰执大臣擘画天下,或投身于郡县造福一方,或如苏洵等虽不为当世所用,却有非凡的政治韬略和天下抱负。这些士大夫不只是传统意义上那些励精图治的好官,而且产生了范仲淹、王安石等足以用伟大来形容的政治家或改革家,这也是宋朝政治上的一个突出特色,从仁宗朝范仲淹主导的庆历新政、神宗朝王安石推行的熙宁变法,一直到南宋濒临灭亡时,文天祥还提出了一系列包罗政治、经济、文化、教育和军事上的变革主张,一个王朝自始至终有着如此强烈的变革意识,这在历代王朝中不说是绝无仅有,却也十分罕见。

透过一个个国士的背影,对一个被误解、被低估、被歪曲的王朝也有重新发现和正视的可能。只有在充满文化自信的宽松政治环境下,才能打破和激活自西汉董仲舒罢黜百家、独尊儒术以来一直墨守成规的、长时间处于压抑和沉默的、几乎没有思想活力的局面。在政治角逐中,宋朝虽然没有出现现代意义的政党,但事实上一直存在各种"党争",如北宋时代的新党(改革派)与旧党(保守派)之争,南宋时代的主战派与主和派之争,贯穿了宋朝三百余年的历史。又尽管别的朝代也不乏所谓"党争",但在宋代却更接近于政党意义的政争,除了少数结党营私者是为一己私利而争,绝大多数士人(如王安石与司马光)围绕变法的激烈交锋,绝非为一己私利而争,而是甘愿牺牲个人利益、以天下为己任的国策或政策之争。对宋朝的"党争",甚至有后世称之为"民主政治的典范"。对此论我虽不敢苟同,但赵宋之世又确是一个政治环境相当宽松的可以容忍百家争鸣的时代。

从文化上看,国学大师陈寅恪对宋朝给予了极高的历史定位:"华夏民族之文化,历数千载之演进,造极于赵宋之世。"一般认为,在中国思想文化学术史上曾出现过三座高峰:一是先秦诸子百家争鸣的时期;二是宋学蔚然兴盛的时期,宋代被后世公认为自春秋战国以降中国历史上出现的百家争鸣的时代;三是清末民初在西学大举冲击下所激发的各种思潮的激烈碰撞和交锋,从而带来又一个思想文化学术上的高峰。特别值得一提的是,这三个高峰期,前后两个皆处于乱世,均是在中央集权瓦解的情境下发生,因天下大乱而让思想学术禁锢瓦解,而赵宋之世的宽松环境则是在中央集权相当巩固的时代发生,这不能不归功于宋朝统治者的宽和与自信。另一方面看,那也是一个史上鲜有的文人相亲的时代,哪怕势不两立的政敌,如王安石和司马光,对彼此的道德文章也均给予高度赞赏,当然也是基于客观事实的赞赏。

宋代学术争鸣与政争几乎是同时发生的,可以说是互相激发、互为因果的,伴随通经致用、讲求义理以及疑古思潮的兴起,直接催生理学,在周敦颐、邵雍、张载、二程、朱熹、张栻、陆九渊等人的不断探索下,理学成为中国文化和哲学发展的又一高峰。理学的勃兴和思想学术的争鸣又把书院推向鼎盛,中国古代四大书院都是宋代打造的。宋代也是中国教育最繁荣的时期之一,上至太学,下至蒙学(塾学),还有军事方面的最高学府——武学,甚至还有科技类的专门学校,其教育体系之齐全为历代少有。这是一个遍地书香的时代,也是一个裹着一身浓浓书香气的王朝,"弦诵之声,往往相闻"。在文学上,唐宋八大家中有六大家诞生于北宋,更有被誉为中国古代文学皇冠上的一颗钻石——宋词,把中国文学推上了汉唐以来的又一个高峰;科技上,宋代是中国古代天文学的巅峰期,如苏颂与韩公廉制造的水运仪象台,是融观测天象、演示天象、计量时间为一体的大型综合性的天文观测仪,相当于一座小型天文台;又如杨忠辅制作的统天历已与现在世界通用的格里哥利历完全相同。数学方面,以秦九韶等为代表的数学家,在联合一次同余式组的解法、高次方程式的数值解法、一元多次方程式及多元高次联立方程式消去法、高阶等差级数求和法等重要数学问题上均有创造性贡献。而中国古代四大发明有三项(火药、活字印刷术和指南针)诞生于宋朝,尽管后世对火药发明于何时尚有争议,但对北宋发明的活字印刷术和南宋发明的指南针是一致公认的。

这些文学艺术家、思想家、科学家，不仅是各门类的杰出士人，也大多是以天下兴亡为己任的国士，唐宋八大家在宋代表现最突出的特征，就是主张文章应"有为而作""言当世之要""言必中当世之过"，以"施之于今"，在现实中发挥了强有力的作用。哪怕是周敦颐、二程、朱熹、陆九渊等更偏重于学术的鸿儒，他们不但是思想与学术境界的高蹈者，也是脚踏实地的行动者，特别强调知行互发和行重知轻，知在先，行为重，"知之愈明，则行之愈笃；行之愈笃，则知之益明"。

文治武功，历来是中国人评价一个伟人或一个王朝的两大标准。

宋朝是文治盛世，武功弱世，这是历史对宋朝的基本评价。

中国历史上对宋朝的评价使用频率最高的一个词是"积贫积弱"。当国人还在妄自菲薄时，西方与日本史学界对宋朝的历史却有了令国人吃惊的发现。在历经唐末、五代暴力的循环后，随着一个以文治立国的王朝诞生，从太祖赵匡胤的"建隆之治"开始，北宋王朝便平稳地迈进了盛世，赵匡胤深知得民心者得天下，实行休养生息的政策，建隆年间（960—963年），全国土地开垦面积（约七亿亩）与亩产量皆为唐代最高值的两倍。在仓廪充实的保障和商业刺激下，宋代城市进入了蓬勃的扩张期，市民阶层不断壮大。宋代是古代工商业最蓬勃的时代，直接推动了百业的兴旺，民间手工艺遍布各地，水陆交通发达。而在以水运为主的时代，又推动了造船业的快速发展，宋代已能够制造运载千吨货物的船只。而这一切都极大地提高了老百姓的生活水平，有宋以来人口一直大幅度增长。盛唐时期，中国人口最高达5288万，宋初人口约为4640万，到达北宋末年竟高达1.25亿。宋朝朝廷的财政和国库收入，也是历史上最充实的。从经济总量来看，中国GDP在宋朝全盛时期约占世界比重百分之六十，远胜于史上最强盛而又持久的汉唐帝国，为中国各朝第一，也是当时世界第一。宋朝的繁荣程度、文明程度，都远远超过了我们对一个王朝既往的想象，这个帝国堪称当时世界第一强国。

然而，每当我面对一幅复原的《清明上河图》，看着那难以复制的繁华盛世的景象，一个个问号也接踵而至。这样一个充满了活力、创造力的王朝，一个在经济、文化教育与科学创新上最繁荣的时代，却又一直处于被动挨打的状态，历史上还很少有哪个王朝被外族欺侮到如此悲惨屈辱的地步，从俯首称臣到跪下来称侄、称孙，这是最荒诞的历史，却又出自堂堂正史。如果你不相信正史，按民间说法则更糟糕，人道是"脏唐臭汉鼻涕宋"，所谓"鼻涕宋"，是说宋朝像鼻涕一样软弱。一个王朝为何如此软弱？一个想当然的直接答案，宋朝的软弱是文人治国的必然结果。这里有几个经常援引的例子，被后世用以证明宋代文臣对武功与武臣的轻视。

第一个例子见于宋人笔记《渑水燕谈录》：陈尧咨是北宋真宗年间（998—1022年）的状元，此人集文武之道于一身，不但科举第一，还以"善弓矢"著称。那时宋朝和契丹（辽）使臣往来，时常要比箭，陈尧咨曾打算应真宗之命改授武职，和契丹使者比射，却遭母亲的痛打和严责："汝策名第一，父子以文章立朝为名臣，汝欲叨窃厚禄，贻羞于阀阅，忍乎？"陈尧咨最后不敢应命了。宋真宗赵恒在位时，宋朝开国不过四五十年，从朝廷到民间都如此瞧不起武职，那么谁又为国家带兵打仗呢？

第二个例子见于另一宋人笔记《野老记闻》，说的是北宋名将狄青的命运。狄青则是宋代屈指可数的名将之一。他出身贫寒，从一个士卒而登上枢密使的高位，他是全凭骁勇善战打出来的。然而这样一位智勇双全的大将军，竟也为文臣瞧不起。狄青在定州做总管时，其顶头上司是被后世称为北宋政治家和名将的韩琦。韩琦一生以大度容人而为人称道，但在韩琦要杀狄青的旧部焦用，狄青求情："焦用有军功，好儿！"韩琦竟不屑一顾地说："东华门外以状元唱出者乃好儿,此岂得为好儿耶?"他当着狄青的面就把焦用杀了。一个文臣这样瞧不起武官,让狄青悲愤不已,他也曾发牢骚:"韩枢密功业官职与我一般,我少一进士及第耳!"这还真是说到点子上了,他缺少的就是一个士人的身份。在宋朝,一个士人在科举及第之后,其起步官阶虽然很低,但上升得很快,十余年内就能从九品县主簿做到朝廷大臣,甚至跻身于宰执大臣之列;而身无任何军功者,也可以官拜朝廷最高军事长官——枢密使,而那些出生入死的武将,一般也就只能授以六品、七品的游击、都尉之类,若能干到五品以上已是凤毛麟角了,像狄青这样能拜枢密副使、枢密使的武将,在宋代已是奇迹般的超升。而狄青最终遭受罢逐的命运,最重要的原因就是一个王朝对武将的猜忌。

　　此外,还有一个更极端的例子,岳飞被杀。岳飞被杀的罪名是"莫须有",但说到底,有一个原因是少不了的,随着岳飞收复的失地越来越多,掌握的军权越来越大,朝廷对他的猜忌、提防也在逐步提升,当这种疑忌和提防达到了顶点,岳飞也只有被杀的命运了。当时岳飞统率全国五分之三的兵力,他曾奉劝高宗早日解决皇嗣问题,而高宗立马露出愠色:"卿握重兵于外,此事非卿所当预也!"岳飞虽是为帝国政权的平稳交接着想,却以武夫的莽撞而触犯了天子的大忌,一个手握重兵的大将对皇位如此关心,又怎能不让一个皇帝悬心,此人的野心是不是太大了?这正是他的老祖宗宋太祖开国之后就一直在猜想并且严加防范的。

　　从上述三个事例看,似乎足以证明宋朝重文抑武所必然造成的软弱。但一个疑问又接着一个疑问,无论这个王朝如何软弱,它又是中国历史上绵延时间最长的王朝之一,历十八帝三百二十年。而在这漫长的历史中,又是谁在攘外安内、保家卫国呢?有人曾如是评说(大意):宋代书生文人掌军,除虞允文成功外,其余如文天祥等都是失败的典范。抛开"人生自古谁无死,留取丹心照汗青"的忠义不说,单从军事技术上来说,这些杀身成仁义无反顾的忠臣，于国于家是相当失败的。而屠杀了岳飞这样杰出武将的赵宋，此后百余年面临的是文人将兵极不得法，只落得蠢忠愚孝血流成河的境地。所谓"国破思良将"，只能是"海上叹零丁"。——听着后世文人的这一声声哀叹，我却又一直在下意识地追问，一个"以文驭武"的帝国，真的像后世叹息的一样不堪一击吗？

北宋开国之初，面临的最大威胁是契丹（辽），宋、辽两国进行了长达二十五年的战争，最终以宰相寇准为统帅，在澶渊之战顶住了契丹大军的进攻，又在掌握主动权的优势下与契丹（辽）缔结澶渊之盟，宋、辽约为兄弟之国，从此宋辽边境基本上一直相安无事。

又看北宋的另一个强邻西夏（党项）。北宋与西夏先后经历了五次大规模战争。第一次宋夏之战，以范仲淹等人为代表的文臣将领，在防御西夏的战略部署上以及在治军上是有口皆碑的，也是历史公认的。也正是在范仲淹独具慧眼的发现和提携下，西北军中才涌现出像狄青、种世衡等有勇有谋的将领，又训练出一批骁勇善战的士兵，直到北宋末年，这支军队依然是宋军的精锐。宋仁宗庆历四年（1044年），北宋在击败西夏、占有主动权的前提下，与西夏达成"庆历和议"，西夏俯首向宋称臣，宋、夏战争中西夏所占领的宋朝领土以及其他边境蕃汉居住地全部归属宋朝。尽管北宋与辽夏缔结和约都有输纳岁币的条款，但两次和议均换得了北宋边境长时间的和平。到了神宗、哲宗时，宋、夏之间又爆发大规模战争。熙宁六年（1073年），在宰相王安石的运筹帷幄下，以王韶为秦凤路沿边安抚使，率军进攻吐蕃，一举收复河（今甘肃临夏）、岷（今甘肃岷县）等五州，拓地二千余里，受抚羌族三十万帐，从而建立起对西夏可守可攻的战略防线，史称"熙河大捷"。

宋朝从强者沦为弱者，还是从宋金战争开始的。两国联手灭辽后，宋、金战争遂起。金朝为何突然发动了对盟友的战争？据史家分析，在与宋联合灭辽的过程中，金人便发现宋朝军队战斗力低下,遂向宋京(汴京开封,亦称汴梁)发起突袭。靖康元年(1126年)春,汴梁被金军铁骑攻破,最终掳徽、钦二帝及后妃、宗室等数千人北归,这也是中华民族念念不忘的奇耻大辱——靖康之耻。金朝之所以一战而灭北宋,又据史家分析,一是金朝当时正处于军事和政治的上升时期,而北宋在徽、钦时代,权奸把持朝政,朝廷官吏腐败,又加之各地农民起义,极大地消耗了北宋的国力;二是金军充分利用骑兵的迅捷之长,可以长驱直入直捣宋朝的心脏,给北宋以毁灭性打击。但北宋灭亡了,赵宋王朝并未灭亡,随着宋高宗赵构再造宋朝(南宋),一度起用主战派大臣李纲为相,形势一度好转。金兵入侵京师时,李纲任京城四壁守御使,亲率军民冲锋陷阵,多次击退金兵。担任南宋宰相后,他又提出了一系列极具战略眼光的军事部署,力主沿黄河一线设防。在军事部署的同时,他又力图革新内政,试图以刮骨疗伤的方式,从根本上让大宋帝国变得强大起来,但可惜的是,他担任宰相仅七十七天,就在宋高宗和他宠幸的投降派朝臣排斥下遭受罢黜。而在抗金以及之后的抗元战争中,又陆续产生了陈规、辛弃疾、陆游、虞允文、陈文龙、文天祥等以文驭武的名将。但他们的能量,由于主和派或投降派长期把持朝政,一直难以完全释放出来。南宋基本上是采取自守待敌、妥协求和的国策,但理性看待这一百五十多年的历史,南宋也绝非偏安一隅,哪怕按宋高宗、秦桧与金国所订的"绍兴和议",金、宋两国之间东以淮水、西以大散关(今陕西宝鸡西南)为界,依然据有包括长江以北大片土地的大半壁河山,并同金朝形成了长时间的南北对峙,而对峙的背后是实力,所谓"和",永远只在势均力敌的前提下发生。最终,南宋还是于宋理宗端平元年(1234年)联合元军灭亡了金朝,在同金朝的对峙中,庶几也可谓是笑到了最后的胜利者罢。

宋、蒙联手灭金的结果,一如宋、金联手灭辽的历史重演。灭金之后,蒙古铁骑随即便发动了对南宋的战争。这场战争从宋理宗端平二年(1235年)一直打到宋少帝祥兴二年(1279年)春天，打了四十四年，历经理宗、度宗、端宗、恭宗、少帝等五位皇帝，这个王朝才被他最后一个对手灭亡。四十四年，对于人类生命已是漫长历史，一个被历史认为软弱的王朝，同蒙古铁骑展开了一场场殊死血战。而它的对手，不仅是汉民族历史上遭遇的最强大的入侵者，而且是一个足以征服世界的入侵者。在赵宋王朝灭亡之前，契丹（辽）灭亡了，金国（女真）灭亡了，西夏（党项）灭亡了，而从中亚、西亚到遥远欧洲的莫斯科，还有南亚的印度次大陆上诸国，整个北半球，几乎全为成吉思汗和忽必烈所征服。而南宋，是蒙古铁骑最后战胜的一个对手，这个对手也许不算是最强大，却已被历史验证是他们最难以战胜的对手。这也是大蒙古国耗时最长、最为棘手的一场战争。而在覆没之际，两军还经历了一场历时二十三天的海战，双方投入总兵力达五十余万、动用战船两千余艘的最后一战，这就是史称"世界历史上四大海战"之一的崖门海战，一个绵延了三百二十年的王朝，最终才在大海里沉没。

这个王朝的顽强，文天祥等大宋国士们的顽强，实在超出了蒙古人的想象，也远远超出了我这个历史追记者的想象。

对宋朝的灭亡，陈寅恪先生是扼腕叹息的。这个王朝为中国创造了另一类王朝的典型，这是一个在政治与外交上表现得相当内敛而低调的王朝，也是中国历史上的一个没有扩张性的王朝，在军事上一直以防御为主，一直奉行"和为贵"的和平主义政策。进入这样一个王朝的心态也与进入别的王朝迥然不同，它以舒缓而平和的方式展开，你也只能用舒缓而平和的心态去品味它，这样才会发现，它的确有很多迷人的气质，它不像大汉帝国那样雄浑厚重、纵横八荒，但比汉朝更从容淡定；它不像唐朝那样辉煌壮美，泱泱乎，堂堂乎，却比唐朝更加精致、灵秀；它的质地就像那个时代的青瓷一样，甚至就是一个青瓷的帝国，却又绝对不是一个像青瓷一样脆弱得不堪一击的帝国。

按陈寅恪先生的说法，当华夏民族之文化"造极于赵宋之世"以后，随着宋朝的灭亡，"后渐衰微"。华夏文化衰微的直接原因，是蒙古人与满族人的隔代入侵，这已经不是一般的王朝更迭，而是游牧民族以武功对文治的直接征服、以野蛮对文明的血腥摧残，是一种先进文化被落后文化颠覆后的历史大倒退。

对一个历史假设我是比较认同的：假如宋朝的繁荣与文明进程没有被野蛮的外族入侵打断，能够在文治的力量下和平崛起，中国很有可能领先于欧洲而率先进入现代文明。而一切的假设也需要前提。按我的读史心得，这第一个前提是，随着宋代工商业突飞猛进的发展和市民阶层的不断壮大，中国就有了过渡到现代文明的土壤；第二个前提是，随着一个文治盛世所营造的宽松的政治环境，必将进一步激活政治、思想、文化，由此推动一个帝国在政制上不断改革、创新，中国就有了过渡到现代政制的可能。而这两个假设的前提也有历史事实为依据，譬如说历史上一直争议不断的王安石变法，当历史进入二十世纪之后，戊戌变法的主角之一梁启超以现代眼光看这一场古老的变法，就做出了如是判断：他把青苗法和市易法看作近代"文明国家"的银行，把免役法视作"与今世各文明国收所得税之法正同"，"实国史上，世界史上最有名誉之社会革命"，还认为保甲法"与今世所谓警察者正相类"。而以"大胆假设、小心求证"为治学精神或方式的胡适先生也有类似的评价。美籍华裔历史学家黄仁宇先生更是认为，如果王安石变法成功，可以把中国历史一口气提前一千年。然而，王安石变法却不是被蒙古族和女真族这两个入主中原的军队打断的，而恰恰是被死死抱着祖宗之法的"圣人"司马光打断的。在中华文化历史上，一直存在开拓性文化与保守型文化的斗争。而同王安石相比，司马光显然更接近保守型文化，于此可以得出一个结论：正是华夏民族历史上的一种落后的、保守型的文化，直接堵死了中国过渡到现代文明的出路，而且是唯一的出路。

今世学者中，有不少人深受国学大师陈寅恪先生的影响，寄望于今日之中国在文化上、精神上接续以"造极盛世"的宋文化为正源的华夏民族之文化，而我觉得，中国当下最需要的还是从常识的层面全面接受人类进步的、开拓性的文化，摒弃落后的、保守型的文化。我深信一生热衷于中国文化研究的国学大师陈寅恪先生也会认同我的观点，我也深信他的预言有朝一日会变成现实：人类进步的、开拓性的文化为华夏民族所接受，华夏民族之文化"终必复振"！

赵 普

大宋帝国的总设计师

在一个开端出现之前,陈桥驿几乎以静止的方式处于历史的空白处,一场大雪仿佛从岁月尽头一直铺过来,如同完美的绝对空白。但哪怕一座冻硬了的古驿在风雪中化为了冰雕,也有一条大河在千里冰封之下暗流汹涌,如同某种史前的怪兽在低声吼叫……

当一条岁月长河流过陈桥驿,上下五千年的中华文明史已流过了四千年;

当一条泥沙俱下的大河流过陈桥驿,上下五千多公里的黄河也流过了四千多公里……

一个历史性时刻正在逼近,后周显德七年(960年),大年初三,凌晨。在一个非凡的黎明揭晓之前,最初出现的是笼罩一切的混沌,犹如混沌未开的史前,无数冤魂化作飘拂不定的鬼火在中原的夜幕下幽冥地闪烁,那些幽灵们仿佛在刀光剑影中浴血奋战,依然在打一场旷日持久、未分胜负的战争。当中原浑茫无际的夜色一层层褪去,一座遥远的古驿在白茫茫的地平线上渐渐浮现出一座白色城堡的轮廓。从时空的坐标看,它地处黄河北岸,与南岸的那座八朝古都开封隔河相望,一座古驿和一座古都的距离大约二十公里,这是一个王朝离另一个王朝的距离。那些在混沌中蛰伏的将士,将在天亮后从这里出发,一座古驿和一座古都如重叠的影像,将成为他们身后的双重背景,接下来的历史也将以另一种方式书写。然而,只要他们一转身，一座古驿就将成为中国历史上一个伟大的、划时代的开端——

一、谁在创造历史

后来有人说，一个帝国首先是在一个赳赳武夫的野心里诞生的。

其实还应加上更重要的一句，一个帝国首先是在一个谋士的脑子里诞生的。

历史仿佛都是宿命的安排，但这样的宿命又好像在不顾一切地寻找同谋。不用说，这个谋士就是大宋第一谋士、宋太祖赵匡胤的高级政治策划师和阴谋策划者赵普，若没有这样一个诡计多端、对历史充满了阴谋与暗算的谋士，哪怕赵匡胤再加上他的亲兄弟赵匡义，也不可能想出那样一个黄袍加身的诡计。历史只论成败，不论功过是非。若按"成者王侯败者寇"的历史法则，赵匡胤和赵普皆是"成者"，所谓野心也就变成了雄心，诡计也就变成了妙计。若从政治策略的高度看，这个叫赵普的文人绝对是史上无与伦比的策神。

赵普又怎么会有那么多鬼使神差的政治策略呢？这又得从追溯他的人生岁月开始。

这是一个将要制造无数谜团的人，但他的身世从来不是一个谜团。赵普，字则平，生于五代后梁龙德二年（922年），比赵匡胤年长五岁。他诞生的故乡是中原和契丹（辽）反复争战的幽州蓟州（今北京城西南）。上溯三代，赵家为官宦世家，赵普的曾祖父在唐末任三河县令，祖父赵全宝在唐末任澶州司马，父亲赵迥在五代时任相州（今河南安阳）司马，并于后唐末年，大约在赵普降生后不久便举族迁居常州（今河北正定），后晋天福七年（942年）又迁至洛阳。赵普随父亲在一个烽烟四起的乱世辗转迁徙，十五岁迁居洛阳，从此便以地处黄河南岸和邙山之间的西京洛阳为桑梓地，后来又成了他的归焉之地。

无论迁到哪里，他怎么也走不出一个血腥而强悍的乱世。

在这样一个流血漂橹、尸体枕藉的岁月，天底下已放不下一张安静的书桌，赵普从小就找不到一个安静的角落来做一个书生的功课，相传他手不释卷的只有一部《论语》，被他翻烂了，只剩下半部了，于是便有了他以"半部《论语》治天下"的千古传奇。这绝对是历史的误会之一，甚至是一个故意编排出来的历史谎言。元人脱脱在《宋史》赵普本传中，以不无嘲讽的方式来叙写赵普的不学无术："普少习吏事，寡学术。"这句话对后世的影响极大，几乎鲜有人提出质疑。但这话最多只说对了一半，"普少习吏事"是实事求是的。赵家上溯三代都是官宦，虽说尚未出过达官显宦，但也都是七品、六品乃至五品的实授官职，无论治世乱世，中国都是一个官主社会，他父亲赵迥自然也想把儿子培养成一个合格的官吏，从小对他言传身教，如官场礼仪、公文公事、待人接物、出谋划策等，这些每个官吏都必须应对的事务，说穿了就是一部从来心照不宣又必须掌握的官场教科书。官场既是情节的艺术，也是细节的艺术，事无巨细，每一样都不简单，每一样又都必须拿得起放得下。这也是赵普打小就开始操练的基本功，而他父亲自然也会给他很多练习的机会。赵普日后从幕僚当到宰相，无疑与他"少习吏事"打下坚实的基本功有直接关系。

但以"寡学术"而断定赵普是一个不学无术之徒，又由此而编排演绎出赵普众多近乎滑稽的笑话，不是偏见，就是误解。南宋鸿儒李衡的弟子龚昱在《乐庵语录》中，倒是对赵普以"半部《论语》治天下"有一番更完整的解读："太宗欲相赵普，或谮之曰：普山东学究，唯能读《论语》耳。太宗疑之，以告普。普曰：臣实不知书，但能读《论语》，佐太祖定天下，才用得半部，尚有一半，可以辅陛下。太宗释然，卒相之。"——透过这句话，你会发现这个赵普多么谦逊，又多么牛气，赵普就是这样一个没有半点酸文假醋的大牛人，在天子面前也敢于说出他的大实话。其实，这也是他对读书做学问的看法，学以致用，有大用者方为大学问，否则，读书再多也枉然，百无一用是书生。通过赵普自己的解释，对他以"半部《论语》治天下"的真义至此也全面解读了。又无论你怎么编排他，一个人能读懂博奥精深的《论语》，至少也算是个学究了。而赵普为"山东学究"，这个"学究"，在唐宋时代绝非贬义词,更非后来泛指的迂腐浅陋的读书人,唐宋学究为礼部贡举十科之一,五代沿袭唐制,这个学究大约就是举人了,进士及第,学究登科,号称"锦袄子上着莎衣"。莎衣已是比布衣高人一等的士人了,后世范仲淹在进士及第之前,也是先在山东考取了学究。又哪怕赵普的这个"山东学究"并非礼部科举功名,就凭他以半部《论语》佐太祖定天下,以半部《论语》辅太宗治天下,他对《论语》的钻研和运用,又岂是一般人堪比的?古往今来,无与伦比!

赵普一生贯穿了后梁、后唐、后晋、后汉、后周这乱世中的五代王朝,在唐朝灭亡到北宋开国之间的五十多年里,整个世界几乎变成了一座疯狂的炼狱,天下苍生以血肉生命化为了炼狱中的炉渣,打造出来的则是一个个崛起的军事强人。一代代王朝更迭,每一个王朝被推翻与黄河顷刻间溃坝极其相像,但溃决的不是黄河水,而是血流成河。还没有哪个时代像这半个多世纪的时空让人类充满了巨大的绝望,越是绝望又越是让人类的欲望与野性极度膨胀,那些乱世英雄都想把自己打造为登峰造极的天子,却又极少出现一个可以统一中国、君临天下的真命天子。

赵普就出生在五代乱世的第一个王朝后梁(907—923年),梁太祖朱温曾是唐末黄巢起义军的一员大将,后叛降唐朝,被赐名朱全忠,望文生义,大唐天子希望他能全心全意地效忠于大唐王朝。哪个皇帝又不这样想呢?然而,随着朱全忠在镇压黄巢起义的战争中把自己打造为一代军事强人,以至强大得足以推翻一个王朝,他最忠诚的还是自己的野心。哪个人又不想当皇帝呢?开平元年(907年),这是朱全忠开国的新纪元,他废掉了自己亲手扶植的唐朝末代皇帝唐哀帝,缔造了大梁帝国,史称后梁或朱梁,建都开封。至此,唐朝,这个中国历史上最强盛的王朝之一,被一个农民起义军的叛将正式灭亡,这也是他比黄巢以直接反叛的方式去推翻一个王朝更聪明的地方。但在朱温崛起的同时,还有众多的军事强人在乱世中崛起,中国历史进入了又一个战国时代,每个军阀凭借自己的军事实力,以自己占有的藩镇割据一方。朱温虽有秦始皇的铁血,却又没有其纵横捭阖的实力与能力统一中国，他这个大梁帝国是一个"郡将自擅，常赋殆绝，藩镇废置，不自朝廷"的烂屋子，而"王室日卑，号令不出国门"。在天下大乱时他家里也乱了。朱温当了皇帝，他几个儿子个个也都想当皇帝，但皇帝只有一个，他那第三子朱友珪眼看皇位继承人轮不上自己，于是先下手为强，弑父篡位。朱温第四子朱友贞随即又以讨逆之名杀兄自立。就在朱温的皇子们自相残杀时，另一个崛起的军事强人早已想灭掉这个王朝了，后梁仅仅延续了十七年，就被五代的第二个王朝后唐灭亡了。

后梁灭亡时，赵普才一岁，乳臭未干，一个叫后梁的王朝在他脑子里还来不及留下任何记忆，他就提前进入了另一个王朝。

这个王朝的开国皇帝是史上以作战勇猛和状貌雄伟而著称的沙陀人李存勖，本姓朱邪氏，他是唐末河东节度使、晋王李克用的长子。作为游牧民族的后代，骑马射箭是他天生的本领，他孩提时便随父王驰骋沙场，在碧血黄沙中尽情施展他那剽悍而刚烈的血性，十一岁时他就以自己斩获的一个个血肉模糊的敌军首级作为古代军人领赏的信物，换来了唐昭宗高贵的赏赐。但令人迷惑不解的是，这样一个天生的武人竟然和赵普有某种相似之处，赵普爱读《论语》，他则稍习《春秋》。在继承皇位时，他接过了父皇弥留之际交给他的三支令箭：一令他攻克幽州，讨伐那个曾经依附李克用又背叛了李克用的刘仁恭；二令他征讨契丹，解除北方边境的一个心头大患；三令他消灭宿敌朱全忠，灭掉朱梁！李存勖每次出征，都将三支令箭放在一只随身携带的精丝锦囊里，随后便开始了他像秦始皇一样纵横八荒的征战，东灭桀燕，北伐契丹，南征朱梁，几乎一口气就将父皇的三大宿敌给收拾掉了。战后，他把三支令箭供奉在家庙里，他的家庙也变成了皇家的太庙。如果他真的读懂了《春秋》，还应该意识到自己同时完成了一个堪称伟大的历史使命，在消灭了割据北方的各路军阀后，他基本上实现了中国北方的统一。他以唐为国号，则是为了表示他是继承大唐帝业的一个正统王朝，史称"后唐"。大唐帝国姓李，他也姓李，只不过他这个李姓是大唐帝国的恩赐，但在五代十国中，这是一个最有大国气度的王朝。

可惜，这个极有可能统一中国的军事强人，却是个能够打江山、不能坐江山的主儿，他最迷恋的不是《春秋》，而是俳优之戏，他不光是看戏，自己也常常粉墨登场去扮演一个他喜欢的角色，并自取艺名为"李天下"。这样演来演去，他已经有些分不清自己扮演的真正角色了，竟然将一些宠幸的伶人戏子封官拜将，一个叫郭从谦的伶人竟被他提升为从马直指挥使，也就是皇帝禁卫亲军司令。他可能做梦也没有想到，像他这样一个天下无敌的英雄，最终会死于一个伶人发动的兵变，那堪称中国历史上最稀奇古怪的，乃至于绝无仅有的一场兵变。伶人郭从谦率叛兵纵火焚烧兴教门，又趁火势杀入宫内，李存勖在弥漫的烟雾中还没有看清楚这是不是在演戏，就被乱箭射死了。等到他养子李嗣源攻入洛阳，皇帝已被烧成灰烬，好不容易才从灰烬中找到一些零星尸骨。随后，李嗣源登基，庙号明宗。这是五代史上一个智勇双全的有道明君，但他疑心太重，随便杀戮大臣，使君臣离心、父子猜忌，最终祸起萧墙，其次子——秦王李从荣率兵攻打皇宫，妄图以军事政变篡夺帝位。这次政变虽然被禁卫亲军镇压下去了，但李嗣源却因惊恐与愧恨交加而崩。——后唐是五代时期最强大的王朝之一，无论以开国皇帝李存勖之武功，还是以后唐明宗李嗣源宽仁爱民、锐意变革的治国方略，这个王朝是极有可能像秦朝一样统一中国的，可惜这两位皇帝在某个节骨眼上没有把握好，而继位者唐愍帝李从厚又昏庸无能，结果是这个王朝比后梁更短命，仅延续了十四年。

赵普在后唐度过了孩提时代，接下来又将在一个叫后晋（936—947年）的王朝里度过他的青少年时代，此时他已随父亲来到了中原古都洛阳。

历史有时候充满了强烈的反差，一个五代十国中最强盛的王朝竟被五代史上一个最窝囊的王朝、一个最窝囊的皇帝给灭掉了。这个最窝囊的皇帝就是石敬瑭。他是后唐明宗李嗣源的女婿，但他最想当的不是皇帝的女婿，而是皇帝！后唐清泰三年（936年）夏，时任太原留守、河东节度使的石敬瑭起兵反叛，随着后唐大军围困太原，他已经冷静地意识到，若靠自己的军事实力，他可能还没有当上皇帝就被皇帝满门抄斩、夷灭九族了。他要有一个有实力的爹也可以拼一拼了，可惜，也没有。不过，石敬瑭还真有超人的谋略，没有亲爹，可以认爹。其实他也早有计划，那就是借助契丹的实力灭掉后唐。为此，他向契丹求援，许诺只要他能当上皇帝，即割让燕云十六州给契丹，每年再给契丹进贡帛三十万匹，而他建国后对契丹国以儿国自称，他则自称儿皇帝，称比他小十岁的契丹国王耶律德光为父皇。这送上门来的好生意让耶律德光乐开了花，自从契丹被后唐击败后，耶律德光一心想要复仇，却也和石敬瑭一样没有十足的把握战胜后唐，若能与石敬瑭联手灭掉后唐，还能占这么大的便宜，耶律德光又怎么能不乐呢？他立马御驾亲征，而此时的后唐已不是李存勖、李嗣源时代的后唐，那个昏庸无能的唐愍帝李从厚没支持多久，就被石敬瑭与契丹联手灭掉了。石敬瑭如愿以偿地当上了皇帝，也以五代史上第一位被契丹扶植起来的傀儡皇帝而载入史册。他虽是个窝囊透顶的儿皇帝，但很讲诚信，一诺千金，登极之后，便将幽云十六州（包括今北京、天津在内的河北、山西北部的大片领土）割让给了契丹，凡是他对契丹做出的承诺，无不一一兑现，甚至加倍报答。这里且不说那些进贡之物，只说他割让给契丹的燕云十六州，不仅使中原汉民族政权丧失了大片领土，也为未来的大宋帝国埋下了一个凶险的隐患，从此长城一带的战略要地便被契丹控制，中原与契丹之间再也没有可以阻隔的天然屏障，以骑兵为主的契丹随时都可以长驱直入，如狂风呼啸一般席卷华北大地，直逼黄河流域，让中原王朝一直处于被动挨打的局面，而这些剽悍的游牧民族对于中原农耕文明的摧毁力，也将在接下来的历史中以残忍而血腥的方式被一次次验证。

石敬瑭这种割地称儿的做法，让汉民族备感屈辱，连他的亲信将领也纷纷起兵反叛，石敬瑭在动乱中过了五六年皇帝瘾，就在众叛亲离中急火攻心地死去了，把一个烂摊子留给了他儿子石重贵。石重贵是后晋的第二个皇帝，也是最后一个皇帝。他登基后首先宣称自己对耶律德光称孙，但后晋王朝不向契丹称臣，这是以自取其辱的方式为国家争取一点尊严。如果上苍能恩赐给他一些机遇，他也许有可能成为又一个卧薪尝胆的勾践。接下来是意料之中的事，耶律德光对他的背叛行为震怒了，随后便三次大规模南征伐晋。而石敬瑭拱手将燕云十六州送给了契丹，第一个吃亏的就是他儿子，由于再也没有长城一线的天然屏障御敌，契丹一下就打到了澶州（今河南濮阳南），澶州也成了未来的宋朝抵御契丹的主战场。但契丹第一次伐晋并未占到便宜，双方打了个平手；契丹回师后又调集了更多的兵马，再次挥师南下，其气势之嚣张，如同一口就要吞下后晋，石重贵御驾亲征，军民同仇敌忾，一战而重挫了契丹；契丹重整兵马，第三次南下伐晋时，石重贵的姑父、晋军主帅杜重威竟率十万兵马投降了契丹，这是晋军的主力，此人莫不是也想效法石敬瑭在契丹的扶植下当皇帝？由于晋军主力丧失，石重贵和后晋皇族被俘虏到契丹，一个被契丹扶植起来的后晋政权，最终又为契丹灭亡，历二帝，十一年。

五代的第三个王朝灭亡时，赵普已经二十五岁，但此时，他还没有找到自己的角色，依然是一个历史的旁观者。

契丹灭了后晋，但那个提前投降的晋军主帅杜重威并未当上皇帝，整个中原沦入契丹之手，他们把中原碧波荡漾的麦田变成了游牧的草原，将城镇、村庄洗劫一空后，然后纵火焚烧，在烈火给他们带来的狂热刺激里，他们无比亢奋地轮奸中原人的母亲、妻子和女儿。那些温驯的中原农民，又沦为了想做奴隶而不得的时代，在一个国家不能保护自己时，他们只能纷纷揭竿而起，选择一种更悲壮的死亡方式。此时，占据太原的河东节度使、北平王刘知远瞅准了时机，在太原称帝。由于汉朝姓刘，他也姓刘，为了找到称帝的合法性，他便以继承汉朝正统为旗号，国号大汉，史称后汉（947—950年）。但他这刘姓与汉高祖刘邦八竿子也打不到一块儿。他们这一支刘氏为世居太原的沙陀人，他这个大汉王朝同那个绵延四百多年的大汉王朝相比也实在太短命了，历二帝，仅三年。这也是五代史上最短命的一个王朝。不过，史上对这个汉高祖的评价并不低，他在位仅一年，采纳大将郭威"由汾水南下取河南、进而图天下"的建议，一路向中原挺进，在攻克洛阳和汴京两座中原古都后，定都汴京（今开封）。至此，他的历史使命就算完成了。刘知远病危之际，召郭威等大臣、大将托孤，传位于第二子刘承祐，即汉隐帝。但汉隐帝"厌为大臣所制"，在连杀了多位顾命大臣后，又派人去邺都谋杀郭威，郭威不得已而反，结果被杀的不是郭威而是汉隐帝，随他一起被杀掉的还有一个和他一样短命的后汉王朝。

接下来便轮到郭威建元称帝了，国号周，史称后周（951—960年）。这是五代的最后一个王朝。周太祖郭威仅仅坐了三年龙庭，从951年正月称帝，又于954年正月病逝，驾崩时刚刚年过天命，天不假年。历史对这位生于乱世、长于行伍的皇帝也给予了很高的评价，他治军以善抚将士而深得军心，他治政则以提倡节俭、严惩贪官、严禁军队扰民而深得民心，而他以军功累迁至枢密使、终以军事实力取后汉而代之，被后世史家公认为五代时期军人专权的一个典型代表。对他的历史意义，借用范文澜先生在《中国通史》中的评价，郭威建政"对沙陀人的野蛮性政治开始进行改革，使呻吟在战乱暴政下的民众感到有些希望了"。郭威还有历代皇帝鲜有的一个美德，他深爱夫人，在夫人去世后，他决意不再另娶皇后，最终把帝位传给了与自己没有血缘关系的妻侄柴荣。柴荣三十三岁继位，他曾向精通术数的左谏议大夫王朴发问："朕当得几年？"王朴推算了一番后答复："辄以所学推之，三十年后非所知也。"柴荣一听自己至少也能当三十年皇帝，随即便做出了三个十年计划："朕当以十年开拓天下，十年养百姓，十年致太平足矣！"然而，他在位仅五年多，就这五年多，他对历史交出了一份写满了文治武功的答卷。他采取了一系列整军练卒、裁汰冗弱、招抚流亡、减少赋税等励精图治的举措，使满目疮痍的中原在安稳中复苏。而要保中原的安稳，就必须干掉那些环伺四周、觊觎中原的列强。而以他的雄心抱负，又岂止于一个安稳的中原，而是要打造出一个安稳的天下、大一统的中国。由此，他按照自己的第一个十年计划，开始了他叱咤风云的征战，西败后蜀，夺取秦、凤、成、阶四州；南摧南唐，尽得江北、淮南十四州；在西南、江北得手之后，他又向中原的宿敌契丹发起了收复燕云十六州之战，连克二州三关。就在他向燕云十六州的战略核心部位幽州发起进攻时，他竟一病如山倒，不久驾崩，年仅三十九岁，庙号世宗。

应该说，在五代十国中，后周如后唐一样也是一个极有可能结束分裂、统一天下的王朝，这个可能性甚至还超过了后唐，透过周世宗纵横驰骋的伟岸身影，让后世感到中国的又一次统一在这一时刻比任何时候都近。事实上，一个未来统一帝国的大部分版图已经被他用五年多的时间打下来了。如果上苍再赐予这个天子几年时间，他的第一个十年计划必将大功告成。然而，他打下的江山必将被另一个皇帝和另一个王朝继承，而此时，又一个军事强人已然崛起，又一个王朝已呼之欲出。

二、历史幕后的总导演

接下来，一个昂然走向前台的历史主角就是未来的宋太祖赵匡胤，而在他的背后，还有一个被暂时遮蔽的主角——赵普，从一个迷惑不解到越来越清醒的旁观者，最终又从一个旁观者变成了一个幕后策划者，这就是他将要扮演的历史角色。更准确地说，他将成为一个历史幕后的总导演。

赵匡胤，字元朗，小名香孩儿，又名赵九重，祖籍河北涿郡，出生于洛阳夹马营。同生于官宦世家的赵普相比，赵匡胤则是行伍世家，他父亲赵弘殷从后唐开始以至后周，为四代禁军将领，而且是位至一品司徒的大将军。但他这个儿子必将比他有更大的出息。据说赵匡胤在出生时便显示出了一个真命天子的非凡气象，赤红的光芒辉耀满屋，神奇的香味过了一夜依然经久不散。这也是他乳名香孩儿的缘由。又据说，这婴儿身上笼罩着一层金色，三天三夜都未褪去。

赵匡胤生于后唐，长于后晋和后汉，年方弱冠，便历经三个王朝。

在三个王朝的兴亡之间，一个少年渐渐长出了威武的容貌，为人处世更有一种豁达的气度，一看就不是凡人。他是汉人，但年少时也像那些游牧民族的少年一样喜欢骑马射箭，从他身上，可以发现历史对一个民族的改写。随着沙陀人、契丹人以其游牧民族的剽悍和野蛮的天性在战争中一次次胜出，天性温驯的中原汉人也正在变得强悍起来。据说，赵匡胤曾试骑一匹谁也不能征服的烈马，但他连笼头也没套上，就一跃而上。烈马一蹿而起，直奔一条通往城楼的斜道，赵匡胤的额头砰然一声撞在了城门上，从马上狠狠摔了下来。很多人惊呼着赶过去，以为他那脑袋一定被撞碎了，就是没有撞碎也该摔死了。谁知赵匡胤竟从地上爬了起来，又纵身去追赶那匹烈马，他飞奔的速度很快就追上了烈马，随即又一跃而上，那烈马这一次驯服了，乖乖地听从他的使唤了。

但这样一位英雄，也和那个叫赵普的幕后英雄一样，此时还没有遇到赏识他的伯乐，而他那身为大将的父亲，既没有把他招揽到自己手下，也没有给他托关系找门子，总之，他只能自己去寻找机遇。后汉初年，二十岁的赵匡胤像一个孤独的独行侠一样到处游历，说穿了就是一个流浪汉。当他游历到卧龙诸葛亮的故乡襄阳，连个茅庐也找不到，只好在一座寺庙里借宿。这庙中方丈精通相术，一看这尘垢满面、泥巴渣子直往下掉的后生仔，赶紧抓了一把香火钱给他，叫他立马上路，往北走，他的奇遇将在北方发生，他会在那里遇到一个贵人，这个贵人就是郭威。在传说之外，又有更确凿的史载，后汉乾祐元年（948年），二十岁刚出头的赵匡胤投入时任后汉枢密使的郭威幕下，以胆识超人而屡立战功。郭威称帝后，赵匡胤任禁军军官。一个皇帝把他安排在自己的身边，可见郭威对他有多么信任。此时郭威又怎能预料，这个年轻的禁军军官过不了多久就会抢走他的天下？周世宗柴荣即位后，貌似忠心耿耿的赵匡胤被任命为开封府尹、开封府马直军使，这个职位相当于帝国首都市长兼卫戍司令，执掌禁军。

在赵匡胤终于找到自己的贵人后，一个历史的旁观者此时也在寻找自己的贵人。

据《宋稗类钞》载，赵普在后周初年"初罢陇州巡官"，据此推测，他在后汉干过陇州（今陕西陇县）巡官，这也是赵普有史可查的第一个官职，也是一个微不足道的些小衙门吏。后周开国后，他到京师（开封）寻找机会。抵达京师的当日，一个叫王勋的术士正在卜肆问命，赵普好奇地挨近一道帘子，看见一个人器宇轩昂地坐在那里。他不知道这是当朝宰相范质，只是羡叹不已（大意）："像这样一个大官，该有怎样的福分才能修炼得来啊？"王勋瞟了他一眼，又一下凝住了神，对他刮目相看了，又悄声对他说："员外，你日后的富贵，更强似此人，何足叹羡？你以后会接替他（范质）担任宰相啊。"这个王勋还真是神了，后来赵普果然接替了范质的相位，一生三度拜相，辅佐太祖、太宗两位大宋天子，无论功名还是权势都超过了范质。——不过，像这样的野史稗志的记载，就像这术士卜肆问命一样，不可不信也不可全信，所有的历史都是有了结果之后的既成事实，这是历史的本质。

赵普遇到的第一个贵人应该是刘词。后周显德元年（954年），农历七月，此时赵普已三十二岁，而立已过，却依然未立。从年岁上看，他的发迹还真是姗姗来迟。是年，刘词任永兴军节度使、行京兆尹，赵普被辟为从事，此职为刺史属吏之称，或是主管文书，或是察举非法的幕僚，后改为参军。次年十二月，刘词去世，他在遗表中向朝廷推荐赵普是一个难得的人才。这表明赵普这一年半载的幕僚干得相当出色，很被刘词看重，但刘词如此看重他，朝廷却不看重他，刘词一死，他连个幕僚也没得当了。接下来的几年里，赵普一说去了滁州，"时为郡之参佐，断事明敏，狱无冤者"，一说是在滁州当了个乡村小学老师，教蒙童为生。对于赵普，这是他一生最关键的一个时刻，但越是关键，历史越是模糊，但一些节点总是比较清楚的。显德三年（956年），周世宗柴荣亲征淮南，随天子一同南征的既有赵匡胤父子等大将，还有宰相范质。范质也不知是从哪里听说滁州"有镇州赵学究在村中教学，多智计，村民有争讼者，多诣以决曲直"，便向皇上推荐了这个藏于民间的人才。又有史载："世宗用兵淮上，太祖（赵匡胤）拔滁州，宰相范质奏（赵）普为军事判官。"还有一说是，赵匡胤闻其名便召见了赵普，一番交谈，赵匡胤对他"深器之"。此外，甚至还有赵匡胤微服私访赵普于村中私塾，这又是刘备三顾茅庐的翻版了。

这是赵普与赵匡胤的第一次见面，这一次赵普遇到了他一生中真正的贵人，一个未来的真命天子。

就在赵匡胤攻占南唐滁州的这段时间，赵普入赵匡胤幕府任军事判官，约相当于军法官之类。也就几个月吧，这个叫赵普的人至少干了两件载入史册的事。

一件是公事公办。赵匡胤部破滁州后，抓到了一百多个盗贼，乱世盗贼如毛，多是土匪、绿林之类，赵匡胤既是杀伐无数的赳赳武夫，对这些盗贼的处置也很干脆，一声断喝，推出去斩了！但在赵普眼里，这些盗贼每一个也都是活生生的生命，人命关天，依律当斩者，法不容情，若是无辜者，绝不能草菅人命。经他一一过堂审讯，发现只有很少人是恶贯满盈的盗贼，绝大多数都是无辜的良民。他将案卷交给赵匡胤，这一百多个人的来龙去脉、有罪无罪都清清楚楚，他的审讯严谨缜密，没有丝毫破绽。赵普不但挽救了一百多条生命，也让"赵匡胤奇之"，看来赵普这个人还真是名不虚传，他那脑袋里的每一根神经，无疑也像这案卷一样，严谨、细致而缜密。

还有一件则是私事私办。他代赵匡胤竭尽孝道，悉心侍候赵匡胤的父亲赵弘殷。前文提及，这位赵太爷是一名骁勇善战的职业军人，在后唐王朝便以战功留典禁军，迁护圣都指挥使，这已是禁军统帅了。从后唐、后晋、后汉到后周，一朝天子一朝臣，但他却是一个不倒翁，历任四代王朝的禁军将领。在后周，老将军又以功勋累迁至检校司徒。隋唐时期置太尉、司徒、司空为三公，正一品，五代沿袭唐制，可见这赵老将军的官位已当到了顶峰。而后周对于他们父子俩信任有加，让他与儿子赵匡胤分典禁军，几乎把一个王朝的安危就交给他们父子俩了。此时，老将军老骥伏枥，随天子御驾亲征，率兵在淮南作战，但毕竟年岁大了，几仗打下来，他就病倒在滁州，而赵氏兄弟此时都在前线征战，谁来照料这个老将呢？赵普何等聪明，压根儿就不用赵匡胤开口吩咐，他就揽下了这尽孝的差事，开始朝夕侍奉老将军，比亲儿子还要用心。连堂堂正史也没忘记下这件私事："宣祖（赵弘殷）卧疾滁州，普朝夕奉药饵，宣祖由是待以宗分。"赵老将军对赵普的侍候也动了真情，认下了赵普这个宗亲，赵匡胤也与他认了兄弟，还一口一声地叫他夫人为嫂了。可惜，无论他怎么殷勤侍候，赵老将军还是病逝了，不过，赵普与赵匡胤、与赵家这一种亲如一家的关系却再也难分难舍了。

接下来再说淮南战事，滁州是赵匡胤打下来的，为后周立了大功，但当时的南唐还与后周有得一拼，淮南战事如同一场拉锯战，结果是后周此役并未战胜南唐，连已被赵匡胤攻占的滁州也被南唐重新夺回了。周世宗眼见兵疲马乏，很明智地下令撤兵。按说，赵普既是赵匡胤的幕僚，也应从此追随赵匡胤鞍前马后，但偏偏又出了一个短暂的插曲，宰相范质不知何故，又奏调赵普任渭州（今甘肃平凉）军事判官，把他从赵匡胤的幕府里派往了偏远的大西北。对此，历史的交代也比较含糊，范质一个大宰相，怎么会如此关心一个幕僚的安排呢？难道他有神机妙算，知道赵匡胤和赵普这两人勾结在一起，对后周王朝太危险了？

但这两人又是宿命般的难解难分。赵普在渭州没待多久，同年，赵匡胤升任殿前都指挥使，随后又兼领匡国军（今陕西大荔）节度使，随即便把赵普调到了自己身边，"辟赵普为节度推官"，赵普从此才算正式投入赵匡胤的幕府。接下来的两三年里，赵匡胤一直被朝廷频繁调动，显德四年（957年），赵匡胤改领义成军（今河南滑县东）节度使，次年又改领忠武军（今许昌）节度使，无论赵匡胤调到哪里，赵普便鞍前马后地跟到哪里，他的老同事、原刘词的幕僚楚昭辅和王仁赡也先后投入赵匡胤幕府，这三人都成为赵匡胤的心腹，但至少在此时，还分不出谁是赵匡胤的头号心腹或头号高参。不过，马上就要见分晓了。

显德六年（959年），此时离后周灭亡仅有一年了。但周世宗柴荣似乎没有任何预感，依然在按他的第一个十年计划北伐契丹，在平定关南后，他又挥师向燕云十六州的心腹之地继续推进。这位有志于统一天下的后周天子，却又没有这样的天命，此时他正当盛年，却感到身体每况愈下，这是典型的积劳成疾。他太劳累了，在戎马倥偬中，他除了指挥打仗，还要审阅各地奏报的文书。他一篇一篇地看着公文时，忽然感到有些不对头，在一只皮口袋里，他竟然抽出了一块三尺多长的木板，上书："点检做天子。"这还了得，他这个天子还没死呢，就有人想要谋逆篡位了！世宗倒不是那样容易激怒的一个暴君，他反复察看，看似很明白，却又越看越不明白。所谓点检，就是殿前都点检，这是皇家禁卫部队和帝国首都全部武装力量的统帅，只有皇帝的心腹大将才能担任。然而，对于历代皇帝，这又是一把双刃剑，一方面，他需要把自己最信任的人安排在这个岗位上来保护自己，只有保护自己了才能保住一个皇室、一个朝廷的身家性命，但人心隔肚皮，这个最信任的"心腹"又最容易捅穿他自己的心腹，成为对他最具威胁的人。五代发生的军事政变，多半都是禁卫亲军叛乱，致使王朝被频繁颠覆。但此时，世宗绝对不会怀疑到赵匡胤头上，他还没有当上点检，当时的点检是张永德，其地位之高、权力之大以及被皇帝信任的程度，都要超过赵匡胤所担任的开封府马直军使。世宗看到那块三尺多长的木板时，就已卧病，既有身病，也有心病，而心病对生命的摧残更甚于身病。他决定提前班师回朝，而在回师的路上，他一直在琢磨这块木板是谁干的，如果是张永德唆使别人干的，那就太傻瓜，但不是他又是谁干的呢？这块木板至少表明，有人盼着一个点检做天子！周世宗绝对不是昏君，但不怕一万，就怕万一，他回到京师干的第一件大事，就是罢黜了张永德。在决定罢黜的同时，他一直在满朝文武中搜索一个最忠诚、最靠得住的人来取代张永德，全朝廷的人都知道，最忠诚、最靠得住的就是赵匡胤。柴荣也是这么看的，他决定任命赵匡胤为检校太傅、殿前都点检。这也是他一生干的最后一件事，从接下来的历史看，这是他一生干得最失败的一件事，也是最伟大的一件事。

　　大约就在一块三尺长的木板出现在周世宗的眼皮底下时，在赵匡胤的三大心腹中，谁是最重要的心腹已见分晓，赵普被任命为赵匡胤幕府的掌书记，这也是一个看似很明白但越看越不明白的官职，有人说是机要秘书，表明赵普已进入了赵匡胤的核心决策层，赵普此时在赵匡胤心里，甚至已是比他亲兄弟赵匡义还要亲密的心腹。这是看得明白的，还有看不明白的，无论当世还是后世，谁也不敢断定赵普担任掌书记与那块木板有直接的因果关系，这也是阴谋与暗算的本质，哪怕越过千年，也只能隐隐约约地猜测。

　　周世宗柴荣驾崩，由年仅七岁的柴宗训继位，是为周恭帝，由宰相范质、王溥等辅政。

当一个帝国传递到了柴氏孤儿寡母手里，在祭悼先皇的满目缟素和接下来的一场皑皑白雪中，让人备感凄惶与悲怆。而哭得最伤心、脸色最悲戚的检校太傅、殿前都点检赵匡胤，满朝文武中，也只有他最受先皇世宗信任和器重，周室对他恩重如山。而一场阴谋已经在涕泪横流中悄悄酝酿，这个自然不用赵匡胤过多操心，他只需要扮演一个哭泣的角色。但一切还来不及下手，就有几个后周的忠臣敏锐地嗅到了异样的气息，有人主张先发制人，将赵匡胤干掉。这无疑是一种很天真的想法，以赵匡胤此时掌握皇家禁卫亲军的心腹位置，若要把他干掉，无疑像当年汉隐帝要把郭威干掉一样，只不过是为他找了一个提前动手的理由。应该说，柴氏孤儿寡母还真是很有政治智慧，他们采取了一个很明智的举措，将赵匡胤改任归德军节度使、检校太尉，对这一任命赵匡胤应该感恩戴德，太尉已经位列三公，抵达人臣之极了。他要再不谢主隆恩，还想往上爬，就只有一个位置——帝位了。

赵匡胤果然是感恩戴德，三跪九叩，谢主隆恩，然后便乖乖地交出了殿前都点检，一脸的忠诚和十分靠得住的样子，去做他的检校太尉了。这让柴氏孤儿寡母和满朝文武一下又迷惑了，他们是否做出了一个最错误的决策？而在他们迷惑之际，那幕府最深处的阴谋，除了那两个比黑暗更黑的阴影，永远没有人知道。很多人，很多事，在一个历史性的序幕揭晓之前，似乎都与一个阴谋无关。

后周显德七年（960年）大年初一，在先帝驾崩后一直弥漫着悲戚、压抑气氛的京师，忽然风闻契丹和北汉发兵南下，夹击中原。宰相范质、王溥都是头脑清醒、精明无比的执政大臣，此时竟然不辨真假，做出了一个匆促的决定，命赵匡胤率师北上御敌。请特别注意一下范质和王溥这两个执政大臣的表现，他们是真的不辨真假吗？接着往下看。

正月初二，赵匡胤统率六师一路静穆地走出了白雪皑皑的京师，道路泥泞，经十万兵马的践踏，一路上是密密层层的脚印与马蹄，而一旦走过，被践踏的残雪很快又连同翻起的泥浆一起冻硬了。整个队伍显得特别低调，看赵匡胤和将士们那脸上的神情，仿佛每个人都将成为国殇。但他们在风雪中并没有走多远，在跨过冰冻三尺的黄河之后，只往东南方向走了二十多公里,便夜宿陈桥驿。

正月初三凌晨,在时空中倒流了五十多年的历史,终于回到本文开端那一幕——

对这一段划时代的历史,《宋史》似乎想一笔掠过,却也充满了逼真的戏剧性:"太祖北征至陈桥,被酒卧帐中,众军推戴,普与太宗排闼入告。太祖欠伸徐起,而众军擐甲露刃,喧拥麾下。"——看看吧,一个叫赵匡胤的大将军醉卧在风夜的军帐里,突然涌进来一群全副武装的将领,他们想干什么?赵普和赵匡义撞开门,急匆匆地跑来禀告,众军要拥戴赵大将军当皇帝!赵匡胤一边伸懒腰,一边打哈欠,慢慢站起身来,将士们穿着盔甲、露出兵刃,前呼后拥地把他簇拥到那被雪风冻硬了的军旗下,他浑浑噩噩地看着那些擐甲露刃的将领时,眼前突然出现了一片金黄色的光芒,还没等他反应过来,一袭黄袍在朔风中呼啦一声掀开,旋即就披在了他伟岸的身躯上……

这已是一段尽人皆知的历史传奇,又有几个人真的看清了其间的真相?

我坦承,对于那些历史缝隙里的细节,我只能以想象的方式去努力接近,当一大片模糊的身影皆拜于赵匡胤的膝下、山呼万岁,数里之外都能听见时,赵匡胤却不由得打了个激灵。这黄袍加身的第一个激灵,是一个开国皇帝本能的反应。这些给他披上了黄袍的将领,随时都可能把黄袍披在另一个人身上,也随时都可能像他一样黄袍加身。我觉得,赵匡胤那一副被逼无奈的样子,一半是装出来的,另一半还真是难以言说。不过,他知道此刻最应该说什么:"你们自贪富贵,立我为天子,若能服从我的命令,我就答应你们,不然,我就不当这个皇帝!"

这是一句早已准备好的台词,其实所有的台词都已按不同的角色准备好了,那些拥立新帝登极的将士们的台词很简单,只有一个字——诺!这是应声而诺的诺,唯命是从的诺,也是诺言的诺。赵匡胤在一片"诺"声中又说:"诸军还京,必须保护好周太后和幼主,对周室公卿和朝臣不得侵凌,不准抢掠国家府库,服从命令者赏,违反命令者诛!"这其实也是赵匡胤对后周皇室心甘情愿许下的诺言,他此前的悲哭也并非是装出来的，周太祖、周世宗和整个周室对他恩宠有加，对他们赵家恩重如山，而他却在周世宗尸骨未寒、孤儿寡母凄凄怆怆时，竟然夺了人家的天下，他只有以最仁慈的方式去报答周室，才能对天下人有一个交代，至少也可以为自己稍稍减轻一些负罪感吧。

该说的话都说过了，赵匡胤才异常沉痛地下令，班师回朝！

这是一次历史性的逆转，也是对后周皇朝的一次逆袭。一座白雪中的皇城又呈现在他们的眼前，比他们出发时看上去更加清晰。

就在他们回京的路上，一座京师也早已准备好了，接替他执掌皇家禁军的将领不是别人，而是他的拜把兄弟石守信、王审琦等，一看他统率三军踏着冻硬了的冰雪归来，那两位禁军将领立马就打开城门接应。还是出了一点小意外，侍卫亲军马步军副都指挥使韩通想率兵抵抗，但他只是禁卫亲军的一位副将，在仓促间又根本无法召集军队，这徒劳的抵抗很简单地就被解决了，一个叫王彦升的军校赶上去一刀，就将他砍死了。除了这个多少有点血腥味儿的小插曲，赵匡胤麾下的将士几乎兵不血刃，就控制了一座帝国首都，而这座首都将原封不动地变成大宋帝国的首都。

走笔至此，应该看看《宋史》如何描述那几个执政大臣的表现了："及太祖北征，为六师推载，自陈桥还府署。时质（范质）方就食阁中，太祖入，率王溥、魏仁浦就府谒见。太祖对之呜咽流涕，具言拥逼之状。质等未及对，军校罗彦环举刃拟质曰：'我辈无主，今日须得天子！'太祖叱彦环不退，质不知所措，乃与溥等降阶受命。"这又是充满了戏剧性的一幕，不过，对赵匡胤兵变还都的记载在《宋史》和《皇宋通鉴长编纪事本末》中有两个不同的版本，一是"俄而将士拥质至"，一个就是我在此引用的《宋史》版，在一场政变发生之后，身为第一执政大臣的范质居然一无所知，此时正在阁中一如既往地用餐呢，赵匡胤带着另外两位后周辅政大臣王溥、魏仁浦来拜访他老人家了。赵匡胤虽是个北方大汉，却特别会哭，一见宰相范质便痛哭流涕，像一个委屈的孩子，诉说自己被众将擐甲露刃、武力逼迫才黄袍加身的过程，接下来就轮到范质表态了，可他还未及开口，那个一直"押"着赵匡胤的军校罗彦环便嗖地一个亮剑的动作，一下拔出一把锋芒毕露的宝剑，而他眼里的寒光比手中之剑更加咄咄逼人。一出戏演到了高潮，范质马上也进入了自己的角色，他与王溥、魏仁浦等三位辅政大臣降阶以拜，行的是大臣叩拜皇上的大礼。不过，他们也和赵匡胤一样，也是在武力的威逼下，才被迫拥立赵匡胤为天子。一个是不想当皇帝而被迫当皇帝，三个不想拥立新帝却在武力的逼迫下拥立新帝的执政大臣，又在军校们的逼迫下，率周室文武百官于朝堂听命，而此时的朝堂早已被赵匡胤麾下的将士里三层外三层地包围了。

接下来，便要举行禅让仪式，这是一个非常重要的仪式，每一个皇帝登极都必须有合法性。眼看周室的文武百官皆已到齐，却发现有一样非常重要的东西没有准备好。由于一场政变来得太快了，仓促间，还来不及为周帝准备好禅让诏书。不用急，且看又一个精彩细节，翰林承旨陶谷此时不慌不忙地从袖子中抖出了一份早已准备好的禅让诏书，又把一份禅让诏书诵读完毕。这是历史上多次上演的极滑稽又极庄严的一幕，在周室幼主柴宗训（庙号恭帝）还当着皇帝的最后几分钟，赵匡胤还得长跪于小皇帝脚下，以人臣之礼接受禅位诏书。诏书到手，赵匡胤奉天承运，正式登基，历史的角色奇妙地颠覆了，轮到被降为郑王的柴宗训来给赵匡胤行三跪九叩的大礼了。随后，柴氏孤儿寡母被迁往房州（今湖北房县）。一个如此滑稽的戏剧性的场面，在刀光剑影的拱卫下，变得如此森严、肃穆，令人肃然起敬。

当我在千年之后描写着这每一个难以割舍的细节时，我也在内心里发出一声声惊叹，从头到尾，这绝非一场冒险的赌局，每一步都经过精心算计。历史上，多少王朝帝国只能在世界末日一样的废墟上崛起，而这次政变只有天下易主，不见江山变色，更不见腥风血雨，整个皇城，一如平日，安静得像什么也没有发生过一样。应该说，这是中国历史上最完美的一次军事政变，也是最仁慈的一次改朝换代，每一个细节都安排得严谨、细致而缜密，无论是前台主角赵匡胤，还是赵匡义、范质、军校罗彦环、翰林承旨陶谷等一系列配角，甚至包括那些群众演员，都有精彩表演，而且，每一个人都有台阶可下，对未来历史都有一个交代。而这次政变的总导演赵普，除了在关键时刻偶尔露了一次面，便一直深藏不露了。不过，接下来，他也将走上前台来扮演自己的角色了。

三、大宋帝国的总设计师

大宋开国，由于赵匡胤任归德军节度使的藩镇府设在宋州（今河南商丘），遂以宋为国号，定都开封，改元建隆。

又据说，在大宋开国时便闹了一个笑话，开国改元，在定下国号、首都的同时还必须定下年号，赵匡胤拟以"天德"为年号，奉天承运，代天立德。赵普连称天子圣明，这是一个好年号，满朝文武也叫好。在一片叫好声中，却有一个正议大夫提醒皇上，这个年号曾被后蜀用过，而且是后蜀的亡国年号。这让一个开国皇帝又是尴尬又是沮丧，没想到刚刚开国就触了个大霉头。话说赵匡胤把一股邪火都发在了赵普身上，手中还紧攥着一把玉斧，一生气他就用这玉斧揍人。又话说他用玉斧揍了赵普一顿还难泄心头的那股邪火，又用一支狼毫把赵普画了个大花脸，一边画还一边怒不可遏地斥骂："你这厮怎么不读书！"——对这样一个充满了孩子气的怨责，也只能当作笑话看，哪有这么回事呢？只要对历史稍有了解的就知道，作为五代十国之一的后蜀，直到乾德三年（965年）才被宋军灭掉，离此时至少还有五年。后世之所以编排出这样的笑话，无非是为了嘲笑赵普的不学无术，结果却是对自己不学无术的嘲笑了。再说，就算是把历史颠倒过来了说话，这也不是对赵普一个人的嘲笑了，而是对满朝文武的嘲笑，那个宰相范质呢？他可是一代鸿儒，难道也不知道？

一个笑话插科打诨地讲完，又得言归正传了。

大宋开国，若论功行赏，赵普当以首功拜为第一任宰相。但赵匡胤让他扮演的角色，既非执政的宰相，也不是掌军的枢密使，而是让他扮演了一个魏征的角色，"以佐命功"，授右谏议大夫，充枢密直学士。对这一安排，又得细看历史了。在帝国初创时期，在政治安排和人事布局上，以阴谋和政变的方式夺得大位的赵匡胤，还真是表现出了非同一般的智慧。历朝历代，都是一朝天子一朝臣，但赵匡胤却没有迫不及待地改弦更张，而是基本上沿用了周室的原班人马，以范质、王溥、魏仁浦三位后周宰相为赵宋开国宰相，这一方面是他们的拥戴有功，甚或是在陈桥兵变之前双方就已达成的默契。但不管赵匡胤的主观动机如何，至少在客观上保证了国家机器在一场划时代的政权交接中，依旧能一如既往地正常运转，从而避免了一场政变后必然发生的政治动荡。如此一来，皇帝变了，国号变了，王朝易姓了，天下易主了，但别的则一切未变，而后周原本也是五代中最得人心的一个王朝，无论在政治、军事和经济上一直在良性运转，赵匡胤做出如此政治布局，既能维系周朝各级官吏的人心，也让天下归心。

在周室朝臣几乎原班人马保留下来后，赵匡胤重点晋升了一批拥戴他的周朝大将，如在兵变后为他打开京师城门的侍卫亲军马步都指挥使石守信、侍卫马军都指挥使高怀德等，如果没有这些处于朝廷心腹位置的禁军统帅高度默契的配合，一场惊心动魄的军事政变也不可能像这样于无声处展开，赵匡胤更不会轻易得手。哪怕最终政变成功，也将天下大乱，血流成河。而赵匡胤提拔的这些大将，也可以说是他的心腹，石守信是赵匡胤的结拜兄弟，高怀德则是赵匡胤的妹夫。由此而又难免不生联想，当初，在赵匡胤执掌禁卫亲军的权力被剥夺之后，为什么恰好轮到了他的把兄弟和妹夫来执掌呢？如果范质等执政大臣没有与赵匡胤达成某种默契，又怎么会做出如此的人事布局？有人说历史不忍细看，还真是越看越奇妙。除了那一身缟素的孤儿寡母，周王朝实际上早已被赵匡胤掌控了，所缺者只是陈桥驿兵变那样一个仪式罢了。这是赵匡胤的成功之处，又何妨不是他当了皇帝之后的特别提防之处？

又看赵普接下来的表演。他虽说没有当上宰相，倒也没有什么怨言，至少想得通。想得通的原因之一，以他此时的资历，从一个幕府掌书记直接超升宰相，实在难孚众望；原因之二，他的开国之功主要是那些幕后策划，说穿了就是不可告人的阴谋，除了赵匡胤和他本人心里知道，就只有天知地知了。因此，他在这次改朝换代中所发挥的总策划和总导演的作用，既然不能为世人所知，他的功劳也就只能是无名英雄的功劳了，自然也就不能成为超升宰相的理由。再说，尽管没当上宰相，他依然是赵匡胤的第一智囊，天子的第一高参，同范质等供在庙堂里的宰相相比，他虽无宰相之名，却行宰相之实。而随着一个帝国诞生，他的一系列锦囊妙计也将从阴谋变成阳谋，他扮演的角色也不只是权倾一时的宰相，而是扮演一个帝国的总设计师，他是大宋朝开国典章制度的主要制定者，也是一个开国皇帝进行人事安排的主要参谋者。

但此时，无论是赵普还是赵匡胤，心里都有一个悬念，这个王朝将延续多久？

赵宋王朝上承五代十国，在这疯狂的半个多世纪里，一切皆诉诸武力，随着一轮轮血雨腥风的征伐和军事政变，而那些在白骨与废墟上崛起的军事强人，在斧钺干戈的激情狂舞中，早已把一个国家撕得四分五裂。赵普和赵匡胤都是过来人，也是以阴谋与武力夺取了政权，而五代中最长的一个王朝也只延续了十七年，最短的仅仅只有三年，以军事政变登极的太祖赵匡胤，从后周的孤儿寡母手里夺得了大位，又怎么甘心自己缔造的赵宋王朝将沦为五代之后的第六代短命王朝呢？

这是极有可能的。就在开国不久，建隆元年（960年）四月，在后周王朝担任义成军节度使的李筠，原本是和赵匡胤平起平坐的节度使，也和赵匡胤一样野心勃勃地觊觎着帝位，眼看赵匡胤抢先一步称帝，他岂能屈居人下，俯首称臣？他公然拒绝宋朝授予的高官，暗中勾结北汉刘钧起兵反宋。这正是大宋开国后直面的两大威胁，一是环伺四周的列强，宋朝继承的只是后周的版图，那五代十国中的大多数独立王国依然和宋朝并立；二是内部的军事强人叛乱，既有后周时代遗留下来的军事强人，也有新的军事强人正在崛起。若这两大危机无法化解，历史上的五代势必变成六代，而宋朝势必又将被第七代王朝灭掉。

在内外交迫的危机中，赵普力主赵匡胤御驾亲征，而此时赵普也来不及扮演治国参政角色，他更多的是扮演一个军事高参的角色，随天子一起出征。而此时赵匡胤仰仗的两位大将，便是石守信和高怀德。

同年六月，宋军攻陷李筠的大本营保泽州（今山西晋城），在绝望中，李筠的表现倒也非常壮烈，自焚而死。

但一乱刚平，一乱又起。这次作乱的是周太祖郭威的外甥、淮南道节度使李重进。他先派心腹翟守珣联合北汉反宋，翟守珣被俘后，降附了宋朝。但对李重进，赵匡胤一开始并不想用战争的方式解决，而是采取笼络之策，赐他以铁券（免死牌）以稳其心，并令他移镇青州（今山东济南一带），以便对他就近约束。但李重进根本不吃这一套，他扣押宋使，于同年七月起兵反宋。赵匡胤这次没有亲征，派石守信、王审琦发兵征讨，但攻打了挺长时间仍未攻克。赵匡胤问赵普是什么原因？赵普一时也不知怎么回答。据说，每次遇到了不能解决的问题，赵普就回家闭门读书，不用说，他又是在翻来覆去地看《论语》，而一部《论语》对于别人就是一部可看可不看的书，对于他却总有神奇的效果，第二天他总能想出办法来。在又看了一晚上的《论语》之后，赵普又找到答案了。他认为，李重进和李筠都是节度使，实力差不多，但李筠是一个靠网罗亡命之徒起家的草莽英雄，不得人心、军心，而李重进则是周室的贵戚和公卿，他麾下的将士用命，而石守信、王审琦率领的将士原本也是周室的将士，很可能是对周室还有余忠，也就对周室的贵戚和公卿下不了手。赵匡胤连连点头称是。赵普又劝天子再次御驾亲征，唯有这样，将士才会用命。十一月，赵普随天子亲征，果如赵普的预言，在天子的御驾下将士们奋不顾身，一举攻克李重进的大本营扬州，李重进之死比李筠更悲烈，全家自焚而死。

这就是赵普在开国后的两次阳谋，由于他两次献策亲征，又在从征途中屡献妙策，在二李叛乱平定后，赵普超升兵部侍郎、枢密副使，史称他"从征二李，位列枢使"。枢密院是朝廷掌管军政的最高官署，和相府平行，枢密使、枢密副使也一直是和宰相、副相平行，号称二府大臣，也就是国家领导人。而此时，还是宋朝建政元年，沿袭唐五代政制，越是乱世，越要用兵，在唐末五代乱世，枢密使地位迅速蹿升，其职掌范围扩大到了极限，可将军政大权握于一己之手以便宜从事，权侔于宰相，甚至比主宰朝政的宰相更有实权，而实权是必须凭枪杆子做后盾的。赵普在进入赵匡胤幕府四年之后,就从一个地位卑微的军事判官而跻身于国家领导人行列,按正常秩序是不可能的,只能说是乱世出英雄、时势造英雄的仕途奇迹。但若要被时事造就为一代英雄,还真要有非常之胆魄和非常之智慧,所谓乱世,就是一个非常的时代,一切都只有以非常之方式来打造。在一个非常的时代里若想以正常的方式生活,只会沦为那些英雄脚底下或马蹄下的白骨与僵尸。赵匡胤和赵普深知这一点,而这两个乱世英雄,此时最想打造的是一个正常的国家、正常的社会,而唯一的目的就是努力让一个王朝在时空中绵延下去,以至无穷……

这次让赵普得以超升的"二李叛乱",其实是对一个帝国提前敲响的警钟,若不采取化解危机的方式,警钟之后便是丧钟。而君臣二人心里都非常清楚,对于一个帝国,最大的威胁就是军事强人。而此时赵普最担心的还不仅是"二李"之类的叛乱,而是离皇帝最近的、执掌禁军的石守信等将领。这其实也是一个皇帝最担心的。一次,君臣俩谈到了手持重兵又深受赵匡胤倚重的几员大将,赵普试探着提醒皇上应小心防范才是。赵匡胤一下警觉起来,却又装出一副豁达大度的样子连连摇头说:"掌兵诸将,皆朕旧属,朕待之甚厚,当不至负朕。"赵普微微一笑道:"世宗待陛下不可谓不厚,不可谓不亲,缘何有陈桥之变?"——关于赵普的这一番君前奏对,史上有多种版本,大概就是这么个意思吧。赵普一句话,还真是一下戳到了太祖的心坎上,在赵普这样一个心腹面前,他其实也没必要再装了,那就不如打开天窗说亮话吧:"自唐季以来数十年,帝王凡易八姓,战斗不息,生民涂地,其故何也?吾欲息天下兵,为国家计长久,其道何如?"对此,赵普又不知翻过多少次《论语》,早有了一个深谋远虑的答案:"陛下言及此,天地人神福也。此非他故,方镇太重,君弱臣强而已。今欲治之,惟稍夺其权,制其钱粮,收其精兵,则天下自安矣!"

——这就是赵普在赵宋开国后提出的"稍夺其权,制其钱粮,收其精兵"的十二字方针,分别从政权、军权、财权三方面来化解和根治唐五代以来陷入动乱的危机,从而替大宋帝国构筑起"为万世开太平"

的国家体制。

对于一个帝国，政权是摆在第一位的，而军权却是最危险的。无论是开国之初，还是从长远着想，都必须把如何限制军事强人的崛起放在首位。大约就在这次君臣交谈后不久，一个具体的计划开始实施。大宋是一个充满了戏剧性的王朝，在接下来的又一幕历史大戏中，宋太祖赵匡胤又将扮演主角。

那是北宋开国第二年，建隆二年（961年）七月，中元节前后，太祖在退朝之后忽然招呼石守信等大将留下，特意设宴款待这些为他黄袍加身居功至伟的开国将领。正酒酣耳热之际，赵匡胤屏退左右，举杯给诸将敬酒，他那祝酒词大意如此："人生苦短，如白驹过隙，所谓富贵者，莫若多积余钱，使子孙无贫困之忧。尔等何不释去兵权，出守藩镇，多置良田美宅，为子孙立为永业。多养歌儿舞女，饮酒相欢，以终天年。我与你们结缘，君臣之间，两无猜疑，上下相安，岂不更好？"——这是大意，却也是微言大义，石守信等人的酒意一下清醒了大半，满桌的开国元勋们，直愣愣地看着一个开国皇帝，那脸上的神情透出一种无可奈何的失落感。赵匡胤却兀自把身子转向一边，看着别处。那阴暗而孤绝的一个侧影，以一片刀光剑影为背景，又让石守信等人猛抽了一口凉气，另一半酒意也幡然猛醒。于是乎，众将领皆黑压压地跪在天子的背后，山呼万岁，谢主隆恩！——这就是赵匡胤在夺取政权之后创造的又一个史无前例的奇迹，他仿佛只用一杯酒，就中止自唐中叶以来两百多年藩镇割据和此起彼伏的动乱，这既避免了在他黄袍加身后又在别的将领身上发生，又比此前的汉高祖刘邦、此后的明太祖朱元璋在开国后大杀功臣显得仁慈许多，大宋帝国的宫殿里也是历代王朝中血腥味最少的一个。

从历史意义看，这是宋太祖赵匡胤开国后干的第一件大事，也是他的一流政治策划师赵普奉献的又一妙计，这比攻占几个州城、灭掉一个北汉或后蜀还要重要得多，既解除了一个一个帝国眼下的危险，更决定了一个王朝未来的走向。但赵匡胤知道，这还只是对危险暂时的化解，他还必须找到一种更长久的方式来保证一个帝国长久的安定与绵延。而摆在他眼下的第一个问题是，随着开国元勋们纷纷解甲归田，谁来为他带兵打仗呢？

这个还真不用着急，一切都在按计划一步一步地走，在"杯酒释兵权"后的第二年，赵普便从枢密副使升为枢密使、检校太保，一个手无寸铁的文士或谋士，一跃而为帝国的最高军事长官，这是史无前例的奇迹。如果说此举的意义只是工于心计的赵普个人又官升一级，那就真是低估他了，他以文人的身份担任枢密使，从此开创了宋朝三百多年历史上以文人掌军、"以文驭武"的先例，必将成为惯例。这也正是赵普和赵匡胤合谋的又一个基本国策。此后，担任枢密使、枢密副使的，除了后来狄青等极少的武将之外，几乎是清一色的文官。而宋朝的兵部尚书，基本上是有名无实的虚衔。然而，文人掌军也不一定就对皇权没有威胁，后唐开国皇帝李存勖将一个手无缚鸡之力的伶人提升为从马直指挥使（禁军司令），不也同样发动了一场弑杀君王的兵变？——这其实也是赵普早已深思熟虑的，他对大宋帝国的体制设计一环扣一环，形成一个以皇权为中心的体系，政权、兵权和财权等三大权力部门的独立性都将被大大削弱，使之既必须围绕君权运转，又相互制约，由此而形成了大宋王朝特有的帝国政制。

先看政权。宋朝和历朝一样依然由宰相执政，而宰相也是最容易专权、擅政的，为了预防政治强人崛起，对皇权构成威胁，宋朝对宰相的权力大大削减了，其军事方面的权力归于枢密院，财权则归于三司使。又哪怕相权被分割并削减了，按赵普的十二字方针，还必须对其现有权力进行分割，除了采用多人担任宰相（并相），又为宰相设置了参知政事，也是多人担任，宰相和参知政事统称为执政，虽有正副之分，但都对皇帝直接负责，这让他们可以互相制衡。后来，有些比较强势的参政知事，其实权甚至超过了宰相，如宋太宗朝的寇准，在担任参知政事时，其实权就超过了宰相吕端。

再看最危险的军权如何设计。宋朝军政归于枢密院，其长官为枢密使，从赵普开始，便以文官执掌。但枢密使主要是负责全国军队的管理，不能调动军队，凡军队出征的命令必须先经皇帝发出，再经过枢密院传达到诸将手里，没有皇帝的命令，这个最高军事长官甚至连一兵一卒也调动不了。而为了解除朝廷的心腹之患，又对掌管禁军的机构也进行了分割，设殿前司，并将原侍卫亲军司按骑兵和步兵分成马军司和步军司，合称"三衙"。三衙的长官分别称为"殿帅""马帅""步帅"合称"三帅"，各设都指挥使、副都指挥使和都虞候，共计九员，作为三衙统兵官，三衙既互不隶属，又互相制约，谁都不可能有实力发动兵变，哪怕其中的一司发动了兵变，还有另外两司的队伍被朝廷掌控。又哪怕三司同时发动兵变，以文臣主持枢密院又与三衙互相牵制，实行以文制武。而为了防止军事强人崛起，在有宋一朝，一个武官若要执掌枢密院，晋升为二府大臣，几乎比登天还难。应该说，此举对防止军事强人崛起极为有效，宋朝三百多年历史上，无论治世还是乱世，都没有出现足以挑战皇权、推翻皇权的军事强人，也极少发生军事政变。只在南宋高宗南渡期间，由于当时的秩序乱套了，才发生了随扈亲军的兵变，但由于发动兵变者根本就没有什么军事实力，很快就被镇压下去了，而宋高宗很快也在以文驭武的大臣拥戴之下复辟。

又看财政。为国理财的大权，无论收支以及盐铁等国家专卖物资的管理，均归于三司，其长官为三司使，又称"计相"。

执政的相府和掌军的枢密院又合称"二府"，凡二府大臣和三司使也就是国家领导人。

从赵匡胤和赵普为大宋帝国设计的国家体制看，是历代王朝中在权力制衡方面做得最成功的，通过这三权分立，无论是宰相、枢密使还是三司使，都难以对皇权构成直接威胁，无论文臣武将，都不可能再出现专权、擅政的局面，天下权力归于一人，那就是皇帝。宋代也许不是一个最强盛的王朝，但宋朝的皇权或君权绝对是史上最巩固的一个王朝。这是用三百多年的历史验证了的。

在加强了以皇权（君权）为核心的中央集权后，宋太祖又用赵普之谋，从乾德元年（963年）起，开始削弱各地藩镇节度使，以达到"强干弱枝、居重驭轻"的目的。赵普提出"收其精兵"，一开始也是针对藩镇节度使的，朝廷将厢兵（宋代承担各种杂役的军队）之骁勇和荒年募精壮之丁为禁军，使禁军人数扩充到几十万，极大地提升了宋朝统一中国的实力，又化解了地方武装的实力，而地方厢兵虽说已被大大削弱，但在一定程度上仍可制约禁军，这也是"强干弱枝"的一个很具体的表现；在"制其钱粮"方面，赵普的初衷原本是为了限制节度使财政粮饷权限的一种办法。随着节度使大势已去，这一制度并未废弃，由朝廷设置各路转运使来管理地方财政，并规定，各州的赋税收入除留备其正常的经费开支外，其余的一律送交京师，不得擅留。这样，既增加了中央的财政收入，又使地方无法拥有对抗中央的物质基础。随着藩镇的实力被大大削弱，朝廷没有费多少工夫，就相继罢黜了几乎所有的地方节度使、削去了数十位异姓王之权，由此而终结了自唐朝中叶以来藩镇割据的局面。随着集军、政、财三权于一身的节度使纷纷退出政治舞台，对地方治理，则以文人担任的知州、知县取代，又以通判为州府副职，而通判并非州、县地方官，而是由朝廷直接派遣，为皇帝督察知州、知县之耳目。州府长官与通判共掌政权又互相牵制，既分散和削弱了地方长官的权力，又把州、县直接纳入了皇帝的视野之内。俗话说，"文人造反，三年不成"，何况还有朝廷派来的通判监督，从此，地方上也就安定了，有宋一朝从未发生过州府长官的叛乱。

　　从历史的既定事实看，这是一场从未被历史正视过的划时代的政治变革。有宋一朝，自始至终是一个锐意变革的王朝，但很多人都只注意到了宋仁宗朝范仲淹昙花一现的庆历新政、宋神宗朝王安石的熙宁变法，却忽视了宋太祖开国建政时期，由赵普扮演总设计师的一场伟大的政治改革，这一场看上去波澜不惊的变革，从根本上革除了此前历代王朝一直因循的陈旧体制，而铸造了一个崭新的帝国体制，并以天子和士大夫"共治天下"取代了斧钺剑戟把持的强权政治，开创了"造极于赵宋之世"的文治盛世。而在中国历代变革中，所成者殊少，宋太祖和赵普主持的这次划时代的变革却取得了辉煌而持久的成功。

　　又从赵宋王朝未来的历史看，赵普既是赵匡胤的一流政治策划师，更是大宋帝国的总设计师，他手里仿佛操控着历史的开关，他的每一个阴谋或阳谋都成了历史的关键词。当然，这一切都是在皇权之下进行的。赵匡胤和赵普堪称历史上最完美的君臣组合之一，这一对君臣组合的历史意义，远远超过了汉高祖刘邦和萧何、张良、陈平等文臣的组合，也超过了刘备和诸葛亮的组合，更超过了未来的朱元璋与刘伯温的组合，如同天作之合的绝配。如果说他们最初的策划充满了阴险而卑鄙的暗算，足以用不仁不义来形容，但在开国之后，他们扮演的则是政治家的角色。一个最高政权的拥有者不一定就是政治家，中国历代帝王中也鲜有政治家，但仅从上述历史事实看，就不能不说赵匡胤是一个充满政治智慧的政治家，也不能不说赵普是一个深谋远虑的政治设计师。一个高瞻远瞩的天子，与一个深谋远虑的谋士，他们既为一个帝国设计当下，更在为一个帝国设计未来。一个帝国，一个接踵而至的文治盛世，将按他们的设计在时空中运行三百余年……

而随着他们的政治设计，一个问题又摆在眼前，随着大大小小的武官们纷纷退出政治舞台，或专心带兵，或解甲归田，谁来为一个王朝治国呢？一点也不用着急，他们早就准备好了。还在开国的同年，赵匡胤即在北伐与南征的戎马倥偬中举行了宋朝历史上的第一次科考："悬科取士，为官择人。"

历史上，"开科取士体制，至唐时大臻完备"，但却是赵匡胤缔造的大宋王朝将这种"大臻完备"的制度推向了极致。在举行了第一次科考后，赵匡胤便意识到了唐代科举的一个积弊，也是隐患——公荐制。所谓"公荐"，就是推荐与考试相结合，而推荐又起到了举足轻重的作用，每次开考之前，士子们不是用心准备学业，而是四处问讯打听谁是考官，匆匆奔走于"当世显人"之门，千方百计打通各种关节，以期得到国中名流显宦的推荐，提前进入考官的视线。如此"公荐"，实为那些营私舞弊的士子和达官贵人们大开了方便之门。赵匡胤一旦发现了问题，便果断下诏废止了这一制度。但如果你以为他所虑的仅仅只是徇私舞弊的问题，那就低估了他的政治智慧了，他其实还有更深层次的忧虑，那就是这样的公荐制，让士子与推荐者以提携与感恩为纽带，互相结为了密不可分的利益集团，而对士人、士大夫抱团，赵匡胤如同对待武官擅政一样，也同样是高度警惕的。为此，他三令五申，"今后及第举人不得辄拜知举官，……如违，御史台弹奏"。又严厉诏令，凡士子及第，"不得呼春官（考官）为恩门、师门，亦不得自称门生"。随着"公荐"等诸多不合理的制度被废除，一方面使科考更为公正，另一方面，赵匡胤又开启殿试，由皇帝亲自命题主考，凡及第者则顺理成章地成了"天子门生"。

由此，宋朝士人一旦进士及第，就与天子形成了师生关系，而这些进士也成了真正的天之骄子，上至宰执，下至县主簿，皆是清一色的士大夫组成，而赵宋政府也是中国历史上唯一的文官政府，不仅以文人治国，而且以文人统兵，连"佐天子执兵政"的最高军事长官枢密使也基本上由文臣担任。当一个国家把政事、军事、人事等一应国家大事全都压在了士人身上，这让一个王朝的士人感到了前所未有的压力，却也形成了一种倒逼机制，使宋朝士人在历代士人中成了最有担当、最有使命感和天下抱负的一代士人。

宋太祖赵匡胤在位只有十六年，而一个绵延三百多年的帝国，将一直在他伟岸的身影和一个谋士逆光的背影下延续，这只因他们为一个王朝设计出的一项根本制度，从开国之初即定下了天子与士大夫共治天下的政治架构。又据《宋论》载，太祖赵匡胤曾于殿中为继位者勒石为戒："一、保全柴氏子孙；二、不杀士大夫；三、不加农田之赋。呜呼！若此三者，不谓之盛德也不能。"而正是这三大戒律，使得有宋以来历代帝王严守祖训，宽以待人，宽以待士，不杀士大夫及言事者，始终与士大夫共治天下。从太祖开始，这个王朝在三百多年的历史上从未用锋利的刀斧砍断士人的脑袋与骨头，而对一个士人而言，脑袋与骨头有多么重要。

在开国第四年，乾德二年（964年），赵匡胤对中枢与地方政权的部署已经基本定夺，这标志着一个王朝的国家体制已经打造定型，而此时，范质、王溥和魏仁浦这三位从后周沿用至今的宰相，已经没有继续留用的必要，太祖便尽罢范质、王溥、魏仁浦三相，拜赵普为门下侍郎、平章事，他虽还不是名正言顺的宰相，但事实上已摄相印。从历史事实看，赵普虽然在名义上不是宋朝的开国宰相，却是实际上的北宋第一名相。

从赵普摄相印，到太祖驾崩的前几年，这一君一臣还将度过一段政治蜜月期。

在北京故宫博物院藏有一幅《雪夜访普图》，为明朝的宫廷画家、锦衣都指挥刘俊所作，描绘的是赵匡胤在一个风雪夜造访赵普的故事。掠过一抹院墙，是赵普家虚掩的大门，门外冷寂的白雪中，是天子的随从数人，或伫立，或守望。进入门内，越过又一段空白进入画面的中心，赵匡胤和赵普二人盘腿而坐，身边一盆炭火，既可取暖，又可烤肉。他们身后是一座大屏风，赵普之妻露出半个身子，双手捧着一把酒壶。看那君臣二人随意的交谈，像哥俩在拉家常。——这其实不是杜撰的故事，而是一段真实的历史：太祖有个习惯，时常在夜晚去造访那些他信任的开国功臣，而赵普每次退朝回家，也不敢脱下朝服换上便衣。一个大雪夜，赵普估计皇帝应该不会出门造访了，过了一会儿，他就听见了叩门声，"普亟出，帝立风雪中，普惶惧迎拜"。太祖笑道，不光是他一个人来了，他还约了晋王一块儿来。晋王就是赵匡义，在赵匡胤登极后，因避其名讳而改为赵光义。过了片刻，赵光义果然就进门来了，这一个皇帝、一个未来的皇帝和一个宰相，一边烤着炭火，一边吃着烤肉，更有人情味的一幕是，"普妻行酒，帝以嫂呼之"。看看赵普与一个天子这种随意而又亲密的关系，在历代君臣中还真是极为鲜见。而太祖特意约好自家兄弟来访，又绝非来喝酒闲聊，而是来商量国家的统一大业。太祖正在运筹攻下北汉都城太原，赵普则不以为然，他认为，太原当西北二面，一旦攻下，若西北二面之敌来犯，反而让大宋陷入独当一面的被动局面。他建议，不如先等待削平诸国，再来收拾太原，太原一个弹丸棋子大的地方，还能逃到哪里去？——这就是赵普为宋朝统一中国奉献的一个极为重要的战略方针：先南后北。而这一先南后北的战略核心，是在攻占南唐、吴越等江南富饶之地后，有了更雄厚的经济基础和战略物资，然后从契丹手中收复被石敬瑭割让的燕云十六州，这不只是扩张帝国版图的问题，而是夺回长城一线的战略屏障，为宋朝解除一个无穷的后患。

当赵普把一番策略讲完，帝笑曰："吾意正如此，特试卿尔。"

这个宋太祖还真是有意思，把一个大臣的好主意马上就变成了自己早已想好的主意："我的想法正是这样，只是试探一下你罢了。"而赵普倒也没有白做贡献，乾德五年（967年）春，随着宋军南征，将五代十国中剩下的荆南（南平）、南楚、后蜀等逐一灭掉，赵普也在捷报频传中抵达了一个人臣的巅峰状态，官加右仆射兼门下侍郎，同中书门下平章事、昭文馆大学士。——宋朝宰相的名字弄得特别复杂，这一连串的衔头，实际上就是说，天子赵匡胤赏给了赵普一个名副其实的大宋宰相。至此，赵普在他四十五岁这年，无论在实际上还是在名义上，都已抵达了他人生仕途的顶峰。在接下来的岁月里，他只需守住自己这个宰相的位置，一如赵匡胤只需守住他那皇帝的位置。

四、天子与士大夫"共治天下"

天子与士大夫"共治天下"，是一个开国皇帝和一个开国谋士合谋的结果，也可谓最高统治者与古代知识分子组成的政治同盟，而这样的"共治"，实际上就是从宋太祖赵匡胤与宰相赵普开始的。

然而，随着赵普位极人臣，接下来的情势对他却越来越不妙了。

在赵普实至名归地当上宰相之后，首先似乎是赵匡胤感觉有点不对头了，他明显觉得赵普为相与范质很不一样，也让他这个皇帝当得不那么自在。

范质和赵普都是历史上的名相，而这两人还真是很不一样。同以"半部《论语》治天下"的赵普相比，范质是一个饱读诗书、手不释卷的鸿儒，但他又绝不是书呆子。他一生历经五朝，在一代代王朝走马灯似的更迭中，不知换了多少个皇帝，但他始终都是朝廷大臣，这并非就因他才华出众，天下有多少满腹经纶的人被湮没于尘埃之中，终生不为所用。范质成功的关键还是，他对每一个王朝都有无可替代的作用。而我在浩如烟海的历史中反复搜索，却又并未发现他像赵普一样扮演过创造历史的角色。那么，范质无可替代的作用又在哪里呢？

这里，不妨借用大宋开国后两位天子对他的评价：

宋太祖称道："闻范质只有宅第，不置田产，真宰相也。"——这不是称道他的治国之才，而是称道他的高尚品德，他也的确以清正廉洁而深得朝野敬仰。自五代以来，宰相不断从地方索取贿赂好处的恶习，已经成了潜规则，但范质一生为官，从不接受各地馈赠之礼，甚至自己的俸禄和所得赏赐也大部分送给了老弱孤寡，临终时"家无余资"。

宋太宗的评价则是："宰辅中能循规矩，慎名器，持廉节，无出范质右者。"这也的确是范质一生始终不渝的美德，他一生循规蹈矩，对国家大事非常谨慎，又非常廉洁，在这方面没有谁能超过他。此外，范质为人耿直，对人对事好当面批评，但绝不斤斤计较，并且敢于承担责任。作为身历周宋二朝的宰相，他与人提及在相位的感受时，说过一句名言："人能鼻吸三斗醇醋，即可为宰相矣。"这是他说出的一句很风趣的名言，如果你连三斗老陈醋的呛鼻之气都能受得了，你就能当上宰相了。就凭这句话，你就知道他是一个胸怀有多么坦荡又风趣大度的宰相。但除了这些高贵的品格，除了他的道德文章，他对历史又有多大的推动作用呢？作为后周的辅政大臣，他没有挽救一个王朝；作为宋朝的执政大臣，无论开国，还是建政，他也没有发挥关键性作用。他不是历史的创造者，而是一个忠于职守、兢兢业业的管家。又应该说，在多年军阀战乱、政权更迭的历史大动荡、大分裂后，宋初得以走向稳定和统一，范质在一定程度上起到了稳定的作用。

乾德二年（964年）九月，范质去世，终年五十四岁，临终前他告诫儿子不请封谥号，不刻碑立传。天子赵匡胤惊悉范质死讯，三天不上早朝，以示哀悼。

赵普为相，简直与范质完全是两种不同的风格。首先，他在道德文章上都远不及范质。范质是一个历史给予崇高评价的道德君子，而赵普则是一个诡计多端的人，史称他"性深沉有岸谷"，又"多忌刻"。然而，几乎所有的历史都不得不承认他"能以天下事为己任"。而元人脱脱的《宋史》还不点名地把范质批评了一下："宋初，在相位者多龌龊循默，普刚毅果断，未有其比。"

——通过对范质和赵普这两位名相的对比，基本上可以得出以下结论：一个皇帝若想四平八稳，范质无疑是最好的宰相，在乱世他可以在朝政上发挥一定的稳定作用，在治世他则可以稳稳当当地做一个太平宰相；若这个皇帝想要干一番开天辟地的事业，又想开万世太平，则必然要重用赵普这样的宰相。

　　当一个帝国大政方针已定，大部分江山已经打下来了，也逐渐稳定下来了，作为皇帝的赵匡胤几乎已排除了所有对皇权的威胁，但他还有一个威胁没有排除，那就是他的亲兄弟、晋王赵光义，赵普已经暗暗地提醒过他好几次了。这让赵匡胤很不愉快，他这样一个仁慈的天子，难道要他对亲兄弟下手？他又怎么向自己尊敬的母亲交代？

　　事实上，赵匡胤也从未感到来自皇弟的威胁，倒是越来越明显地感到了一个宰相对自己的挑战，这是相权对君权的挑战。而在此前，他就对赵普越来越看不惯了。《宋史》描述了这样一个细节："初，太祖侧微，普从之游，既有天下，普屡以微时所不足者言之。太祖豁达，谓普曰：若尘埃中可识天子、宰相，则人皆物色之矣。自是不复言。""侧微"一词语出《尚书·舜典》，不在朝廷谓之侧，其人贫贱谓之微。但从赵匡胤的身世看，他父亲赵弘殷历任四代王朝的禁军将领，可谓门第显赫，太祖并非生于贫贱之家的陈涉之流。又看赵普初入太祖幕府时，赵匡胤赫然已是后周王朝的一员主将，也不可能有侧微之说。赵匡胤真正比较落魄的一段时间，是在他去投奔郭威的路上，难道那时赵普就认识他了，并有过一段追随他的经历？但史上又难觅蛛丝马迹。总之，在赵匡胤得了天下之后，作为宰相的赵普犯了一个细节上的错误，他时常有意无意地提起太祖地位卑微时的一些不足之处。他这样提的目的，或许是下意识地提醒太祖贫贱之交不可忘，这就让太祖有些不舒服了，好在太祖性格豁达，并未发脾气，只是旁敲侧击地对赵普说："假如在尘埃中就可以辨识天子、宰相，那么每个人都可以早早就去投奔他们了。"从此赵普再也不提起那些前尘往事了。

　　接下来，君臣俩便进入了政治摩擦期。他们的摩擦首先就发生在高度敏感的人事问题上。史载：赵普"尝奏荐某人为某官，太祖不用。

普明日复奏其人，亦不用。明日，普又以其人奏，太祖怒，碎裂奏牍掷地，普颜色不变，跪而拾之以归。他日补缀旧纸，复奏如初。太祖乃悟，卒用其人"。——透过这个细节，终于看到了赵普也有那像犟牛一样倔强的性格。对此事，后世有两种不同的解释，一种是赵普特别珍惜人才，一旦他发现了治国的栋梁之材，就会一而再、再而三地推荐，而他推荐人才并不投天子所好，而是从国家着想，这无疑是比范质更高贵的品德；但很多人似乎不愿意承认这一个历史事实，他们不相信赵普这样一个权谋家会这样高尚，于是便有了一种另类的解释，赵普这样做不是任人唯贤，而是任人唯亲，太祖意识到了这一点，为了预防他在朝廷里培植党羽才一再拒绝。但从"太祖乃悟"一语看，很明显，有问题的还是太祖，要不他怎么会醒悟呢？

赵普与天子在人事上发生摩擦并非孤例，又有一次，"有群臣当迁官，太祖素恶其人，不与。普坚以为请，太祖怒曰：'朕固不为迁官，卿若之何？'普曰：'刑以惩恶，赏以酬功，古今通道也。且刑赏天下之刑赏，非陛下之刑赏，岂得以喜怒专之。'太祖怒甚，起，普亦随之，太祖入宫，普立于宫门，久之不去，竟得俞允"。对于这段历史，就没有任何争议了，有个官员按照朝廷的政策应该升迁，但是赵匡胤一向很讨厌这个人，不同意按政策办事。赵普又像上次一样，坚持要给这人升职，太祖又一次勃然大怒："老子就是不给他升官，你又能怎样？"这个武夫出身的皇帝还真是蛮不讲理，但赵普没有退让，继续据理力争："朝廷制订刑罚，是为了惩处坏人，而朝廷制订奖励条例，是为奖赏那些为国立功者，这是亘古不变的原则。而刑赏是天下的刑赏，不是陛下一人之刑赏，陛下怎能以自己的喜恶，一个人说了算？"——对于解读赵普，这是非常关键的一句话，在他心里，天下远高于君主，当一个皇帝的意志与国家政策发生冲突时，赵普已经是拎着脑袋在冒死直谏了，这正是一个国士的典型性格。幸亏太祖赵匡胤曾于殿中勒石为戒，其中一条便是"不杀士大夫"，可一个天子既然可以违反政策，一块石头不是同样可以一脚踢开吗？此刻，眼看一个天子已经气得眼珠子血红，赵普应该退避一下了。但随着太祖怒不可遏地站起来，赵普也跟着一起站起来了，太祖气急败坏地走进内宫里，这是皇家禁地，赵普是不能闯入的，但他并未退走，而是一直挺立在宫门外。透过这样一个腰杆子挺得笔直的士大夫，后世应该更透彻地看到一个更真实的赵普。又幸亏，宋太祖赵匡胤虽说脾气暴躁，但终究不是一个暴君，他最终又一次屈服，答应了赵普的请求。这其实也不是一个皇帝向一个宰相屈服，而是一个天子对国家政策或法律的遵从。在一个皇权凌驾于一切之上的时代，赵普的冒死劝谏，让一个天子有了一定的人格自觉，还有对天下的高度清醒意识。

——当我细读赵普的历史事迹，我发现这个被人认为是充满阴谋与暗算的赵普，在我的心中渐渐变得大义凛然、光明磊落了。我敢说，这样冒死直谏，那个留下了一世清名的范质不一定能做得出来。在范质罢相之前，他也曾上奏皇上："臣闻做宰相者，当举贤荐能以辅佐天子，枢密副使赵普精通治国之道，阅历滋深，能秉公尽忠，诚堪毗倚……"如果不细看历史，你肯定也觉得范质如何高尚，但只要你仔细看，就会发现一些猫腻，范质每次推荐人才，必先眼观六路，尤其要对天子察言观色，用心琢磨，一旦他发现天子看重了哪个人，打算要提拔了，他就会赶写推荐的奏章，结果，每奏，皇帝都高兴地采纳了，觉得这个宰相真是和自己一条心，想到一块儿去了。一个大臣也只有这样才能和天子一条心。而对天子讨厌的人，他绝对不会像赵普那样大义凛然、冒死直谏。哪怕翻遍了历史的缝隙，我也未发现他有类似赵普的表现。

随着赵普接二连三地触怒天颜，他这个宰相看来是干不长了。

开宝六年（973年），是宰相赵普的多事之秋，几乎是一事接着一事。

这年春天，就在这君臣俩的关系闹得别别扭扭时，赵匡胤似乎已久未登过赵普家门了。却忽然有一天，他又一抬脚迈进了赵普家门槛，搞了赵普一个措手不及，刚想把什么东西藏好，偏偏又被太祖的一双龙眼盯上了。——在司马光的《涑水纪闻》中，以笔记体把这事描述得如同小说一般："太祖时，赵韩王普为宰相，车驾因出，忽幸其第。时两浙王钱俶方遣使致书及海物十瓶于韩王，置在左庑下。会车驾至，仓卒出迎，不及屏也。上顾见，问何物，韩王以实对。上曰：此海物必佳。即命启之,皆满贮瓜子金也。"——这里我也不妨以小说家言描述一番:太祖眯眼瞅着那还摆在左边廊下的十个亮晃晃的瓶子,问这是啥玩意儿呢?赵普如实相告,这是吴越王钱俶送来的。太祖说:"这是海物,肯定非常好!"吴越国就在大海边上,海鲜、海货自然是多得很,好得很。而吴越国和大宋也不是敌国,钱俶的祖父钱镠在位时就已向大宋奉表称臣,名义上已是大宋的一个藩属国。一个藩王给宗主国的宰相送点儿土特产什么的也在情理之中。太祖也是通情达理之人,一边笑着说,受之无妨,受之无妨,一边信手打开一瓶,刹那间,那两只龙眼光芒四射,这哪是什么海货?满满的一瓶瓜子金!赵普一见,登时吓慌了,一边惶恐地跪下来磕头谢罪,却又一脸无辜地分辩:"我还没有打开吴越王的书信,真不知道瓶子里是什么东西,若知道里边是金子,我一定会上奏皇上,把这些东西退回去。"太祖又一次瞅着赵普笑了,让他尽管收下,不要有什么顾虑,用司马光的原文更有味道:"但取之,无虑。彼谓国家事皆由汝书生耳!"

很多人把司马光的这一则笔记解读为宋太祖善待赵普,一个皇帝善待一个书生,这显然是一种误读,太祖最关键的一句话就在最后:"彼谓国家事皆由汝书生耳!"

这是对吴越王钱俶的嘲讽,钱俶天真地认为,大宋王朝是由赵普这个文人宰相在做主呢;这也是对赵普等文人书生的提醒,那些国家大事岂能由你们这些书生做主!——太祖一句话,把一个开国皇帝的心事揭了个透亮,大宋帝国虽说定下来天子与士大夫共治天下的政治架构,但天子与士大夫依然是主仆关系,主宰天下的是天子,士大夫只是为天子效命的仆从。在一个天子眼里,这个关系是绝对不能颠倒的。

别看一个天子就这么大大咧咧地走了,他又怎么会轻易放过一个收受藩国贿赂的宰相呢?十瓶瓜子金足以修建一座富丽堂皇的大夫官邸,赵普的府邸还真是用吴越王的十瓶瓜子金建造的。很多后世之人也像吴越王一样天真,都以为赵普接下来的倒霉,只是因贪赃枉法引起的,活该!太祖对一个宰相的贪婪受贿,倒还真不那么在乎,早在他"杯酒释兵权"时就鼓励那些将领"多置良田美宅,为子孙立为永业。多养歌儿舞女,饮酒相欢,以终天年"。这个待遇,作为开国功臣的赵普也是应该享受的,你越是这样贪图享乐他越是放心。让一个皇帝最不放心的,还是一个宰相的权势越来越大了,要不吴越王怎么会送给赵普这样一份大礼?在此之前,宋太祖已把五代十国中那些尚未灭掉的诸侯国收拾得差不多了,荆南、后蜀、南汉,这些与中原王朝并立的独立王国,灭的灭,降的降,皆已纳入大宋版图,吴越国也算是奉表称臣了,但这还不是太祖的终极目的,他的终极目的是要把吴越变成自己的一个行政区域,像切烧饼似的划分成几个州县。不过眼下,他正在运筹对南方最强大的南唐王朝发起进攻,也就暂且把吴越国撂在一边,而那个吴越王钱俶显然也预感到了什么,唯恐大宋灭了吴越,他知道打是根本打不过大宋的,也就只好采取如今依然通行的国家公关策略,以重金收买宋朝的执政大臣,利用其执政的机会为吴越国说话,而大宋帝国除了天子,谁又最有权势呢?不用说,就是权相赵普了。但天真的钱俶却未料到,他吴越国的很多朝臣早已被宋朝收买了,明里在吴越国当差,暗中却在充当大宋天子的耳目,给他支招的人,很可能就是监视他的人。他的一举一动,全都被那个远在开封的大宋天子的耳目在眼皮底下瞅着呢,就像瞅着一个孩子天真的却自以为高明的把戏。结果是,十罐瓜子金还没来得及送到赵普手上,太祖就比赵普先知道了。于是就有了刚才这一出。而一个天子透过这十瓶瓜子金看到的,不是一个宰相有多么贪婪,而是一个宰相在天下人眼里有了多么大的权势,这才是一个皇帝高度警觉的。

　　宋太祖的城府之深,绝不亚于"性深沉有岸谷"的宰相赵普。他深知赵普的个性,就是要撤他的职,也必须撤得他心服口服。太祖既以豁达和宽仁著称,也绝不能为了撤掉一个宰相而背上打压开国功臣的恶名。他暂时还不想打草惊蛇,反而比前一段时间对赵普更亲密了,一听说赵普生病了,他赶紧去赵家探视,握着赵普的手问长问短,把赵普感动得泪眼婆娑。而就在背后,他的罪证正一桩一桩地被递上天子的龙案。这个自然不用一个天子操心,赵普拜相以来,不知得罪了多少人，早就有人在整他的黑材料。这里只拣几件比较重要的说说。一个是赵普违反朝廷禁令，私运大批木材入京，大兴土木，扩建自己的府第。这也许不算什么，但接下来又有人举报，赵普不光是为自己私运木材，他一个堂堂宰相居然干起了商人投机倒把的勾当，由于京师木材紧缺，一般商人又没有经营木材的指标，而赵普则要多少指标就有多少指标，于是便做起了木材生意，首都开封的木材市场全被宰相一家垄断了，随着一排排木筏从黄河上游的山林里被源源不断地运抵京师，真金白银源源不断地流进宰相的府邸，他们家简直成了一个富可敌国的金窟了。又有人密报，除了宰相本家的买卖，还有不少官员和商人也以赵普的名义经商。

而当时，除了众多朝臣官吏在营建私第，朝廷也在修建在战火中损毁的城池。一天，太祖带着随从去视察工程进度，宰相赵普自然也要陪同。到了工地，但见那一根根硕大的原木，几个大汉手牵手也抱不过来。太祖抚摸着树木，一看，还是价格昂贵的红松，即连声赞叹："这才是国家栋梁啊！"又问是从哪儿来的，一个主管营造的官吏说："禀皇上，是从赵大人家买来的。"赵匡胤明知故问："哪个赵大人啊？"那官吏指着赵普说："这位赵大人！"太祖佯作恍然大悟，调侃地笑了笑，还亲热地拍着赵普的肩膀说："哦，是赵相爷啊！"

太祖又看了看那城门，门楣上挂着一块匾额：明德之门。又一说为"朱雀之门"。无论叫啥门都有个之字。太祖问："加个之字作甚？"赵普躬身回答："之者，辅助之用也。"

太祖咧嘴大笑："之乎者也，助得甚事？"

对上述这些事情，我怀疑都是后世为贬低赵普的人格而演绎出来的，真的就像小说情节一样。不过，赵匡胤接下来发现的一件事还真是非同小可。赵普之子赵承宗竟然违反二府大臣间不得通婚的禁令，娶枢密使李崇矩之女为妻。这样一来，一个执政的宰相和一个掌军的枢密使就结成了儿女亲家，这是太祖的大忌，他最警惕的就是二府大臣、三司使等朝廷大臣之间勾结抱团，于是立即强行将那一对小两口拆开。

这年六月，又有翰林学士卢多逊、雷有邻等揭发赵普受贿，包庇抗拒皇命的外任官员。

总之，这一桩桩事情最终推向了一个历史性的结果：赵普任相后"独断政事，太祖疑其专恣，欲用薛居正、吕馀庆为相，普恶其与己同列，但令参知政事"。宋太祖只能采取制衡措施，加设两位宰相与赵普分掌权力，而到了此时，赵普对天子安排的人选竟"恶其与己同列"，公然违背皇命，将两位天子钦命的宰相仅任命为参知政事，这是相权对皇权的直接挑战，面对这个尾大不掉的宰相，一个天子也就只能像遇到天敌的蜥蜴一样，以自断其尾的方式将他摒弃。

而在赵普罢相之前的某一天，据说太祖忽然心血来潮地问赵普说："天下何物最大？"

这还真是一时问住了赵普，天下何物最大？在一般人看来当然是天子最大，可赵普却选择的是：道理最大。太祖一听，龙颜大悦，连连称善。赵普既然认为道理最大，他这个天子就只讲道理不讲情面了。这年八月，赵普在担任了九年多宰相之后，终于罢相，出为河阳（今河南孟县南）三城节度使、检校太傅、同平章事。

这还算是太祖仁慈的安排，这个宰相不能给赵普干了，但还享受宰相级待遇。

一直到太祖驾崩，赵普再也没有重登相位的机会了，甚至可能永远也没有了。

从赵匡胤与赵普的"始合终睽"，透过现象看本质，其实所有的细节，包括赵普的种种不端，以至皇权与相权的摩擦、博弈与冲突，都只是表象或现象，真正的问题和原因还得从天子与士大夫"共治天下"中去找，从一个开国皇帝和一个开国谋士开始，天子与士大夫在"共治天下"中的摩擦、博弈与冲突也将从宋朝开国一直延续到宋朝灭亡，随着历史逐渐向纵深推进，也越来越能看清楚天子与士大夫"共治天下"的必然走向，这个"共治天下"还真是要打引号，又哪怕打引号，毕竟是社会的一种进步，它开创了中国历史上无与伦比的文治盛世。

五、最后的阴谋与辉煌

如果不是宋太祖突然驾崩，比太祖还年长五岁的赵普或许一辈子也不会奉诏还朝，更不用说再入中书，两度拜相。

接下来继位的是宋太宗赵光义，而赵普与赵光义一直以来多有龃龉，一个早已不是秘密的秘密，赵普曾向太祖密奏，须提防晋王。这是非常危险的警告，若太祖听从了他的密奏，大宋帝国的第二位皇帝根本就轮不到赵光义，也根本不会发生后来那么多事。一个皇帝无论多么仁慈，一旦发现了威胁自己皇权的天敌，必将以铁血的方式斩草除根。在权力面前，从来是六亲不认的，而巅峰状态的权力斗争，不是你死就是我活，这是一切极权政治的铁律。太祖赵匡胤一生最大的一个错误，就是没有听从赵普的密奏，而历史的事实，或对历史的猜测，又无不验证了赵普的预言，一语成谶。

宋太祖盛年而逝，而且是以暴卒的方式突然驾崩，死得格外蹊跷离奇。而太宗以皇弟的身份抢在皇子之前登基，又极不合封建伦常。于是乎，一段比戏剧更有戏剧性的"烛光斧影"之谜被世人传得有鼻子有眼，而且有着各种大同小异的版本——

开宝九年（976年）十月，太祖赵匡胤在北伐契丹途中病倒，将一切军政人事都委托赵光义代理，可见太祖对这个皇弟的信任。事实上，这也的确是一对手足情深的兄弟，赵匡胤开国前后的一系列军国大事，如陈桥兵变、杯酒释兵权、制定统一战略等，赵光义都参与预谋和决策。而太祖每次出征或外出，都让赵光义留守都城。太祖一度想建都洛阳，群臣相谏，太祖不听，最后说服太祖改变主意的也是赵光义。光义患病时，太祖还亲手为其烧艾草治病，他怕自己不知轻重，还在自己身上先做试验测试疼痛感，看看药效如何。天底下，像这样手足情深的皇帝兄弟关系还真是罕见。

然而，接下来发生的一切却颠覆了这人间的温情，只让人浑身打冷战了。

癸丑日（十九日）傍晚，大雪纷飞，赵光义正在御房批阅奏章，一个太监急匆匆地传旨，皇上召他速去万岁殿。他连忙赶去，只见赵匡胤在床上气喘急促，朝着他想说什么又讲不出来。赵光义屏退左右太监，而太监们则在门外看着，只听见太祖和赵光义在说着什么，时断时续，难以听清。但片刻之后，就出现了惊心动魄的一幕，殿内烛光摇曳，赵光义像是在躲闪着什么，接着有斧子发出的嚓嚓声，继而又是斧子戳地的声响，最后听到太祖在大声喊："好为之，好为之……"话音未落，就见赵光义跑到门口大呼太监，速去请皇后、皇子前来！等到皇后、皇子赶来之时，太祖已经气绝而亡。另有版本说，光义入宫后，太祖屏退左右，兄弟俩一边酌酒对饮，一边商议国家大事。室外的宫女和宦官在烛影摇晃中，远远地看到赵光义时而离席，摆手后退，似在躲避和谢绝什么，又见太祖手持玉斧戳地，斧声嚓嚓清晰可闻，还听到太祖大声喊："好为之，好为之……"谁也不知道一个皇帝和一个皇弟之间发生了什么。两人饮酒至深夜，光义告辞出来，太祖解衣就寝。然而，到了凌晨，太祖就驾崩了。更有一说，赵光义陪太祖饮酒至夜深后，与太祖共宿宫中，隔日清晨，赵匡胤暴死。所谓谜团，自然有各种各样的说法，但结果则只有一个，年届天命的宋太祖赵匡胤在那个大雪纷飞的夜晚突然驾崩了，他死在了一个不该死的年岁，而离死亡最近的就是他的亲兄弟赵光义。

  对那摇曳千年的烛光斧影，也引发了当世后世的种种猜疑，有的说是赵光义进殿后，趁太祖昏睡时去调戏在旁陪侍的太祖妃费氏。而赵光义的风流也是有名的，说他风流，还不如说是他兽性发作的强暴。历史上最有名的一桩宫廷性暴力——强幸南唐小周后，就是他干出来的。据说，赵光义一见小周后便惊为天人，要强幸她，但小周后拼命反抗，誓死不从，差点把赵光义舌头咬掉。赵光义被咬得满口流血，恼羞成怒，叫来四五个宫女死死按住了小周后，终于得逞。这悲惨的一幕后来给不少画师带来了灵感，连明代那个江南第一才子唐寅也画过《赵光义强幸小周后》。我相信赵光义强幸小周后是真的，却不敢相信他会调戏太祖妃费氏，且不说太祖是他亲哥，就算他不认这个亲哥，对太祖也应该充满了敬畏，叱咤风云的赵匡胤，可不是那个对月伤心见花落泪的李后主，哪怕卧病在床，他也不敢拿自己的性命开玩笑。但传说的确又是那样传说的，太祖醒来，看见自己的亲弟在调戏自己宠爱的妃子，勃然大怒，随手抓起一把斧子去击赵光义，赵光义躲闪开后，斧子"嘣"的一声戳在地上了；又有的说是太祖觉得有鬼缠身，赵光义替他挥斧驱鬼，是故有斧子挥舞的"嚓嚓"声和戳地声；还有的说这是赵光义抢着斧子谋杀太祖，但太祖死后身无伤痕，于是又演绎出了毒杀说，赵光义在太祖的酒中下了毒药。总之，一个皇帝在不该死的时候死了，而一个不该当皇帝的人却当上了皇帝。

宋太祖赵匡胤三十三岁在一场阴谋发动的政变中登极，在位十六年，为一个绵延三百多年的王朝打造了国家体制，开创了古代中国的文治盛世，是一位英明仁慈的皇帝，以"秦皇汉武、唐宗宋祖"而并称中国历史上最伟大的皇帝和推动历史进程的杰出人物。而这样一位在阴谋中登上历史舞台的皇帝，又在年届天命时死于一个众说纷纭的阴谋之中。

作为北宋的第二位皇帝，宋太宗赵光义三十八岁在"烛光斧影"的历史谜案中登基，一直承受着名不正言不顺的政治压力。这也是宋太宗赵光义后半生的原罪，他必须为自己找到生为真命天子的合法性，而最好的方式就是以神化的方式走上神坛，一系列关于他的神话也就此产生了。一是说他出生的当天夜晚，红光升腾似火，街巷充满异香；二是说他从小聪慧、卓尔不群，凡与别的孩子游戏，孩子们都臣服于他；三是太祖曾对人说："光义龙行虎步，出生时有异象，将来必定是太平天子，福德所至，就连我也比不上。"言下之意，太祖原本就准备将皇位传给他。但这些神话都不足以让天下人信服，赵光义还必须找到更让人信服的证据来证明自己以弟继兄皇位的合法性。

这里暂且按下一笔，看看赵普接下来的命运。若按照人情常理，以赵普和宋太宗赵光义的龃龉，又以他向太祖发出的危险警告，几欲置赵光义于死地。在赵光义即位后，赵普可能永远没有出头之日了，甚至随时可能遭遇不测，一个皇帝要干掉一个贬官，真的就像捏死一只蚂蚁。然而，恰好是在太宗登基后，赵普的命运却再次发生了逆转，又两度拜相。这令人匪夷所思的剧情，又与一件令人匪夷所思的历史谜案联系在一起。

开宝十年（977年），太宗对自己登上大统似乎还有些心虚，在继位后连年号也没改，依然沿用太祖的年号，这在史上也是少有的。这年三月，赵普结束了四年的贬逐，奉诏从河阳还朝，升太子少保。而奇怪的是，在他回朝之后，太宗就改了年号，而且是从过去的一年开始，将开宝九年（976年）改为太平兴国元年，这在中国历史上还真是绝无仅有的。而对这一段颠三倒四的错乱岁月，似乎没有引起太多的史家注意，更没有注意这与赵普奉诏回朝有什么因果关系。但可以肯定，每个皇帝都会对自己的纪元非常重视，太宗把自己的纪元推回自己登极的元年，绝对不只是对时间追认，而是对自己登上大统的一种充满了底气的追认。而就在同年，赵普又从太子少保迁为太子太保。

而就在赵普再次向权力巅峰一步一步迈进时，一个"金匮之盟"的传说已隐隐约约地在民间流传。据说，杜太后（太祖、太宗之母）在弥留之际，曾召宰相赵普入宫记录她的遗命，当时太祖赵匡胤也在场。杜太后微睁双目，幽幽地看着赵匡胤，问他何以能得天下？赵匡胤说，这是托祖宗和太后的恩德与福荫。但太后却摇了摇头说："你想错了，若不是世宗传位与幼子，使得主少国疑，你又怎能取得天下？这是一个教训啊！"赵匡胤似有所悟。太后叹息一声，这才说出了她真正的遗命，这是关于皇位继承的一个重大决策："他日帝位，先传光义，光义再传光美，光美传于德昭，如此，则国有长君，乃是社稷之幸。"这就是说，按太后的遗命，赵宋的皇位继承将要打破父传子的常规，赵匡胤之后，传位于赵光义，而赵光义之后又传给自己的弟弟赵廷美（兄弟中排行第四，原名匡美，先为避太祖讳改光美，又避太宗赵光义讳改廷美），再由赵廷美传回太祖赵匡胤的皇子赵德昭。而对于太后的遗命，太祖当即在泣拜中认可了，也认命了。——这才是最关键的，太后虽说是太祖的母亲，但她的遗命还没有十足的合法性，只有太祖认可了，日后赵光义才可以奉天承运，名正言顺地当上皇帝。杜太后眼看儿子已经泣拜于病榻下，连连叩头称是，太后便让赵普将遗命写为誓书，"藏之金匮,命谨密宫人掌之",这便是传说中的"金匮之盟",在正史、野史、宋人笔记中有各种不同版本的记载,但也大同小异。而赵普和赵家的关系谁都知道,他不是杜太后的亲儿也是干儿了,这也由不得天下人不信。又从政权的稳定交接上看,此举倒也不失为一个上策。

随着一个传说在民间沸沸扬扬地传播着,却又没有一个官方的正式交代。而许多阴谋,几乎都是先在民间风传,既是营造舆论氛围,也是一种试探。若不经过民间发酵就直接宣布,反而没有谁会相信,又哪怕你拿出一个铁证如山的"金匮之盟",人家也以为是伪造的,若要造假,一个皇帝什么不能制造出来啊。这正是赵普的高明之处。那么,谁又能为这一"金匮之盟"作证呢?随着杜太后辞世、宋太祖驾崩,赵普就成了孤证。但赵普似乎并不急于出来作证,直到满天下都知道这个"金匮之盟",赵普几乎是在天下人的逼迫下出来说话了。他貌似有些无奈,一个皇家秘密,他原本是应该守口如瓶的,既然大家都想知道其间的真相,他也就只能实话实说了。既有证人,又有一个"金匮之盟"铁证,且又不是他主动说出来的,这一个"阴谋"策划得连千年之外的我也信以为真,真的,哪怕把史籍翻烂了,我也找不到否定这一"金匮之盟"的证据,哪怕怀疑,也只能以猜测的方式。

宋太宗继位的合法性,就这样迎刃而解了,但那个"金匮之盟"也同样是一把双刃剑。这里,不妨暂时排除这件事是太宗和赵普杜撰出来以掩人耳目的,又权且相信这是杜太后和宋太祖吸取五代十国的教训、从大宋帝国的江山稳固出发,而做出的另一非凡的政治布局。问题是,哪怕太后、太祖真有这样高瞻远瞩的政治布局,哪怕真的按那个"金匮之盟",接下来太宗就要面临一个现实问题,这还真是一件很伤脑筋的事。又多亏了太子太保赵普,一句话就说到太宗心坎上:"自古帝王传位乃是父传子,当年太祖已误,陛下今日还要一误再误吗?"

但太宗心里这么想,却又不敢贸然这样做,就算那个"金匮之盟"是他与赵普合谋杜撰出来以掩人耳目的,他还不至于愚蠢到掩耳盗铃的程度。事实上,他登极之后早已就在为身后的大位传承谋篇布局了,对于日后皇位更替中的一些关键人物,他都提前做了一番安排。其弟廷美就不说了，对太祖的几个儿子，他封德昭为节度使和郡王，另将德芳也封为节度使。而太祖和皇弟廷美的子女均称为皇子皇女。

这是非常仁慈的安排，结果却一点也不仁慈。

明眼人一看又知道，太祖的那几个皇子危险了，尤其是"金匮之盟"中那个被确定为继位人的赵德昭。不过，赵光义应该不会痛下杀手，他在登基时也曾伤心流泪地向太祖皇后和太祖的皇子们保证："共保富贵，不必担心。"然而担心的不是别人，而是太宗自己。结果，赵德昭还根本等不到皇位轮到自己的那一天，就已经提前出事了，而且是在赵普二摄相印之前就出事了。太平兴国四年（979年），太宗征辽时，在高梁河一战遭受惨败，太宗只身逃脱，不知所踪。这时朝臣商议，国不可一日无君，应按"金匮之盟"立德昭为帝。结果是，太宗随后生还，德昭随后又进言，此次征辽虽然失败了，还是应该赏赐平北汉有功的将领。太宗信口回了一句："等你做了皇帝再赏赐也不迟！"此言一出，让德昭惶恐万分，他深恐太宗是怀疑他有夺位之心，日后难全其身，回来后便自刎了，死时年近而立，大业未立，而命已先丧。

据史载，这让太宗极度悲伤，他抱着侄儿的尸体号啕恸哭："痴儿何至此邪！"

接下来，又轮到太祖的另一个儿子德芳了。此子据说相当骁勇贤明，在关于杨家将的戏曲演义中，赵德芳就是那个手持金锏、正气凛然的八贤王。但在德昭自杀两年后，他的亲弟德芳又不明不白地死掉了，年仅二十三岁。这样一来，太宗终于将皇位传子的障碍一一排除，但还有一个最大的障碍，就是"金匮之盟"的第一个皇位继承人，他的皇四弟赵廷美。要排除这样一个障碍似乎还有难度。

就在太祖的两个皇子接连丧生后，在排除下一个障碍之前，太平兴国六年（981年），赵普第二次拜相。无论此前发生的事，还是之后发生的事，除了赵普说过一句提醒他不可一误再误的话，太宗似乎也从未与赵普密谋过，他对赵普更未表现出什么感激之情，在赵普拜相之前，他还旁敲侧击地喟叹一声："人谁无过，朕不待五十已尽知四十九年之非矣！"显然，这是提醒赵普别忘了自己犯过的错误，但谁又不犯错误呢，他还没到五十岁，就已经知道四十九年来做了多少错事了。——这句话为赵普带病提拔铺了一级台阶，是年九月，赵普超升司徒、侍中，封梁国公。侍中，就是宰相，赵普在年届花甲之年，终于重掌相印。

就在赵普此次拜相的第二年，太平兴国七年（982年），又出大事了！秦王赵廷美谋划篡夺皇位的阴谋泄露。对此，历史给出了不同的说法，据《宋史》赵普本传载，赵廷美谋反是因"柴禹锡、赵镕等告秦王廷美骄恣，将有阴谋窃发"，而《续资治通鉴·考异》则为赵廷美辩解："廷美之阴谋，事无佐证，特以地处危疑，为众人所瞩目，太宗已怀猜忌，普（赵普）复从而媒蘖之，故祸不旋踵耳。"这也是历史给予的最明确的说法，赵廷美叛乱，就是赵普与太宗制造的一个阴谋，赵廷美之死，则是这一阴谋的必然牺牲品，而此前"德昭不得其死，德芳相继夭绝"，自然也是阴谋的牺牲品。赵廷美以"阴谋窃发"被削去一切官职，降秦王封爵为涪陵县公，迁往房州（今湖北省房县）。当年柴氏孤儿寡母也是被迁往房州，那里似乎是一个专门贬谪王侯之州。不久，他便忧愤成疾，吐血而终，年仅三十八岁。"金匮之盟"的第一皇位继承人就这样以叛乱和吐血而亡的方式被提前淘汰出局。

至此，一个"金匮之盟"除了给太宗披上了合法的外衣，实际上已没有了任何意义，太宗以皇位传子的障碍已经被悉数排除，剩下的只是在自己的几个皇子中挑选一个了。那么，赵廷美之死又是否真的与赵普的阴谋与暗算有关呢？至少从表面上看，还真是没有，赵普在事后非但没有得到奖赏，接下来反而被再次罢相。太平兴国八年（983年）十月，赵普被贬为武胜军（治今河南邓县）节度使、检校太尉兼侍中，但这个侍中已有名无实了。这又是一件看似明白却又越看越不明白的事情，有后世猜测赵普这厮一定又犯了什么不可原谅的错误。这又实在太天真了，我感觉这才是真正在掩人耳目，天下都在议论赵廷美之死是赵普与太宗密谋的结果，而太宗将赵普罢相，巧妙地利用人类的逆反心理，一下就撇开了这样的嫌疑，赵普心知肚明，也就只好暂时受点委屈吧。

雍熙三年（986年）春，在赵普第二次罢相的第三个年头，宋太宗为报高梁河惨败之辱，御驾亲征，誓师北伐。这一次倒是没有遭遇惨败，但"战事迁延，进退维艰"，而太宗又在誓师时发过誓，此役定要报仇雪耻，此时回师，总得有个台阶可下。然而那满朝文武、随征的将领却琢磨不透天子的心理。此时远在邓州的赵普却一而再、再而三地给天子上疏，尤其是那一篇《谏雍熙北伐》，力谏"兵久生变"，苦苦哀求恳请天子班师回朝，如苦口良药、逆耳忠言，若太宗再不听他苦劝，那就是一个"昏君"了。太宗当然不是昏君，就驴下坡，班师回朝。此役虽是无功而返，至少有一个人功不可没，那就是为他"三进疏陈"的赵普。翌年，移赵普为山南东道节度使，改梁国公为许国公。而太宗次子昭成太子、陈王元僖觉得对赵普应该再次给予重用，奏请父皇再拜赵普为相。这至少表明元僖比他父皇更有人情味，如果德昭、廷美不死，元僖又怎么会成为昭成太子？

太子既有此心，太宗更有此愿，端拱元年（988年）二月，赵普在六十六岁时第三次入阁拜相，拜为太保兼侍中，以吕蒙正副之，这位吕蒙正后来也像他一样三次拜相。据史载："国朝以来三入相者，唯赵普与蒙正焉。"对于赵普,这也是他最后的辉煌了。岁月无限，而生命苦短，赵普老矣，他的年岁在那时已是老迈迟暮之年，但烈士暮年，壮心不已。赵普既有层出不穷、诡计多端的阴谋，也有"能以天下事为己任"的阳谋，他重入中书，随即开始对被太宗搞得有些不伦不类的吏治进行整顿，对贪赃枉法的官吏予以严惩，这是一个拥有多面性的政治人物，在这方面他表现出了后世包青天冷酷而铁血的一面。他三摄相印期间，至少干了两件载入史册的事情。

先看第一件，诛戮侯莫陈利用。此人是北宋初年名噪一时的特异功能大师，"幼得变幻之术"，大概是善变魔术，太平兴国初年，他在京师摆摊卖药，"言黄白事以惑人"，居然骗得枢密承旨陈从信等许多官吏都深信不疑，接下来，在陈从信的推荐下，他又开始骗皇帝了："枢密承旨陈从信白于太宗，即日召见，试其术颇验"，而太宗皇帝被这个大师迷得五迷三道，以为遇到活神仙了，赶紧给他封官，而且是一再提拔超升："即授殿直，累迁崇仪副使。雍熙二年，改右监门卫将军，领应州刺史。三年，诸将北征，以利用与王侁并为并州驻泊都监，擢单州刺史。四年，迁郑州团练使。"除了给他封官，太宗对大师"前后赐予甚渥，依附者颇获进用，遂横恣无复畏惮。其居处服玩皆僭乘舆，人畏之不敢言"。一个江湖术士居然当上了朝廷命官，而且还是刺史之类要职，太宗前后还不知赐予了他多少宝贝，当官发财也就罢了，居然还有很多官吏依附他，靠他这个通天人物的荐举，得以提拔重用，而他还既不收敛，横行霸道，无法无天。由于他深受太宗宠幸，也没人治得了他，谁都不敢说他半点儿什么。但随着赵普再入中书，"大师"的末日已经来临。赵普早已看不惯此人，连这样的摆摊卖药的江湖术士也被拜为朝廷命官，大宋帝国还成何体统？说穿了，赵普就是"以天下事为己任"，坚决捍卫他制定的国家体统。他很快就掌握了侯莫陈利用杀人的大罪，还有众多犯罪事实，随即便把这些证据奏报给了皇上。但太宗依然执迷不悟，在铁证面前依然想网开一面，"欲贷其死"。赵普此时又像以前在太祖面前一样的倔强了，他同太宗据理力争："陛下不诛，是乱天下法。法可惜，此何足惜哉？"试想，又几个人敢像赵普这样当面指斥一个皇帝"乱天下法"？这也又一次验证了"天下"在赵普心中的地位远高于天子。太宗被逼无奈，遂下诏将侯莫陈利用革职除名，发配到商州禁锢起来。但这个太宗皇帝和太祖还有些不一样，他惯于明里一套背里一套，一边将侯莫陈利用革职禁锢，一面又将侯莫陈利用"初籍其家，俄诏还之"。赵普唯恐侯莫陈利用又被太宗复用，又搜查到了他的不少罪证，再次奏报太宗。这一次，太宗还真是怒不可遏了，"令中使脔杀之！"脔杀是古代酷刑之一，"割肉使碎而杀之"，大约是凌迟的另一种说法。然而，太宗却依然是明里一套暗里一套，一边当着赵普的面派人去"脔杀"侯莫陈利用，一边又派人急马追赶，"已而复遣使贷其死"，想要放"大师"一条活路，而赵普预知太宗又会故技重演，先下手为强，在后面的使者赶到之前，侯莫陈利用"已为前使诛矣"。

再看赵普在第三次执政期间所干的另一件载入史册的大事，就是奏请太宗，对党项羌采取羁縻政策。党项羌是中国西北一支源远流长的游牧民族，历经五代变乱，党项拓跋部（自称鲜卑人的后裔）利用藩镇争战和中原王朝频繁更替之机，逐渐壮大，在北宋开国之前已经形成一个以夏州为中心的抗宋自立的割据势力。赵普审时度势，建议对党项羌采取羁縻政策，这是中央王朝笼络少数民族，使之不生异心而实行的一种地方自治政策。所谓羁縻，羁，就是利用军事和政治压力对其加以控制；縻，就是以经济和物质利益对其给以抚慰，从而在少数民族地区设立特殊的行政单位，保持或基本保持少数民族原有的社会组织形式和管理机构，承认其酋长、首领在本民族和本地区中的政治统治地位，任用少数民族地方首领为地方官吏，除在政治上隶属于中央王朝、经济上有朝贡的义务外，其余一切事务均由少数民族首领自己管理。赵普奏请太宗采用这种政策，对维持党项羌等西部少数民族地区的稳定、保护北宋初期的边寨安稳起到了重要作用。

总而言之，赵普穷其一生为打造大宋帝国所贡献的种种政治策略，为当时所急需，但随着历史的不断推进和时代的嬗变，很多此时的革故鼎新之举，也将逐渐变为因循的旧制，那是日后的庆历新政、熙宁变法、元丰改制等所要解决的问题，而对于他，一生的天下抱负和历史使命，也在他走向生命尽头时基本完成，而在他的身后，还将涌现出寇准、范仲淹、王安石等一代代名相名臣，来为一个王朝三百余年的绵延而竖起一道一道的里程碑。

淳化元年（990年），年届古稀的赵普三次在相位上病倒，三次上表辞相，请求致仕。太宗恩准他辞相，却未准致仕，又命他为西京留守、河南尹、太保、中书令。这样的安排实际上也是照顾他，他原本就把西京洛阳当成了自己的故乡。他支撑着老迈的身躯又干了两年，淳化三年春，他已七十一岁，他实在有些干不动了，又以"老衰久病"，三次上表"乞骸骨"，这是典出班固《汉书》中的一个成语，说白了也就是请求辞去一切职务、告老还乡。当年过天命的太宗端详着一个挂杖而立、躬身前驱的老臣，老得已像岁月的残骸了。天子心中忽然一阵悲凉，无力地挥了一下手，恩准了。一种原本不会出现的别离情绪，竟在一个天子和一个老臣之间发生了。太宗赋诗一首《送赵普》："忠勤王室展宏谟，政事朝堂赖秉扶。解职暂酬卿所志，休教一念远皇都。"这其实也是宋太宗对赵普一生的评价和最后的寄望，还有些殷殷不舍、情何以堪之感。赵普拜读之后，两行老泪滑过满脸干枯的皱褶，他要将天子御赐的诗篇铭刻于金石，让子子孙孙铭记大宋皇恩。他转身离去，而太宗一直送到宫门外，目送着一个开国元老在视线里渐渐消失。那一步一踉跄的脚步，走得竟然有些迫不及待。

这是最终的结局，他也该走了，一个王朝已修成正果，一生的荣华他已享尽，除了归去，再也一无所求。但太宗还是给了一个开国元老最慷慨的待遇，拜太师，封魏国公，给宰相俸禄。但这宰相俸禄他享用不了多久了，或许他早已从一部《论语》中看到了死亡预言。数月之后，即淳化三年（992年）七月十四日病卒于西京洛阳,享年七十一岁。他的遗容一如生前，诡异、笃定、深不可测。很多人都觉得他以阴谋与暗算的方式害死了那么多无辜者，理应得到天谴或报应，但上苍对于他却充满了善意，他安然地死在自己家里的床上，而且是那个时代的一位长寿老人。

清点遗物，家人在他的书箱里还真是发现了一部《论语》。一部《论语》给他带来了无尽的力量与智慧，也给他带来了太多的历史误会。由于《宋史》赵普本传中的一句"普少习吏事，寡学术"，加之对赵普以"半部《论语》治天下"的一知半解或不求甚解，赵普又被视为一个不学无术、工于心术者，由此而认为他进入权力核心走的不是科举正道，而是先做幕僚、再做朝官的歪门邪道，继而又由此断定，赵普一生为个人进取而钻营取巧，一旦得势便专横跋扈，此乃典型的小人德行。对于赵普的历史评价，大致也就是这两种，又由于许多人对历史不求甚解，在这两种声音之后，也就充满了人云亦云的鹦鹉之声。这里且不论赵普对《论语》的钻研有多么精深，只就仕途而论，哪怕走所谓的科举正道，凡进士及第乃至夺魁中状元，大凡也是从推官、判官、县主簿等低级幕僚做起，这是科举取士以来每个士人步入仕途后的必然经历、必须经历，只要对历史稍有了解者都知道。

一部翻了一生的《论语》，并未翻烂，但早已发黄。这部《论语》

随他一起装进一口金丝楠木棺椁里，在西京洛阳邙山以隆重的方式埋葬。

太宗惊悉赵普的死讯，虽然早有预料但还是有些情绪失控，他为赵普之死痛哭涕泣，又命对赵普厚加赏赐，赠尚书令，追封真定郡王，谥忠献。而到了宋朝第三位天子宋真宗咸平初年，念及赵普为自己继位登极提前排除了那么多障碍，又追封赵普为韩王。咸平二年（999年），赐赵普配享太祖庙，从此一对堪称千古绝配的君臣便在长明灯下长相厮守了。

纵观赵普一生，又实在难以盖棺论定。赵普是一个在特定历史条件下产生的独特的历史人物，是绝对不会重复的，不可复制的。他从五代后汉的陇州巡官干起，历经半个多世纪的官场生涯，一生三度拜相，位极人臣，生前极尽世间荣华，死后又极尽哀荣，无论生前死后均已登峰造极，只差没有做过皇帝了。但他也几乎穷极了世间所有的阴谋诡计，既以"黄袍加身"的阴谋让赵匡胤登上了皇位，又以"杯酒释兵权"让宋太祖一屁股坐稳了龙椅；太宗赵光义继位后，他又以"金匮之盟"解决了兄位弟继的合法性，接下来又以一系列的暗算将几位皇位继承人连同生命一起排除，从而保证了宋太宗一脉相承的子孙成为了大宋正统的皇家血脉。对于赵宋王朝，对于有宋以来的中国封建王朝史，还有谁的功劳能超越赵普？

但他的历史形象也被他的阴谋不断扭曲，史上对赵普的评价，虽说没有将他直接打入《奸臣传》，但也基本上到了被打入历史另册的边缘。明清交替的一代大儒王船山在《宋论·太宗》卷里专立一节论《赵普之奸》："唐亡以后，鄙夫以成奸之习气，熏灼天下而不可浣。"先从伦理道德上将其一笔抹黑，在人格上置其于死地，由此而指斥赵普是一个"阿附朋党，倾危善类""密谋行险，戕害天伦"的"不仁之人"，这是以一个士大夫纯粹的、理想主义的伦理道德来绑架复杂的历史。我尊敬的王船山先生犯了一个严重的错误，那就是根本无视一个历史人物对历史的推动作用。实际上，古往今来，从来没有纯粹的政治，也就不能一叶障目、以人格缺陷或道德标准而贬低，甚至严重低估一个历史上的政治人物。我以为评价一个历史人物，不是揪住一个个小细节不放手，而最重要的是两条标准，一看他对现实的作用，二看他对未来的影响。

赵普其实并不复杂，他一辈子以两副面貌示人，是一个忽而阴谋忽而阳谋、忽而正面忽而负面的历史人物。他有太多人格上、伦理上的缺陷，几乎浑身都是毛病，无论生前还是死后，都没有人打心眼儿里尊敬他，但人人都在暗暗学习他。在那个封建专制的年代，读不懂赵普，既做不了官，更做不了政治家。若能正视历史的既定事实，一方面，从理想主义的道德观上看，赵普通过那些极不体面、不道德的手段，以阴谋的方式篡改了人伦上的真理，这将给一个民族带来伦理上的灾难和不可预估的后果；另一方面，从历史的直接答案看，赵普以阴谋的方式施展的是自己"以天下事为己任"的抱负，但他的阴谋并未将一个时代拖向黑暗，几乎都转化为了现实与历史的正果、正能量。如果没有"黄袍加身"之谋，按历史的惯性，五代动乱还将继续，至少在此前还难以看到天下统一、重归一个稳定治世的可能，五代极有可能变成十代、二十代……中国可能陷入持续不断的动乱中；又如果不是"杯酒释兵权"之谋，很可能又将出现汉高祖、明太祖开国后大杀功臣的血腥一幕；尤其重要的是，如果没有宋太祖赵匡胤和赵普的合谋，从一开始就决然摆脱了斧钺剑戟把持的强权政治，绝不可能出现一个"造极于赵宋之世"的文治盛世。这一切，同赵普那些阴暗的性格或细节相比，更关乎天下宏大而深远的尊严。

当我将一个历史人物解读至此，我胆敢做出一个史无前例的结论，这是一个足以与寇准、范仲淹、王安石等媲美的，甚至远远超越了他们的大宋国士，如果让我推选一个宋朝历史上最伟大的政治家，我将脱口而出——赵普！这个人，绝对不是一个人格上的完人，但他绝对是一个创造了历史的人。

寇 准

将相兼荣谁敢比

寇准在民间的名气很大,但那是戏剧化的寇准,寇老西儿。

寇准的官也做得很大,这既是历史,也是戏剧。这个人似乎天生就适合充当一个历史剧里的角色。

一切还得从宋太祖建隆二年(961年)说起,那是北宋开国第二年七月,大约在中元节前后,至少发生了两件载入史册的事情:一件是发生在朝廷的大事,宋太祖赵匡胤"杯酒释兵权";另一件事则发生在民间,这在当时还是一个几乎微不足道的小事儿,在中元节的前一天,七月十四日,一个普普通通的婴儿在华州下邽降生了。同"杯酒释兵权"那足以用伟大来形容的历史事件相比,一个庸常人间的婴孩降生,简直不是个事儿,不过是人间又多了一个新生儿的襁褓。然谁又能预料到,这个尚未命名的婴儿在三四十年之后将成为大宋帝国的一代名相和名将呢,而这个帝国的一段辉煌历史,必将由他来大手笔书写。

一、龙虎榜上的探花郎

华州下邽,也就是如今的陕西渭南,地处关中渭河平原东部,东濒黄河,与山西、河南毗邻。后来有人把寇准叫寇老西儿,老西儿是对山西人的一种戏称,渭南一带也是晋语区,寇准虽非山西人,说的却也是山西话。寇家也算是当地的书香门第,寇准之父寇相,据说学问非常好,在五代后晋时中进士。但他名叫寇相,却注定一辈子与宰相、丞相无缘,似乎连个正儿八经的官也没做过,只在某藩王府充当一个幕僚。寇相这名字,仿佛是为他儿子寇准提前准备的,寇准后来当了大宋帝国的宰相,也被人们称作寇相,一不小心,父子俩很容易就被人弄混了。

在寇准拜相之前的三十多年岁月里,自然已经发生了很多故事,有的是历史,有的是传说,有的早已分不清是什么。而寇准儿时最神奇的一个故事,是他七岁时,随父亲寇相登华山,当他置身于华山极顶,站在危险的悬崖边上,俯身一望,竟随口吟出了一首五言诗:"只有天在上,更无山与齐。举头红日近,俯首白云低。"一个七岁的孩子就吟出了这样一首气势不凡、意境幽远的诗,简直神了,绝了!这不是神童又是什么。更神秘的是,这首诗后来竟成了寇准一生命运的预言,几乎预言了日后发生在他身上的所有可能,譬如说,他将登上位极人臣的相位,一生也如同站在危险的悬崖边缘上。

俯首白云低,既是最高境界也是最危险的风景,这个人的一生,就是一种绝美的风景。

也就凭这首诗,让寇准成为了一个公认的、家喻户晓的神童。说起来,宋代又是一个天降祥瑞的时代,一个神童层出不穷的时代,在我接下来的叙述中还将邂逅一个个神童,如司马光、曾巩、王安石之子王雱、程颢程颐兄弟等,几乎是"生而警敏,不类童子"的神童,而寇准,是第一个进入我视线的北宋神童。不过,生为神童也并不一定就是好事,神童之父王安石就写过一篇令人读得冷汗直冒的《伤仲永》,他再三强调人的知识才能绝不可单纯依靠天赋,一个人的天赋无论多么高,都必须注重后天的教育和学习。而对少年智力的过早、过度的开发,极有可能造成早慧后的早夭。

不过,对寇准这个神童的命运你倒不必太担心,他不只是个神童,也是个顽童。就在父亲寇相带他登了华山之后不久,他父亲就去世了。而父亲的去世,一个小康之家一下就沦为了贫寒之家。寇准的青少年时代是在清贫中度过的，给他严厉家教的不是父亲，而是他知书达理的寡母。为了凸显家教的作用，又有民间传说，寇准这个顽童，一度还染上了公子哥儿们的习气，每日不愿读书，和一帮纨绔子弟架鹰走狗斗蛐蛐儿，无论他那可怜的母亲怎么悲哭与苦劝，浪子就是不回头。于是，一个慈母的形象在某天骤然一变，变得心狠如铁了，当寇准又一次抛下书本出门玩耍时，她竟然抓起一个秤砣恶狠狠地掷向儿子，寇准登时一声惨叫，那秤砣就像长了眼睛似的，一下砸在他的脚脖子上，砸得他一下跪在了大门口。——从接下来的事实看，这是母亲使出的一个绝招，一个撒手锏，寇准再也走不出门了，只好窝在家里读书，而难以弥合的伤口和血，也让一个少年从此记住了这惨痛的教训。好像就是从此开始，他每日抱着四书五经苦读，在少年时代他就把一本《左传》读得倒背如流，而他最入迷的还是《春秋》，那诸侯之间的逐鹿争霸、文臣武将的纵横捭阖，在一个少年心里激荡不已，在那些奋不顾身、冲锋陷阵的英雄豪杰中，他仿佛看到了自己未来的身影……

一个母亲关心的自然不是儿子的梦想，而是儿子的学业。寇准的学业怎么样，接下来就要经受科考的检验了。

在北宋开国的第一年，宋太祖便举行了第一次科考，"悬科取士，为官择人"。宋朝确立了三年一比的三级考试制度，一级是由各州举行的取解试，一级是礼部举行的省试，而最高一级则是由天子亲自命题主考的殿试。寇准的学业还真是经受得起考验，一路顺畅地闯过了州试、省试，又于太平兴国五年（980年）闰三月一举高中甲科进士，从一介贫寒书生一跃而为天子门生。应该说，寇准生逢其时，他能遇到宋太宗这样一个天子是幸运的。这里暂且不论太宗是否弑君篡位，而正是这种名不正言不顺的继位，更让他首先要采取一系列措施来安抚人心，以巩固帝位。太宗甫一即位，就改年号为"太平兴国"，而要太平兴国，先要造就大批国家的栋梁之材，以作为自己培养、提拔的亲信来取代太祖时代的那些旧臣。为此，太宗扩大了科举的取士人数，他即位后举行的第一次科举取士人数就比太祖时代最多的一年猛增了两倍多，而士子们一旦成为"天子门生"，既比那些旧臣容易掌控，又对他这个天子心存感激，自会心甘情愿地为他效力。这样，即使当时朝野内外对太宗的继位有诸多非议，太宗也能够把权力牢牢地掌握在自己手中。除了政治上的考虑，太宗本人也比太祖更追求文治、崇尚文艺。他虽是武人出身，却好读书，据王辟之《渑水燕谈录》载："太宗日阅《御览》三卷，因事有缺，暇日追补之，尝曰：开卷有益，朕不以为劳也。"开卷有益，这个成语典故就源于他。这个据说长得五大三粗、面孔黧黑的皇帝，在诗赋与书法上还真是有几把刷子，尤其是书法，他善草、隶、行、篆、八分、飞白六种字体，尤其善书飞白体，宋朝的货币上"淳化元宝"四个字就是他的手笔。后世史家认为，太宗在武功上虽说难以超越太祖，但在文治上却奠定了北宋的未来。他在位的二十一年间，一直忠诚地延续着太祖既定的基本国策，在政治上，力图改变武人当政的局面，进一步限制节度使权力，确立文官政治；设考课院、审官院，加强对官员的考察与选拔，从而进一步确立并逐渐巩固了文官政治。而在他的时代，北宋政府对文化教育事业的投入也是大手笔，扩大科举取士规模，编纂大型类书，宋朝重教之风从此长盛不衰。太平兴国五年（980年）这一榜进士，被宋人誉为"龙虎榜"，先后出了寇准、李沆、王旦和张咏等四位宰相和多位执政大臣，他们在太宗、真宗两朝主宰天下，一个人文鼎盛、百废俱兴的北宋盛世，就是在他们手里打造的。这些与寇准同榜及第的同年兄弟，年纪都比寇准大多了，都是三四十岁的中年人了，而此时寇准才十八九岁，是这龙虎榜中最年少的折桂者。按照宋初科场规矩，以年龄最小的中举者为探花郎（此探花不同于明清时代的进士第三名的称呼），寇准也从一个传说中的神童和顽童一变而为龙虎榜上的探花郎。

在这一帮三四十岁的进士中，寇准看上去也着实太年轻了，唐人曾有"三十老明经，五十少进士"的喟叹，五十岁能中进士就算是年轻有为了，而寇准年未弱冠就登上了进士龙虎榜，这不一定是好事，少年得志也难免轻狂。又据说那位太宗皇帝对年轻人一向不大放心，他更看重的是那些比较成熟的、有一些人生阅历的中年人。为了投其所好，许多考生纷纷将年龄由小改大，就像今天很多人纷纷把年龄由大改小。那时改年龄比现在容易得多，在殿试之前，就有好心人劝寇准也不妨把年龄改大几岁，但这愣头青却把好心当成驴肝肺，一口回绝道："准方进取，可欺君邪？"从他的断然回绝，也大致可以看出他的性格，他的为人和他的人生取向。

这里且不说后来的事，只说眼下，他去觐见天子时，天子对他印象又如何呢？

想想也知道，这是一次决定未来命运前途的觐见，一个年轻士人，不说是觐见天子，哪怕是去见一个上司，第一印象都至关重要，搞不好一生的前途都可能弄砸了。这在当今职场仍是通行的规则，用现代话语说，也就是第一印象效应。年轻的寇准第一次谒见天颜的效果还真是好，一见面，太宗皇帝就对他刮目相看了。别的士子在天子面前都两股战战，而寇准庄重大方，那脸上的神气虽不乏稚气，但既庄敬又不呆板，对天子的考问，他坦然以对，舒展而不张扬。在阐述自己的观点时，他并不是一味去投皇帝所好，而是实实在在地说出自己的见解，有的见解还很独到。当然，这样一个少年进士，也难免会显出了几分血气方刚，但血气方刚中却又流露出一种年少英迈的自信。这让天子忍不住多看了他几眼，他也的确是给太宗留下了比较难忘的印象，而满朝士子，虽都是天子门生，但在一个天子眼里，大多是一见即忘，只有寇准，注定是再也不会让这个天子忘怀了。

二、士人与仕途

进士门槛很高，但仕途的起步很低。宋朝进士及第，一甲即授官职，二、三甲进士还要继续培训，两三年后方能授以官职。但像寇准这种一甲进士,也大多只被授以县主簿之类。常言道，七品芝麻官，九品县主簿，若想从县主簿的起步官儿爬上一个正儿八经的七品芝麻官还挺不容易。寇准由于给当今天子留下了良好的第一印象，很顺遂地跨过了步入仕途的第一道门槛，他的第一个官职，被授以大理寺评事。对于一个刚刚迈入仕途的士人，这仅仅只是一种过渡性职务，但显然要比九品县主簿强了许多。

接下来,兴许连寇准自己都没想到,那么快,朝廷就给了他一个下基层历练的机会,知归州巴东。这显然又是那个第一印象在起作用,几乎刚入仕的寇准,一下就跨过了两道门槛,从九品闲职一下当上了实实在在的七品县令。

当一个年未弱冠的士人穿过一千多年前的三峡去巴东赴任,我也一路在寻思,古人是不是比现代人更聪明?十九岁,用现在的眼光看还是一个半大孩子,寇准却已是一县的父母官了。"巴东三峡巫峡长,猿鸣三声泪沾裳。"那时的巴东,还是长江三峡中的一个依山为田、刀耕火种的苦旱之地,也是一个天高皇帝远的小小边地。人道是,穷山恶水出刁民,巴东民风强悍,喜斗殴,好诉讼。所谓刁民,说到底就是穷人,压在他们身上的苛捐杂税也太重了,为争一口水,争一小片地,或为了少缴一点赋税,这大峡谷里的穷汉随时都会拔出刀来,白刀子进,红刀子出,除了单打独斗,时常还会引发大规模的械斗。除了斗殴,告状的人也特别多,一座筑在山崖上的县衙,一天到晚都有击鼓鸣冤的百姓。人说"新官上任三把火",但寇准上任后一把火也没烧,也不急于处理诉讼,他一来便一头扎了下去,走村串户,访察民生,直到把巴东每个旮旯里都走过一遍,连当时最偏远的野山关也走到了,他心里有数了,而他知巴东干的第一件事便是宽刑简政:一是在狱讼上对老百姓尽可能宽恕,能不判刑的就不判,该判的,也在轻重权衡中尽可能从轻;二是在徭税上尽可能减轻老百姓的负担,只要能给老百姓省钱的地方,他就从牙缝里省。这老西儿说起来也够抠门的,他把县衙里那三班六房衙役全给辞退了,平时让他们自谋生路,自己养活自己,有事升堂时才叫到县衙来临时当差,只需付点临时工资。而他这个县令也当得太寒酸,官服破了,也不置办一身新的,而是补了又补,破得连补也无法补了,他就把那破了的窟窿眼儿揪起来用麻绳缠上。他那乌纱帽的帽翅儿没了,只顶着个帽盔儿。这简直不像个官了,像个叫花子。而他的衙署里,也像个贫民窟,墙壁上到处是破洞,四条腿的长条凳只有一头还有腿儿,他倒会想办法,把另一头插在墙上的窟窿里，一屁股坐上去依然是稳稳当当。话说寇准在这大峡谷里当着七品芝麻官时，那个居庙堂之高的太宗天子还一直惦记着他，特命钦差来这里察看。寇县令的官邸里竟然穷得连茶叶也没有，书童寇安急中生智，竟然找了个破草帽儿揉碎了，泡在茶壶里。钦差喝了一口就感到不对味儿，问是什么茶，寇安信口答道："圈儿茶"。这都是民间传说中的故事，但比真实的历史更生动、更有趣儿。每当我面对那些标本化的历史人物，我宁愿舍弃那些枯燥乏味的历史，以民间的方式来叙述，而民间传说才真正是代表人民的历史。

寇准在巴东干的第二件事是"劝农稼穑"。他那首流传至今的《劝农歌》便是知巴东时所写："苍天在上，后土在下。效我神农，五谷丰登。挽草为业，定居稼穑。乐土归民，传之子孙。"寇准劝农稼穑，不是鼓励农人盲目地开垦荒山野岭，而是因地制宜发展农业。他将当时最先进的中原农耕技术带到了刀耕火种的巴东，手把手地教巴东农人如何播种耕耘。这是载入了史册的一件事，也是改变了巴东历史的一件事。但我觉得寇准在巴东所干的最重要的一件事还是植树造林。巴东到处都是赤裸荒山，而巴东的苦旱缺的其实不是水，而是树。寇准先在县衙院里栽了两棵柏树，既是率先垂范，也是想试验一下这树在巴东大山里的生存能力。他发现柏树既特别耐旱，又能在岩石的缝隙里顽强生长，便在全县推广。一座座怪石嶙峋的荒山很快就栽满了树苗。十年树木，而在千年之后，三峡中那个险恶的巴东，早已是一个蔚然成林的山清水秀之地，丛林中那些参天古柏，据说就是寇准当年知巴东时栽下的。寇准在县衙院里亲手栽种的那两棵柏树至今犹在，千百年来一直长得昂然挺直，就像一个北宋士人的形象。而那绿荫如盖的树冠，就像撑开的两把巨伞。这又是一个古老的象征，一个父母官，在老百姓眼里就是一方青天。

两年后，寇准告别巴东的父老乡亲时，出现了历史上经常出现的一幕，成千上万的老百姓络绎相送，纷纷给一个远去的县令送万民伞，意思是这个父母官像伞一样遮蔽着一方的老百姓，送的伞越多，这个官就越有面子。二十出头的寇准在他的第一任地方官任上就挣够了面子，而在他依依不舍告别的背影之后，巴东百姓也已告别了衣不蔽体、食不果腹的日子。据历史的记载，历经寇准两年的治理，巴东已"山无旷土、村无游民"，以前的巴东每到催缴赋役时便如同催命，而现在根本就不用官府派人催缴，"每期会赋役，不出符牒，惟具乡里姓名揭县门"。对于这样的历史记载，我只能在心里又一次惊呼，简直神了！

  关于历史对寇准知巴东的这段记载，我只能是将信将疑。遍观诸史，我发现官方的修史者有一个通病，对一个为官一任造福一方的官员，总是极尽赞美之词，以期能塑造出一个理想主义的标本。仔细一想，其实又很简单，在中国这样的一个绵延了数千年的"官本社会"里，一个王朝的兴衰，靠的是皇帝，一个地方的兴衰，靠的是官僚，而官风和官德又直接影响着一方水土的民风。一个官员为官一任时，只要像寇准这样在两年内能干好这三件事，就是一个造福一方的好官了，也是一个老百姓心目中、理想中的好官了，自然也是朝廷和天子看重的好官了。然而，这样的好官古往今来又实在是寥寥无几。巴东人世世代代都感念那位宽刑简政、脚踏实地又雷厉风行的寇县令，千百年来一直把他视为自己人，至今仍称他为"寇巴东"。他栽下的两棵柏树被称为"双柏"，寇准后来被封为莱国公后，这双柏又被称为莱公柏。有一首不知何人所作的《莱公柏》词："巴东县中有双柏，故老祖传寇公植。……近时拔茶劝种桑，民亦惠爱如甘棠。"

  寇准别了巴东，又知成安。同天高皇帝远的巴东相比，地处今河北南部的成安县，离天子已经很近了。从水系看，成安属海河水系的漳河流域，由于堤防年久失修，河水不断泛滥成灾，大洪之后必有大旱，在旱涝急转中还有蝗灾。而当时正是宋辽（契丹）战争频繁时期，挣扎在水深火热中的老百姓，还要背负繁重的赋税和丁役，更有地主豪强对土地的兼并和敲诈勒索，这地方已经到了最糟糕的程度。寇准是被巴东的老百姓用万民伞送走的，而迎接他的却是哭诉喊冤的状纸。但他像知巴东一样，并不急于办案和升堂理事，他还特意在县衙前张贴告示："本县暂不升堂理事，诉讼案件听候处理。"然后，他与衙内一班官吏忽然无影无踪地消失了，像是从人间蒸发了。但还是有细心人发现了寇准的行踪，一个县令，不穿官服，每天都在乡下村里闲逛呢。很快就有士绅联名上书，状告知县寇准上任以来，不务正业，终日游玩。而就在上司派人来成安查处时，县衙前又贴出了醒目的告示："本县明日升堂问案，有冤有苦者到堂上申诉。"升堂那天，所有涉案原告、被告均被传讯到堂。寇准一身官服，威严地端坐公堂正中，升堂审案，有冤申冤，有仇诉仇。待众人申诉完毕，寇准根据各案的案情一一做出了判决。这么多积案，他竟然在不到一天时间就审理完毕，无论原告还是被告，一个个惊得目瞪口呆，惊奇的不是寇准办案的神速，而是他对所有案情的了如指掌、判案量刑的准确和公正，让人在惊奇之中又心服口服。不用说，这又是寇准微服私访、访察民情和案情的结果。

接下来，寇准又发动民工修堤筑坝，治理漳河，而在治理漳河时，他又留下了一段"迁城留田"的史话。成安县城原本在漳河北岸，而北岸原本是地势平坦、土壤肥沃的良田，却被不断扩建的房舍、商铺、街道占用。民以食为天，为了保护庄稼地，寇准决定将县城迁往土地贫瘠的漳河南岸。但县城里的士绅不愿搬迁，寇准便下令"称大江南北之土"，最终以"江南土重、江山永固"为由，迁城于南岸，将北岸的大片良田留给农人耕种。

寇准知成安三年，基本上把他知巴东的实践经验照搬到了成安，如宽刑简政，减轻老百姓的负担，这都不是什么官场秘诀，而是为官的要务与常识。于是乎，在寇准知成安三年后，一个水深火热、民怨沸腾的成安，又出现了政通人和、百废俱兴、老百姓安居乐业的和谐局面。而在他告别成安时，又出现了万人空巷、夹道欢送、竞相给他送万民伞的感人一幕。为了纪念一个好官的德政，后人又在县衙内修建了寇公厅，又名忠爱堂、仰功祠。如今，又在寇公厅遗址上新建了寇公门。

寇准曾作《成安感秋》诗一首："蝉噪木叶下，远客忽惊秋。凝恨悲晚候，万绪皆如抽。芳时如梦幻，急影如奔流。念我何为者，年来生百忧。贫居负胜事，壮岁伤羁游。临民惭墨绶，垂钓思沧州。达则济天下，穷当守一丘。胡能效时辈，靦冒随沉浮。"从这首诗看，他想的还不只是当好一个县令，他的抱负还大得很，达济天下。

从寇准接下来的一段人生经历看，他的仕途如同他的科举之路一样舒展顺畅，从一个偏远小县到一个华北古邑，这两任知县他当得出色，也为他接下来的仕途前程打下了扎扎实实的基础。于此可见，那个干了不少坏事的太宗皇帝还真算个明君，让他在二十三岁时，便超升殿中丞、通判郓州，官至正六品。而接下来，寇准很快又把握住了一次绝好的机遇：召试学士院，授右正言直史馆。所谓学士院，也就是翰林学士院。寇准此次应召，也是宋代学士院召试馆职的最早记录。宋代翰林学士号称帝王的"私人"，可谓皇帝最信任、最倚重的心腹士人。据统计，两宋共有翰林学士三百七十一人，其中，官至宰执者一百六十三人，学士院堪称宰执诞生的摇篮。寇准之后的北宋名臣如李清臣、范仲淹、韩琦、富弼、蔡襄、曾公亮、王珪、韩绛、司马光、苏颂、李育等人都是通过学士院试而被授以馆职，而后又超升为朝廷的股肱大臣。而此时，二十三四岁的寇准离他"达济天下"的大臣梦已经越来越近了……

太宗天子似乎要对他进行全方位的锻炼，寇准召试馆职不久，很快就从右正言直史馆迁为三司度支推官，又转盐铁判官。三司是宋朝时中央最高财经机构，而为"笼天下盐铁之利"，盐铁则是三司管理的国家专卖物资，在国家财政收入中举足轻重。太宗把寇准安置在这样一个岗位上，可见对他有多器重。但对寇准来说，这还不是重用，只是历练。宋太宗端拱二年（989年）七月，寇准在经历了四年历练后，又登上了他仕途上的一个重要台阶：诏拜虞部郎中、枢密院直学士判吏部东铨，正三品，专管朝廷提拔官员的考察。这已是位高权重的要职了，此时寇准才二十八岁。古今多少士子，倾毕生心血梦寐以求也抵达不了这样的高位，而寇准只用了九年的时间就抵达了这样的高位。这实在不能不让人称奇。

寇准缘何能快速超升？我在前文提及，他的官场的秘诀其实是公开的秘密。所谓官途、仕途或政治前途，先必须经历一个垒台阶的过程，由此不断垫高，以至于位极人臣的高位。从寇准步入仕途后的这九年来的官场生涯看，他的仕途是相当成功的，不说是平步青云，却也是仕途坦荡，既走得快，更走得稳。这一方面归功于他自己扎扎实实累积的台阶，又主要表现为踏实和能干。无论哪个朝代，都需要真心实意、切切实实地做事、脚踏实地、埋头奋斗的实干家。除了实干，当然还要能干，能干是一种智慧，寇准的智慧，还表现在"临事明敏"上。这是宋太宗对他的评价，也就是能随时做出应急处置，及时化解各种社会隐患和危机。另一方面是善于捕捉和把握机会，每一次决定他仕途的关键性机会，他都及时捕捉到了，而且紧紧抓住了。

人在仕途，有了这两条，也就要风有风、要雨有雨，风调雨顺了。

三、北宋王朝的魏征

追溯起来，寇准之所以能得以快速超升，其实还有很重要的一条，但这一条却是一把双刃剑，那就是他那一身锋芒毕露的棱角。

寇准虽说已历经长达九年的历练、磨炼，却一直没有磨砺掉他的锋芒与棱角，反倒让他刚正廉明、不畏权贵的性格或品格更加凸显。很多人把这看作一个缺点，甚至以为官场大忌，却也未必。如果没有这样鲜明而突出的性格，寇准很可能只是一个很平庸的官员，不可能受到天子的注目和重视。而从另一方面看，这样的性格又的确是官场大忌，这也是寇准遭人嫉恨、让天子头疼不已的主要原因。事实上，寇准一生的官场生涯便是游刃于这把双刃剑之间。对寇准的这种性格，有后世分析，一是因他才智超群，难免就有那么一股心劲儿，或者说是一种优势、强势的心理，也就无所顾忌；二是他年少得志，一路青云直上，用时下的话说是职场生涯起点太高，还没有经受沉重的挫折和彻骨的磨炼，瞻前而不顾后，难免为日后埋下祸根。

这里继续讲述寇准接下来的官场故事，一个让寇准性格暴露无遗的历史事实，就发生在他被朝廷提拔重用的端拱二年（989年），那是宋太宗时代的历史性一幕，几乎所有的正史、野史都不会遗忘这一幕。那天，寇准奏事殿中，对朝政突然发起了猛烈的抨击，"极言利害"，人道是忠言逆耳，可这寇老西儿的忠言几乎是声嘶力竭、刺耳锥心，端坐在龙椅上的太宗皇帝实在听不下去了，气得一撅龙臀就离开了龙座，气冲冲地要回内宫，但天子愤怒的龙袍，却突然被一只倔强的手死死地拽住不放。寇准拽着天子，非要太宗听他把话讲完才放他走。这寇老西儿，一生不乏大胆出格的细节，但这一次可能是最出格的，简直是吃了豹子胆了，一个臣子竟敢揪住一个天子不肯放手，这样的事情也只可能发生在宋朝，发生在寇准和太宗身上。此时，旁边的大臣都为寇准捏了一把冷汗，这寇老西儿不是在找死吗？一个握有生杀予夺大权的皇帝，总有情绪失控的时刻，一个杀机就是一个念头，杀一个大臣还不跟碾死一只蚂蚁似的。但寇准似乎已将生死置之度外，也只有如此忠勇和大义的士人，才会不顾随时降临的死亡。又不能不说，生在北宋王朝的寇准是幸运的，像寇准这样的人物在中国历朝历代其实很多，但不是每个人都像他这样走运。北宋开国时，太祖赵匡胤曾于殿中为继位者勒石为戒，第二条戒律就是"不杀士大夫"，北宋历代皇帝基本上恪守了这一底线，无论天子多么震怒，只要不是谋逆造反，还从未有诛杀大臣的历史。有宋一代，也极少出现嗜杀的暴君和不明事理的昏君，而被寇准死死拽住的宋太宗，无疑也是北宋皇帝中的一个明君。我也相信历史的记录是真实的，你不得不说那个太宗皇帝还真是宽宏大量，生气归生气，但还是显得特别有王者风度，事后，他不但没把寇准怎么样，甚至还十分赞赏寇准的执拗，说出了一句历史性的名言："朕得寇准，犹文皇之得魏征也。"

从此寇准就被钦誉为北宋王朝的魏征，在太宗的智囊团中占有更显赫的地位。

在接下来的数年里，寇准继续游刃于一把双刃剑中，在仕途上依然一路走高。

淳化（990—994年）初，朝廷判处了两桩贪贿案，一个是拥有赃钱数以千万计的王淮，对他的处置很轻，仅仅只是杖责和降职。明眼人一看就知道，王淮有背景、有靠山，他是参知政事王沔之弟，史载"王沔对人苛刻，却放纵亲族。其弟王淮，曾掌管香药榷易院，坐脏（赃）论当弃市，王沔力救，仅杖一百，降为定远主簿"。另一个是情节较轻的祖吉，他受贿的钱比王淮少得多，反倒被处以死刑。寇准觉得这太不公正了。他知道这是王沔在幕后操纵，而王沔是深得太宗赏识、参与国政的副相，若要扳倒这样一个位高权重的大臣，寇准也深知绝非易事，很可能还没有把他扳倒自己就先被打倒了，但若不把他扳倒，又怎么能给天下一个公正的交代？就在他苦思如何着手时，淳化二年（991年）春天发生了一次大旱。古人认为天灾为天数所致，每有天灾，天子必召集近臣询问时政得失，这给了寇准一个机会，他借天人感应之说，指出此次大旱是上天对朝廷刑罚不公的警告。太宗一听又不高兴了，谁又愿意遭受天谴呢？他生气地转入禁中，左思右想，又觉得寇准绝非一个信口雌黄的人，这样说必有根据。于是，他又召问寇准："你觉得朝廷的刑罚怎么不公？"寇准说："请圣上将二府大臣都召来，我再当面解释。"当王沔等人上殿后，寇准便把王淮、祖吉两人的案子一五一十说了一遍，问："这难道不是刑罚不公吗？"太宗顿时龙眼一瞪，两道目光直射王沔。王沔原本是"聪敏善辩"之人，当寇准讲出事实真相时，他已无法抵赖，两条腿像筛糠似的发抖了，而太宗一瞪龙眼，他的两腿登时一软，咕咚一下就跪倒在地上，连连磕头谢罪。太宗宽仁，虽然没有杀他，只是将他贬职，但他却也不得好死，没过多久，"以暴疾卒，年四十三"。这是《宋史》对其命运的最后交代。

扳倒了王沔之后，寇准愈加受到太宗的赏识，这也给自己铺垫了更上一层楼的台阶，刚过而立之年，他便拜为左谏议大夫、枢密副使，又改同知枢密院事，人称寇枢密。就这样，年轻的寇准步入官场也仅仅十年罢，便已跻身执政之列，成为直接参与朝廷军国大事的国家级领导人了，在二府大臣中他是最年轻的一位，相当于副宰相，离宰相仅有一步之遥了。

一般而言，年轻而登高位，高处不胜寒，这个时候特别需要沉住气，但寇准却偏偏没有沉住气，没多久，他便与知院张逊发生了明争暗斗。明争是寇准的性格，暗斗却是张逊的特长。张逊比寇准大二十多岁，论年纪是寇准的父辈，论资历是寇准的前辈，他在太宗还是藩王时，便是藩邸的亲随武臣，太宗登极后，又把他放在最高军事长官的位置上，看重的不是他的能力，而是他的忠诚，说穿了，这个人是天子的心腹。以寇准的聪明，应该看得出天子的心思，但他偏偏最看不起的便是这种亲随武臣出身的官僚，时不时就会表露出来。而宋代的枢密院，原本就是朝廷的最高军事机关，以武职晋升的张大帅，对朝廷"以文驭武"的国策自然也心有不甘，对士人出身的寇准也看不顺眼。这一文一武、一老一少，仿佛是宿命的天敌，就这样针尖对麦芒地干上了。每次议事，他俩都会吵一次架。寇准虽是文人，却是武人的性格，直来直去，而张逊一个武官，却是一根肠子弯弯绕，加之这么多年的官场经验，对那套官场的心术手腕自然是熟能生巧，他一心想拔掉寇准这个眼中钉，一直在寻找机会来给那不知天高地厚的小子以致命一击。这个机会还真是来了，一次，寇准与同僚温仲舒一同骑马走过大街，一个疯子忽然冲了过来，拦住他们连呼万岁，恰巧又被一个巡逻的武官看见了。张逊听说此事，兴奋得快发疯了，心想，寇小子，竟然有人拦着你连呼万岁，你这不是想谋反当皇帝吗？他马上唆使那巡逻的武官上告。那疯子拦住的明明是两个人，但张逊的矛头却直指寇准。太宗英明，感觉到这背后还有什么文章，干脆将两位枢密一起召来了。此时，寇准在说清事实真相后，完全可以冷静地等待天子的裁判，太宗心里也十分清楚了。但寇准却一点也不冷静、不理智，竟然与张逊在天子面前相互揭短，又吵起来了。眼看着两位枢密大臣吵得不可开交，如市井之徒，成何体统？太宗在盛怒之下，索性将两位枢密一起罢免，张逊被贬为一个养老的闲职，年轻气盛的寇准则被逐出朝廷，以左谏议大夫出知青州。

这是寇准平生第一次被贬，他一路平步青云地走过来，也实在是太顺利了，若不栽个大跟头，难免日后还会吃大亏。他也需要找个清静的地方去清醒清醒、反省反省了。就是他自己不反思，也值得后世反思，从这件事情看，他在政治上还真是很不成熟。寇准是历史上公认的政治家，而从一个政治家的标准来看，正直是第一位的，否则就是奸臣了，但寇准的性格过于耿直，作风强硬，又好使性子，这也是他日后连遭贬谪的原因。后来，宋真宗继位后，曾这样评价他（大意）："寇准心胸狭隘，又过于偏执，无论君子、小人，都不喜欢他。"宋真宗不是宋太宗，他对寇准是有偏见的，但他的评价也是实情。以寇准这次与张逊的冲突为例，两人吵架一直吵到了天子的面前，客观原因是张逊不正直，主观原因则是寇准过于偏执，好使性子。况且，他并非只与张逊一个人发生了冲突，与其他大臣也屡有冲突。对一个身居高位的政治家而言，正直也好，耿直也好，都应该有更理智、更有智慧的方式来体现，自我保护意识也是相当重要的。否则，就会树敌过多，随时都处于政敌的盯防、暗害的危险处境，一不小心就跌入了陷阱。而寇准在而立之年就能登上政坛高位，除了累积的政绩，另有一个重要因素，就是太宗对他的信任与倚重，一直在为他撑腰，否则，他在这样一种危险的处境下早就被排挤出局了。而太宗对他的倚重，其实又大有深意，他对寇准等新锐的重用，一个核心意图就是为了制衡其他元老大臣。这又是一个天子在权谋上的智慧了。

事实上，太宗至少眼下还不想把寇准这样一棍子打下去。据史载，寇准被贬青州后，太宗终日闷闷不乐，好像丢了魂似的，经常询问有关寇准在青州的情况。这又是寇准非凡的成功之处了，能够让一个天子时常想着自己，念着自己，他就还不是一颗弃子，这仕途就还大有希望。果不其然，到了第二年九月，寇准又被太宗召回京师，拜参知政事，这已是名副其实的副宰相了。太宗好像要弥补他似的，至道元年（995年），寇准又加给事中。这样一来，寇准在担任参知政事还不到一年的时间里，便与宰相分日知印、押班，共同商议军国大政，形同左丞右相了。

此时寇准年仅三十四岁，宋太宗已五十六岁。他想在几个儿子中挑选出一个皇位继承人，但他又一直迟疑不决。由于此事高度敏感，一般大臣自然也都讳言立储一事，唯有朝臣冯拯不识时务，又圆滑投机，几番上疏请立皇储，结果被太宗一闷棍赶到了天荒地远的岭南，从此朝野上下更少有人再敢议论此事。寇准刚从青州还朝，蒙太宗召见。太宗当时正患足疾，待寇准看过伤情后，便主动向寇准询问，应立谁为皇太子？寇准何等聪明，在路上他就猜到天子这次召见他的目的，但经历了一次挫折，他果然是吃一堑长一智了，他没有直接回答太宗的问题，却说出了选择储君的基本原则：为天下选择国君，既不能与后妃、中官（太监）商量，也不能与近臣谋划，应选择众望所归者立为太子。太宗低头沉思了一阵，又压低声音问："襄王如何？"襄王便是北宋的第三个皇帝、未来的宋真宗赵恒，这其实正是寇准心中最属意的人选，他心里一动，却不动声色地说："知子莫若父，圣上既然认为襄王可以，就请决定吧。"

第二天，太宗便册立赵恒为太子，拜谒祖庙，大赦天下，但没承想又出了事端：太宗与太子拜谒祖庙回来，市民们纷纷涌向街头，争相围观未来的天子是怎样的模样。这时忽听有人惊呼一声："真社稷之主也！"太宗一听，脸色霍地就变了，黑着脸问寇准："四海心属太子，欲置我何地也？"寇准连连拱手道贺："恭喜圣上，陛下择所以付神器者，顾得社稷之主，乃万世之福也！"这话还真是说得机智，哪怕魏征再世也未必说得出，太宗一听，转怒为喜，龙颜大悦，赐寇准同饮，"极醉而罢"。后世毛泽东在读这篇《宋史纪事本末》时批道："赵匡（光）义小人之言。"但不管怎样，太宗因寇准这句话对他愈加信任了。没过多久，有人给太宗献了个名叫"一通天犀"的宝贝，太宗命人加工成两条犀带，一条留给自己，另一条赐给了寇准。此时的寇准，腰系和天子一模一样的犀带，沐浴天恩，享受着文武百官无与伦比的宠幸与恩荣，虽未正式拜为宰相，事实上却已抵达主宰天下的权力巅峰。当时的宰相、那个大事不糊涂的吕端和其他两个参知政事都是寇准引荐的，对他自然是言听计从。而当一个人拥有了一人之下、万人之上的绝对的权力，又几乎处于无人制衡的状态，恍若他童年时置身于华山极顶，站在危险的悬崖边上，"只有天在上，更无山与齐"，这既是位极人臣也是高度危险的境界了。

一个人到了这样的境界，理应特别低调和谨慎，然而寇准却依然高调，依然以大手笔书写他想写的历史。至道二年（996年）七月，太宗将在汴京南郊祭祀天地。按例，每次天子祭祀天地之后，都要格外开恩，晋升一批官员。而从这次祭祀天地的安排，到人事安排，都是寇准主事。祭祀是天大的事，人事安排则是比天大的事更高度敏感的事情，关乎每个官员的仕途前程。寇准干啥事都是大手笔、大刀阔斧，在这次大规模人事安排上他打破了论资排辈的游戏规则或潜规则，有的官员被破格提拔，甚至连升数级，有的则是明升暗降。他这样安排人事，倒也没有什么个人的私心与野心，用现在的话说，他完全是从国家和人民的命运来考量的，他提拔重用的都是他心中的国家栋梁之材，自然也就心安理得，心底无私天地宽。

当晋升官员的大名单公布后，一时间人声鼎沸，喜出望外者有之，摇头晃脑者有之，捶胸顿足者有之，但几乎所有人都惊呼意外！要说呢，这也很正常，哪一次人事公布，又不是几家欢乐几家愁？但此次人事安排虽是重新洗牌，却又不是按牌理出牌，寇准的倾向性也实在太明显了，凡是被寇准引荐的、看好的官员，几乎都得到了提拔重用，而被寇准疏远的官员则受到了排挤。对这次人事安排最不满的便是那个被太宗一闷棍赶到了岭南的虞部员外郎冯拯，寇准素来对此人的圆滑投机就嗤之以鼻，这次自然没有给他一个满意的位置。但这个冯拯又岂是善茬，他屡次向寇准公开发难。对这样的圆滑投机者，其实也不难打发，主宰人事大权的寇准如果能从"维稳"的大局出发，可以赏给他一个让他比较满意的乌纱帽。但寇准又绝对不是这样的人，当冯拯向他发难时，他那过于偏执的老脾气又犯了，竟然以中书公文的形式，上纲上线，严厉斥责冯拯扰乱朝纲。一个人事安排问题，就这样被寇准搞成了政治问题，而冯拯也非常有政治头脑，随即便连上数书，状告寇准擅权，独揽朝纲。这个人还特别有心机，不只是指责寇准对他一个人不公，而是指责寇准对岭南所有官员的任用不公。这样一来，还真是有一大批人声援他，广南东路转运使康戬随后也向太宗上疏（大意）："宰相吕端、参知政事张洎和李昌龄等人皆为寇准所引荐，吕丞相心存感激，张参政曲意奉承，李参政则畏惧不敢抗衡，致使寇准大权独揽，为所欲为，变乱规矩……"

太宗天子阅罢这些奏疏，额头上惊出了一层冷汗，赶紧把宰相吕端等人召来询问。吕端这个人，无论在地方还是朝廷做官，都以为人稳重、镇静而著称，加之他又信奉黄老之学，这与太宗晚年崇尚的清静无为很合拍，因此颇得太宗赏识。吕端当宰相那一年是至道元年（995

年），是由参知政事改任宰相的，此时他已经年过花甲，当时就有人反对，说他为人糊涂，对此，太宗脱口说出了一句经典的历史名言："吕端小事糊涂，大事不糊涂。"而对寇准与吕端两位大臣的摆布，太宗也从政治的平衡学上有过考虑，他担心吕端官居相位后在寇准之上，难免会使寇准心中不平，为了平衡两人的关系，他采取了一个权宜之计，让时任参知政事的寇准与宰相吕端"分日押班知印，同升政事堂"，也就是让吕端和寇准隔日轮流执掌相府大权，平起平坐，而太宗则从旁加以观察，看看两人谁更堪重用。而太宗一番观察之后，是后悔，后悔自己对吕端重用太晚了，却不知他是否后悔对寇准的重用太早了。

这次，当太宗把吕端召来询问时，这个吕端还真是大事不糊涂，此人看上去一副憨厚老实的模样，说的也是老实话，他一点也不考虑寇准此前引荐他的知遇之恩，更不顾两人的情谊，几乎把所有的责任都一股脑地推给了寇准：他之所以不与寇准争执，只因寇准性格刚强，而两位辅国大臣一旦发生争执，难免有伤国体。太宗自然深知寇准的性格，知道吕端说的是大实话。吕端如此，参知政事张洎更是明哲保身，他不但交代了寇准独揽朝纲、独断专行的许多事实，更揭发寇准私下里还批评过皇上。

太宗倒是不太计较寇准在背后说了自己什么坏话，他是一个不太关心细节的皇帝，却能一下提纲挈领抓住关键，这个关键就是，寇准的权力实在太大了，对朝廷甚至对皇权都已经形成了一种威压。一个人拥有这样大的权力，又有一种如此强势的性格，那还真是难以制衡。事实上，这才是一个天子高度警惕的。从政治家的标准看，太宗皇帝无疑比寇准更接近一个政治家的形象。他想到的不是自己在位时大权旁落，而是为未来的皇帝、他的儿子赵恒考虑，知子莫如父，对这个儿子性格上的软弱他再清楚不过了，而一个软弱的新主，很可能被某个权大势大、性格又特别强势的大臣架空。谁来辅助未来的皇帝？如果有两类人可供选择，一类是吕端这样的人，一类是寇准这样的人，以太宗的智慧，他只能选择吕端，而又必须把凌驾于吕端之上的势力排除，就这样，寇准被罢黜的命运被一个天子决绝的念头决定了，并且，这一次，太宗决不是一时冲动罢黜寇准，而是以一个政治家的智慧将寇准排挤出权力中心，改给事中，出知邓州。

这也许是一个一生英明的天子在驾崩之前做出的一项最重大的人事变动，我在此猜测，如果太宗继续在位，寇准这辈子也别想再有出头之日了。

四、将相兼荣谁敢比

历史已经验证，太宗对自己身后的政治布局是非常英明的，至道三年（997年）三月，太宗驾崩，李皇后与宦官王继恩等人企图撇开太子赵恒，另立皇子元佐为帝，而吕端不负太宗的重托，力保太子按正常程序接班。他大义凛然地对李皇后说："先帝立太子就是为了今天，现在先帝弃天下而走了，我们怎么做违背先帝之命的事情呢，对于这么事关国家前途命运的大事，不能有什么异议！"吕端还真是大事不糊涂，而且临危不惧，在暗流汹涌、波诡云谲中以特有的沉稳让一个帝国的最高权力在有惊无险的沉稳中完成了交接。这是北宋历史上第三次皇权更迭。

对一个刚登基的天子有待接下来讲述，而对一个死去的天子又如何评说呢？

元朝丞相脱脱主修的《宋史》对太宗给予了高度的赞赏："帝沈谋英断，慨然有削平天下之志。既即大位，……取太原，伐契丹，继有交州、西夏之役。干戈不息，天灾方行，俘馘日至，而民不知兵；水旱螟蝗，殆遍天下，而民不思乱。其故何也？帝以慈俭为宝，服浣濯之衣，毁奇巧之器，却女乐之献，悟畋游之非。绝远物，抑符瑞，闵农事，考治功。讲学以求多闻，不罪狂悖以劝谏士，哀矜恻怛，勤以自励，日昃忘食。"对太宗在烛光斧影中登基之事，《宋史·太宗本纪》也为之辩解说："至于欲自焚以答天谴，欲尽除天下之赋以纾民力"，于是天下百姓都比肩接踵而至，请其"登禅"即位，"君子曰'得乎丘民而为天子'，帝之谓乎？故帝之功德，炳焕史牒，号称贤君"。

接下来还是追踪我叙述的主角寇准,当一个天子的生命走向尽头时,寇准的政治生涯却还远远没有走到尽头。

随着太宗赵光义驾崩,宋真宗赵恒即位,标志着宋朝开创局面的结束,守成时代的到来。在一朝天子一朝臣的重新洗牌中,寇准又奇迹般地得以重新起用,历任兵部侍郎、三司使。这又表明,对于朝廷,对于一个王朝,寇准这样一个人还真是不可或缺的。不过,寇准再次登上权力的巅峰,已是景德元年(1004年)六月,此时寇准已年过不惑,四十三岁。而寇准能再登上权力巅峰,只因北宋自开国以来第一次到了最危急的时刻,契丹(辽)大军已逼近了宋都汴梁(开封)。

追溯历史,北宋开国后,直到太祖死于"烛光斧影"中,其统一大业依然未竟,太宗继承了太祖的基业,自然也要承继太祖未竟的事业。在太祖驾崩后的第三年,宋太宗于太平兴国三年(978年)迫使吴越以和平的方式"纳土",之后又灭亡五代十国最后一个割据政权北汉,一举终结了安史之乱后近二百年藩镇割据的局面,基本上实现了汉民族的统一,但远未恢复汉唐的江山版图。翌年五月,太宗不顾众臣反对,趁伐取北汉之势,又从太原出兵北伐契丹(辽),而当时北宋面临的最大威胁就是契丹(辽)。契丹是十世纪初至十二世纪初由契丹族耶律氏在北方建立的一个少数民族政权,后称辽。唐末五代,随着中原的割据混战,无暇顾及边关,致使契丹得以迅速壮大、崛起,成为足以与中原抗衡的王朝帝国。宋太祖时,辽朝正值穆宗耶律璟在位,由于耶律璟终日沉湎于酒色,不理朝政,太祖趁机一举平定了契丹南部的割据政权,为北宋边关赢得了一段暂时的安定。太宗时,契丹(辽)又逐渐坐大,宋、辽之间随即发生两次大规模战争。

太平兴国四年(979年),宋太宗御驾亲征,北伐初期一度收复河北易州和涿州,这让"慨然有削平天下之志"的太宗愈加踌躇满志,又下令围攻燕京,试图一举收复燕云十州,宋军在今北京西直门外与辽军展开激战,宋军大败,宋太宗被史称有"宏谋远略,料敌如神"的辽军大将耶律休哥一箭射在龙臂上。这也是太宗皇帝一生最狼狈的时候,连马也不能骑了,只能歪着屁股坐在一辆驴车上仓皇逃走。好在辽军追至涿州后便未能再追击，太宗才得以在大宋的龙椅上继续坐天下。不过，这把龙椅从此也让他那龙臀坐得异常痛苦，那一箭虽不是致命伤，却让他"身带旧疮，每年发作，痛苦殊甚"，而他最终也是因多年后疮发而要了他的命。

　　从宋、辽两国长达二十五年的战争看，太宗两度伐辽均以失败告终，宋朝也一直处于挨打的局面。太宗在北伐失利后，又于太平兴国五年（980年）发兵南征，试图统一在五代十国乱世中乘机独立的交趾（越南），结果也是惨败而返，使交趾最终得以保持独立地位（但后来依然是中国的藩属国）。由于北伐南征的接连惨败，国中百姓深受战争之苦，从而导致了四川王小波、李顺农民起义。这也让太宗把视线从恢复汉唐江山转向了巩固已有的江山上，转而执行"守内虚外"的国策。到了晚年，他更是从青壮年时代的急功近利一变而为循规蹈矩，使一个还很年轻的大宋帝国仿佛提前进入了老年的状态。后世认为，就是从他执行"守内虚外"的国策开始，宋朝才逐渐形成了"积贫积弱"的局面。理性看，这也不能全怪他，由于赵宋王朝是在五代乱世之后所建立的第一个统一的帝国，作为过来人的太祖和太宗从一开始就把军事政变、农民暴动等内患视为"心腹之患"，而把外族入侵仅仅视为"肘腋之患"。是故，北宋王朝的一系列法度，大多是针对防范内患而制定的。这样一来，北宋对于四周环伺的列强如契丹（辽）和西夏（党项）一直表现得比较宽和，基本上处于防守的状态。

　　就在太宗驾崩、真宗即位之际，契丹骑兵乘宋主新立，对北宋边境发起了更频繁的侵袭。以骑兵为主力的辽军，充分发挥了游牧民族彪悍、灵活、擅长远距离奔袭作战的优势，经常长驱直入，突入河北大平原，在纵火抢劫之后又扬长而去。寇准曾知成安，那里已是河北平原的南部，也时常遭遇辽军铁骑的劫掠，对此寇准有了铭心蚀骨的感受：无论你怎样励精图治，契丹（辽）铁骑可以在顷刻间将一切毁灭,化为一片废墟。这也让寇准在面对外族入侵时，一直是最坚决的主战派。

　　咸平二年（999年），辽军又大败宋军于高阳关，大掠而还。四年后，辽军再侵高阳关，宋军副都部属王继忠被俘降辽。这两次战争，震惊了北宋朝廷和年轻的真宗皇帝。景德元年（1004年），辽圣宗耶律隆绪和母亲萧太后，率二十万大军从幽州出发，显然，这一次如此大规模的出兵，已不是习见的骚扰和侵袭，而是想要一举灭亡北宋。这是北宋开国四十余年以来最危险的时刻。在大军压境、兵临城下的危急关头，满朝文武百官惊慌失措，几乎没有人挺身而出来抗击敌军，而大多数主张赶紧迁都，三十六计，走为上策。这其中的代表性人物一是参知政事王钦若，他是江南人，奏请迁都金陵，而枢密院事陈尧叟是四川人，他提议迁都成都。而此时，从真宗皇帝到左丞右相李沆、毕士安等，在弥漫的惊惶恐惧情绪中，也茫然不知所措。就在这关头，毕士安突然想到了一个人——寇准。他向真宗推荐拜寇准为相，理由是"寇准天资忠义，能断大事；志身殉国，秉道嫉邪。眼下北强入侵，只有寇准可以御敌保国"。

我觉得，这就是历史赋予寇准最伟大的角色，也是天性赋予他的最伟大的人格，在一个国家、一个民族生死存亡的关头，那些官场的细节都已微不足道，只有像寇准这样大无畏的英雄豪杰才能挽狂澜于既倒。

就这样，寇准奉天承运，被真宗拜为集贤殿大学士，和毕士安同为宰相。

寇准一旦拜相，一个茫然不知所措的朝廷立马就有了一个主心骨。当真宗问他如何应对危局时，寇准想到的，第一个就是打消天子迁都的念头，阻止逃亡避敌的主张。他心里自然清楚，迁都之议就是王钦若、陈尧叟等人提出的，这两人当时正好在场，但寇准却假装不知，对真宗说："不知谁给陛下出此迁都之策？罪可杀头！"而那两位此时虽不敢说什么，却又把对寇准的一笔仇恨记在心头了。在打消了天子迁都的念头之后，寇准紧接着又提出了一个让天子浑身发抖的建议（大意）："国难当头，如果天子御驾亲征，敌人自当遁去。否则，也可以出奇兵打乱敌人的战略部署，同时坚守都城以使敌疲困，这样就可使敌劳而我逸，最后我们必得胜算。"

对寇准的建议，真宗既不想答应，又不能不答应，作为宋朝的第三位君主，他天生就不是打天下的主，而是坐天下的主，生于深宫之中，长于妇人之手，与久经沙场的宋太祖、宋太宗自不可同日而语，而且还是宋史上一个出了名的性格懦弱、胆小怕事的皇帝。但大宋帝国毕竟是他赵家的天下，国难当头，御驾亲征是一个天子义不容辞的使命，他也只得硬着头皮点头了。为了进一步消除王钦若等人对真宗的影响，寇准又把王钦若从天子身边调到天雄军前线，这样一来，再也没有人在天子身边干扰了，天子也就只能对寇准言听计从了。此时，以寇准为领袖的主战派在朝廷已占了上风，但仍有不少人对战胜辽军没有信心，连力荐寇准的另一位宰相毕士安对寇准挟天子御驾出征颇有微词，他以抱病在身为由，又以太白星白天出现对大臣不祥为借口，不愿随驾北征。

然而，盛气凌人的辽军却根本不会给大宋王朝以任何犹豫的机会，是年十月，辽兵攻陷祁州（今河北安国市），一路金戈铁马，继续向东南推进，经贝州，直扑澶州城下。澶州，也就是今之河南濮阳城区，与宋都汴京仅隔一河，一个帝国的心脏部位已经直接暴露在敌军的威胁之下。在寇准的再三敦请之下，宋真宗终于被人扶上了出征的辇车，随寇准起驾北上。当车驾缓慢行至离前线越来越近的韦城时，从前线不断传来辽军逼近的急报，每接到一封急报，真宗的两只手都在瑟瑟发抖。此时，臣僚中又有人劝真宗还是到江南的金陵去躲避，真宗又动摇起来。但此时已经由不得一个天子来选择进退了。事实上，寇准此番逼御驾亲征就是"挟天子以令诸侯"，有了宋真宗这样一个名义上的统帅，从战略部署到调兵遣将，他也就可以更好地扮演一个实际上的统帅。从这次对辽作战中，寇准这样一个士人文官还真是表现出了非凡的军事才能，这与他从小就爱读兵书有关，那些军事典籍里的用兵智慧，在此时终于派上用场了。根据对敌情的分析，寇准制定了一套攻防战略，效果又如何呢？那就只能由严酷的战争来检验了。

尽管此时从前线传来的都是辽军攻城拔寨、宋军遭受一次次惨败的消息，但有了寇准这样一位大义凛然的主帅，对军心民心发挥了极大的稳定作用，寇准也再三劝告真宗，在大敌压境、四方危机的情况下，若要保全大宋帝国,"只可进尺、不可退寸"。一路上,真宗几乎是在寇准的逼迫下,终于抵达了澶州。北宋时代,黄河还是从澶州流过的,将澶州城一分为二。此时,辽军已兵临北城,而真宗抵达南城后,无论寇准怎么苦劝,他都不敢过河,只愿驻跸南城。寇准长跪于地,再三力请天子渡河,只有渡河,主动迎战,才能保住京师。但真宗怎么也不敢渡河,在辽军的叫阵声中脸色惨白,浑身直打哆嗦。

寇准见劝不动天子,又去找太尉高琼,请他来劝天子起驾渡河。他几乎是逼问高琼:"太尉承蒙国家厚恩,今日打算有所楣答(报答)吗?"高琼倒也凛然:"我是军人,愿以死殉国!"寇准听了此言,便与高琼商议一番,两人一同来劝真宗。寇准对真宗说:"陛下如果认为我刚才的话不足凭信,可以问问太尉。"没等真宗开口,高琼便说:"寇公的话不无道理,随军将士的父母妻子都在京师,他们是绝不愿意抛弃家中老小随圣上迁都、只身逃往江南的!"说罢,高琼便长跪在天子脚下,再三恳请真宗立即渡河。而那个冯拯,此时已知枢密院事,他在一旁呵斥高琼,一个臣子怎么能对天子如此鲁莽?高琼两眼直瞪冯拯道:"你冯拯只因会写文章,官做到了两府大臣,现在大敌当前,我劝皇上出征,你却责备我无礼,你有本事,为何不写一首诗使敌人撤退呢?"这也就是宋朝历史上那段著名的历史公案了,实际上是一个后世用来嘲笑宋朝"以文驭武"、积弱不振的历史玩笑,身为武将的太尉高琼以如此挖苦的方式来嘲弄以文人身份知枢密院事的冯拯:"赋一诗咏退敌骑。"如果了解当时的背景,就会发现这是一个仅仅针对冯拯的个案,而不是针对整个士人,像寇准这样"以文驭武"的文人,是高琼这样的大将心服口服的。

就在冯拯一脸尴尬时,高琼已命令卫士将真宗的车驾扭转了一个历史性的方向,转向澶渊北城,寇准和高琼就这样挟天子强渡黄河。当真宗的黄龙旗在澶州北城楼上一出现,城下北宋的兵民立即山呼万岁,士气倍增。这就是寇准想要利用天子制造的一个效果。事实上真宗在澶州北城只是象征性地巡视了一圈,便急不可耐地回南城行宫,只把寇准留在北城,在前线指挥作战。说起来还挺有趣,真宗回到南城之后,还几次派人来探视寇准的举动，这倒不是不放心寇准，而是生恐寇准指挥作战失利，一旦有事，他好提前撤退。而真宗派来的密探看见的是，寇准正与知制诰杨亿在城楼上喝酒下棋，气定神闲，一点也不像马上要打仗的样子。见寇准如此胸有成竹，真宗也不再像先前那样恐慌了。

在城楼上喝酒下棋的寇准，自然早已做好了战略部署，对整个战局也了如指掌。辽军虽然号称二十万，却是全凭骑兵的优势孤军深入，虽说一路上攻陷了不少城池，但供给线也越拉越长，粮草也远远供给不上了。又加之宋境内各地军民节节抵抗，辽军刚出征时的锐气也节节受挫，这正是寇准在战略部署上想要的效果，不计较一城一地之失，而是保存实力在漫长的战线上拖垮长途跋涉、疲于奔命的敌军。十月之后，这个效果更加明显了，辽军在战场上开始连吃败仗。而当辽军进攻澶渊时，事实上已是强弩之末。尤其是真宗御驾亲征、亲临北城时，宋师同仇敌忾、士气高涨，在澶州城下用精锐的床子弩将不可一世的辽军先锋萧挞览射杀了。辽军还没有来得及与宋军决战，先就丧失了一位先锋大将，军心动摇，斗志锐减，而萧太后与大丞相耶律隆运眼看宋军摆出了决一死战的强大阵势，更有大宋天子御驾亲征，一举灭宋的信心大减。他们估计在战场上捞不到什么便宜，便转而主动向北宋乞和，想从谈判桌上多少得到一些在战场上得不到的好处。

在这样的有利局势下，寇准坚决反对议和。应该说，这也是北宋历史上最有利的一次收复失地、开疆拓土的战机。此时，从前线传来的不再是急报，而是接二连三的捷报，宋军已在辽军的大后方夺取幽燕等数州，而辽军为了回救老巢，已无心恋战，只想赶快退却。按寇准的战略部署，只等辽军一退，宋军就可以展开反攻，乘胜追击，以一劳永逸的方式彻底打败辽军，将所有失地全部收复，就此一举灭掉契丹（辽）这个北方的心腹之患也是极有可能，至少也可大大扩张大宋帝国的版图。可惜了，由于宋真宗原本就没有抗敌的决心，差不多在他御驾亲征的同时，宋朝的议和使节曹利用便已被派往契丹军营。而现在，契丹既然主动求和，真宗自然是求之不得。契丹提出的议和条件是要宋归还当年被周世宗北伐夺得的关南之地，而宋方的条件是，只要辽国退兵,每年可以给辽一些银、绢,但不答应领土要求。谈判在两军对峙中进行,最终两国基本上按宋方的条件达成了协议,剩下的问题就是每年给辽银绢的数量。为此,宋使曹利用临行前请示宋真宗,一味主和的宋真宗答应得慷慨爽快:"迫不得已,一百万银绢也可。"但曹利用从真宗的行宫刚一出来,就被一直守候在门外的寇准给叫住了。寇准严厉地叮嘱他:"虽然有圣上的旨意,但你去交涉,答应所给银绢不得超过三十万。否则,我要砍你的头!"

一场澶渊之战,就这样变成了澶渊之盟,在北宋掌握主动权的优势下,宋、辽两国最终于同年十二月订立了和约:两国约为兄弟之国,双方边界恢复到战前的状态,而曹利用还算不辱使命,他最终按寇准的要求,宋朝每年给契丹三十万银绢,这比宋真宗答应的少多了。

宋真宗虽是以其叫人恨铁不成钢的懦弱的性格和畏战的心理选择了和平,事实上却营造了一个双赢的结果,从此宋辽边境百余年间一直相安无事,没有发生过大规模的战事,而且是礼尚往来、通使殷勤的友好邻邦。后来,当辽国边地发生饥荒,宋朝还会派人在边境赈济辽国饥民,这既是对辽国慷慨解囊的义举,说穿了也是保护自身边境的安宁。历史上,每次契丹(辽)发生了饥荒,都会对宋境侵袭掠夺,与其遭受掠夺,那还不如主动出手为其赈灾。而后来宋真宗驾崩的消息传到辽国,"辽圣宗集蕃汉大臣举哀,后妃以下皆为沾涕",这又是和平的感人力量。无论战争与和平,都应归功于寇准,从积极抗敌、率师出征,从澶渊之战到澶渊之盟,寇准以几乎无可替代的作用而功冠朝臣,这也是他在历史上最伟大的贡献。设想一下,如若按王钦若、陈尧叟等人逃亡迁都的建议,宋真宗带着朝廷真的逃到了江南,北宋王朝或许也会提前一百多年变成南宋王朝。北宋的历史之所以没有改写,一个民族的历史没有改写,这不能不归功于寇准。而澶州之战,对于北宋王朝如同一场生死大决战,如果不能打退敌军的进攻,大宋帝国很可能提前一百多年就灭亡了。

作为胜利者的寇准,在一首《蝶恋花》中更是踌躇满志又毫无顾忌地抒写了他那豪迈的自负:"四十年来身富贵。游处烟霞,步履如平地。

紫府丹台仙籍里，皆知独擅无双美。 将相兼荣谁敢比。彩凤徊翔，重浴荀池水。位极人臣功济世，芬芳天下歌桃李。"虽说自负，却也实在，古今多少将帅、多少名相，像寇准这样将文治与武功兼于一身的士人，还真是史上难觅，将相兼荣，还真是无人敢比。自古英雄惺惺相惜，同样有着文治武功情结的王安石后来也曾在《澶州》一诗中对寇准如此赞赏："欢盟从此至今日，丞相莱公功第一。"

这是北宋时代的一个伟岸身影，从时空的任何角度都可以看见他。

五、一个创造了历史纪录的贬官

澶渊，把寇准推向了无与伦比的人生巅峰，也是他一生仕途的巅峰。

他在战前便已拜为宰辅，已经无法超升了，再升就要当皇帝了。事实上，这也是一个王朝最担心的。就在寇准力主对契丹（辽）发起反击战时，那些最爱琢磨皇帝心思的朝臣，那些力主逃亡迁都的朝臣，就开始攻击寇准拥兵自重、图谋不轨。也正是在这众声喧哗的毁谤下，寇准才被迫放弃了反攻的主张，别的罪名他还可以担当，这拥兵自重、图谋不轨的罪名谁也担当不起，北宋最基本的国策就是防止军事强人的崛起，软弱的宋真宗在这方面决不会心慈手软。

一个朝廷，在生死存亡的关头少不得寇准这样一个人，一旦危机过去，面对这样一个功重如山的大臣又非常忌惮。在无法超升的情况下，宋真宗只能给寇准继续加官，在他这个宰辅身上又加官中书侍郎兼吏部尚书。如果寇准真有一个政治家的智慧，此时或许应该跪下来谢主隆恩，婉言谢绝这样的加官。自古以来，越是功高盖世，越易招来不测之祸，寇准此时真应该降低自己的姿态了。尤其是在那些朝臣面前，你越是功高盖世，越是受到天子的敬重，越是会引起他们的嫉恨。何况，很多人早已就在心里对寇准充满嫉恨了。譬如说王钦若这样的大臣，战前，他曾因力主迁都被寇准斥为"罪可斩首"，他别的本事没有，但整人害人的本事却是寇准不敢比的。真宗一回到东宫，王钦若就开始频频出招了。一次退朝后，他乘机对真宗说："陛下敬重寇准，是因他对国家有功吗？"真宗点头："这还用说吗，寇准没有功，难道你王钦若有功？"王钦若却说："我想不到陛下竟有这样的看法，澶渊之役，陛下不以为耻，怎么反说寇准有功呢？"真宗一愣，问他缘故。王钦若说：《春秋》中，就把城下之盟当作一种耻辱，澶渊之盟不也是城下之盟吗，陛下不以为耻吗？"真宗一听就不高兴了，还有谁比他清楚，缔结澶渊之盟并非寇准的主张，而恰好是真宗的主张。王钦若见真宗不悦，又进一步挑唆："陛下听说过赌博吧，那些赌徒在钱快要输光时，就会把所有的本钱一齐押上去，孤注一掷，寇准就是这样一个赌徒，他赌的不是自己的本钱，他孤注一掷的是大宋的天下，连陛下也不过是寇准的孤注罢了。真是危险啊，赌输了，他一拍屁股走人，赌赢了，那就是他的功劳了。"

这话果然奏效了，真宗的脸色一下就变了，不是对王钦若的脸色变了，而是对寇准的脸色变了。以后每次见了寇准，都是冷若冰霜。这时候，寇准真应该小心点了，他应该吸取自己此前两次遭受太宗天子罢黜的教训。然而，他却不善于察言观色，或是根本就懒得去察言观色，依然埋头于政务。而他在用人上又犯了从前在太宗朝时犯过的错误，不注意平衡，依然是不拘一格，不讲门第，尤其是那些出身贫寒而有真才实学的人才，他总是破格使用。御史台是宋朝的中央行政监察机关，也是中央司法机关之一，负责纠察、弹劾官员、肃正纲纪，还可以批评朝政得失，甚至连皇帝都可以批评。而每当御史台官员有缺额时，寇准就把那些性格与自己相似的官员安插进去。这其实正是寇准的政治智慧，他这样做的目的之一，无疑是想掌控行政监察大权，随时都可以纠察、弹劾那些不琢磨事、专琢磨人的官员，如王钦若一类。这让王钦若一伙又恨又怕，于是更加向真宗进谗言，指责寇准独揽朝纲，危及社稷。这其实也是真宗最担心的，他和先帝太宗一样，越来越感到寇准的权力太大了，在朝野上下又有那么崇高的威望，一个这样位高权重的大臣，哪个天子又不担心呢？

寇准再一次遭遇罢黜，只是时间问题了。

景德三年（1006年），澶渊之战才刚过去一个多年头，寇准就遭遇第三次罢黜，罢免宰相，贬为刑部尚书，出任陕州知州。

寇准这次遭罢黜，与其说是小人进谗，不如说是天子的提防，和太宗时的那次被罢如出一辙。如果他能在立下大功之后谦卑一些、低调一些，兴许可以化解此劫。此时，寇准四十五岁，春秋鼎盛，正是对国家大有作为的盛年，可惜了。此后十多年，寇准一直辗转于州府，在地方上虽说也颇有政绩，但作为一个政治家，其政治抱负难以全面施展。直到天禧三年（1019年），寇准已五十八岁，朝廷形势突然发生了戏剧性的变化，一个被寇准视为小人的丁谓任参政知事，他主动邀请寇准回朝重掌相印。说起来，这个丁谓，其实也是寇准一手栽培提携起来的，由门下客直至参知政事。但在王钦若等人陷害寇准时，他却恩将仇报，世人皆骂丁谓小人，连寇准的家童们也义愤填膺，一度甚至想暗中除掉这个忘恩负义的东西。而在寇准被贬十多年后，丁谓忽然又回心转意，这就十分吊诡了，也太有戏剧性了。如果丁谓真能回心转意、痛改前非，自然是寇准求之不得的，可从接下来的历史事实看，丁谓此举实是别有用心，他觊觎相位，但有自知之明，无论资历、声望，实在都不够资格，因此奏请寇准回朝为相，以便利用寇准的声望为自己铺路。而寇准老矣，干不了多久，这相印就是他丁谓的了。对于丁谓的这个小算盘，旁观者清，寇准的一个门生就劝寇准，以称病不去为上策，但寇准却不听劝阻，再入中书，颇有一股"老骥伏枥，志在千里"的豪迈。

寇准以近花甲之年再入中书、重掌相印，无论如何，都应该感谢丁谓的推荐，但寇准却连一声多谢也没有。丁谓倒也不计较，对寇准毕恭毕敬，呵护备至。一次，寇准宴毕，胡须沾上了菜汤，丁谓看见了，赶紧趋步上前，小心翼翼地给他把胡须上的菜汤拂净了。汉语言中的一个溜须拍马的成语就这样被丁谓创造一半：溜须。而拍马则是另一个人的故事了。丁谓为寇准溜须，其实也可谓一段尊老敬贤的佳话，以丁谓此时的地位，他也毫无必要再拍这寇老西儿的马屁。可这寇老西儿却不领情，当场就给了这个晚辈一个难堪："参政国之大臣，乃为官长拂须邪？"丁谓心里不知恼恨到了何种程度，可人家却挺有风度，一直微笑着，对寇准也依然是礼恭有加。这个人很聪明，他知道凭自己的力量是扳不倒一个宰相的，但可以与同样讨厌这寇老西儿的朝臣结盟。而丁谓背后还有一个后台刘皇后。其时，宋真宗得了风湿病，刘皇后在真宗的默许下开始参与朝政，凡事皆问丁谓。眼看丁谓就要成为辅佐太子的大臣，这让寇准、王旦等元老重臣备感忧虑，几番奏请，建议选择德高望重、光明磊落的大臣来辅佐太子监国，而这等于是寇准在毛遂自荐了，朝中德高望重又光明磊落的大臣，也就是他寇准了。

从历史的事实看，寇准也的确有担任辅政大臣之念，从正面去理解那是一个元老重臣为了国家政权的稳定，从反面去看那是擅权的野心。那段时间，寇准一边不停地请奏，一边让知制诰杨亿秘密起草太子监国的诏旨，并准备与杨亿一起辅政。其时，真宗也意识到了丁谓专权的严重局势，在病榻上批准了寇准等人的奏请。就在一场政治斗争的跷跷板已经向着寇准一方倾斜时，一个意外发生了，寇准与杨亿的密谋，一个如此关乎国家前途命运的机密，竟被杨亿的妻弟张演酒后泄露出来了，而丁谓等人早就在暗中盯着寇准等人的一举一动了，一旦抓住了把柄，赶紧报告刘皇后。刘皇后先下手为强，立即罢寇准为太子太傅，封莱国公。可见这个女人是相当有政治头脑的，既夺了寇准的相印，又慷慨地给了寇准安慰性的礼遇，实际上也是对朝中元老重臣的安慰与交代。如果事情到此为止也算可以了，寇准至少还可以在体面与尊荣中安享晚年。偏偏在这个节骨眼上，又出了一件大事，寇准被罢相后，一直和丁谓有私怨的太监周怀政眼看丁谓即将拜为宰相、把持朝政，生恐丁谓当权后对自己不利，便联络同党，企图诛杀丁谓，复相寇准，尊真宗为太上皇，拥立皇太子即位。这就不是一般的权力斗争而是发动政变了。谁知，这件事又被客省使杨崇勋告发，丁谓连夜化装乘牛车直奔同党曹利用处，两人随即派兵包围了大太监周怀政的住处。周怀政被俘自杀，死无对证，而丁谓一心想置寇准于死地，便诬告寇准参与了周怀政的政变阴谋，而按大宋国策，虽发誓不杀士大夫，但对谋逆大宋天下者是杀无赦的。

皇恩浩荡，寇准最终虽未被真宗天子置于死地，但活罪难逃，他再次被贬逐的命运已不可改变，先贬知相州，很快又徙知安州，旋即又再贬道州司马。一月之内，寇准连遭三次罢黜，创造了贬官的历史纪录。

六、宿命中的一条路

年届花甲的寇准，命定的只能在贬官生涯中度过了，他的政治生涯实际上已经结束了。

谚云"六十耳顺"。在被贬谪的路途上，不知寇准是否反思过自己一生四十余年的政治生涯。他在太宗、真宗朝两拜宰相，四任二府大臣，六遭罢黜贬谪。在中国古代官场上，像寇准这样一次次登上权力的巅峰又一次次地急坠直下，如此剧烈的跌宕起伏还殊为少见。按官场定律，跌下来容易，爬上去太难，寇准最终以悲惨的贬官命运结局。

而在他一生中，最值得反思的就是他主宰朝政的成败得失。他虽只有两次正式拜相，事实上却是三次主宰朝政。这也意味着，他曾经三度主宰了一个时代的最高使命，其权力之大，可以左右一个国家的兴衰，一个时代的进退。应该说，此时的寇准已全然是一个政治家的形象。一个政治家的政治见识和政治才能及其政治理想和核心价值，都得以充分施展。事实上也是这样，无论正史野史有关他的记载，他不拘节微而善谋大事，在地方以民为本，政绩卓著；在朝廷辅佐皇帝安邦治国，越是在最紧要的关头越是起到了决定性的作用，如抵抗辽军入侵；如关系到权力交接和国家未来的立太子；还有一系列重大国策的制定等，都离不开他的运筹帷幄。也只有他这种性格的人才能拿出好主张。古代中国是一个官本位的国度，而官场上说到底也就是两种人，一种是政治家，一种则是政客。政治家永远是少数，甚至被视为另类，更多的还是政客，他们有着更熟练、更老谋深算的官场博弈经验，但他们只会为自己的政治利益而博弈，一心想要追求的是世俗的富贵或权位，他们根本就没有信仰、没有底线，可以出卖人格，不择手段，无所不用其极。一个政治家和一个政客的最大区别就在于他是否有理想、有信仰，是否能以天下为己任。寇准无疑是一个有着强烈理想主义色彩和坚定信仰、信念的政治家，又处在政客的包围之中，如此他才会置眼前的各种误会、阻力、攻击和个人安危而不顾。可等到大政方针一定，紧要关头算是过去了，活该他又倒霉了，皇帝不爱看你这挺着身躯昂起头颅的样子，朝臣更不会放过你。于是，他这一生便处在忽而罢黜、忽而又被起用的怪圈中。罢与用，看朝廷是否需要，而成败、起落，多少又与他的脾气性格有关。

据《宋史》载，寇准被贬，真宗卧病不知，问左右的人为什么多日没见寇准，左右臣僚都不敢回答实情。寇准离开京城那天，朝臣们由于对丁谓的恐惧，不敢为他送行。但也有感人的戏剧性的一幕出现：寇准罢相后，真宗对丁谓专权、排除异己也是高度警惕的："欲以李迪为相，李迪坚辞不受。"这位李迪，为宋真宗时的乙巳科状元，也是和寇准一样无所畏惧、大义凛然的朝臣。他面奏皇帝痛斥丁谓之奸邪，力诉寇准之蒙冤，公然宣布自己与丁谓不共戴天，甚至持手板击打丁谓。而这样有个性的朝臣，有时候恰好是皇帝求之不得的。所谓权力，实际上是一种权衡，他越是这样，越是会被真宗重用，因为真宗此时最需要找到一种足以制衡丁谓的力量。结果是，李迪先被任命为吏部侍郎兼太子少傅，又拜同中书门下平章事，也就是宰相了。但李迪和寇准的命运也差不多，没过多久便在丁谓的排挤下被罢相，知郓州，几被迫害致死。而丁谓专权的局面，最终还是在历史上不幸出现了。对这一段历史，史称"朝中正人为之一空"，更有民谣流传："欲得天下宁，当拔眼中钉（丁谓）；欲得天下好，莫如召寇老。"

走向道州，是寇准宿命中的一条路。自古道州便是一座贬官之城。说到历史上到道州来的最大的一个贬官，便是寇准。这个民间传说和评书话本里的寇老西儿，他被贬到此地之前已经是北宋宰相，从宰相到道州司马，一落千丈。

说到那寇老西儿来道县途中的经历，倒是一段传奇："准过零陵，逾大坡，护兵先后不属，溪洞蛮夷乘间抄掠。其酋长闻而责之曰：奈何夺贤宰相行李邪？趣遣人还所掠。"如果这种源于正史的记载确是真的，至少说明在那种与世隔绝的时代，在这个天高皇帝远的小小边地，寇准的英名可谓传播得极广，连这些毛脚土匪都晓得了他是个宰相，还打内心里对他这么敬佩。一个人把官做到这个境界，值。

寇准做道州司马，以不扰民为第一，有点无为而治的味道。一方面，司马原本也是个闲官，只在刺史出缺时才代行州事。另一方面，一个心里装着天下的大臣，到了道州这样的小地方，也可能反而感觉难以施展拳脚。寇准在道州，给人的感觉不是在道州当官，而是在道州闲居："其在道州，晨具朝服如常时，起楼，置经史道释书，暇则诵读，宾至笑语，若初无廊庙之贵者。"看来他在此地确实过得颇为悠闲、潇洒、达观。这也是他一直想过的生活吧。一个花甲老人，一生经历了无数次升迁贬谪，功与过、善与恶、是与非，都经历过了，爱与恨、沉与浮、生与死，都看穿了。到了这个山地小城，远离了仕途险恶，他还有什么想不开看不透的呢？可以说，他穷其一生终于找到了自己一直想过的那种生活，甚至找到了另一个自己。于是，他在高高的城墙上，筑起了一座楼——寇公楼。

这楼坐南朝北，高三层，在那个时代算得是高楼了，加之地势比别的地方高数丈，还有石砌的台基、深深的挑檐，便显得分外雄伟高大。走近了，抬头看见正楼前楣上高悬着匾额"寇公楼"三字，丹漆金字。进门左墙上有两块碑碣，早已残缺了，那缺口上寂静地发着绿。走进去，打眼看见中堂壁上画着寇准像，半身，有真人般大小，鼻直口方，微竖着的龙眼，一副方正的国字大脸，眉宇间透出威严刚正。在中堂壁下部，是寇准生平事迹，道州何绍基撰写，隶书。

这楼和所有幸存的古建筑一样，在千百年风雨沧桑中屡毁屡修，很多原本的事物早已被一代一代的后人重新布置过了，甚至是虚构过了。但每走近一座古老的建筑，我仍感到是奇迹。一个个皇帝消失了，一个个王朝消失了，它却还留在这里，至少为我们标出了一个进入时间隧道的入口。这或许就是人类留下这些老建筑的唯一意义，可以让自己暂时忘记现在，进入某个另类时空。

寇准在道州的生活也一定是很奢华的，譬如说欧阳修在《归田录》中说寇准"公尝知邓州，早贵豪侈，每饮宾席，常阖扉辍以留之。尤好夜宴，剧饮未尝点油，虽溷轩马厩，亦烧烛达旦。每罢官去，后人之官舍，见厕溷间，烛泪凝地，往往成堆"。寇准被贬邓州时，生活如此，他在道州的生活也可略知一二了。但我并不因为寇准的奢华生活就贬低他的人格，也不因此怀疑此公的廉洁，其实如果理性地思考一下，廉洁与俭朴是不能画等号的，甚至是两码事。多少十分俭朴的官员，穿得像个叫花子，却并不能证明他不贪。而官员的廉洁，最重要的是指不贪渎，不窃取非法收入。以寇准出入宰相三十年，其合法收入无疑是相当高的，何况他原本出生世家，祖上的荫封，家底的殷实，都足以让他过上当时相当豪奢的生活。他在道州，也真是过得神仙般的日子，多爽啊，天高了，皇帝远了，用现在道县人的话说，再也不用夹着个卵蛋蛋过日子。这也是一种奢侈。被发配到这里来，也许心里还暗自有一份庆幸、欢喜。这温暖的南方，没有了北方的狂风催逼。寇准的酒量之大在历史上是有名的，他的性格也像酒一样醇厚、刚烈。而一个贬官，哪怕喝得酩酊大醉了，也没有哪个皇帝再问，寇准还好吗？太宗已死多年，真宗早也老得没个记性了，早忘了这个处江湖之远的寇老西儿了，寇准乐得尽情享受置身事外的妙处。

然而，当他豪饮狂笑之时，可有人知道，这样的豪饮与狂笑原本是众多失语方式中的一种，在他放达的笑声中，内心却无言。这一秘密或可从他的诗中窥破。国家不幸诗家幸，换言之，仕途不幸诗家幸。在被贬谪的命运中，寇准的另一个历史身份显现出来了，他不仅是北宋政治家，还是一个不可忽视的北宋诗人。他与潘阆、魏野、"九僧"等宋初山林诗人诗风近似，虽是北宋诗人，在文学史上也被列入晚唐派。与寇准同时代的范雍在为他的诗集作序时说他"平昔酷爱"王维与韦应物的诗，其实他的诗更有贾岛的风味。谁都知道，一生郁郁不得志的贾岛是个天下少有的苦人，有时连碗饭都混不上嘴，这个寇准有什么苦呢？贾岛善五言，寇准写得最好的却是七言绝句，如"萧萧远树疏林外，一半秋山带夕阳"（《书河上亭壁》），"日暮长廊闻燕语，轻寒微雨麦秋时"（《夏日》）等，把一腔悲凉深深浸入笔墨里。贾岛苦在身世，寇准苦在心里。

但道州并非寇准的最后归宿。此时，他兴许早已被天子遗忘，但那个曾为他溜须的丁谓一直记着他，一直到死都念念不忘。他觉得把那该死的寇老西儿贬到道州还太便宜他了。乾兴元年（1022年），须发皆白的寇准又从道州司马被贬为雷州参军，说是参军，实是被发配到那里去充军。当他在风雨泥泞中穿过江南的群山、岭南峻岭抵达遥远的南海之滨的雷州，竟然连个栖身之地也没有。幸运的是，他虽说什么也没有了，但还有个好名声，当地官员、百姓对他十分敬仰，主动帮他盖房，才有了一个遮风避雨的安身之处。他在雷州和在道州一样，除了干干一个贬官本分之内的事情，对国事时事一概不再关心，闲暇时埋头于经释书，或吟诗写字。这日子过得倒也清闲，然而岭南潮湿闷热的气候很不适合一个北方的士人，又加之上了年岁，很快便有疾病上身。他辗转病榻，苦吟一首《病中诗》："多病将经年，逢迎故不能。书惟看药录，客只待医僧。壮志销如雪，幽怀冷似冰。郡斋风雨后，无睡对青灯。"

就在寇准辗转于病榻之时，大宋帝国又经历了一次改朝换代，新皇仁宗是历史上以仁慈而闻名的一个皇帝，他不知怎么忽然想起了一个早已为前朝遗忘的贬官，诏寇准徙任衡州司马。此诏虽未终结寇准被放逐的命运，但在当时，衡州无疑是比雷州更好的地方。诏至，寇准从雷州抱病上路，从岭南到湘中，又不知经历了多少辗转，一路跋山涉水终于抵达了衡州。他的气力仿佛已经用尽，身子一歪，就在一张竹榻上躺下了，这一躺下他就再也没有起来，终年六十二岁。

寇准病逝后，那个他一般性格、一样命运的状元李迪，也正被贬于衡州团练副使任上，多亏有他帮忙料理后事，寇准的灵柩才得以暂厝于衡州岳屏山花药寺。寇夫人宋氏向朝廷奏乞将亡夫寇准归葬故里，仁宗准奏。一个"将相兼荣谁敢比"的北宋大臣，南行时还是一个活人，北归时已是一副棺材，而要把一副棺材从衡州运回数千里外的华州故里，在那个年代几乎要大半年。由于朝廷所拨费用很有限，寇准的灵柩运至半路上，钱已用尽。寇准一生为官清廉，家无余财，家人只得将灵柩寄埋于洛阳巩县（今属郑州）。这意味着，一个贬官被放逐的命运一直到死都没有走完，他的亡灵依然只能在半途中漂泊。十年之后，宋仁宗才为他昭雪，并敕令恢复他生前的太子太傅和莱国公，又赠中书令，谥忠愍。他漂泊了十年的亡灵终于得以荣归故里。

至此，一个人的一生似乎也可以是盖棺论定了。历史对寇准的评价是北宋著名的政治家、诗人。从"举头红日近，俯首白云低"的少年，到"将相兼荣谁敢比……位极人臣功济世"的壮年，直到"壮志销如雪，幽怀冷似冰"的晚年，诗人寇准以诗的方式书写了政治家寇准的一生。而那被贬逐或流放的宿命之路，对于他，已随着他魂归故里而结束，但对于接踵而来的北宋士人，却还只是一个引子。

晏 殊

"第一才子"和"太平宰相"

若要在北宋找出一位太平宰相,首推晏殊。

若要推出北宋第一神童或第一才子,亦非晏殊莫属。

晏殊(991—1055年),字同叔,抚州临川人。

抚州临川,吉州庐陵,一在赣东,一于赣中,这是宋史上出现频率最高的两个地名,堪称大宋帝国英才辈出的两个地方。且不说这两地涌现出了多少进士、状元,只说有宋一朝源出于此的名相、名臣、名士、名将,如吉州庐陵之欧阳修、杨邦乂、胡铨、周必大、杨万里、文天祥等,如抚州临川之晏殊与晏几道父子(大晏和小晏)、王安石及"临川三王"(王安石的大弟王安国、三弟王安礼和儿子王雱)等,还有世称"南丰先生"的曾巩以及他的弟弟曾布(官拜右相,号称"新法守护神"),实际上也是生于斯、长于斯的地道临川人,南丰只不过是他们的祖籍地。这些人哪一个不是宋史和中国历史上彪炳千秋的人物?

抚州临川也是一个神奇的神童之乡,若要追溯北宋历史上第一个临川神童、抚州籍第一个宰相,只能从一个人开始——他就是晏殊。

一、北宋第一神童

晏殊降生时,正值北宋开国三十年,从太祖开创的建隆之治,又经历了宋太宗的太平兴国——这既是太宗登极后使用的第一个年号，实际上也是他追求的治世境界。太宗在位二十一年，从登极之初的"慨然有削平天下之志"到屡战屡败后的守内虚外，而历史对他的评价是不善武功，治政有为。他在进一步巩固皇权的同时，也将大宋帝国带进了一段太平岁月。

一个未来的太平宰相，就降生于这样的太平岁月。

英雄不问出处，神童不问出身。若从晏殊的身世看，只能以卑微来形容。在元代脱脱的《宋史》晏殊本传中，压根儿就不提他那些祖先，一个生命没来由地就横空出世了。

翻检江西东南晏氏宗谱，上溯四代，晏墉是第一个也是唯一一个有科举仕途功名记载的先祖，此公既是江西东南晏氏第一世（始祖），也是晏殊的高祖，为唐懿宗年间（859—873年）进士，于唐僖宗（873—888年在位）时迁任江南西道观察判院，这种家乘谱牒的记载不一定靠得住，哪怕属实，此公终其一生也就是个六七品官。晏殊之曾祖晏延昌、祖父晏郜均无任何科举仕途功名记载，不是田舍郎也可能就是名不见经传的寒儒。晏殊之父晏固，字伯坚，妻吴氏，生四子，晏殊为次子。晏固亦无科举功名记载，曾为抚州府手力节级，手力是吏胥名目，节级则是唐宋低级军佐的总称或地方狱吏，也就是一个在州府里当差的些小衙门吏。一说他"幼孤"，此说与《宋史》所载是矛盾的，根据《宋史》关于他丁忧服丧的时间看，他的父母均在他成年后去世。而晏殊的这些先人，后来或拜太师，或封国公，只因晏家忽然冒出了晏殊这样一个神童，日后又拜相封公，而一个王朝也慷慨地对他的先人进行追封。一个家族只要冒出了这样一个人，就从一个平庸的家族变成一个显赫的贵族了。

晏殊既未生于诗礼簪缨之家，无书香文脉传承，一切也就全凭他自己的造化了。

这个小吏之子，也不知是何来造化，五岁能诗，七岁"能属文"，这不是神童又是什么？但若说晏殊是北宋第一神童，别姓人氏又难免会犯嘀咕，在晏殊之前，就有一个大名鼎鼎的神童，那个"将相兼荣谁敢比"

的寇准寇相爷,年方七岁竟随口吟出了一首"只有天在上,更无山与齐。举头红日近,俯首白云低"的五绝,而且是一直传诵到如今的千古绝唱。寇准已经够神了,但晏殊比寇准还神,他吟诗的年岁比寇准还小两岁。但遗憾的是,却未见晏殊五岁时吟出怎样了不起的诗、七岁又作出了怎样了不得的文章。但他的神童名声,又确实比寇准更大。又看别的神童,虽说神乎其神,但在科举功名上并未占到什么便宜,如寇准,也是每日抱着四书五经苦读,从州试、省试、殿试一步一步地考上来,才于十八岁中进士,但晏殊这个神童却如骐骥一跃,一下就越过了科举之途的关山重重,一步登天就直接进入了天子亲自主考的殿试。

晏殊能走上这样一条捷径,还得感谢两个大贵人。

先说第一个,张知白。晏殊一生的好运是在他十三岁时降临的。那是宋真宗景德元年(1004年),江南安抚使张知白听说在自己管辖的地盘上冒出了一个非常了得的神童,他当然也非常兴奋,但也相当谨慎,特意把这孩子召来,又是面试又是笔试,折腾了一番。还真不是开玩笑,这孩子的天赋、才学和诗文功夫,绝对超过了许多进士。这个张大人也非一般的官僚,他"幼笃学",进士及第后一路超升,后来还官拜宰相。此人还是中国古代廉吏中的一个模范官员,后来被司马光尊之为"大贤"。这样的大贤一般都特别爱才,奖掖后进犹恐不及,对晏殊这样神奇的人才自会极力举荐。于是,便"以神童荐之",一下就把一个十三岁的少年直接托举到了天子的眼皮底下。

这就要说到晏殊的第二个大贵人了——宋真宗赵恒。张知白荐举神童晏殊,实际上也是响应朝廷的号召。在科举取士上,真宗皇帝和他父皇太宗有一个最大的不同,太宗对年轻人不大"感冒",他更看重的是那些比较老成的中年人,而真宗因为虔信天书符瑞之说,以为神童就是天降祥瑞的灵童,对神童特别有好感。上为之,而下效之,真宗信祥瑞而国中多神童。既然有了这么多非同寻常的神童,就有必要举办一次非同寻常的特科考试。就这样,晏殊在江南安抚使张知白的荐举之下,于翌年参加了由真宗皇帝主持的殿试,在那庞大无比的宫殿里,从全国各地荐举上来的上千名考生,全都坐在了天子的眼皮底下,这不像是在举行一次考试，倒像是在举行一个神圣的仪式。

此时，赵恒还算年轻，三十六七岁，他也是历史上最看重读书和读书人的天子之一，"书中自有黄金屋，书中自有颜如玉"，就是他说出来的名言，后来又演绎成民谚了，可见影响力有多大。他的意思很明显、目的很明确，对于天下读书人，读书的目的就是要通过科举考试，参政治国；对于一个朝廷，就是以这样的方式来为国择仕，广招天下贤士治理天下。这是一个深得人心的天子。《宋史》描述："帝召殊与进士千余人并试廷中，殊神气不慑，援笔立成。"——正是这样一个细节，让晏殊第一次走进了一个天子的视线，他那沉静而从容的姿态，他那"援笔立成"的文章，还真是让真宗皇帝多看了几眼，否则，就不会有《宋史》接下来的一句："帝嘉赏，赐同进士出身。"

对于这样一次特科殿试，时任宰相的寇准自然不会缺席。但寇准这次却扮演了一个不那么光彩的角色，他见天子对晏殊这么欣赏，就压低声音提醒了一句："殊江外人。"所谓江外人，也就是江东人，江东在五代十国时属南唐版图，江东也成了南唐的代称。在南唐被大宋帝国灭亡之后，江东百姓依然对南唐王朝充满了怀念，而身为北方人的寇准有明显的大中原主义倾向，对江东人氏充满了偏见。他说这话的意思是晏殊这样的江东人不可重用。但宋真宗倒是比寇准的胸怀大度许多，他立马回敬了一句："张九龄非江外人邪？"

问得好，唐代名相张九龄难道不是江东人吗？

在晏殊提前获得了进士功名后，这一次考试还没完，后两天，又进行诗赋策论的复试。前边的考试决定科举功名，后边的考试则关乎仕途前程。结果又出了一个意外，晏殊一看赋题，忽然顿住了，像是被一道难题难住了。这还真是一道难题，晏殊发现试卷上的赋题是他十天前就做过的，若是别的考生遇到这样的情况，不知在心里感到有多幸运、多窃喜，但晏殊这个神童就是不一样，他只是短暂地愣了一下，便毫不犹豫地奏禀天子："臣尝私习此赋，请试他题。"为了证明他说的是真话，有后世编排说，当时他还拿出了此前做过的那篇赋。这个且不管它，只说真宗的反应，他下意识地又看了这少年两眼，虽说没有直接赞赏他，那眼角、嘴角却分明露出了赞赏的笑意。一个神童，既有天才，还有天生的诚实，在一个天子心中留下了终生难忘的第一印象。一个天子最不能容忍的是什么？就是欺君。而晏殊未来的一切几乎都与这个细节有关，要不《宋史》也不会那么郑重其事又饶有趣味地载上一笔："帝爱其不欺，既成，数称善。擢秘书省正字，秘阁读书。"

就这样，晏殊在他十四岁那年就提前得到了多少士子穷其一生也得不到的进士身份，并且提前穿上了官服，从此跻身于食皇粮、领俸禄的朝廷命官之列。当然，他此时的官职还只是一个级别最低的起步官，从九品。后世黄庭坚诗中曾有这样一句诗："正字不知温饱未？"可见其品位薪俸有多么低微，最多也就是混过温饱而已。但几乎所有进士入仕后都是从此起步，晏殊不同的，只是把时间大大提前了，与那些同龄人相比，他已经远远地超越了他们的起跑线，从此一路领先，一直处于领跑的位置。这里不妨拿他与他后来的至交范仲淹比较一下。范仲淹比晏殊年长两岁，此时还寄宿在一座僧舍里，"划粥断齑"，几乎是以自虐的方式在彻夜苦读。不能不说，晏殊这个神童实在是太幸运了，但反而思之，却又是一种不幸，他以这种过早的、超常规的方式登科入仕，也必然让他过早地告别了一个少年的正常生活和成长过程，再也不可能有那种植根于旷野的、生机勃勃的生长。又看古往今来那些神童的命运，日后大多没有什么出息，甚至提前夭折，这无疑是揠苗助长的结果。

又好在，真宗皇帝还真是想得特别周到，他深知一个少年还不可能进入复杂的官场去打拼，特意把他安排在秘阁读书。所谓秘阁，就是宫廷藏书阁，实为皇家藏书馆和宫廷阅览室，甚至就是皇帝个人的图书馆和阅览室。就在晏殊出生的三年前，端拱元年（988年），那个以"开卷有益"而著称的宋太宗便在崇文院中堂置秘阁，收藏三馆书籍真本及宫廷古画墨迹等，并设置直秘阁、秘阁校理等官职。对于一个酷爱读书的士人，能够在皇家图书馆当差，这还真是最理想的安排，尤其对于一个少年才子，这更是一个最合适的安排。而对于晏殊，还有一个最大的好处，他不必再为科举功名而苦读，他的阅读是没有功利性的、纯粹的"悦读",也就能感受更纯粹的快乐。

为了让一个神童能够健康成长,真宗又特"命直史馆陈彭年察其所与游处者",也就是暗中观察晏殊的举动,看他都与什么样的人交往相处。对此还得简单地交代一番。直史馆的主要职责是掌修国史,宋以直史馆与昭文馆、集贤院为三馆,其官员皆称馆职。这样的官衙是清水衙门,但凡进入秘阁或馆阁者都是很有学问的人,坐的虽是冷板凳,却"为文臣清要之选"。一个直接原因是,由于皇帝也时常来秘阁读书,这些馆阁官员可以经常见到皇帝,为皇帝挑选、推荐书籍,皇帝在读书中有什么疑问,他们还要悉心解答,在某种意义上说,馆阁官员也是皇帝的文学侍从。如此一来,君臣之间就有很多交流的机会,在交流中甚至可以捕捉到一些最高层的秘密,更有被天子赏识的可能。而你一旦得到了皇帝的赏识,一步登天的机会就降临了。很多官员都是通过这一平台,后来得以超升为宰执大臣。

又看陈彭年何许人也。此人和晏殊是江西老乡,也是一个自幼聪颖的神童,据说他十三岁时就写出了一篇一万余言的《皇纲论》。但这个神童的科举仕途却要比晏殊坎坷许多,那时江西还属于南唐,后主李煜召他入宫为皇子侍读。但没过多久南唐就为北宋灭亡,他从南唐子民变成了大宋子民,于太平兴国年间(976—984年)两次科考,因在诗中嘲讽人事而两次落榜。直到宋太宗雍熙二年(985年)他第三次参加科考才得中进士,之后便辗转于各地宦途。他的贵人也是真宗,在真宗即位后,他因多次上疏论及政事,得以召试学士院。咸平年间(998—1003年),他又针对宋初国势不振的诸多弊端向真宗上疏论治国之道:"夫事有虽小而可以建大功,理有虽近而可以为远计者,其事有五:一曰置课官,二曰择法吏,三曰简格令,四曰省冗员,五曰行公举。此五者实经世之要道,致治之坦途也。"他这一系列政见与后来范仲淹的庆历新政、王安石的熙宁变法不谋而合,可以说是在范仲淹、王安石之前第一个锐意变革的先觉者。此外,他对宋代科举也提出了一个非常重要的制度——"糊名",将试卷中应试人的籍贯、姓名进行弥封,交誊录人按规定字体誊写,再送考官批阅,从而杜绝后门依托以及作弊之事。

陈彭年一生累官至参知政事（副相），但他的历史价值主要体现在文学、史学、音韵学上，尤其是音韵学，他是中国现存最重要的古韵书《广韵》的主要修撰者。

看陈彭年与晏殊的一段人生交集，他当是晏殊少年时代的第三个贵人，也是晏殊的监护人和精神导师。

一个少年置身于高深的、如同秘史一般的秘阁之中，不可能有童言无忌，也不再有孩子顽皮的天性，他必须从头开始学会穿官服、听官话、办官事，学习官场的礼仪、规则或潜规则。而对晏殊言传身教的便是陈彭年。晏殊不但早慧，似乎也早熟，他以潜心攻读、交游持重而深受陈彭年欣赏。这期间还有一件对晏殊未来诗文创作有直接影响的事。宋真宗景德年间（1004—1007年），王钦若、陈彭年、杨亿、刘筠等奉诏编纂大型类书《册府元龟》，在修书之余，这几位雅士将吟咏唱和之作编为《西昆酬唱集》，世称西昆派。西昆体和后来的太学体都是范仲淹、欧阳修等诗文革新派后来决意要革除的文体文风。此时还是少年的晏殊既未参加《册府元龟》的编纂，也没有诗作收入《西昆酬唱集》中，也就不算是西昆体诗人，但他受到西昆体的影响是必然的，在他日后的诗词创作中，他也自觉地矫正了西昆体的一些不足，由此而形成一家之风，后世也有人把他视为"后西昆体"的代表性作家。

晏殊在秘阁读书一年多，陈彭年既对他十分赏识，也向真宗皇帝一一如实禀告，而真宗听了陈彭年的禀报，对晏殊"每称许之"。十五岁的晏殊又"召试中书"，这是古代选拔官吏的一种特殊方式，由皇帝亲自将一些特殊人才、重要人才或信得过的人才召来面试，哪怕是夺魁的状元，若要进入内阁，一般也要经过"召试"这一关。宋朝内阁置中书若干人，职事繁杂，如典章法令之编修、撰拟、记载、翻译、缮写等，还有宫廷膳食、祭祀礼仪等，都有诸位中书各司其职，实际上是天子的侍从。晏殊召试中书后，从十五岁到十七岁，先任太常寺奉礼郎，又迁光禄寺丞，一步一步地提升。

十八岁那年，晏殊又被"召试"了一次，这对他一生是相当重要的一次召试，召试学士院，授集贤校理，在集贤院校理经籍。两年后，年方弱冠的晏殊又迁著作佐郎。唐、宋两朝在中书省设著作局，"郎二人，从五品上；著作佐郎二人，从六品上"。这个级别还真是不低了，"从六品上"，相当于副司局级。一个神童在登科入仕之后，历经六年，就冠冕堂皇地穿上了六品朝服，真是羡煞天下士子。而此时，那个比他大两岁的范仲淹，刚刚入读应天书院，还是一名大一新生。

人比人，气死人，不过范仲淹还真能沉住气。大中祥符七年（1014年），晏殊"从祀太清宫"，随天子祭祀亳州太清宫。当皇家的车马从应天府书院门口逶迤而过时，满院学子几乎是倾巢而出，唯恐错过了一睹天颜的机会，只有一个叫范仲淹的太学生没有出来，依旧沉浸于书卷中。这也是晏殊和范仲淹这两个北宋士大夫的典型代表，在各自的人生道路上第一次距离这样近，却也注定只是擦肩而过，此时范仲淹也许早已知道神童晏殊的大名，但晏殊可能还根本不知道世上有个范仲淹。

又透过几个历史细节，来看晏殊在一个天子心目中的地位。据《宋史》载，就在晏殊"从祀太清宫"之前，因父亲去世，他已回临川家中丁忧，但"皇帝夺情"，非叫他回来不可。说是"夺情"，其实是为了渲染真宗皇帝对晏殊多么重视，几乎须臾也离不开这个长大了的神童。既然忠孝不能两全，为了尽忠，晏殊只得提前脱下了一身孝服，背着父忧奉诏回朝。但是这里应该说明的一个历史疑点是，《宋史》的记载明显与晏殊之父晏固的生卒岁月不符，晏父固卒于天禧元年（1017年），而《宋史》把他的死亡时间至少提前了三年。虽有疑点，但晏殊此次"从祀太清宫"又是确凿无疑的，此次从祀，又让他获得了天子不菲的赏赐，"赐绯衣银鱼，诏修宝训，同判太常礼院、太常寺丞"，他也由"从六品上"穿上了正六品的朝服。

接下来，晏殊要干的便是"修宝训"，也就是编修皇帝的言论诏谕。这也是从宋朝开始的，每个新帝继位后，皆要命史官编纂前任皇帝的《实录》，或称宝训，或称圣训。就在此期间，晏殊的母亲又去世了，他只得再次回临川丁忧，结果是，真宗皇帝又召他提前回朝，他恳求服满回朝，但皇帝不准。晏殊只得再次脱下孝服，又背着母忧回朝。这一回他又升官了，"再迁太常寺丞，擢左正言、直史馆，为升王府记室参军"。但这还只是他继续超升的一些铺垫，随后便是一连串的超升，"岁中，迁尚书户部员外郎，为太子舍人，寻知制诰，判集贤院"。——查唐宋官制，这一连串的官职均为天子的近侍官，凡六部员外郎一般都加知制诰，为天子起草诏令。而这里边最实在的一个官职是"判集贤院"，集贤院全称"集贤殿书院"，以宰相一人为学士，知院事。但对于位极人臣的宰相，这只是一种荣誉性的兼职或加官，实际上主持集贤院事务的应该就是"判集贤院"，相当于实际负责的常务院长，至少也在四五品以上。此外，晏殊这次还得到了一个很重要的职务——太子舍人。此职还不够太子老师的级别，如太子太师、太子太傅、太子太保，均为正一品；太子少师、太子少傅、太子少保，均为正二品。但实际上这些正一品、正二品的太子师皆由二府大臣兼领，或为元老大臣的加官。太子舍人既是太子侍读，也是太子最直接的老师。一个士人若能当上太子舍人，可以说是前途无量，哪怕本朝没有提拔重用的机会，只要能把太子哄高兴了，等到太子做了皇帝，这太子舍人能不飞黄腾达吗？

也正因为此，晏殊当上太子舍人时，让多少朝臣羡慕嫉妒恨，很多比晏殊有资历的、官当得比晏殊大的，还有自觉学问比晏殊好的，一个个都挺不服气，连当时的执政大臣也有点不知所以然，皇上怎么会独独选上了晏殊？但真宗皇帝认准了晏殊就是最适合的人选。这又得看当时的背景了。此时正值宋真宗的"咸平之治"，赵宋王朝历经太祖对江山的缔造、太宗对江山的巩固，而宋真宗初年，又加之寇准在澶渊之战中以战逼和，与契丹（辽）缔结了澶渊之盟，此时的党项羌还不足为患，大宋帝国天下承平，一个在太平岁月酿造的繁华盛世已超过了盛唐，而天下第一等繁华之地自然是京师，在一路迤逦的汴河两岸，是一幢接一幢的酒肆饭馆，一桌接一桌地摆起了流水席，天下仿佛有不散的筵席。而最有幸福感的无疑是那些食皇粮、领俸禄的文武百官，每日退朝之后，便呼朋引伴，宴饮游乐，享受人生的盛筵，这也是皇恩浩荡，天子恩准的："时天下无事，许臣僚择胜燕饮。"

既然天子恩准了，让你去享受美好生活你不去享受，那是你傻。而晏殊呢，他还真是有些犯傻了，在这歌舞翩跹、灯红酒绿的花花世界中，他每次退朝回家，几乎足不出户，不是在灯下读书，就是与兄弟们一起探讨诗书。对于晏殊的表现，别人或许没有注意到，但天子注意到了。真宗对这个神童一向是关注的，哪怕他已长大成人，嘴上都长出胡髭了，也一直没有远离天子的视线。一个浮躁的世界，一个沉静的读书人，这个反差实在太大了，一个好学上进的读书人的形象太鲜明了。真宗既在自己内心赞叹，也当着那些不服气的或不理解的朝臣说出了他为什么要选择晏殊为太子舍人的原因："近闻馆阁臣僚无不嬉游燕赏，弥日继夕，惟殊杜门与兄弟读书，如此谨厚。正可为东宫官。"

就这样，晏殊毫无悬念地担任了他入仕以来最重要的一个职务——太子舍人。在拜谢皇恩时，他听了天子的一番赞赏，却又道出了一番真心话："臣非不乐燕游者，直以贫，无可为之。臣若有钱，亦须往，但无钱不能出耳。"

对于解读晏殊，这是一个绝对不能忽视的细节，这是他的真心话，他也不屑遮蔽，露出敞亮、本真的天性。但似乎很少有人注意到，他这次的实话实说，已与孩提时代有很大的不同。少年时代他直言无忌的方式表露了他的率真个性，而此时，他则以一番人同此心、心同此理的实话实说，表明他不但是高智商，也是高情商，以诚实地正视自己的内心、坦诚地正视人性和欲望，又一次打心眼里扣动了天子的心弦。这又何尝不是晏殊的精明之处，他对天子微妙心态的把握令人惊叹，极善于用真心话来制造效果，而从人性出发比从道德出发更能打动人心。设想一下，如果他此时说出一番道德君子的高尚话来，也许会让皇上夸奖几句，但绝对不会有这样打动人心的效果。这也是他成功的秘诀之一，他既懂得侍奉君王的大体，又善于以平常心去琢磨人心，也就能把话说到一个恰到好处又恰如其分的分寸，而天子也就对他愈加信任，"眷宠日深"。

天禧四年（1020年），年近而立的晏殊又获得了一次关键性的擢升，

"为翰林学士，迁左庶子"。翰林学士谁都知道是怎么回事，而庶子则为太子侍从官之一种，"以左右庶子"分隶之，正五品。这是比照朝廷左丞右相而设置的类似影子内阁，以便使太子提前就明了并掌握他日后统治的朝廷是一个怎样的政治框架。但从历史事实看，从晏殊入为太子舍人到"迁左庶子"的数年间，他和年幼的太子赵祯是怎样相处的，几乎没有留下任何历史细节，倒是和真宗皇帝的关系越来越密切了："帝每访殊以事，率用方寸小纸细书，已答奏，辄并稿封上，帝重其慎密。"——真宗皇帝每次将要召见晏殊之前，都在方寸大小的纸片上写上他要问及的政事，晏殊则用蝇头小楷逐条写上自己的意见，在答奏完毕后，就连同底稿一起密封好呈交皇帝。这也的确是国家的最高机密，而晏殊的谨慎缜密也让真宗皇帝更加信任。而他的奏答，很多都被真宗采纳了，成为了国家的政策，这一张张方寸大小的纸上，承载着大宋的江山社稷。

一个十四岁入仕的神童，至此也被一个天子"倚为股肱"。

可惜，真宗还来不及对晏殊委以更大的重任，就于天禧六年（1022年）驾崩了。

宋真宗赵恒是宋太宗的第三子，也是宋朝第三位皇帝，在位二十五年，享年五十五岁。这是一位有信仰的皇帝，他一生对佛道充满了虔诚，大兴祥瑞，东封泰山，西祀汾阳，又广建佛寺道观，甚至还伪造天书，有人说他是在内忧外患中劳民伤财以粉饰太平。然而，历史就是一部看似明白又越看越不明白的天书。这里，我只能援引历史事实说话。若以宋真宗的咸平之治与唐太宗的贞观之治相比，在风调雨顺的年景时，宋朝的岁入是唐朝的七倍；哪怕在灾年凶岁，宋朝岁入也是大唐的三倍左右。又看宋真宗的政治作为，他虽对道家的清静无为充满了崇敬和向往，却又并非无为而治，他既以清心、修德为廉政之源而施行德治，更以一系列制度性建设而施行"法治"。他颁行了"州县三课"法："公勤廉干惠及民者为上，干事而无廉誉、清白而无治身者为次，畏懦贪猥为下。"他在吏治上，尤其是在惩治贪腐上，建立了一系列防微杜渐、赏罚严明的制度。先由吏部建立了官员档案，凡犯贪贿罪者都一五一十记录在案，并规定，此类官员不得随意更改姓名。每次晋级或调动时，凡有前科者都必须向吏部主动申报自己曾犯过的罪责。一个官员若犯贪污罪，其上司和曾荐举过他的官员都要受到处罚。这样的规定动员了上上下下各方面的监督力量，将贪腐者置于严密的监管体系中。无论比此前的汉唐盛世，还是比之后的元、明、清历代，这个王朝都要廉洁得多。可以说，北宋既是一个文治盛世，也是一个廉治盛世。

总而言之，宋真宗虽不是一个拥有丰功伟绩的历史创造者，却也是一个英明的守成之主，一个深受天下百姓拥戴的"仁义天子"。他驾崩时，赵宋王朝已在时空中运行了一个甲子，一个"天子与士大夫共治天下"的帝国，历经宋太祖和宰相赵普的联手打造、宋太宗和宰相寇准的进一步巩固，到宋真宗时代又进一步完善，一个经济繁荣与人文鼎盛的太平盛世已经来临，并将以强劲的势头抵达一个文治盛世的巅峰状态。

二、当智商遭遇政治

接下来将是宋朝历史上一个在位时间最长的天子继位，宋仁宗赵祯，在位四十一年。但他即位时才十二岁，在接下来的十年里，这个帝国的最高统治权将由另一个人来执掌。

谁来摄政，一开始就不是悬念，先皇真宗驾崩时已立下了遗诏，将由章献明肃太后奉遗诏权听政。章献明肃太后，即宋真宗皇后刘娥，一个"狸猫换太子"的千古传奇就是由她一手制造，而被她以一只狸猫换来的太子就是仁宗赵祯。一个太子和他生母李宸妃的命运由此让天下人唏嘘不已，而刘后则是一个像女巫一样阴暗而邪恶的形象。而在历代皇后中，刘后也是最有传奇性的。她的身世，她与宋真宗还是皇子时的浪漫爱情，她从一个银匠的媳妇晋身为大宋皇后的经历，还有她一手制造的"狸猫换太子"，几乎是一个传奇接着一个传奇。她的一生就是一部传奇。

这里还是从她垂帘听政说起，她是宋朝第一位摄政太后，为宋代女主临朝称制开了先河。但太后摄政在宋朝之前早已是一件习以为常的事情，何况还有先皇遗诏。然而，问题也正是出在遗诏上，宋真宗显然对刘后也防了一手，他在遗诏中命刘后"权听政"，这个"权"绝对不是权力，而是以暂时代理，"军国重事，权取处分"，也是暂时性、代理性的。这就给权力留下了可以想象也可以利用的空间，当然也是刘后比较心虚的地方。而此时，主宰朝政的宰相丁谓、执掌军事的枢密使曹利用，也各怀鬼胎，"各欲独见奏事，无敢决其议者"。意思是，他们都想独自向太后上奏言事，想利用刘后而专擅朝政。而在真宗驾崩之前，那个"将相兼荣谁敢比"的元老宰相寇准已被刘后、丁谓和曹利用等联手扳倒了，这样一来，满朝文武已无一人拥有寇准那样的威望，也就没有制衡宰相丁谓、枢密使曹利用的力量。

眼看朝廷将要陷入大臣擅政的局势，这也是太祖开国时最警惕的，此前的赵普、寇准等都因其有擅政之嫌而遭受一次次罢黜，而此时丁谓和曹利用又形成了这种可能。但朝臣们敢怒不敢言，一个个在他们的威慑下唯唯诺诺，谁敢当面说个不字？最多也就是在背后窃窃私语般地议论一下，但谁也拿不出一个对策。此时，特别需要有政治天赋的人出现。而一个有政治天赋的人，一般都有第六感，越是在某个节骨眼上越能捕捉到政治机会，又越是在众人都感到很棘手的时候，越有机会。这个机会被晏殊抓住了。他提出了一个并不新鲜的建议："群臣奏事太后者，垂帘听之，皆毋得见。"表面上一看，这还真不是个多么有新意的点子，早在唐朝武则天时就出现了，"时帝风疹不能听朝，政事皆决于天后（武则天）。自诛上官仪后，上每视朝，天后垂帘于御座后，政事大小皆预闻之，内外称为二圣"。

那么，晏殊此番谏言的高明处在哪里呢？

这里不妨以历史事实为依据分析一番。晏殊的谏言，一是正中刘后的下怀，让刘后产生了某种政治联想。这也是有历史事实为证的。看看仁宗即位后使用的两个年号，就明白了。仁宗使用的第一个年号"天圣"，拆开了就是"二人圣"，如唐之"二圣"，意即太后与当今天子同为圣上。又看接下来的一个年号"明道"，一个"明"字，明明白白就是天子与太后日月同辉。而刘太后还真有效法武则天成为女主的政治联想，她曾试探性地问过几位心腹大臣："唐武后何如主？"结果是，一个以耿直著称的朝臣给了她一个直截了当的回答："唐之罪人，几危社稷！"刘太后听了此言，脸一沉，良久默然。自此，她再也不提这样的话题了，可能是预知到了效法武则天的难度太大了。不过，以她摄政十余年的权势，与吕后、武则天也有得一比，后世也常以她与汉之吕后、唐之武后并称，但她还算是没那么过分，史称她"有吕武之才，无吕武之恶"。

  这里且不说刘太后如何居心叵测，只说晏殊的谏言达到的效果，很明显，太后是非常赞赏的，而群臣也觉得这主意还不错，至少可以阻隔太后和丁谓、曹利用这两位宰执大臣过于亲密、直接的接触，这倒不是隔着一道薄薄的帘子，而是以"群臣奏事太后者，垂帘听之，皆毋得见"而阻止了他们"各欲独见奏事"。如此一来，太后也称善，群臣也称善，而晏殊在一片称道声中，估计又该得以提拔了。

  果不其然，在太后垂帘听政后，晏殊就从正五品超升正四品，迁为右谏议大夫兼侍读学士。宋代官员的品秩特别烦琐，每一个品级又分为多个层级，以一个九品官为例，就分为从九品、九品，而一个"从九品"还要分为从九品下、从九品和从九品上三级。若对宋代的官制不了解，也就难以了解宋朝的官场生态，更难以了解官场的丛林法则。晏殊从正五品直升正四品，不是提拔了一级，而是越级提拔，也就是超升。按说，他应该满意了，但刘太后还不满意，她替晏殊抱屈了。晏殊是太子旧臣，到现在还是个四品官，朝廷对他的恩惠不够，欠了他的债。于是又给晏殊加官给事中。随后，又命晏殊预修《真宗实录》，将他从正四品又超升为正三品的礼部侍郎。这下够了吧？但仁慈的太后觉得这样还不够，随后，又将晏殊超升为枢密副使，这也是晏殊第一次跻身于二府大臣之列，当上"国家领导人"了。

  刘太后对晏殊真是恩重如山，而晏殊也真是官运亨通，在如此短的时间里，就从一个五品太子舍人超升为朝廷中枢重臣。由此可见，决定一个官员命运的，更多的还不是政绩，而是政治策略。晏殊提出了一个让刘太后正中下怀又让众人一片叫好的政治策略，也就体现出了他的政治智慧，自然也就平步青云了。然而青云之下便是深渊，若是把握不好，又会一个跟头栽下来。这种不幸的命运，还真是在晏殊身上很快就发生了。他在超升枢密副使不久，就因反对张耆升任枢密使，把太后给惹恼了，他也就活该倒霉了。

晏殊又为何要反对擢升张耆为枢密使呢？先看看此人有何来头。

张耆，初名旻，字元弼，开封人。"年十一，给事真宗藩邸。"这就是说，当年真宗还是襄王时，张耆就是真宗藩邸的一个小马弁。真宗登基后，这小马弁因天子的宠爱而步步高升，曾任天雄军兵马钤辖、武信军节度使、同平章事，出判陈州。而太后竟然要将这样一介没有任何功名的武夫超升为枢密使，凌驾于晏殊头上，又怎么能让晏殊服气？这与当年寇准担任枢密副使时、同枢密使张逊势不两立的故事一样，张逊也是从太宗藩邸的亲随武臣一路飙升，最终提拔到了枢密使的高位。在宋朝士人、士大夫眼里，最瞧不起的就是这种藩邸晋身的武夫，日后，连狄青那样的名将担任枢密使也深受文臣排挤，更何况是张逊、张耆之辈，他们如同宿命的天敌。晏殊以"以文驭武"的大宋国策为依据，上疏反对张耆任枢密使，可谓是有理有据，理直气壮。可这个张耆不仅是真宗的一个小马弁，而且是太后的心腹。如果说他上次的谏言正中太后下怀，这次的上疏则直戳太后最隐秘的心疾。当年，年轻的刘娥与襄王赵元侃（真宗）还处在偷情阶段，东窗事发后，据说刘娥在张耆家里躲藏了十五年。而晏殊却不知太后与张耆的这一层极隐秘的关系。不过，太后也不是一般的妇道人家，城府极深，她并未因晏殊反对任用张耆而将他立即罢黜，她还要找到一个说得出口的理由，将他罢黜得心服口服。

天圣三年（1025年），晏殊陪太后去玉清宫上香，大约是接到懿旨时太仓促，他竟忘了带上一个重要的政治道具——朝笏。他打发仆从赶回家去拿了送来，等到那仆人赶来时，太后的辇驾已经出发了。对于一个朝臣，这是非常失礼的，晏殊感到一个大臣的体面与尊严丧尽了，简直太丢人了。他气急败坏地从仆人手中接过朝笏，对着仆人就是恶狠狠的一击，那可怜的仆人一路上是跑来的，此时正张嘴直喘粗气，突然挨了一棒子猛击，顿时嘴裂血迸，又连血一起吐出了两颗打断了的大门牙。透过这个血腥的历史细节，一个温文尔雅的晏殊亦如他那突然的一击，一下就凸显了他狰狞而残忍的一副面目。想想那个宋太宗、宋真宗，对他们那些侍从、马弁多么仁慈啊。晏殊对下人如此狠毒，让很多朝臣也非常愤怒。赵宋王朝是一个崇尚德治、仁治的王朝，岂能姑息这种心狠手辣的不仁之人？很快，晏殊的残忍不仁就遭受了御史弹劾，而太后看了御史那义愤填膺的奏状，既为那仆人而悲，又因晏殊而忿，一怒之下，将其"罢知宣州"，果然是罢得晏殊心服口服，也让朝野连称该罢。

一个少年得志、一路青云直上的神童，在入朝二十年后，终于栽了一个大跟头。这也是他第一次被贬逐出京师，在被贬之初，他自然也难免会有一个贬官的低落情绪，但这样的情绪很快如烟云般过去了，他发现做一个地方官其实也是很不错的，差不多就是一个小皇帝了。据《宋史》载，晏殊的脾气还是不大好："累典州，吏民颇畏其悁急。"一直以来晏殊被认为是个很儒雅、很圆融的士人，没想到他在下属和老百姓面前却是个暴躁的急性子，他会气急败坏地打掉仆人的两颗门牙，让宣州的吏民对他怕得要死。不过，历史对他颇多美言，说他在宣州还干了不少造福一方的实事，如兴修水利、修路架桥等，一座作为地名而留下来的晏公桥，便是他当年"修举废坠"的政绩之一。

晏殊被贬宣州数月后，那个仁慈的刘太后似也渐渐冷静下来了，又念及晏殊毕竟还做过一点好事，于是又给他挪了一下地方，迁为南京留守。

北宋的地名，常让后世产生时空错位之感。这里有必要确认一下，北宋有四京：一是在洛阳之东的东京开封，又称"汴京"或"汴梁"。二是在开封之西的西京洛阳。这一东一西两座千年古都，以各自的坐标为彼此定位。三是北京大名府，今河北大名县；四是南京归德府，由于宋太祖赵匡胤在后周王朝曾任归德节度使，治所在宋州，也就是今河南商丘市睢阳区，此地也算是一个王朝的龙兴之地，开国后，他便以宋为国号。宋真宗景德三年（1006年），追念太祖"应天顺时"缔造大宋之伟功，将宋州升为应天府，又于大中祥符七年（1014年）正月再升应天府为南京，从此商丘便位居北宋陪都地位。北宋末世的靖康二年（1127年），随着京师被金人攻破，北宋告亡。随后，宋钦宗之弟、康王赵构于南京应天府即位，重建了宋朝，史称"南宋"。赵构是南宋的第一位皇帝，而南京应天府也是南宋南渡之前的第一座首都，当然，那只是战时的首都或陪都。

天圣六年（1028年）冬，范仲淹丁忧服满，经晏殊推荐，授秘阁校理，这是范仲淹入仕以来第一次登上一个可以直接与天子打交道的政治平台。

明道元年（1032年），晏殊的贬官生涯也告一段落。这次被贬，从他三十四岁开始，到四十一岁结束，长达七年，正是他从而立走向不惑的一段黄金岁月。不过，他并未蹉跎岁月，在七年贬官生涯里建立了一系列载入史册的事功，让朝野上下无不称善。他也终于迎来了他人生仕途的第二次辉煌，又一次跻身于二府大臣，"召拜御史中丞，改资政殿学士、兼翰林侍读学士，兵部侍郎、兼秘书监，为三司使，复为枢密副使，未拜，改参知政事，加尚书左丞"。——从这简略的历史交代中可知他这一次的职位变动频繁，而在这一连串头衔中，最终又落实到了参知政事这一要职上。参政知事和他此前担任的枢密副使平级，却和宰相同处执政的地位，这虽不是擢拔，却是实实在在的重用。此时还是刘太后摄政，也可见刘太后对他的恩宠还真是不菲。然而，这又是一次短暂的辉煌，第二年，晏殊又因谏阻太后"服衮冕以谒太庙"，第二次被贬逐出京师。

这又是怎么回事呢？正史对此的记载很简单，"太后谒太庙，有请服衮冕者，太后以问，殊以《周官》后服对。太后崩，以礼部尚书罢知亳州，徙陈州"。其实，事情本身也很简单，太后朝拜太庙，一些阿谀谄媚之臣请求她穿戴衮冕。衮冕是皇帝在祭天地、祀宗庙等重大典礼时穿戴用的礼服和礼冠。一个垂帘听政的太后该不该穿戴上这样的衮冕呢？太后心里也没有数，或是心里有数却明知故问，而晏殊曾任太常寺丞、同判太常礼院,对这方面的礼仪再熟悉不过了,太后问他是找对人了。然而这个问题却是一个非常简单的大难题,若他一味地迎合太后的心机,又有点不识大体了,既对国家大体无法交代,更对历史无法交代。但晏殊毕竟是一个智商超高的神童,反应也很机敏,他以《周官》中的后服礼制答对,而《周礼》有明确记载:"天子衮冕,负斧依。"晏殊的意思再明白不过了,实际上也就是谏阻太后恪守太后的本分了。这既恪守了自己的基本原则,同时也保持了一个朝臣最低限度的尊严。

但一个疑问紧接着一个疑问,如果说晏殊此次被贬,只因谏阻太后"服衮冕以谒太庙"而忤逆了太后,那么晏殊又怎么会在太后驾崩后被贬呢?太后驾崩,仁宗亲政,这就是说,实际上将他贬逐的是年轻的仁宗皇帝。而仁宗以晏殊谏阻太后"服衮冕以谒太庙"而将其贬逐,又有点不合历史逻辑。若要把这一段历史交代清楚,还真不容易。

晏殊在仁宗还是太子时,就是太子舍人,按说仁宗对他这个老师是应当"倚为股肱"的,然而就是这个太子舍人当年提出了"垂帘听政"之策,让太后获得了长期擅政的合法性,结果尾大不掉。仁宗年幼时,太后摄政也无话可说,可仁宗成年之后,太后还没有一点还政于帝的意思,满朝文武竟然没有一个人敢吱声,唯有秘阁校理范仲淹不顾人微言轻,执意上书朝廷,敦请太后还政于帝。据宋人笔记《儒林公议》载:天圣中,时任秘阁校理的范仲淹,其上书令皇太后不怿。晏殊尝荐范仲淹于朝,闻其事,颇忧惧,亟呼而责之。范仲淹于是写信给晏殊说:"某天拙之人,不以富贵屈其身,不以贫贱移其心,倘进用于时,必有甚于今者,庶几报公之清举。如求少言寡过之士,则滔滔天下皆是,何必某之举。"范仲淹的危险举动,让晏殊大为恐慌。毕竟范仲淹担任秘阁校理是他举荐的,如果范仲淹惹火上身,必然会殃及他这条"池鱼"。因此,他大为光火,指斥范仲淹太鲁莽了。但一向尊重晏殊的范仲淹这次却寸步不让,还要得寸进尺,直接向太后的最高权力挑战,请刘太后撤帘还政!结果可想而知,范仲淹被逐出秘阁,直贬为河中府通判。

从这个历史事实看,范仲淹和晏殊虽是互相欣赏的好友,却又分明是宋代士大夫中的两种不同类型的典型代表。他们有相同之处，同是三位一体的政治家，兼官僚、学者、文学家于一身，同样追求"立德、立功、立言"之三立或三不朽。从"正直"方面看，两人也都称得上正直，但范仲淹太直了，在人际交往上很不开窍、很不圆通，性格即命运，这也是范仲淹一生悲剧性命运的直接原因；晏殊呢，从根本上看他也是正直的，但他对生存的气候，无论是大气候、小气候，他都有清醒的自觉，他是一个很典型的精细、精明的人，常常以曲线的方式去恪守自己的立场、应对难以应对的问题。看他两次被贬，第一次他只因没有了解更深邃的政治背景，错在冒失；而第二次他很聪明地应对了一个难以应对的难题，却又一个跟头栽在以前的事情上。而年轻的仁宗皇帝也是绝顶聪明，他"不计前嫌"，却以晏殊谏阻太后"服衮冕以谒太庙"而将其贬逐。这其实是一个借口，所谓一朝天子一朝臣，仁宗亲政的第一件事就是要清理太后的嫡系，而在他心里晏殊这个老师从来就不是自己人，而是太后的嫡系。可见政治是多么复杂，人心又是多么复杂。

随着晏殊第二次被贬，他与范仲淹的命运也被颠倒过来了，当他踏上被贬逐的路途，仁宗皇帝立马就把范仲淹召回京师，拜为右司谏。这也是两种不同性格给他们带来的不同命运，一个在走下坡路，一个在走上坡路。

这一贬又是五年，晏殊一生中最好的岁月，实际上就是在长达十二年的贬官生涯中度过的。五年后，或许是看他在地方上干得还不错，仁宗此时也早已坐稳了江山，又召晏殊回朝，任刑部尚书兼御史中丞，随后又复为三司使。三司使执掌中央财政大权，这也是晏殊第三次跻身于朝廷干臣之列。

是时，北宋西部边境又发生了危机。从宋仁宗宝元元年（1038年）开始，地处大宋帝国西部边关的甘州和凉州（今甘肃张掖、武威）在历经三十余年的安宁岁月之后，又开始频频告急。追溯起来，还是宋朝的党项人，原本为北魏鲜卑族的后裔，在宋太祖开国时，慑于大宋开国之初那种叱咤风云的气势，也慑于一个开国皇帝那种雄才大略，他们只能接受化干戈为玉帛的选择，俯首臣服，接受大宋天子赐予的番邦封号。但随着党项族首领易人、一代强人元昊崛起。而大宋仿佛也早已习惯了他人在卧榻之侧的安睡，自党项臣服后，对西部边关就处于"虚外"的不设防状态，这让一个野心勃勃的党项族强人感到有机可乘，也看到了另一种可能，即摆脱宋朝，独立建国。元昊很快就把这种可能变成了现实，几乎在赵宋王朝措手不及的状态下，党项突然宣布建立西夏国。元昊是北魏鲜卑族拓跋氏的后裔，唐朝赐拓跋氏李姓，赵宋王朝又赐他姓赵，但无论姓李还是姓赵，元昊都不情愿，他一心想要脱离宋朝，终得自称皇帝，独立建国，国号大夏，史称西夏。对这位西夏开国皇帝，历史也给予了高度评价，史称他少年时身形魁梧，而且勤奋好学，手不释卷，尤好法律和兵书。通汉、蕃语言，精绘画，多才多艺。其父在位时，就开始不断对外扩张。西夏建国后，为开疆拓土，又多次与宋、辽交战，先后于三川口、好水川及定川砦等战役中击败北宋，又在辽夏第一次贺兰山之战大败辽国，由此而奠定西夏与辽、宋三国鼎立的地位。当西夏建国已成为一个事实，北宋从此便陷入了东有辽国（契丹）、西有西夏（党项）的两面夹攻之下，成为了一个随时随地处于被动挨打、一味低三下四地乞和苟安、国家版图在蚕食状态下不断萎缩的王朝。

宝元元年（1038年），元昊称帝之后，试图灭掉宋朝，入主中原。他一举调集十万军马，对宋朝延州（今陕西延安附近）发起进攻。面对西夏的长驱直入，就像当年辽军入侵一样，宋朝廷内部吵成一团，有主攻者，有主守者，而在朝廷争得不可开交时，边境上更是一败涂地。前文提及，自北宋开国以来，西部边境三十多年无战事，宋朝边防几乎像纸糊的一样，哪能经得住西夏的突袭和猛攻，几乎是不堪一击，一触即溃。

在这国难当头的危急时刻，那个老谋深算的宰相吕夷简却迟迟拿不出一个对策。倒是主管财政的三司使晏殊，对当时的军事形势进行了全面分析，从宋军屡战屡败中找到了根本性原因，向仁宗皇帝提出了四大对策："罢内臣监兵，不以阵图授诸将，使得应敌为攻守；及募弓箭手教之，以备战斗。又请出宫中长物助边费，凡他司之领财利者，悉罢还度支。悉为施行。"这也是晏殊一生在军事战略上做出的重大献策，一是撤销内臣监军，不用阵图强行命令诸将，使军队统帅有权决定军中大事，各路统兵将军能够根据敌军形势决定攻守策略。二是招募和训练弓箭手，以备作战之用。三是清理宫中长期积压的财物，以资助边关军饷。四是追回被朝廷各部门侵占的物资，以充实国库。很明显，晏殊的对策就是针对宋太祖和赵普确立以文驭武、削弱分化军权后的一次军政变革，他的这些变革主张后来被范仲淹在庆历新政和王安石在熙宁变法中都吸收了，这对提升军队的战斗力也是行之有效的。

或许正是看重晏殊在军事战略上的贡献，仁宗皇帝又命晏殊知枢密院事，拜枢密使，进同中书门下平章事。而就在他向权力巅峰迈进时，范仲淹又早已跌入了人生仕途的低谷，此时正在贬官之途上辗转。晏殊执掌枢密院，在运筹帷幄调兵遣将时，又想到了范仲淹，他素知范仲淹一直文武兼修，一把佩剑从不离身，在军事战略上也颇有造诣。于是他奏请仁宗，调范仲淹做西线副帅——陕西经略安抚招讨副使，镇守延州。而此时已为西线副帅的大臣韩琦也正在鼎力推荐范仲淹。就这样，五十二岁的范仲淹，终于又迎来了仕途上的一次机遇，结束了辗转于润州和越州一带的贬官生涯，随即奔赴危在旦夕的延州。

就在范仲淹在冰天雪地里率师征战时，晏殊却依然享受着悠游富贵的生活。据宋人魏泰《隐居诗话》载：晏元献殊做枢密使，一日，雪中退朝，客次有二客，乃欧阳学士修、陆学士经，元献喜曰："雪中诗人见过，不可不饮也。"因置酒共赏，即席赋诗。是时西师未解，欧阳修句有"主人与国共休戚，不惟喜乐将丰登。须怜铁甲冷彻骨，四十余万屯边兵"。元献怏然不悦，尝语人曰："裴度也曾燕客，韩愈也会做文章，但言园林穷胜事，钟鼓乐清时，却不曾恁地作闹。"对此事的记载，在宋人笔记中还有多种版本，一说为庆历年间（1041—1048年）发生的事情，又一说为康定二年（1041年）冬，但意思大同小异，一个大雪天，欧阳修与一位陆学士在退朝后来晏殊家，欧阳修是晏殊知贡举时的士子，也算是晏殊的门生，年届天命的晏殊，此时已是位列三公的枢密和太尉，但他对这位比自己年轻十六岁、官也小得多的晚辈还是挺客气,特意摆酒设宴,主宾围炉夜话,共赏窗前的瑞雪美景。没想到,欧阳修却一点也不客气,他即席赋诗,而且是一首很长的诗《晏太尉西园贺雪歌》,但此诗绝对不是拍晏太尉的马屁,而是奉劝晏殊这位太尉大人别只顾自己欣赏雪景,还有四十余万边防将士在天寒地冻中保家卫国啊!这个欧阳修也真是哪壶不开提哪壶,晏殊当时虽然没有发作,但对欧阳修却是一肚子的愠怒。他对人说:"当年韩愈也会做文章,去宰相裴度家赴宴,也只是赞赏他们的家园林盛景,绝不如此捣乱!"有人说,正是这次宴会埋下了两人不和的种子,其实晏殊和欧阳修这两位大才子一生多有龃龉。欧阳修虽说也是一个风流才子,但在骨子里却是更接近范仲淹那样忧国忧民的国士。

但范仲淹却注定没有晏殊的官运,随着范仲淹等以文驭武的将领在冰天雪地里浴血奋战,西部边关又暂归安稳,北宋历史上又一次出现了以战逼和的局势,西夏元昊已同意向北宋俯首称臣,而北宋也将以付出岁币的笼络方式保持"君"国的地位。但为保一个国泰民安的文治盛世,这样的付出也是非常值得的。而晏殊这个在暖融融的炉火边把酒赏雪的枢密使和太尉,也因运筹帷幄、调度有功,接下来将要抵达人生仕途的巅峰状态。

三、太平宰相

庆历是宋仁宗赵祯的一个重要年号,也是宋史和中国历史上出现频率最高的年号之一,很多历史大事都是在庆历年间频繁发生。而晏殊也在庆历年间抵达了他登峰造极的岁月——

庆历二年(1042年)七月,晏殊以枢密使加平章事,官拜宰相,既掌军又执政,但此时主持朝政的还是"一代名相"吕夷简。

庆历三年(1043年)三月,吕夷简罢相。欧阳修痛斥吕夷简"二十年间坏了天下。其在位之日,专夺国权,胁制中外,人皆畏之"。吕夷简的相权由晏殊全面接任,晏殊以检校太尉刑部尚书同平章事,晋中书门下平章事,集贤殿学士,兼枢密使。在宋史上,像晏殊这样既是执政的宰相又是掌军的枢密使,集军政大权于一身者,还殊为少见,晏殊也抵达了他人生仕途的巅峰。

有后世从姓名学上解释,晏殊能迅速跃升到位极人臣的高位,也与他的姓名有关。仁宗皇帝在刚刚渡过一场危机后,特别渴望天下太平,而晏殊之晏,有天青无云之义,亦有安定、安乐之意,而河清海晏也是历代王朝追求的理想境界。仁宗一辈子最渴望的就是出现辅佐天下的太平宰相,而晏殊仿佛天生就是一个太平宰相。随着晏殊拜相,范仲淹在崎岖的人生仕途上,也终于进入了他一生最鼎盛的岁月。又看晏殊和范仲淹的合作关系,两人还真是相得益彰。此前,范仲淹执掌应天书院,为晏殊挣够了面子;如今,范仲淹又在西线战事为晏殊挣得了更大的功名,让他登上了人生仕途的巅峰。晏殊主政之后,于情于理都应该对范仲淹予以重用。他也真是这么做的,据《晏公神道碑》载:"及为相,益务进贤材。当公居相府时,范仲淹、韩琦、富弼皆进用,至于台阁,多一时之贤。"

但对这一段非常关键的历史叙述,无论是《宋史》还是宋人笔记等,都有些颠三倒四,如同一段错乱的时空。我仔细梳爬了一下,范仲淹奉诏回朝,为庆历三年(1043年)八月,先任枢密副使,又转参知政事,这也是范仲淹有生以来第一次晋升为二府大臣。在晏殊对中枢进行调整的人事大变动中,晏殊的女婿富弼也超升为枢密副使,并将成为庆历新政的主要角色之一。为充实谏院,宋仁宗在庆历三四年间,先后钦命了四大谏官:欧阳修、余靖、王素和蔡襄,史称"四谏"或"庆历四谏"。据说,晏殊此次为谏院择贤,第一个选中的便是欧阳修,欧阳修也的确是"四谏"之首。从晏殊和欧阳修的过节看,也足以证明晏殊还真是一个"宰相肚里能撑船"的大度宰相。

当然,对于这些二府大臣和朝廷重臣的安排,也不是晏殊一个人做得了主的,每一项重大的人事调整,都须得到仁宗皇帝首肯。而范仲淹接下来要干的事情,更须得天子首肯,那就是推行北宋历史上的第一次政治变革——庆历新政。

对于庆历新政，晏殊这个主宰天下的宰相，从一开始就态度暧昧。随着北宋历史上第一次大变革波澜壮阔地掀开，晏殊似乎是一个超然世外的局外人或旁观者。而当变革不断向深水区推进，又激起了反对派巨大的声浪，在变革派和保守派越来越激烈的交锋中，在这关键时刻作为宰相的晏殊应该挺身而出了，但无论在保守派的堡垒中，还是在新政派阵营中，都看不见这个宰相的身影，他似乎又躲进书斋里读书去了。从晏殊的性格看，这是可以理解的，他虽有"悁急"的一面，但那只是在下人和吏民前的表现，但在人际关系复杂而微妙的官场，尤其是在高度敏感的高层政界，他一直谨小慎微，处事圆通，又加之他已历经多年的宦海沉浮，在三起三落中有了更多的历练，对官场政界也就有更深切的洞见。很明显，他既不可能像范仲淹那样登车揽辔，有澄清天下之志，也不会像欧阳修那样有"果敢之气，刚正之节"，这也许不是因为他性格懦弱，而是他不想失去自己已经拥有的、来之不易的一切。他的性格可以说是中性的，以不变而应万变，对于一个执政的宰相，这倒是非常适合的一个角色，至少可以起到一个平衡木的作用，缓和变革和守旧两派激烈交锋带来的震荡。

晏殊的政治态度，比其个性更难捉摸，若按历史逻辑的猜测，他对庆历新政应该是静观其变、乐见其成。另有后世不乏善意地猜度，一方面，他这样做是顾全大局，尽可能为国家保存元气；另一方面，他可能已经预感到了庆历新政失败的结局，为范仲淹等庆历党人免遭更大祸患，更为他自己全身避祸，他必须为自己的进退留下从容的余地，成则可以为庆历新政扮演一个护法善神的角色，败则可以宰相的地位收拾残局。不能不说，他的这种选择充满了高智商的政治智慧，既可明哲保身，又可游刃于两种政治势力之间。但在政治的风云变幻之中，这种最聪明的选择其实也是最孤独的一种选择，既没有针锋相对的敌人，也没有志同道合的朋友，形单影只，孑孑独立，而所谓左右逢源其实也是一把双刃剑，极易造成一种左右都不讨好，甚或两面受伤的局面。

事实上，对他这种无是非、无特操的暧昧态度，变革派已逐渐表现出了对他的不满。当天下需要你挺身而出的时候，你一个主宰国政的宰相，却退到书斋里去读书，那你肯定不是一个国士，最多也只是一个读书人、一个儒士而已。相比之下，范仲淹、欧阳修等人比晏殊活得更真实，更有真性情，更忠于自己的内心，而在他们内心里最大的就是天下。而晏殊的实诚只是貌似实诚，晏殊的大度只是貌似大度，每到关键时刻，他的心地便变得格外狭小，他的实诚也只是表现在人生的细节上，而非历史的节点上。但在那样一个风云激荡的时代，一个宰相又怎么能超然世外呢？随着双方矛盾的空前激化，晏殊也不由自主地被卷进了旋涡之中，而首先与他交恶的又是那个欧阳修。庆历三年（1043年）三月，欧阳修奉诏回朝，被仁宗钦命为"四谏"之首，旋即便立下了首功，也可谓帮了晏殊一个大忙，他弹劾罢黜了宰相吕夷简，要不晏殊也不可能接管吕夷简的相权；他又弹劾罢黜了参知政事王举正，"请罢举正用仲淹，上从之"，这等于是又帮了范仲淹一个大忙。但由于欧阳修不断弹劾大臣，几乎是挖洞寻蛇打，让一直没有选边站的晏殊头疼不已。

一方面，在他看来，欧阳修自以为铁肩担道义，妙手著文章，他那些弹劾奏章就像一篇篇檄文，但他这样横冲直撞，一点也不懂得迂回转圜，是一个麻烦制造者，让晏殊这个太平宰相当得一点也不太平了；另一方面，晏殊自身也产生了危机感，他深知欧阳修与范仲淹的关系有多铁，更深知欧阳修对他这个宰相的暧昧立场早已心怀不满，说不定欧阳修下一个要扳倒的就是他这个宰相。晏殊当然不会流露出自己的危机心理，但他必须以宰相的身份去找欧阳修谈话，他的谈话水平绝对是高智商的、充满了政治艺术的，但他的高智商遇到了欧阳修的倔脾气，好说歹说，欧阳修软硬不吃，还几次三番和他这个宰相面红耳赤地干起来了。晏殊就是脾气再好也忍无可忍了，于是，他决定行使宰相职权，给欧阳修一个还算是优待的安排，"除龙图阁直学士，河北都转运按察使"，让欧阳修顶着一个龙图阁直学士的头衔，去做河北"省长"。这对于欧阳修绝对不是贬谪，但对此安排，非但欧阳修不满，连其他谏官也坚决不答应，认为这是宰相晏殊杀鸡给猴看，直接违背了皇上广开言路的政策，于是连上数疏，让晏殊收回成命。但晏殊这次也是吃了秤砣铁了心，他堂堂一个宰相，又怎么能丢这样的面子？

既然他不给欧阳修面子，谏官们也干脆撕破脸皮，为了将晏殊彻底扳倒，孙甫、蔡襄这两大谏官又揭发了晏殊一些贪赃枉法的罪证，但真正将晏殊扳倒的，却是他们揭发了晏殊的一桩早已过去了多年的罪状：当年晏殊给李宸妃写墓志铭，刻意隐瞒李宸妃是皇上生母的真实身份，这是欺君之罪！这还真是揭了晏殊的一个老底，也直接触痛了仁宗皇帝的一个隐忍多年的心疾，仁宗虽说仁慈，在这方面还真是一点也不心慈手软，旋即便把太平宰相晏殊给罢黜了。

这又是怎么回事呢？对晏殊这次被贬，《宋史》是这样交代的："殊出欧阳修为河北都转运，谏官奏留，不许。孙甫、蔡襄上言：宸妃生圣躬为天下主，而殊尝被诏志宸妃墓，没而不言。"此事的来龙去脉是，李宸妃是仁宗皇帝的生母，但仁宗一直不知道真相，而李宸妃又早于刘太后逝世，当时命晏殊这个大笔杆子撰写墓志，因太后尚在，而且还在摄政，晏殊就是吃了豹子胆，也不敢将李宸妃是皇帝生母这件事在墓志中写出来。待到太后去世，仁宗亲政，知道了自己的身世，当时便有人向仁宗告发晏殊隐瞒真相，犯了欺君之罪。而年轻的仁宗皇帝，当时的心情非常复杂也极度矛盾，一方面，他对一直隐瞒自己身世的太后难免有所怨怼；另一方面，他是太后抚养成长，如果没有太后，他也做不了太子，更做不了皇帝。何况太后已经死了，无法责怪，这种郁闷情绪一直郁结在心中。而随着谏官的揭发，又重新揭开了他心底里的一个伤疤，在他为生母的不幸命运而心里滴血时，他也找到了一个最终的出气筒，晏殊也就在劫难逃了。而晏殊被贬谪的罪名有二，一是没有在李妃墓志中说实话，犯了欺君之罪，但这又是一个让仁宗皇帝说不出口的罪状。二是他在担任枢密使时驱使官兵为自己建造府邸。这是一个可以说得出口的罪名："广营以殖私，多役兵而规利。"

对晏殊此番被贬，那个此前被罢黜的宰相吕夷简也曾在仁宗面前奏对时说了一番通情达理的实话：在当时情形下，晏殊只能隐瞒真相。又据宋人笔记《湘山野录》载，晏殊还真是聪明绝顶，在文中还埋下伏笔，其破题云："五岳峥嵘，昆山出玉。四溟浩瀚，丽水生金。"——这是隐笔，"盖言诞育圣君，实系懿后，奈仁宗夙母仪明肃刘太后，膺先帝拥佑之托，难为直致，然才者爱其善比也"。

看晏殊一生中三遭罢黜，几乎是冤哉枉矣，其中有两次都是历史性追责。尽管他有非常清醒的自我保护意识，深知明哲保身之道，却还是难以遭受再三罢黜的命运，而给后世留下了实诚之名的他，却屡屡栽在欺君之罪上，这还真是一种命运的嘲讽。而在他被贬之前，庆历新政推行了一年零四个月，范仲淹、富弼、韩琦等庆历党人无一幸免，如疾风扫落叶般地一概被逐出京师。

说来又挺有戏剧性。晏殊一生最得意的门生是宋祁，此公因其词作名篇《玉楼春》中有一句千古绝唱"红杏枝头春意闹"，世称"红杏尚书"。在晏殊被罢黜的前夕，他还在晏殊家中饮酒填词，第二天便接到诏命，命他起草罢黜晏殊宰相的诏书。宋祁假天子之口，在诏书中对他的恩师晏殊连声痛斥，直如狗血喷头，这让晏殊悲愤不已，几乎闹到割袍断义的程度。抵达贬谪地后，他便写了一首《吊苏哥诗》，借悼念和赞扬一个因情人背盟而自杀的青楼女子，来讥讽宋祁的忘恩负义、反复无常，简直连一个婊子也不如。但据说，他这爱徒也是冤哉枉矣，别看他这篇诏书声色俱厉，但为了避免老师遭到更严厉的惩罚，他向仁宗皇帝反复为恩师申辩，又苦苦乞求，才为晏殊争取到"降二官、知颍州"的从轻发落。

这已是晏殊一生中的第三次被贬，也是最后一次被贬，此时他已五十三岁，可能预感到不可再有出头之日，他的心情坏透了。宋代官员没遭受过贬谪的殊为少见，而贬官的待遇自有高低，其中赵普的待遇是最高的，哪怕被贬也享受宰相级待遇。除赵普之外，对晏殊也算是很优待的了，这次他顶着一个工部尚书的虚衔知颍州；六十岁时，又以户部尚书、观文殿大学士知永兴军（今西安）；六十三时知河南，又迁兵部尚书，封临淄公。这一次被贬十余年，至和二年（1055 年），他已六十四岁，老病缠身，终于获准回京就医。见病情好转，他倒也没有托病赖在京师，又诚挚地向仁宗奏告，请求再赴贬谪之地。晏殊又一次以实诚感动了天子。此时已四十五岁的仁宗皇帝，看到晏殊那长满了老人斑的脸孔，心底里油然泛起了几许苍凉。他或许又回想起了晏殊还是太子舍人的那段岁月，那时候晏殊正值而立之年，一张脸是那样儒雅光亮，在他这个太子面前还有几分矜持的威严，可如今，这一张老脸上，露出的却是谦卑而迟缓的笑容。仁宗看了不由得一阵心酸，念他实在太老了，特命他"留侍经筵"，也就是为皇帝讲授经史，并下诏"五日一朝"。就这样，一个当年的太子舍人，如今又变成了为天子讲经的君师，对于他，这也是很优待也很轻松的安排了。未几，仁宗又看在他抱病为自己讲经的份上，仁慈地恢复了他部分宰相级的待遇，其礼仪、随从均与宰相待遇相同。但没过多久，晏殊又病倒了。仁宗听说，正欲乘舆去看望他，晏殊听说后，立即派人飞马禀告皇上，说自己的病快好了，请陛下莫要担忧和牵挂。这大约就是他对天子说的最后一句话，没过多久，他便去世了。

晏殊走得这样快，让仁宗有些出乎意料，也让他一直抱憾不已，遗憾的不是没有让晏殊多当几年太平宰相，而是在晏殊病逝前错过了最后一次见面的机会。一个天子的遗憾自然有很多方式来弥补，仁宗诏命朝廷为晏殊举行了隆重的葬礼，仁宗亲往祭奠，并追赠为司空兼侍中，谥元献。天子又为之亲篆碑铭："旧学之碑。"在一个"造极于赵宋之世"的文治盛世，作为人臣的晏殊，无论生前的富贵尊荣，还是死后的哀荣，也算是极一时之盛了。

日后，仁宗在主持制科御试时，因苏轼、苏辙昆仲联袂登榜而高兴之极，"仁宗策贤良归，喜甚，曰：吾今又为吾子孙得太平宰相两人，盖轼、辙也。"然被仁宗皇帝视为天下奇才的苏氏昆仲"卒不得大用"。在北宋历史上只有两人号称"太平宰相"，一是晏殊，二是蔡京。

四、一曲新词酒一杯

回溯晏殊一生，借用欧阳修为他撰写的挽词是再合适不过了："富贵优游五十年，始终明哲保身全。"

他生于太宗朝，又历真宗、仁宗两朝。他的第一个历史形象，便是一个具有代表性的神童。他以神童的特殊身份而登科入仕，累官至位极人臣的宰相，抵达了人生仕途的巅峰状态，这是他一生的非凡之处。有宋一朝虽神童辈出，但在仕途功名上抄此捷径者，除了晏殊还未见第二位；晏殊的另一具有代表性的历史形象便是所谓太平宰相了，他先后辅佐了真宗和仁宗这两位北宋历史上著名的守成之主，以太平宰相佐守成之主，如天作之合的历史互文。

　　在长达半个世纪的仕宦生涯里，他深谙权力之道，虽说也经历过三起三落，但他三入府院，几度身居高位，从执政的参知政事到位极人臣的宰相，从掌军的枢密副使到枢密使，期间还做过一段三司使，这些国家枢要大臣他几乎都担当过，对当时的政治，既有全面的、又有多视角的了解。从历史事实看，他不乏政治谋略，但鲜有政治思想，在政治立场上他基本上是温驯地，也很聪明地顺遂帝后的旨意，但遇到合适的时机偶尔也会提出一些明智的政见。在历史关头，他英雄气短，而中庸之气太重，又过于爱惜"羽毛"，在他身上看不出范仲淹身上那种高远而超拔的精神光芒，多以明哲保身而回避风险，这让他在历史的关键时刻、在一个关键岗位上没有发挥关键性作用，以致在政治上无重大建树。无论同前辈名相赵普和寇准相比，还是与同时代的范仲淹、欧阳修等相比，他都称不上政治家。他对政治的贡献，主要体现在荐引人才、为国蓄才、知人善任上，"当公居相府时，范仲淹、韩琦、富弼皆进用，至于台阁，多一时之贤"，而最典型的便是他对范仲淹的荐引，他不是政治家，但他发现并荐引了一个伟大的政治家。诚如夏承焘先生所言，晏殊"自奉若寒士，而豪俊好客"，又如范镇对他的挽词："平生欲报国，所得是知人。"从本质上看，他也是一个公忠谋国、当之无愧的国士。对此，欧阳修在为晏殊撰《神道碑铭》中亦给以客观公正的评价："其由王官宫臣卒登宰相，凡所以辅道圣德，忧勤国家，有旧有劳，自始至卒，五十余年。"这与另一个号为"太平宰相"的一代奸相蔡京是有着根本不同的。

　　又看他在教育上的贡献，历史上对他的评价甚高，认为他是宋代最早兴办官学的,对此我已在前文提及,他在教育上的开创性贡献以及所发挥的实际作用,都远不如范仲淹,若尊重既有的历史事实,他也难以称得上一个教育家,更非《宋史》所谓"自五代以来,天下学校废,兴学自殊始",北宋兴教办学第一人,首推范仲淹。

晏殊还有一个当之无愧的身份,北宋著名词人。他虽说出身卑微,但年方十四岁登科入仕,从此一生优游富贵,哪怕在遭受贬谪时也待遇从优,从未被贬到州郡长官之下。这让他成为了一个最有盛世风范的士大夫,始终保持着一个文治盛世的士大夫心态,也让他的诗词文章里弥漫着一股养尊处优、富贵闲雅的才子气,尤其是他最擅长的小令,最能体现他特有的气质与呼吸。若以一句话来对晏殊的诗文进行高度概括,可以借用欧阳修的一句话:"晏公小词最佳,诗次之,文又次于诗,其为人又次于文也。"但因欧阳修与晏殊多有过节,有人认为这是偏见。那么,我想借用《青箱杂记》里的一句话:"晏元献公虽起田里,而文章富贵,出于天然。"——此书的作者吴处厚,大致与晏殊同朝为官,对其人其诗其文应该是相当了然的。这里且不说其诗其文,只说他最擅长的长短句。

晏词颇受五代南唐词人冯延嗣(冯延巳)的浸染,以清丽多彩和婉约情深为特色。而晏殊生逢太平盛世,其词又得富贵滋养,在荣华中生长,每一句皆如从锦囊里掏出的美妙辞章,比冯词少了感伤气息和哀伤之美。上苍慷慨地赐予晏殊一生美好的生活,在他眼里这个世界上的一切东西都是美好的,他的词"出于天然",却只是在春华秋月的天然中婉转,如其抒写闺思的名篇《蝶恋花》:"槛菊愁烟兰泣露,罗幕轻寒,燕子双飞去。明月不谙离恨苦,斜光到晓穿朱户。 昨夜西风凋碧树,独上高楼,望尽天涯路。欲寄彩笺兼尺素,山长水阔知何处。"此词从一个闺思女子的小心眼出发,却写出了一个"独上高楼,望尽天涯路"的大境界,这就是人生的况味吧。但对最真实的生活,如范仲淹笔下的那些民生疾苦和忧患,在他笔下则如同空白地带,他"虽起田里",但自从离开"田里"便一直保持着一种远离的姿态,这让他的词虽有人生的况味,却没有属于一个士大夫的自省和担当,更没有夺人眼目、摄人魂魄的扎扎实实的生活内容和生命体验，没有坚韧的根须，只有绰约的风姿。

　　从题材看，晏词大多是文人雅士之间的诗酒酬唱，或是迎风舞月、流连光景之作，或是吟哦男女之伤春怨时、离情别恨，这是他与花间词派或西昆体的相似之处，但他能以清雅的文人意趣而洗净花间词派浓艳呛人的脂粉气，又能以温润秀洁、雍容典雅的词风矫正西昆体一味追求以至于沉溺的音律谐美、词采精丽，可谓"洗却铅华，媚中求雅"。然而有一个根本性的缺陷他是无法弥补的，也没有弥补的自觉，那就是因与社会生活严重脱节而造成的内容空洞、体验虚幻，也就难有属于生命的最深刻的体验，他最享受的生活是"一曲新词酒一杯"，他对生命的体验也只是"说尽平生意，鸿雁在云鱼在水"。

　　若说他对生活最深切的体验，便是领略富贵的趣味。说到这里有一段词坛趣话。当时，有个叫李庆孙的词人，此人比晏殊年长十六岁，为宋真宗咸平元年（998年）进士，而且是名列第三的探花郎。这是极其荣耀的，当时凡名列前三名者，用绫绸标写名字。但此人登科入仕未久，便因厌恶官场而辞归故里，按说这当是又一位陶渊明之风的高士，但他竟然填了一曲金玉堆砌的《富贵曲》，如"轴装曲谱金书字，树记花名玉篆牌"之类，又是金书，又是玉篆，结果遭到了晏殊的鄙薄与哂笑，他认为只有那些从未经历过富贵者，才会把金玉之类当作荣华富贵的象征，恰如田舍郎传说皇家喂食的猪槽是黄金打造，这是穷人对富贵的幻想，低俗而滑稽。在晏殊看来，越是堆砌金玉之类的辞藻，越是透着一股穷酸气，一股乞儿相，而他晏殊呢，虽享尽了世间的荣华富贵，却从来不用这些俗不可耐的字眼，譬如说他词中的"楼台侧畔杨花过，帘幕中间燕子飞""梨花院落溶溶月，柳絮池塘淡淡风"等，哪有半个锦绣金玉的字眼儿？但那优游富贵的生活，却洋溢于字里行间，想想也知道，一个穷人的家里能有这般景致吗？一个为衣食而操劳的穷人又有这样的心情吗？但若再引申一下，也不难发现晏殊骨子里的卑贱，以他卑微的身世，若没有登科入仕，他又怎能享尽世间的荣华富贵？这何尝又不是他对一个王朝感恩戴德的原因？王国维说，词以境界为最上。有境界则自有高格。读晏殊词,也就知道晏殊这个太平宰相的人生境界了。

作为一个既得利益者,晏殊对功名自然是十分看重的,世间又有几人不看重功名呢,又不想通过功名去换取富贵呢?若以宋朝与别的王朝进行比较,就是在一个士大夫与天子共治天下的文治时代,这样的交易变得比较公平了,对文人、文章也就有了比较高的估价。但也有人既想以诗文谋取功名,却又酸文假醋地唾弃功名。譬如说那个"奉旨填词"的风流才子柳永。他与晏殊的一段过节也是词坛趣话之一。柳永只顾按自己的心情填词,却没有考虑政治后果,把当今圣上给得罪了。据吴曾《能改斋漫录》载:一次科场大比之后,"临轩放榜",宋仁宗一眼看到柳三变(柳永原名)的名字,忽然想起此前读过一曲《鹤冲天》,有一句让他过目难忘:"忍把浮名,换了浅斟低唱。"而柳三变这个名字又特别好记,当他在进士榜上一眼看到柳三变这个名字,便发出一声哂笑:"且去浅斟低唱,何要浮名!"天子一声哂笑,就把他柳三变一个到手的进士给笑落了。于是,柳三变只好半是自嘲、半是哀怨地自称"奉旨填词",兀自去过他那浅斟低唱、眠花宿柳的生活。但这个柳三变对功名又偏偏非常看重,一考再考,还真是登上了进士榜。但他得罪了皇上,谁又敢给他授官呢?据宋人张舜民的《画墁录》载:柳三变既以词忤仁宗,吏部不敢改官,三变不能堪,诣政府。晏公曰:"贤俊作曲子么?"三变曰:"只如相公亦作曲子。"公曰:"殊虽作曲子,不曾道:针线闲拈伴伊坐。"柳遂退。

——这还真是一段趣话,柳永中了进士,但主管人事的吏部不敢给他授官,他只能越级上访,去找相府,而此时的宰相正是晏殊。晏殊是一个奖掖后进犹恐不及的好宰相,但柳永却没有这样的好运气。晏殊和柳永的那段简短对话趣味盎然,晏殊是明知故问:"贤俊作曲子么?"而柳永也实在是太不聪明了,竟说"只如相公亦作曲子",这是啥话?你那些淫曲艳词能够与人家晏相爷的曲子相提并论么?柳永因一句词惹恼了皇上,又因一句话又得罪了宰相,晏殊随即反唇相讥:"殊虽作曲子,不曾道'针线闲拈伴伊坐'。"看这句词的前后是"镇相随,莫抛躲。针线闲拈伴伊坐。和我,免使年少光阴虚过",这是柳永以相好女性的口吻来表达了对功名利禄的唾弃,而宋朝以科举为国择仕,柳永既想通过科举入仕,又口无遮拦,连连触犯了一个王朝的大忌,而晏殊黜退他,也不只是柳永不会说话,晏殊的理由与仁宗皇帝如出一辙,你柳三变既如此唾弃功名,又何必当官呢?柳三变也就只能被黜退了。

说起来,晏殊那一曲千古绝唱《浣溪沙》也有一段趣话。据说,晏殊有一次去杭州,途经扬州,下榻淮东第一观大明寺,唐代高僧鉴真东渡日本前便在此传经授戒,文人骚客到了淮扬,自然不会错过这一座山水园林般的古刹,而古代文人有题壁的习惯,在寺壁上留下了琳琅满目、逶迤相接的诗词。晏殊在酒宴之前,闭上双目,一边沿着墙根慢慢前行,一边让侍从为他吟诵壁上的诗词,认诗不认人,不许读出作者的姓名与官爵。这也是他的习惯之一。他这样一路听过来,一路闭着眼睛微微摇头,这满壁争奇斗妍的诗词还真没有几首让他点头称善的。一道诗墙渐渐走到了尽头,晏殊听到的已是最后一首词,他眼光一闪,睁开眼,看看此词是何人所作?一看,却是一个名不见经传的小人物,落款为江都尉王琪。在北宋词人中,有一个官至礼部侍郎的王琪,字二蛋,陕西长安人。由于难觅此人的详细史载,未知这个江都尉王琪是否就是那个官至礼部侍郎的王琪,县尉乃八品小吏,而侍郎至少也是三品高官,若是同一人,那么礼部侍郎王琪也就是这个江都尉王琪的未来了。

王琪尝作《望江南》数首,其中有一首咏江南燕词曰:"江南燕,轻扬绣帘风。二月池塘新社过,六朝宫殿旧巢空。颉颃恣西东。 王谢宅,曾入绮堂中。烟径掠花飞远远,晓窗惊梦语匆匆。偏占杏园红。"若按接下来的历史叙述,让晏殊眼睛一亮的应该就是这首了。就凭这首词,晏殊也不会小瞧这个小小的江都尉,随即便盛情邀请他来与自己一起饮酒赋诗。饭后,他们在池边溜达。时值暮春,落花流水,让晏殊触景生情,忽然想起一句"无可奈何花落去",一直到如今也没能接上下联,而他刚一提起,王琪便应声而对:"似曾相识燕归来。"晏殊连声叫绝,"无可奈何花落去,似曾相识燕归来",妙,妙,实在太妙了!后来,他便将这一联用于他的代表作《浣溪沙》:"一曲新词酒一杯,去年天气旧亭台,夕阳西下几时回?无可奈何花落去,似曾相识燕归来。小园香径独徘徊。"一个人一辈子可以写出很多上佳之作,但如此绝妙的诗词一辈子能写出一首就够了。所谓神来之笔,所谓上帝握着你的手在写,指的就是这类神妙之作,不是作品,而是神品。王琪一辈子写了不少上佳之作,缺少的就是这样的神品,他在词坛的影响力也就远远赶不上晏殊,但他却为晏殊的一首千古绝唱做出了神奇的奉献。而晏殊觉得这样的神来之笔用了一次还不够,还在其诗七律《示张寺丞王校勘》中用了一次:"元巳清明假未开,小园幽径独徘徊。春寒不定斑斑雨,宿醉难禁滟滟杯。无可奈何花落去,似曾相识燕归来。游梁赋客多风味,莫惜青钱万选才。"虽说同样用了那如得神助的一联,但这首诗又远不如其小令《浣溪沙》了,可见光有一句神来之笔还不够,还有很多神秘的因素在起作用。这也是艺术的神秘性,时空中所有的秘密都没有艺术神秘。晏殊作为一流词人,他这首《浣溪沙》对他的艺术定位起了很大的作用。另外,他作为宋代江西籍名人中开风气之先的人物,对后辈如欧阳修、王安石、曾巩、晏几道的影响力也是不可低估的。他的词(尤其是他最擅长的小令)上承南唐,在一定程度上对宋词有继往开来之功,如今传世的有《珠玉词》一百三十余首。历代对晏词评价甚高。南宋王灼在其词曲评论笔记《碧鸡漫志》中称道:"晏元献公长短句,风流蕴藉,一时莫及,而温润秀洁,亦无其比。"清人冯煦在《宋六十一家词选》例言更将晏殊视为北宋词坛的初祖:"晏同叔去五代未远,馨烈所扇,得之最先。故左宫右徵,和婉而明丽,为北宋倚声家初祖。"

在北宋词坛上,晏殊与欧阳修并称"晏欧",又与其第七子晏几道被称为大晏和小晏,而北宋以词而胜于其诗其文者,又被后世誉为一流词人者,晏殊当为第一人,庶几也可称之为北宋第一词人。但从王国维的《人间词话》看,晏殊似乎还没有以一流词人而入他的法眼,史上被他列入一流词人的共有八位，五代南唐李后主、后唐冯延嗣；北宋欧阳修、苏轼、秦观、周邦彦；南宋辛弃疾；清代纳兰性德。不过，晏殊那首《蝶恋花》中的"昨夜西风凋碧树。独上高楼，望尽天涯路"，被王国维称之为"此第一境也"，这是古今之成大事业、大学问者的第一境界。

晏殊描绘出了这个第一境界，又是否真正抵达了第一境界呢？

范仲淹

北宋的一只"乌鸦"

我一直觉得,明人在标举唐宋八大家时,没有把范仲淹列入其中是中国古代文学史上的一大遗憾,他的道德文章至少要超过八大家中的苏洵、苏辙、曾巩。是什么遮蔽了明人的眼光,让这样一个文章大家被忽视了?这其中兴许有很复杂的原因,而有一个原因则是我的猜测:有时候,遮蔽一个人的其实就是他自身的光芒,而范仲淹很可能就是被自身的光芒所遮蔽,同他的文章相比,他一生更耀眼的光芒是以别的方式焕发的。

宋太宗端拱二年八月二十九日(989年10月1日),范仲淹诞生于一个离他远隔近千年的国庆日。当然,这纯属巧合。二十年一代人,范仲淹是北宋继寇准之后出现的又一个将相兼荣的国士,从年岁看,他比他的前辈寇准要小近三十岁,而他们一生的命运虽然没有交集,但从生到死都何其相似,我甚至觉得他们有某种血缘关系。这种感觉在我接下来的叙述中还将频频发生,穿越宋朝三百二十年漫长而幽邃的历史,我邂逅了太多性格、命运非常相似的人物,这一个接一个的士人,仿佛都是有着某种血缘关系的直系后裔。

还是从头说起吧,一切的历史都是个人史的呈现——

一、一个弄丢了姓名的孩子

近年来，围绕一个个名人故里，掀起了一轮又一轮的纷争，在一个天下承平的时代，却仿佛又陷入了另一种鏖战，历史顿时一片混乱，很多地方甚至伪造历史，一些久已为后世熟悉的古人忽然又变得浑浑噩噩，他们可能连自己的故乡也找不到了。

北宋第一名臣的范仲淹，自然也是一个争夺的对象，他的故里在哪里？

陕西人说彬县是范仲淹的第一故乡，这是范仲淹自己说的，其先为邠人，邠，又称邠，古时称邠州，也就是如今的陕西彬县，据称那里发现了范家祖墓地；

江苏人说苏州天平山就是范仲淹的故乡，天平山那些大枫树就是范氏后人栽下的，如今天平山已成为苏州的旅游热点，这与范仲淹和大枫树有关；

河北人说范仲淹是正定人，他降生于北宋时代的河北真府，也就是现在的河北正定，这是他诞生的故乡；

而山东人又说范仲淹是邹平县长山镇人，若坐公共汽车去，站牌明确标出了一个站名，就是范仲淹故居；

而河南人则理直气壮地认定，对于范仲淹，最有故乡意义的其实是商丘……

若不了解范仲淹的身世，这样的纷争还真是让人一头雾水、莫衷一是。其实这每一种说法都是对的，一个人绝不止有一个故乡或故里，而范仲淹的身世又远比一般人更复杂，其故里故乡也就比较多，一个一个数下来，对范仲淹的血脉与身世其实也是一种正本清源的方式。范仲淹的先代故乡或祖籍地为邠州，后迁居江南，史上一般称其为苏州平江人，此地在五代和宋初还是吴越国的版图，其祖上三代都在吴越王钱氏手下做官，其父范墉跟随吴越王钱俶归宋，后历任成德、武信、武宁节度使掌书记，也就是那种掌管文书信札的小官。

范墉原配陈氏，早年丧妻，继配谢氏，也就是范仲淹的生母。他是范墉的第三个儿子。未及两岁，范墉便于任所病逝，撇下了年轻的妻子和年幼的儿子。谢氏怀抱幼子护送亡夫灵柩回到家乡平江府安葬。范家虽说是仕宦之家，但范墉生前只是一个地位低微、俸禄微薄的八品官，仅能勉强养家糊口，没有任何积蓄。他一撒腿走了，孤儿寡母顿时就陷入了穷愁无依的境地，虽有范氏族人接济，但非长久之计。恰好此时，平江府推官、淄州长山人朱文翰新丧妻室，又好在宋代对寡妇再嫁比较宽仁，经人说合，谢氏便抱着两岁的范仲淹改嫁朱文翰，范仲淹这个俗话说的"拖油瓶"也随之改名换姓，取名朱说（音"悦"），这也是从小一直到而立之年使用的姓名，在他一生的前三十年，世间并无范仲淹。又如果没有后来那个出人头地、如同重生般的范仲淹，他可能一辈子就叫朱说。

这里为了叙述方便，我们还是以他未来的名字来指称他。

对他幼年到青少年时期的这一段生平事迹，各种史料说法不一，在时序上也显得颠倒错乱，但可以肯定的是，朱文翰并非传说中的长山富家，他和范仲淹的生父一样也只是一个辗转宦游、地位卑微、薪俸微薄的八品官儿，似乎连七品芝麻官也没有当过。范仲淹幼年也随继父宦游过一些地方。他儿时并不知道自己的身世，一个两岁便随母改嫁的孩子是不可能有任何记忆的，这让他从小就以为自己天生就是朱家子，而继父对他也视如己出。朱文翰后来辞官回家，范仲淹也随继父回到长山。从接下来的事迹看，范仲淹在朱家的日子无一不与贫寒联系在一起。相传范仲淹六七岁时，母亲谢氏教他读书识字，家里穷得买不起笔墨纸张，只得在地上用树枝练习写字。这让范仲淹打小就养成了一种在大地上书写的习惯，倒也在穷窘中平添了一股指画江山的豪气，虽然贫穷，却不潦倒，穷得有那么一股穷棒子的骨气。到了该上学时，他又交不起学费，直到十岁时才入塾读书。据说谢氏以孟母自励，悉心教子，范仲淹则以颜回自律，读书刻苦用功。而另一种说法恰好相反，范仲淹也许可以成为圣人，谢氏却非孟母一类的圣母，而是一个很贤惠也很现实的庸常家庭妇女，她想的不是范仲淹那极渺茫的前途，而是很现实的考虑，让少年范仲淹去学些商贾技艺，赚几个铜板来贴补家用。范仲淹是历史上一个有名的孝子,他虽然很想读书,但还是按母亲的吩咐去一家店铺学徒。但他天生就不是一个商人,因为看不惯商人的虚伪奸诈,只干了一个多月就回到家中,一见母亲他就跪下了,眼泪像水一样流了下来。母亲知道儿子的心思,继父见他有志于学业,再苦再穷,也支持他读书。

尽管这一段叙述有些杂乱,却又可以肯定,范仲淹是一个天生的读书人,这是一个没有童年的孩子,一股少年老成之气,他读书之刻苦用功超过了他的年龄,也超过了常人。中国古人创造了很多读书典故,把读书搞成了最苦不堪言的一桩事,如汉代朱买臣一边砍柴一边读书,路温舒、公孙弘由于穷得买不起书,一个把借来的《尚书》抄在自己用蒲草编的席子上,一个把借来的《春秋》抄录在自己削的竹片上。还有穷得连灯也点不起的晋人车胤和孙康,一个靠萤火虫发出的光亮读书,一个则在冬夜借大雪的反光读书。他们以不同的方式为汉语创造了一个个苦难而残酷的成语,如头悬梁的孙敬、锥刺股的苏秦,而这些典故或成语据说就是范仲淹儿时从母亲那里所受的家教,他也将继往开来,以自己的苦读为汉语创造一个典故或成语。

若要解释范仲淹创造的一个成语,先得从一座山说起。离朱家五十里外有一座长白山,山顶上有一座醴泉寺。在范仲淹的人生版图上,这是他少年时代最重要的一个精神坐标。就在此山中,少年范仲淹遇到了他一生中的第一个贵人——醴泉寺住持慧通大师。据说这位高僧学问博大精深,不但满肚子佛经,而且对《易经》《左传》《战国策》《史记》和唐诗宋词以及歌赋之类也无所不通。一个酷爱读书的少年,一路翻山越岭慕名而来,拜访了这位满腹经纶的大师,而大师随意问了少年几个问题,就对这个志趣远大、谈吐不俗的少年心生好感,决定收留他在寺中读书。这正应了佛家之语"三生有幸"。

此后,范仲淹便时常爬上山顶的醴泉寺去读书,天黑了,就寄宿在僧舍里。长白山不是东北那座同名的名山,没有那么逼人的气势,却有一种曲径通幽的空灵,有流水清韵,有白云苍狗。一个人在众声喧哗中往这里一走,心里猛地清静了。有的地方天生就是让人清静的,这山中生长出来的一切都是有灵气的。一个少年选择在这里读书,仿佛一个天生的读书人,来到了一个天生适合读书的地方。

慧通大师不仅对范仲淹的学业给予悉心的指教,在生活上也悉心关照他。一个俗家子弟被大师如是眷顾,这让一些小和尚看着心里酸溜溜,每当范仲淹静心读书时,他们便故意吵吵嚷嚷,还故意捉弄这个少年。范仲淹初来寺院时,从家里带了一些粮米在寺院里搭伙,随寺院用膳的钟声与僧人们一道用餐,但他时常读得废寝忘食,有时两耳不闻钟声,这些僧人也不叫他吃饭,等到饭后,这些小和尚又故意敲响了"饭后钟"。眼看着一座寺院也不得安宁了,范仲淹又找到一个僻静的山洞读书。范仲淹走进了一个山洞,也走进了一个接近神话的传说:有一次,他在洞中读书时,两只老鼠忽然跳进了他熬粥的锅里,冲着他张牙舞爪吱吱叫唤,他抬头一看,是一白一黄两只小老鼠。范仲淹也没太在意,挥袖撵走老鼠,这两只小老鼠的神情却怪异得很,它们一边逃,还一边连连回头冲他摇头摆尾。他很惊奇,甚至有些悲愤,难道这两只小老鼠也像那些小和尚一样来捉弄他?他追着那两只小老鼠,直追到了一篷荆棘下,两只小老鼠嗖地一下,像两道一黄一白的光芒一样钻进洞子里去了。他扒开刺丛,看到了两个被荆棘掩盖了的鼠洞,一东一西,一个闪着金黄的光芒,一个闪着银亮的光芒。这让他一个少年更加好奇了,他刨开鼠洞,一个鼠洞底下竟埋藏着一窖黄金,另一个鼠洞里则埋藏着一窖白银。范仲淹瞪大眼睛看了半天,眼珠子也迸射出黄金与白银的光芒。他以为这是幻觉,但手里摸着的,却又是真金白银。当幻觉不再是幻觉,一个少年也变得清醒了、平静了,他把这两窖金银重新埋好,又钻进山洞去继续读书,好像什么事情也没有发生过。

如果这是幻觉,那也是历史的幻觉,而中国式的历史故事,绝不会这样草草收场,这还只是范仲淹少年时代埋下的一个伏笔,而真相至少还要等三十年后才得以揭示。三十年后,范仲淹已是镇守西部边陲延州的一位将领。一天,有几个僧人忽然带着慧通大师的亲笔信来找他,原来,长白山醴泉寺遭了火灾,垂垂老矣的慧通大师,不忍一座古寺毁在自己手中，便派人来向范仲淹求援。范仲淹款待了几位僧人，却只字不提捐资重修寺庙的事。几位僧人临走时，他修书一封并赠送了两包上好的茶叶捎给慧通大师。几位僧人天遥地远地回到山中，众僧听说范仲淹没捐一文钱，就捎了两包茶叶来打发对他恩重如山的慧通大师，对范仲淹骂声一片，醴泉寺当年简直是养了一只白眼狼！但慧通大师觉得范仲淹不该是这样一个忘恩负义的人，他仔细地看了范仲淹的信，那是一首五言诗："荆东一池金，荆西一池银，一半修寺院，一半济僧人。"慧通大师捻须一笑，马上就带人去那山洞旁边的荆棘丛，从东边掘出了一坛金子，又从西边掘出了一坛银子。按范仲淹的吩咐，慧通大师用一半金银重修了醴泉寺，又用一半金银来安顿众僧的生活。这是范仲淹在此山中留下的第一个故事，一个在山东淄州长白山家喻户晓传诵至今的故事——"窖金苦读"或"窖金捐僧"。而这样一个接近神话的故事，已经不是为了凸显范仲淹少年时代的苦读，而是为了他像白银一样纯洁的品质和像金子一样高贵的心灵。

一个少年，在长白山醴泉寺留下的当然不只是这样一个故事，还有一个更经典的典故，将成为汉语词典中的一个成语。前文说过，他初来山上时是自己带着伙食来和僧人搭伙，但由于他时常读得废寝忘食，误了吃饭的时间，而当好心的僧人给他送饭来时，他又过意不去，不愿意给僧人添麻烦。于是，他每晚睡前，先给自己煮一碗粥，等到第二天清早起来，锅里的米粥都凉透了，凝固得像冻豆腐一样了，他就像切豆腐一样，画上一个十字，把一碗粥划分为四块，一日早晚两餐，这便是一个成语的一半来历——划粥；而这成语的另一半则是"断齑"，为了给自己找点下饭菜，他白天去山洞读书时，顺便拔几种野菜回来，切成细碎末，调拌点儿醋汁，以此来咽饭佐餐，这就有了这个成语的另一半。这就是少年范仲淹创造的一个完整的成语——"划粥断齑"的由来。

说句实诚话，对这两个至今依然在民间流传的故事我从来就不大相信，中国人的历史，估计有一半是用神话和民间传说来书写的。但少年范仲淹在醴泉寺苦读三年，我相信是真实的。宋朝是一个祥瑞频降的王朝，有太多的神童降生，但范仲淹绝不是神童，而是一个苦读出来的山里娃。这也是他一生中载入史册的第一件事，也是后世津津乐道的一件事，我无法割舍，一旦舍弃，一个弄丢了姓名的少年就更接近历史的虚构了。

三年之后，在一个后世已经无法确定的日子，一个叫朱说的少年离开了醴泉寺，也离开了长山朱家，这在他的年谱里都能找到清晰的记载：他十五岁时在长山就小有名气了，被举为学究，为礼部贡举十科之一。在他之前，北宋第一名相赵普也是"山东学究"。当时，长山有一位告老还乡的右谏议大夫姜遵，对这十五岁的少年学究相当看好，并说出了一句载入史册的预言："他日中不惟显官，当立盛名于世。"而范仲淹之所以离开朱家，据说是受了刺激，一个偶然机会，让他知道了自己身世的秘密，他第一次知道了自己是谁。当一种暧昧的身份忽然变得清晰，这让一个少年充满了惊愕与惶惑，而他一生中决绝的性格也第一次以决绝的方式表现出来了。此时他的继父已经去世，他跪谢了母亲养育之恩，从此离开朱家，一手拿笔，一手仗剑，只身一人，去那苍茫世间寻找自己的未来。——这已是一个接近古典游侠的形象，却也是一个接近历史真相的形象，北宋初年的士人还颇有唐人之风，也时常会有如唐人李白和杜甫一样的任侠与壮游。据比较可信的历史记载，范仲淹在入读应天府书院之前，也曾有过至少两次游学的经历，他青年时代的形象也颇有几分游侠的派头。

在范仲淹八九岁时，宋太宗已经驾崩，北宋的历史进入了第三代皇帝宋真宗的时代。宋真宗既非太宗长子，也非皇后所生，原本是没有资格继承皇位的，当大哥赵元佐因皇叔赵廷美"阴谋篡权"被太宗逼死而发疯、二哥赵元僖暴死之后，他才有幸成为太子。太宗驾崩后，真宗又遭遇了一场由太监王继恩和太后共同谋划的宫廷政变，幸得有左丞相吕端及时相救，他才得以按部就班地登基。这个天性儒雅而柔弱的真宗，既是一个守成之主，也让大宋王朝从开国的阳刚进一步向着阴柔渗透，给汉民族文化营造了另一种风格。事实上在太宗的晚年就对"虚静恬淡，寂寞无为者，天地之平而道德至"的道家之学颇为心仪,牙齿掉光了,舌头还在(证明柔胜于刚)。庄子及以后的道家代表人物更主张要以"心斋""坐忘",达到"形如槁木,心如死灰",相信可以凭借"虚静恬淡,寂寞无为者,天地之平而道德至"。而宋真宗在位时,更热衷于祥瑞之事,东封泰山,西祀汾阳,从太宗的"太平兴国"到宋真宗朝的粉饰太平,以至有后世史家断定,宋真宗终其一朝,一直到死,"他都把这类自欺欺人的举措视作维系其政权命运的纽带"。

宋真宗大中祥符四年(1011年),应该是范仲淹一生中最重要的年份之一,这年他已二十三岁,正式入读应天书院。应天书院又名睢阳书院,其前身为五代后晋时创办的南都学舍。范仲淹入学时,应天书院刚刚脱胎于民间书院,成为应天府的官学,为当时的一流学府。

一个寒门士子能够入读这样一流的高等学府,既有名师请教,又有学子之间的相互砥砺与切磋,还有浩瀚的藏书,并且是免费就读,这让一个穷书生一下几乎摆脱了所有的经济困境。范仲淹在应天府书院"昼夜苦读,五年未尝解衣就枕"。而他的日子就过得更苦了,这书院虽说免费入学,但伙食似乎还得自行解决,范仲淹既以"决欲自立门户"的决绝而断绝了家里的一切供给,便只能"以水沃面,食不继,至以糜粥继之,人不能堪,仲淹不苦也"。他的一个同学有点看不过去了,有了好吃的也分给他一点,他竟一口不尝,听任那美味佳肴发霉长毛。这也太不近人情了,那公子哥们怪罪起来了,觉得他太没有人味儿了。范仲淹长揖致谢说:"我已安于划粥断齑的生活,担心享受了一顿美餐,日后就咽不下粥和咸菜了。"他这样说,倒也是实情,你也觉得很合乎人情,一个人受穷,谁也不可能餐餐给他美食,偶尔尝到了一两回甜头,漫长的苦日子还得他自己来过,那就不如干脆一日两顿稀粥就咸菜地苦苦熬着。有人说范仲淹为颜回转世,他这清苦的生活还真像那个孔子的贤徒颜回:"贤哉回也!一箪食,一瓢饮,在陋巷,人不堪其忧,回也不改其乐。"如果孔子在世,范仲淹做了他的门徒,孔夫子也一定会赞叹一声:"贤哉希文也!"

后世毛润之在湖南一师求学期间,尝以"范公齑粥自爨"激励自己,并在其《讲堂录》中打心眼里赞佩范仲淹:"中国历史上不乏建功立业的人，也不乏以思想品德影响后世的人。前者如诸葛亮、范仲淹，后者如孔孟等人。但二者兼有，即办事兼传教之人，历史上只有两位，即宋代的范仲淹与清代的曾国藩。"

天底下，像范仲淹这种夜以继日、连岁苦读的穷书生，也不是没有，但像他这样豁达、乐观又非常洒脱的还真是鲜见，而他在苦读岁月中一直都保持闻鸡起舞的习惯，每日凌晨起来都坚持舞剑，这也让他没有成为一个骨瘦如柴、一脸菜青色的穷书生形象，他有着一个和强健的心志一样强健的体魄。范仲淹在应天府书院的系统学习，让他对《诗经》《尚书》《易经》《礼记》《春秋》等儒家经典融会贯通，但他也不是一个埋首于四书五经的儒生，也时常以诗词抒发自己的情怀。其中有一首传世之作《睢阳学舍书怀》云："白云无赖帝乡遥，汉苑谁人奏洞箫？多难未应歌凤鸟，薄才犹可赋鹡鸰。瓢思颜子心还乐，琴遇钟君恨即销。但使斯文天未丧，涧松何必怨山苗。"古人讲究诗言志，诗有时候甚至是比历史更真实的文字，我深信这是范仲淹当时真实生活和逼真心境的写照。

大约在范仲淹入读应天府书院的第三个年头，大中祥符七年（1014年），那个对道教充满了虔诚崇拜的宋真宗，率文武百官到亳州去朝拜太清宫，这其中便有一个十四岁就赐同进士出身的神童晏殊。在范仲淹与晏殊的一生中，将有如同天生缘分一般的交集，不过此时，他们还无缘相见，就是有缘相见也无缘相识。同在人生仕途上有着神奇天命的晏殊相比，范仲淹命定只能通过寒窗苦读而一步一步地走过他的科考之路。当皇家的车马从应天府书院门口迤逦而过时，满院学子几乎是倾巢而出，唯恐错过了一睹天颜的机会，而范仲淹依旧沉浸于书卷中。

有个同学跑过来拉他："快去看哪，这是个千载难逢的机会，千万不要错过！"

范仲淹只淡定地说了一句："将来再见也不晚！"

这随口说出的一句话，在第二年就应验了，大中祥符八年（1015年）春闱，范仲淹登进士榜，在崇政殿参加御试时，他第一次觐见了年近天命的真宗，也正式成为天子门生。一个穷书生熬过了二十多年"划粥断齑"的生活后,终于享受到了天子御赐的盛筵。除了天子赐筵,当时的进士还要戴着花朵、骑着傲岸而又炫耀的骏马,在京师早春二月的花丛中游街,一路上还有鼓乐伴奏,让芸芸众生一睹天子门生的风采。所谓"洞房花烛夜、金榜题名时",那一切的光荣与辉煌,就在这一路上展示了。同那些天之骄子的同年相比,范仲淹却没有丝毫的自得,此时他已二十七岁,老大不小了。其实,像他这样的年岁中进士还是相当年轻的,但比起身旁的滕子京等人,他觉得自己仿佛已历尽沧桑。

但不管怎样,多少年的寒窗苦读让他终于熬出头了,从今往后,他就要从一个士人一变而为一个士大夫,步入仕途。但他与应天书院的缘分才告一段落,这所书院对于他不只是永远的母校,还将在他手中再创辉煌。这是后话,至少还要再等十一年。

二、有客狂且淳,少小爱功名

范仲淹步入仕途的第一个官职,是广德军司理参军。这是进士入仕的第一级台阶,也是最低的品级——从九品。就从这地位卑微的官职开始,范仲淹由此迈进了他长达四十年的宦海生涯,一次次浮起来,又一次次沉下去……

广德军离淄州长山不算太远,范仲淹特意回了一趟长山,拜谢朱氏长辈和父老乡亲,多谢他们对自己少年时的关照之恩,又对朱氏诸兄弟作了一番安排后,便将母亲接到广德奉养。广德虽是个小地方,也有一处风景名胜——太极洞。范仲淹游览之后,题写了"跫然岩",署名为"宋进士朱说"。这是一个历史证据,遗迹至今仍保存完好,题于大中祥符九年(1016年)冬,这就是说,在范仲淹二十七八岁时,他还没有找回自己真正的姓名,但他很想找到一个更真实的自己。

第二年,宋真宗天禧元年(1017年),范仲淹迁文林郎,改集庆军节度推官,依然是一个没有什么实权的八品官。按男虚三岁的算法,此时他已至而立之年,这让他决意复姓更名,作为范氏的一支血脉自立门户。但复姓改名还挺不容易的,一要他母亲应允,还要奏请朝廷批准，他虽地位卑微，却也是进士身份、朝廷命官。他在请求复姓更名的奏表中慎终追远，一直上溯到范蠡、范雎等老祖宗："名非霸越，乘舟偶效于陶朱，志在投秦，入境遂称于张禄。"从这封奏表透出了他的另一番心机，借此机会向朝廷表明自己的心志，这也是一个能获得朝廷赏识的机会。但这个目的显然没有吹糠见米的效果，不过第一个直接的目的得到了朝廷批准，从这年开始，进士朱说正式更名为范仲淹，字希文。这将是他接下来要使用一生、一直带到棺材里的姓名。

从朱说变成范仲淹，如同重生了一次，但这个名字一开始也没有给他带来好运，他的仕途依然未有明显的转机。一个青年官员，在迈入仕途后的第一阶段，处在一个充满了激情与活力的阶段，有很多新鲜的想法，也有很多建功立业的抱负，都急于向外界表现自己，以图得到上司的赏识。这也是范仲淹步入仕途后的第一心态，他既拥有全身心的入世情怀，也有着出人头地的强烈渴望。他曾在一首诗中毫不掩饰地直抒自己对功名的追求："有客狂且淳，少小爱功名。"但从入仕的最初几年看，无论他怎样表现自己，他一直只在从九品、从八品的卑微仕途上蹉跎辗转。官场是人才济济的地方，也是竞争最激烈的职场，又有那么多的规则和潜规则，多少士人穷其一生，最终也就能当上一个七品芝麻官，甚至连个正儿八经的七品芝麻官也混不上，而这些在官场最没有出息的人中，也不乏栋梁之材，却不知有多少人被埋没了。譬如他姓范的父亲范墉，又譬如他姓朱的父亲朱文翰，也都是兢兢业业、鞠躬尽瘁的好官，一辈子也就在八品官上辗转，一个是死而后已，一个是归去来兮。人道是，只要是金子总会发光，这不过是对失意者、失败者的一种精神慰藉而已，那深埋于泥沙之中的金子，有的可能永远处在埋没的状态。

范仲淹绝对不想成为他生父和继父那样的官，作为一个苦读出来的山里娃，范仲淹几乎有一种本能，看到一个高点儿的地方就想往上爬。在辗转了六个年头后，三十出头的范仲淹终于又接到了一纸调令，他被调往今泰州海陵西溪镇，任盐仓监官，依然是一个八品的小官，依然看不到他的仕途有什么转机。盐仓监官，掌管盐税，一说是负责监督淮盐贮运和转销，宋朝的财政收入很大一部分就来自盐税，官不在高，但也实惠。而这样的一种监官，可闲可忙，若是不想惹太多的事，完全可以清闲自在地享受生活。但范仲淹注定不是这种人，一心只想为国家、为老百姓干点实事，走到哪里都闲不住。他很快就发现，这一带海堤年久失修，每当潮汐涌来，或遇台风，他监管的盐场就失去了屏障，而更悲惨的是沿海一带的老百姓，农田民宅一次又一次地遭受海潮的侵袭，每年都不知有多少老百姓连同他们的生命一起被海浪卷走。而遇到大风、大潮，海水一直漫延到泰州城下。这是多年来遗留的问题，也是一个盐仓监官的分外事，多少年来都没人来管这种闲事，但在范仲淹眼里这绝非闲事，而是对老百姓生死攸关的大事，他不能眼睁睁地看着不管。思来想去，他决定给江淮漕运司张纶上书，痛陈海堤利害，建议在通州、泰州、楚州、海州沿海重修一道坚固的捍海堤堰。

对于那些钻研官场门道的人来说，范仲淹此举还真是一个值得好好钻研和借鉴的为官之道。他一直在没有机会的情境下为自己创造机会，而且给后世官员创造了一个经典案例。

事实上，这已不是范仲淹第一次上书了，在宋真宗乾兴元年（1022年），范仲淹就上书言政，提出了一系列革故鼎新的主张，但他没有等到真宗的回信，等来的却是真宗驾崩的死讯。宋真宗就是在他刚刚缔造的又一个新年号里死去的。但范仲淹没有气馁，该上书还是上书。而这次他给张纶上书可谓上策中的上策，只谈问题，实实在在的具体问题，根本不谈那些什么大政方针、什么宏观战略之类。你想反映什么问题，越具体，越实在，越是能得到具体而实在的结果。那么这次的结果又如何呢？

这一次，他没有等待太久，一个结果就出来了。他没看走眼，张纶还真是一个干实事的官员，很快就将他信中的内容奏报朝廷，很快又得到了朝廷的批准。既是朝廷批准的工程，那就是国家工程了。谁能担任这个国家工程的指挥长，又是一次绝好的机遇了。而在一般的情况下，解铃还须系铃人，果不其然，张纶又奏请调范仲淹为兴化县令，主持这一修堤治堰的国家工程了。设想一下，如果他不主动创造这样一个机会,如果不是主动给张纶上书言事,他在八九品的官位上不知还要蹉跎多少时日。这里且不说他的主观意图,至少客观效果是这样。一封信,让他从一个八品盐仓监官一跃而为七品县令,这也是官员上升的一级关键台阶。当然,若同他的前辈寇准相比,范仲淹迈上这一级台阶至少晚了十年。寇准在他这样的岁数,已是位极人臣的宰相,但像寇准这样少年得志的官员毕竟是凤毛麟角。

一个人善于捕捉机会、创造机会还不行,机会一旦到手,还要特别善于把握,把效果进一步放大,接下来就看他如何把握、如何进一步放大这个机会了。

捍海堤堰工程开工时,已是宋仁宗天圣二年(1024年)深秋,范仲淹像一个统领千军万马的将军,率领来自四州的数万民夫,浩浩荡荡地奔赴黄海之滨。但开工不久,就遭遇了一场铺天盖地的暴风雪,紧接着又是一场席卷而来的大海潮,一百多个民工被海潮卷走。一开工接二连三发生灾难,老天爷似乎要和人类对着干,有些官员还真是这么想的,认为这是天意,人类不可逆天而行,主张彻底停工,甚至要求干脆取消这一工程。这是朝廷批准的工程,必须请示朝廷,而这道捍海堤堰到底修不修,朝臣们也一时踌躇不定。而范仲淹态度坚决,越是有这样的灾难发生,越是表明这一工程的紧迫,如果没有一道大堤来阻挡大风大浪,每年不知道有多少无辜的生命被大海吞噬。当风浪又一次卷来,很多人惊恐万状,纷纷躲开,但范仲淹坚守护堰上,大风卷着汹涌的浪涛冲到他身上,他却像当年读书时一样平静。而当时,他的同年好友滕子京也站在他身边,两个士人在大风大浪面前都是一副泰然自若的神情,这让工地上的人也渐渐平静下来了。当一道绵延数百里的捍海堤堰终于修起来后,再也没有谁认为这是一个逆天的工程。海风依旧,海潮依旧,但方圆数千里之内,很少再有被大海卷走的生命,也没有在灾难中流亡的老百姓,很多浪迹天涯的流民又扶老携幼地回来了。这道捍海堤堰,被当地百姓叫作范公堤。这不算稀奇,稀奇的是,兴化县的不少灾民,竟跟着他姓了范。

范公堤竣工时,范仲淹刚好三十六岁,这是人生的一个坎,他就这样迈过去了，而一个人到中年的县令，看着这用坚实的土石方堆砌起来的政绩，他终于有了几分自豪，甚至还有了几分对自己的现状还不满足的野心。这是一个用诗来写自传与心史的诗人，他毫不掩饰地直陈自己对功名的追求，也毫不隐晦自己对现状的不满——"风尘三十六，未做万人英"。透过他这些坦白的诗句，你能感觉到他的率真与敦厚。一个城府很深的官员，是不会写出这样的诗句的。在他三十六岁前后，才结婚生子。他的仕途与人生，似乎都开始变得一帆风顺。紧接着，他又在仕途上迈出了很关键的一步，被任命为大理寺丞。从品位上看，这只是一个和县令差不多大小的官职，但他由此而跨入了京官的行列，登上了一个更高的政治平台。

然而，不幸得很，就在他雄心勃勃地跨出这一步时，一个噩耗传来，他母亲谢氏病逝了。

这对于一个正走上坡路的士人，是亲情与仕途的双重打击。说到这里又必须交代一下，对于一生拥有许多故乡又莫衷一是的范仲淹，他最重要的一个故乡其实就是他的母校应天书院所在地商丘。这里不只是他精神上的故乡，在中了进士六年后，范仲淹在商丘安家了。他在商丘娶妻生子，也把母亲接到商丘奉养。而今，他母亲也是在商丘病逝的，范仲淹不得不回到河南商丘，去熬过为期三年的丁忧守制。

不过，这段守制的时间范仲淹没有白过，在告别母校十一年后，此时的商丘早已从应天府升格为南京，但应天书院还叫应天书院。而在他归来之前，另一个与他一生的命运有密切交集的士人已经提前来到了这里。这个人就是晏殊。

三、范仲淹与应天书院

范仲淹第二次走进应天书院，与晏殊有直接关系。然而，这里又有一个必先搞清楚的疑问，范仲淹与晏殊到底是什么关系？

在元人脱脱的《宋史》里，称比晏殊年长两岁的范仲淹出于晏殊门下，所谓门下，或为门客，或为门生，而后世更有人称晏殊为范仲淹的恩师，这是一派胡言。细看历史，范仲淹既非晏殊的门客，更非晏殊的门生，他与晏殊可谓相见恨晚，从其留下的诗文记录中，他们初次见面当在天圣三年（1025年），晏殊"因论事忤太后旨"贬知宣州（今安徽宣城）。这也是少年得志、一路青云的晏殊在仕途上的第一次被贬。在被贬之初，晏殊自然也有一个贬官的低落情绪，但这样的情绪也如烟似云般很快就过去了，这也是他从十四岁登科入仕后第一次担任地方官，他也很想干点实实在在的事，以造福一方，譬如说兴修水利、修路架桥，这其实也是每个地方官都会干的事情，一座作为地名而留下来的晏公桥，便是他当年"修举废坠"的政绩之一。但他热衷的事业还是办学。对此，《宋史》晏殊本传给了他一个开创历史的评价："自五代以来，天下学校废，兴学自殊始。"

为了振兴处于低迷状态的州学，晏殊四处延揽各方贤士，他把目光投向了范仲淹。但范仲淹此时也是朝廷命官，绝不可能做他的门客，不过，这两人在宣州还真有一段交集。这段时间，范仲淹以兴化令主持兴修的捍海堤堰工程已大功告成，他或在等待新的任命，或已接到了迁为大理寺丞诏命。总之，在这新旧交接的过程中，他还算有些余暇，在接到晏殊的邀请后，便来到了宣州，从兴化到宣州也不算远。晏殊在鳌峰东峰亭为范仲淹接风洗尘，而晏殊也是一个极善享受生活的主儿，"每有佳客必留"，"亦必以歌乐相佐"。而那也是一个值得享受的季节，适逢金秋，金子般的阳光映照着层林尽染的红叶，两位士人在美人的歌乐之中把酒吟诗，把那销魂的时光从阳光下一直延伸到月华之下，直到月游中天，依然意犹未尽。但他们也不可能每天这样在诗酒中享受美好的时光，这次晏殊邀请范仲淹来，是要开坛讲学。是时，晏殊早已是名扬天下的神童加才子，范仲淹虽不是晏殊一类的神童，但他此时的学问与诗文也正为人瞩目，要不晏殊也不会特意邀请他来宣州讲学。

晏殊被贬宣州数月之后，便迁为南京留守。南京的显赫政治地位，自非宣州可比；而南京的应天书院，更是宣州府学难望其项背的。晏殊主政南京，也把打造应天书院作为重中之重，先奏请将应天书院升为府学，此举开北宋官办府学的先例。此时的应天书院已是国中一流名校，来这里求学的学子也越来越多，其现有规模远远赶不上学子的需求。为了把应天书院推向一个更高的境界，晏殊一边筹措资金，增辟学舍，扩大规模，在硬件建设的同时，他更重视软实力，像在宣州一样，四处延揽名师，而最迫切的是要物色一位年富力强又学富五车的大学者，来执掌应天书院的教务。他和范仲淹还真是有缘，恰在此时，范仲淹回南京为母亲丁忧，而按当时的规定，范仲淹至少也将在南京服丧三年，若范仲淹能应承此事，至少能为应天书院执掌三年教务，而这纯粹是尽义务、做义工，一个朝廷命官在丁忧守制期间襄助地方，也是朝廷允许和鼓励的义举。

对晏殊的恳请，范仲淹义不容辞地应承了。他一生唯一的专业教学生涯，也就是执掌应天书院教务的这段时间。

中国从不缺少教书匠，最缺的就是教育家。很多教书匠也是满腹经纶，但肚子里的学问是死的，教书也是死死板板地教，教了还要死记硬背，教给学生的学问也是死的，只有知识没有灵魂，只有书袋没有思想，培养了一代代死搬硬套的书呆子、腐儒。而教育家首先当是思想家。范仲淹是历史公认的思想家和政治家，却是一个被忽视了的教育家。史称晏殊"自五代以来，天下学校废，兴学自殊始"，但若正视历史的事实，自五代以来在中国教育史上起到了轴心作用的实际上是范仲淹。

范仲淹执掌应天书院教务，先确立了新校训。应天书院的校训还是他师祖戚同文当年为南都学舍确立的："天下同文。"这与戚同文对自己的命名如出一辙，因"思见天下统一，遂以同文为名"，也因思见天下统一，遂以"天下同文"为校训。如今天下统一已久，这个校训显然有些过时了，范仲淹汲取师祖"天下"的题中之义，将校训改为"以天下为己任"。他为"天下"也为一个文治盛世确立了价值坐标，他又以此为轴心制定了明确的教育目标："通《易》之神明，得《诗》之风化，洞《春秋》褒贬之法，达《礼》《乐》制作之情，善言二帝三王之书，博涉九流百家之说者，盖互有人焉。若夫廊庙其器，有忧天下之心，进可为卿大夫者；天人其学，能乐古人之道，退可为乡先生者，亦不无矣。"这既为书院确立了精英型人才和普通型人才的培养目标，又为学子提供了清醒而透彻的人生观。

实际上这也是范仲淹日后提出"先天下之忧而忧,后天下之乐而乐"的雏形，无论居庙堂之高，还是处江湖之远，都必须有这样的忧乐情怀。为了达成这一教育目标，他又提出"明体之学"，强调德才兼备、德行并重，由此推动了书院学风从对功名的追求向经世致用转变。

范仲淹是一位严师，他"常宿学中，读书寝室皆立时刻。夜课诸生，往往潜至斋词之。见有先寝者诘之"，对那些不上晚自习、没到就寝时间就提前睡觉的学子，他都要查明原因，"不能对，罚之"；但他更是一位慈师、恩师，他执掌应天书院教务后，很多四处游学的穷书生都慕名而来，投奔范仲淹。范仲淹既要为他们传道授业，有时还要用自己的俸禄来招待那些连饭也混不上的穷书生，"尝推其俸以食四方游士"。那些穷书生走进他房间里时，一个个穿得像叫花子一样，出来时，一个个就像换了一个人，所谓"诸子至，易衣而出"。

有个游学的孙秀才，一身破衣烂衫，穷得跟乞讨的叫花子差不多，他也确实是一边游学一边乞讨，北宋时代像这样四处游学的穷书生还真不少。范仲淹看着他实在可怜，在回答了他请教的问题后，又送给他一千文钱。过了一年，这位穷秀才又来拜访他，范仲淹一如既往，请他吃了饭，又送了他一千文钱。不过，这次，他问了孙秀才一个问题，问他这样到处游学乞讨，为何不坐下来静心读书呢？孙秀才满腹的辛酸一下被触动了，哽咽着告诉了范仲淹实情:他游学是为了多长点见识，乞讨则是为了奉养老母。说到他的要求，其实很低，每天若有一百文的固定收入，他觉得就足够了，他也就不必这样浪迹江湖、游学乞讨了。范仲淹一边听他诉说，一边留神他悲戚的神情，看样子不像是装的。他把孙秀才挽留下来，给他在府学里找了个月薪三千文的差事，既让孙秀才有钱赡养母亲，又能在府学里安心读书。从此，这位孙秀才一边在书院里当差，一边跟着范仲淹攻读《春秋》。等到范仲淹丁忧服满离开府学时，孙秀才也辞去了差事，回老家去了。十年之后，朝野上下都传诵着一位"德高天下"的大儒，在泰山开坛讲学，连山东名儒石介也是这位孙先生的弟子,连仁宗皇帝还请他到皇宫去讲授《春秋》,而这位孙先生不是别人,正是范仲淹当年扶持栽培的那位孙秀才——孙复。

这样一个人,这样一件事,也让范仲淹感慨不已,对于读书人,贫困实在是一种可怕的灾难,如果孙复一直游学乞讨到老,这样一个不可多得的人才很可能就湮没沉沦了。

范仲淹又岂止是扶持栽培过一个落魄潦倒的孙秀才。又如张方平,也是一个聪敏绝顶的少年,由于家境贫寒,他买不起书,就向别人借"三史"读,十来天归还,而在归还时他已经熟读了。如果不知"三史"为何物,也许不知他是怎样的一个天下奇才。"三史"指《史记》《汉书》《东观汉记》(《后汉书》问世后,取代了《东观汉记》)。这样的史著,每一部都是卷帙浩繁的大部头,他居然十来天就熟读了,更神奇的是,他读书只看一遍,不读第二遍。清代四库馆臣称:"方平颖悟于书,一览不忘,善为文,数千言立就。"张方平是应天书院讲师稽颖的外甥,他在书院受到范仲淹关照和培养,范仲淹是他一生最尊敬的老师。张方平入仕后,从西域御夏到庆历改革,一直追随范仲淹左右。张方平在《上河中同理范学士书》中说出了当时士林对范仲淹高山仰止般的推崇:"始者,学士(范仲淹)执亲之丧于南都,暇日以道义教徒于乡之庠,诱人乐善,孜孜不足。经术兴于南郡,士林归乎北海,仰慕高义,心用激发。"张方平把范公比之于孔融(人称孔北海),实不是高攀而是低估了。而张方平又是眉山三苏(苏洵、苏轼、苏辙)的大恩公,他主政西蜀时发现了三苏,并向朝廷极力推荐。苏轼也把张方平视为自己一生最尊敬的老师。如此一来,范仲淹和苏轼也算隔代的师承关系。可惜,苏轼出道时,范仲淹已经辞世,苏轼为一生因未见到过老师的老师而遗憾,尝谓"恨子不识范文正公","若获挂名其文字中,以自托于门下士之末,岂非畴昔之愿也哉?"苏轼既以挂名于范仲淹"门下士之末"为最大心愿,可见他在内心里对范仲淹有多么尊敬。

在执掌应天书院教务之后,无论是在朝为官,还是辗转于各地宦途,范仲淹都把兴教办学放在首位。他还曾"判国子监事",执掌中央官学,出自他门下的贤士数不胜数。就在他执掌应天书院教务的第二年，他的学生王尧臣中状元、赵槩摘探花，这两人后来都是范仲淹推行庆历新政的支持者，王尧臣后来官拜宰相，赵槩也拜为参知政事。而从他门下走出来的出将入相者，如富弼、张方平、文彦博、狄青、种世衡、王安石，或拜相，或任枢密使，都跻身于朝廷干臣之列；还有孙复、石介、李觏、张载、胡瑗等大儒和贾黯、彭如砺等状元。

朱熹在《三朝名臣言行录》中称："文正公门下多延贤士，如胡瑗、石介、李觏之徒，与公从游。"宋初三先生孙复、石介、胡瑗均以范门为师，他们对范仲淹的推崇备至，不仅在人品政绩，也在经术学问。范仲淹宗经但不守旧注的学术新路子，而欧阳修、王安石、曾巩和北宋五子之一的张载等，都直接或间接地师承范仲淹。

范仲淹不但造就了大量政界与学界的精英，还有以应天书院为平台，直接开启了宋学。

宋学，又称理学、道学、新儒学，以中晚唐的儒学复兴为前导，由韩愈等人将儒学思想由外转而向内，援佛道以证儒理。入宋，又通过以程朱理学为代表的多方共同努力而创建的中国古代思想文化学术史上最为精致、最为完备的理论体系，堪称先秦诸子百家以来中国历史上出现的第二个思想与学术高峰，而范仲淹则是上承儒道墨法、下启程朱理学的宋学开山祖师。他以应天书院为平台，以独树一帜的睢阳学案，直接开启了北宋理学思潮，奠定了宋代学术基础。

这一方面不能忽视其时代背景，宋学从开启到巍然兴盛，处于一个天下太平的文治盛世，历代王朝从来没有像赵宋这样拥有文化自信，这也是中国历史上唯一一个以宽松的政治环境为思想学术松绑的王朝；另一方面，也不能忽视当地的文化渊源。商丘为商代文明的发源地，在春秋战国时代，既有诸侯竞霸争雄的角逐，也有先秦诸子在百家争鸣中逐渐崛起的各大学派，而在儒、道、墨、法四大学派中，道、墨、儒三家的故里均在以商丘为轴心、半径一百公里之内的一个文化圈内，道祖老聃的故里鹿邑太清宫距此六十公里；道宗庄周的故里蒙墙寺距商丘仅二十余公里；墨子为宋国人，孔子的先代也是宋国人，而春秋时代的宋国也就是后来的宋州。而以商丘为轴心而形成的商宋文化、汉梁文化、曹魏文化、运河文化,在碰撞、交融、传承中,蕴积出了博大精深的文化底蕴与氛围,这对范仲淹学术思想既有潜移默化的影响,也有自觉的传承和化合。他在《南京书院题名记》中以"九河我吞,百谷我尊""博涉百家九流之说"的博大襟怀,对儒、道、墨、法诸子百家之学兼收并蓄,汲取儒家的"仁者爱人"、道家的"道法自然"、墨家的"兼爱""非攻""摩顶放踵利天下而为之",提炼出了"君以民为体""用天下心为心""政在顺民心"等直接转化为经世致用的学术思想,这就是他对宋学的开创性贡献。国学大师钱穆将"宋学精神"归纳为"革新政令""创通经义"两端,这也正是范仲淹的"宋学精神",而"精神之所寄则在书院",而应天书院也正是范仲淹的精神之所寄和学术平台。

对范仲淹之于宋学的开山祖地位,宋学的代表人物是高度认可的,朱熹将范仲淹置于宋初三先生、北宋五子之首,这就是说,范仲淹不但是宋学的宗师级的人物,而且是宗师级人物的宗师。在其理学史著《伊洛渊源录》中,朱熹还明确指出"本朝导学之盛……亦有其渐,自范文正以来已有好议论",明代思想先驱李贽在《初潭集》更是称范仲淹为"北宋前期收拾儒门、复兴儒学的第一人"。钱穆先生在《中国近三百年学术史》中对范仲淹在北宋理学的开启地位也给予了确凿无疑的定论:"盖自朝廷之有高平(范仲淹),学校之有安定,而宋学规模遂建。后人以陈陉为宋学开山,或乃上推之于陈抟,皆非宋儒渊源之真也。"他指出了宋学的两大精神源头,一为儒宗,一为道宗。而在儒宗上,范仲淹无论是"革新政令""创通经义""书院讲学"三端,无不开风气之先。

对于范仲淹,执教应天书院只是一段人生插曲,他却在两年时间里把应天府书院推向了巅峰状态,"使天下庠序规由此而兴"。范仲淹在执教应天书院期间,除了在教育、思想学术上的卓越贡献,在文学上也写出了《南京书院题名记》和《上执政书》两篇代表性的政论散文,这其实也是他在政治上的贡献,他在《上执政书》中力倡政治变革,实际上是他推行庆历新政的前奏。

天圣六年（1028年）冬，范仲淹丁忧服满，这个应天书院的顶梁柱和主心骨即将告别书院，重返仕途。谁来接替他呢？晏殊寄以厚望的是与应天书院素有渊源的宋州本土人氏王洙。王洙之父王砺是戚同文老先生的门生，太平兴国五年（980年）进士。王洙之兄王渎也曾执教于应天书院。王洙本人于宋仁宗天圣二年（1024年）中进士甲科，初补庐州（今合肥）舒城县尉，因"复县民钟元杀妻不实"而罢官，归居南京，第二年入应天书院任教。就在范仲淹赴京上任时，朝廷欲调王洙赴任贺州富川县（今广西东部）主簿，这让晏殊的指望落空，而让王洙远赴偏远的岭南当一个小小的主簿，也实在是大材小用了。他与范仲淹商议之后，范仲淹写了一篇《代人奏乞王洙充南京讲书状》奏呈朝廷，这也是他的散文名篇之一，他盛赞王洙素负文藻，深明经义，词恳意切，建议朝廷授予王洙"当州职事官兼州学讲说"，被朝廷采纳，传为佳话。尔后，王洙在应天书院致力于教授生徒总共八年，直到明道二年（1033年）调往京城。由于学识渊博，教授得法，又竭心尽力，而深受生徒们敬重。欧阳修对王洙的教学艺术有一段精辟的论述，称道他讲课时"语言初如不出诸口，已而辨别条理，发其精微，听者忘倦。决疑请益，人人必得其所欲"。

话说回来。范仲淹在南京应天府学白白干了两三年义工，仔细一想却也不是白干的，天下没有免费的午餐，也从来不会有白干的事，他在不遗余力地兴教办学、扶助寒士的同时，也为自己博得了人气和美名。他既是一个热衷于追求功名的士人、士大夫，也是个很豁达、很看得开的人，看得开的是身外之物，如金银财帛之类，在他眼里这些都是尘与土，而豁达的是，他从不妄自菲薄功与名。人生在世，而且身在仕途，若连功名都看淡了，活着还有什么动力？

这么说吧，在范仲淹身上，体现了一种高贵的进取人格。他绝不是一天到晚琢磨怎么再上一个台阶，这里边有一个重要前提，有志于天下。在这个前提下，他是一个清醒的功名追求者，越是清醒，越是知道功名对于他的天下之志多么重要。他一生也干了许多看似与功名无关的事，其实也是以另一种方式在给自己创造机会。譬如说他此番尽心尽力地襄助同窗晏殊主持应天府学教务，一个直接的结果是，在他将重返仕途时，晏殊投桃报李，推荐他为秘阁校理，这是他在仕途上又一个关键性的台阶。

四、宁鸣而死，不默而生

范仲淹进入秘阁，也进入了天子的视线，而这个天子便是仁慈的宋仁宗赵祯。

此时仁宗已二十出头，却还没有亲政，朝中军政大事却全凭那个六十多岁的刘太后在幕后一手操纵。范仲淹知道太后垂帘听政，他好友晏殊当年起到关键作用，那时仁宗还是一个十三岁的孩子，情有可原，可如今皇帝已经成年，太后却依然没有还政于帝的意思。对太后擅政，让他心里堵得慌。而有一件更让范仲淹锥心的事情即将发生，他听说，在刘太后庆寿的那日，贵为天子的仁宗还要同百官一起在前殿给太后跪拜叩首。说到宋仁宗和刘太后的关系又相当复杂，她并非仁宗生母，仁宗生母为命运多舛的李宸妃，又哪怕仁宗是刘太后的亲子，也没有天子给太后跪拜磕头的道理，家礼与国礼，那是绝对不能搞混的，这对君主的尊严是极大的损害！范仲淹不顾人微言轻，执意要上书朝廷，制止这样的事情。范仲淹的举动又让那个以聪明机智而闻名的晏殊大为恐慌，他担心的不只是范仲淹的命运，而是自己的命运，毕竟范仲淹担任秘阁校理是他推荐的，如果范仲淹惹火上身，城门失火，必然会殃及他这条"池鱼"。他对范仲淹大为光火，指斥他太轻狂了、太鲁莽了。但一向敬重晏殊的范仲淹这次却寸步不让，又再上了一道奏章，从阻止仁宗皇帝给太后跪拜叩首，干脆直接向太后的最高权力挑战，请刘太后撤帘还政！结果可想而知，好在刘太后不是武则天，又好在大宋开国时就立下了不杀士大夫的誓言，一个轻狂放肆之徒才没有被杀掉，但范仲淹被逐出秘阁，直贬为河中府通判。

当范仲淹从天子出入的秘阁被逐出来，第一次踏上他一生中的放逐之路，倒也有一帮正直无畏的朝臣，一直把他送到了汴京城外，一齐举杯为他饯别:"范君此行,极为光耀啊!"

　　我也曾暗自猜测,范仲淹此番上书直谏,是否在走仕途上的一步险棋,换句话说,他是为自己眼下的仕途赌押,他此时为仁宗仗义执言,一旦仁宗亲政,自然会视他为心腹忠臣,予以重用。这样猜测,或许是以小人之心度君子之腹,还是看看接下来的历史事实吧。

　　范仲淹被贬三年后,刘太后逝世,仁宗终于得以亲政,他立马就把范仲淹召回京师,拜为右司谏。此官没有什么实权,却是拥有话语权的谏官。如是安排,也算仁宗皇帝对他的高度信任和重用了。而有了这样一个合法的身份,范仲淹也就可以更加无所畏惧地上书言事、议论朝政了。在这个位置上,范仲淹干了一件载入史册的事情:明道二年(1033年),京东和江淮一带遭遇大旱,而大旱之后必有蝗灾。范仲淹眼看灾情深重,奏请仁宗马上派人救灾,然仁宗大约是太忙了,没把这件事放在心上。一个日理万机的天子,也着实够他忙的,但范仲淹不是找机会提醒仁宗,却是不依不饶地质问仁宗:"如果宫廷之中半日停食,陛下该当如何?"仁宗一下被问住了,也一下就想到了天下百姓没有饭吃是什么后果,马上便派钦差范仲淹赶紧去救灾,赈济灾民。范仲淹回朝后,还特意带回几把野草,让天子看看,那些灾民吃的是什么,据说把一个天子看得连眼泪都流出来了,对于救灾赈济一类的事,自然不会有什么争议,无论谁统治天下,都会去做。高度敏感的,还是那些政治上的事情。范仲淹赈灾回来后不久,又卷入了一场敏感而复杂的权力斗争。当时,担任宰相的是在刘太后临朝听政时辅佐幼主仁宗的吕夷简,在此期间,他对国内外的诸多矛盾都处置得有条有理,频出上策,从而保证了权力交接的稳定和社会的安定,他也因此而为宋代名相之一。但此人既有政治智慧,也是一条随机应变的变色龙。当初,他是靠讨好刘太后上位的,太后一死,仁宗亲政,他又一百八十度的转身,开始说刘太后的坏话。反正太后已死,听不见了,听得见的只有仁宗,而他就是说给仁宗听的,以表示自己对天子的赤胆忠心。但仁宗有个相当精明的郭皇后,她最看不起的就是这种变色龙,而一个人无论如何狡诈,终究也会露出狐狸尾巴,郭皇后抓住他的狐狸尾巴后，把他狡诈而阴暗的心理一下揭穿了，他这宰相也被仁宗罢免了。但吕夷简主宰天下多年，在朝廷、宫廷中的势力盘根错节，不是一个皇帝一句话就能罢黜的，没过多久，他便通过内侍阎文应等人的斡旋，居然又重掌相印。为了巩固自己的权力，他又与阎文应等内官沆瀣一气，想借仁宗的家务纠纷废掉郭皇后。应该说，此人还真是特善于捕捉机会，此时仁宗正深陷于杨美人、尚美人编织的情网之中难以自拔，对有干预朝政之嫌的郭皇后也越来越看不惯了，已暗自决定降诏废后。眼看废后的目的就要达到，吕夷简等人在仁宗诏告天下之前恐又生变数，尤其是怕范仲淹等朝臣卷入其中，打乱他们的计划，从而又唆使仁宗明令禁止百官参与议论此事。越是明令禁止，范仲淹越是心急如焚，他深知，这绝非皇帝的私事、家事，而是国事，作为一个谏官，在该说话的时候，他绝对不能保持沉默，只能挺身而出。他也知道靠自己一个人的力量是无法阻止仁宗意志的，便与御史台官孔道辅等数人，直奔仁宗的内宫垂拱殿，求见仁宗。但宫门紧闭，无论他们怎么伏阁吁请，那深宫之中都无人理睬。司门官看着这一帮怎么也赶不走的朝臣，"砰"的一声，干脆将殿门关上了。范仲淹等人手执铜环，叩击金扉，隔着沉重的宫门大声质问："皇后被废，为何不听台谏入言？"

无论他们怎么呼喊和质问，回答他们的都只有两扇紧闭的宫门。

但一个一往无前的士人，是从来不会轻言放弃的，范仲淹和孔道辅等人商量好了，等明日早朝时，他们要当着天子的面，在大庭广众之下与宰相吕夷简争论。而后世也一直对范仲淹和吕夷简的争论充满了争议。这两位北宋名臣到底是大是大非的正义之争，还是为权力而争，又到底谁是君子谁是小人，后世一直争议到了现在，依然难有定论，预计还将继续争论下去。这里且不说后世的历史性争论，只说第二天清晨，范仲淹起了个大早，穿上朝服，戴上乌纱帽，就要匆匆出门时，夫人李氏却一把拽住了他的衣服，忧伤地看着他，再三劝他，千万不要再招事惹祸了。但此时范仲淹已如箭在弦上，哪里听得进一个妇人之言，他头也不回地奔向了帝宫，还没等到上朝的时间，就等来了他一生中第二次被贬谪的诏书。他又一次被逐出京师，谪守睦州。朝廷还生怕他赖在京师里不走，又派人赶到他家，要押他即刻离京。于是乎，汴京城门外又重演了数年前那把酒饯别的一幕，这一次来送别的人显然比上一回少了许多，却也有人举酒赞叹："范君此行，愈为光耀！"

北宋睦州，远在偏远的浙江，从京城通往浙江的漫漫路途上，范仲淹一路且行且吟，留下了这样一首诗："重父必重母，正邦先正家。一心回主意，十口向天涯！"有人不无嘲笑地形容他是不幸的屈原，"分符江外去，人笑似骚人"，他却认为自己更像"迂远而阔"的孟轲："轲意正迂阔，悠然轻万钟！"

宋仁宗不是宋太宗，范仲淹也不是寇准。当年寇准被放逐，太宗终日闷闷不乐，好像丢了魂似的，经常询问有关寇准在外边的情况，而宋仁宗好像从未问起过范仲淹被贬谪后的情况。一个贬官处于遗忘状态是比较安全的，但很可能再也没有了出头之日。好在范仲淹从来就不是一个甘于被遗忘的人，他每贬一地都会造福一方，创设府学，惠泽乡民，以卓著的政绩让朝廷对他不能不刮目相看。

景祐元年（1034年），四十五岁的范仲淹移知苏州，回到了他的故乡之一太湖。太湖既是鱼米之乡，又是洪水泛滥之地。太湖四周都是黑油油的沃土圩田，堪称"膏腴千里，国之仓庾"，但自北宋开国之后，"皇朝一统，慢于农政，水利失修，圩田、河塘大半隳废，失去大利。尤以姑苏四郊平洼，受太湖纳数郡之水过境，湖河泛滥，横没诸邑，水灾更重于其他州郡……"这是一个贬官向朝廷的陈词，他向朝廷疾呼兴修水利，"以拯民困国虚之急"！此人不只能写出千古绝唱，也写出了一篇篇关于治水的大文章，如他的《上吕相公书》《条陈江南、浙西水利》，既是中国古代水利史上的重要文献，也是在太湖治水上影响深远的古文献之一。治水如治国，春秋时代，像范仲淹一样生于贫寒之家、摄齐相四十余载的管仲一直把兴水利、除水害看作治国安邦的根本大计，治水与治国在中国历代都是高度统一的。诚如空谈误国一样，治水也是非常实在的一件事。范仲淹在治水上和在文学上一样充满了天赋，他所论及问题皆从实际出发又特别务实，这与他脚踏实地的勘察有关。初到任时，对如何治水，他心里还没有谱："初未甚晓，惑于群说。"

为了察看水情，景祐二年（1035年），他"亲至江浒，督浚白茆、福山、黄泗、浒浦、奚浦、茜泾、下张、七丫等港浦，导诸邑之水"。从当初在泰州修捍海堤堰开始，他就显示出了宽阔的视野，面对泛滥成灾的太湖，他眼里不只有一个太湖，而且着眼于太湖与周边水系以及大海的关系。历来太湖地区排水主要是经过开浚松江入海，范仲淹经过考察后，认为当汛期洪水处于高水位时，"松江不能尽泄震泽诸湖之水"，因此，既要疏浚泥沙淤积的松江以在洪患期间加快排水，还要向北开浚一条通江水道，使相当一部分水能入长江。为了避免江潮水倒灌，泥沙淤积，他又提出在新导之河（指通江达海港浦）必须设置可开启也可关闭的闸门，使"常时御潮防淤，旱时蓄水溉田，涝时开闸排水"。据清光绪《常熟昭文两县合志》载："范仲淹于福山置闸，依山麓为固，旧址今尚存，人名曰范公闸。"兴修水利工程需要大量劳力，而洪灾之后有很多田地被淹没的灾民，既无地耕种，又没有饭吃，需要政府赈济。范仲淹采取"以工代赈"之策，一方面组织了大批灾民兴修水利，一方面又让大量饥民有了饭吃，还养活了家小。

范仲淹制订的一系列治水计划有的还没有开工，他就奉调离苏，但在他离去时已取得"今岁各平，秋望七八"的成绩。而他制定的治水规划得以继续实施，例如，他提出要裁直了吴淞江的盘龙港湾道，对这一工程，"范公曾经度之，未遑兴作"，后至宝元元年（1038年）由两浙转运使叶清臣付诸实施，将四十里长的弯道裁直为十里长的直道，从此，"道直流速，其患遂弭"。除了工程措施，他对非工程措施也十分注重，建议每年入秋后，就要将应开的河渠、应筑的堤堰陂塘之类调查清楚，做好计划，春季兴役，"如此不绝，数年之间，就可农利大兴"。他所倡导的"修圩、浚河、置闸"等一系列治水方略，后为历任郡守治水的范本，迄今仍是治理苏州水网圩区的重要理论根据。从泰州范公堤，到太湖范公闸，以及他对治水的许多设想，都可以给他一个当之无愧的称号——北宋著名水利家。元代任仁发在其《水利集》中曾对范仲淹治水发出由衷的赞同："范文正公，宋之名臣，尽心于水利，尝谓修围、浚河、置闸三者如鼎足，缺一不可，三者备矣，水旱岂足忧哉。"

无论从当世，还是后世看，范仲淹太湖治水所采取的举措皆为上策，都是经受住了历史考验的工程，不仅在当时行之有效，千百年来一直惠泽众生。

范仲淹的第一次政治机遇，是他倡议并主持修建了捍海堤堰——范公堤，而他在苏州太湖，又一次改变了他的命运，让他获得了一次非常难得的政治机遇。他因治水有功，又被调回京师，这一次，对一个实干兴邦的官员，朝廷也对他给以实实在在的重用了，他被任命为大宋帝国首都的市长——开封知府。开封知府为正四品，但由于其地处政治中心的地位，还会额外加官晋爵，相当于时下之所谓"高配"，范仲淹就是以天章阁待制的荣衔知开封府。在北宋历史上，从开封知府直接超升为朝廷大员者大有人在，如范仲淹的前辈寇准，在真宗即位后结束了一段贬官生涯，于咸平五年（1002年）五月以刑部侍郎出任京师的代理长官——"权知开封府"。他这个代理的"市长"干得还挺不错，"京师政刑繁剧，准善用诸属分掌之，尽能称职"，仅仅当了一年"代理市长"，他就拜相了，"及明年，擢为相"。在这岗位上干过的不止有北宋时代的许多名臣、名相，还有后来当上了皇帝的，如后来的宋真宗，他于淳化五年（994年）九月加检校太傅行开封尹，"留心狱讼，裁决轻重，靡不称惬，故京狱屡空，太宗屡诏嘉美"。可见这个真宗皇帝也不是像历史描述的那种懦弱无能之辈。而在历任开封知府中，最杰出的还是范仲淹、包拯、欧阳修，被誉为"三杰知府"。那么，范仲淹在这个京师的"市长"任上，又有何杰出的表现呢？

对此，历史似乎并没有太翔实的交代，只是说他雷厉风行、政绩卓著，在京城大力整治冗官、冗员充斥的官僚机构，惩治腐败，剔除种种危害百姓的弊政，从政治和法制上都采取了不少标新立异的变革举措，仅仅几个月，开封府就"肃然称治"。在如此简单的交代之后，历史的中心又一次转移，就在这期间，范仲淹根据他在京师的摸底调查，绘制了一张"百官图"，呈给仁宗。当一脸茫然的仁宗皇帝看着这幅"百官图"时，范仲淹还指着图中开列的众官调升情况给天子讲解，这些人都是宰相吕夷简广开后门、滥用私人提拔的。"一代名相"吕夷简当时也在场，他不甘示弱，反而讥讽范仲淹太迂腐矣。明眼人都能看出，范仲淹当着天子的面，在大庭广众之下与宰相吕夷简争论，实际上是一场延宕了数年的争论，范仲淹可谓蓄谋已久，一直在等待这样一个时机。但吕夷简巧舌如簧，他能老谋深算地运用权谋中的诡辩术来反驳范仲淹的雄辩。这一场争议，范仲淹最终占上风，他便连上四章，激愤地指斥吕夷简如何阴险狡诈。而吕夷简还真是非常阴险，他诬蔑范仲淹此举是勾结朋党，离间君臣。作为天子，仁宗皇帝最担心的倒不是一个大臣如何狡诈，而是结为朋党，这也是太祖在开国之初就高度防范的。但对范、吕之争的是非曲直，仁宗一开始也并未明确表态。偏偏这时，又出现了一个高度敏感的政治问题：这年仁宗已二十七岁，尚无子嗣，而范仲淹居然关心仁宗的继承人问题，据说还谈论过立什么皇太弟侄之类的事。如果范仲淹真的说过，那他的政治智慧就远不如其前辈寇准了，哪怕他真是出于对朝廷的赤胆忠心，此时也不该提出来，一则仁宗还相当年轻，二则这已经涉及一个男人的隐私，即便庸常男人，也伤不起这个自尊，何况还是一个统驭天下的天子。又加之宰相吕夷简的从旁中伤，范仲淹哪里还有好果子吃。而大宋天子不同于前朝，前朝天子一旦龙庭震怒，立马大喝一声，将此人推出门外就斩了，而宋朝天子一旦龙庭震怒，第一个反应就是将此人逐出京城，直贬千里，眼不见为净。

范仲淹一生中第三次被贬谪的命运就这样决定了。他这个开封知府当不成了，也被褫夺了天章阁待制的荣衔，贬知饶州。最高兴的自然是"一代名相"吕夷简了，搞政治，范仲淹还真不是他老人家的对手。为了迎合这位宰相大人的意旨，台官韩渎还把范仲淹以及他的"同党"的人名写成一榜，张挂于朝堂，算是对那幅"百官图"的回击。从一幅丑态百出的"百官图"，到一幅丑态百出的"党人榜"，北宋帝国的高层政治，以及一场激烈的政治斗争，都沦为一场恶搞的玩笑了。而欧阳修等人因为替范仲淹鸣不平，也被视为范仲淹的同党，纷纷被流放边远僻地。

范仲淹第三次遭受贬谪，依然有人到都门外为他把酒饯行，不过已经寥寥无几了,却也有令范仲淹感动流泪的一幕出现。"朝廷方治朋党,士大夫莫敢往别,王质独扶病饯于国门",王质只是一个当过待诏的老臣,官位不高,却以正直闻名。他在一个贬官最孤独的时候,扶病载酒而来,举杯称许:"范君此行,尤为光耀!"已是三起三落的范仲淹听罢大笑道:"仲淹前后已是三光了,下次如再送我,请备一只整羊,以为祭吧!"他痛饮一杯,挥拳拭去在风中笑出来的眼泪,一转身走了。但王质的故事还没有讲完,第二天,便有人警告,他昨日送范仲淹的一言一动都已被记录在案,他将作为范党被审查。王质听罢,也像范仲淹一样大笑道:"范公天下贤者,质何敢望之?若得为范公党人,公之赐质厚矣!"翻译成白话文就是说,"范公是天下的贤人,哪里是我王质所能企及的呢?如果能成为范公的同党,您对我王质的赐予就真是太厚重了!"据说,"闻者为之缩颈",听了这话的人都下意识地缩紧了脖子,为王质捏了一把冷汗。这是来自宋人王辟之《渑水燕谈录》的记载,虽非正史,却是心史,作为一个政治上的失败者,范仲淹显然要比吕夷简那个胜利者更得人心。

　　那时候,从京师开封走到鄱阳湖畔的饶州,要辗转经历十几个州郡。这一路上,除扬州有人招呼过他,一路上再也没有人接待他,范仲淹对此也并不介意,他已经习惯于从京师被贬作地方官了。一个走向天命的人,他捻着花白的髭缵,在饶州官舍吟诗一首:"三出青城鬓如丝,斋中潇洒过禅师……"而经历了三起三落和大喜大悲,他的人生境界也在发生变化,从那个"有客狂且淳,少小爱功名"的范仲淹,到那个"风尘三十六,未做万人英"的范仲淹,到此时这个"世间荣辱何须道,塞上衰翁也自知"的范仲淹,他入世的情怀依然未变,但人格境界已经大变,他从对功名的追求,正在向一种更崇高的方向延伸。

　　这潮湿的鄱阳湖畔,对范仲淹的身子骨伤害得很重。他自幼在半饥半饱中长大,原本体弱多病,好在他多少年来一直闻鸡起舞,一支笔和一把剑是他在宦海沉浮中的不屈支撑,但毕竟是岁月不饶人,近年来又患了肺疾,身子骨已远不如从前了。而夫人李氏更受不了这潮湿的气候,未久便病死在饶州。这让一个贬官更添伤感与惆怅,他感觉自己也将死于饶州。此时，在附近做县令的诗友梅尧臣，寄了一首《灵乌赋》给他，并告诉他说，他因在朝中屡次直言，都被天子与朝臣当作了乌鸦的叫声。梅尧臣一番好心地劝他从此拴紧舌头，锁住嘴唇，除了吃喝之外，只管翱翔高飞。范仲淹一见此诗，那多日来的郁闷与颓唐又一扫而去，他提笔回了一篇《灵乌赋》，直写得精神抖擞，两眼焕光："彼希声之凤皇，亦见讥于楚狂；彼不世之麒麟，亦见伤于鲁人。凤岂以讥而不灵，麟岂以伤而不仁？故割而可卷，孰为神兵；焚而可变，孰为英琼。宁鸣而死，不默而生！"

"宁鸣而死，不默而生！"还有什么样的汉语更让我热血沸腾？我需要冷静。我静默地出了一会儿神，然后查证了一下，范仲淹这篇《灵乌赋》大约作于景祐三年（1036年），此时他已四十七八岁，奔天命的人了。但不管人们怎样讨厌乌鸦的叫声，他这只北宋帝国的乌鸦，都会以自己的声音鸣叫下去，一直叫到死，也不会保持沉默。而范仲淹此言，也让我蓦地想到了美国那句为自由而战的自由主义名言："不自由，毋宁死！"这两句名言，何其相似乃尔，但美国人比中国人至少晚讲了七百年。

五、以文驭武的将领

如果没有外患，没有战争，如果一个帝国不是到了生死存亡的关头，一个处于遗忘状态下的贬官，很可能再也没有出头之日了。在这方面，范仲淹和他前辈寇准的命运如出一辙。寇准在辽军大规模入侵时拜相，挟天子御驾亲征，而范仲淹则在契丹大军压境时披挂上阵，成为镇守大宋边关的一员将领。从一个名士到一代名将，这个历史形象转化太急，如此急遽的转变，只有大宋帝国又处在开国以来最危急的关头。

其时范雍拜振武军节度使、知延州，此人也是一位进士出身的士人，在国难当头一变而为镇守边塞的守将，而历史对他只有两个字的评价：无能。我觉得，这也未免太简单了，譬如他当时对敌我形势的分析就很准确："延州最当贼冲，地阔而砦栅疏，近者百里，远者二百里，土兵寡弱，又无宿将为用，而贼出入于此。"于此可见，他还是知己知彼的。当西夏大军压境，"元昊先遣人通款于雍，雍信之，不设备。一日，引兵数万破金明砦，乘胜至城下。会大将石元孙领兵出境，守城者才数百人。雍召刘平于庆州，平率师来援，合元孙兵与贼夜战三川口，大败，平、元孙皆为贼所执。雍闭门坚守，会夜大雪，贼解去，城得不陷"。从这一段历史叙述看，范雍所犯的错误其实也是大宋帝国的错误，对外侵几乎是集体无意识，结果只能是，从善意去猜测元昊的心机，以致轻信元昊，对兵临城下的敌人不加防备。尽管范雍轻信元昊，战备不力，但他却一直坚守城防，最终的结果是"城得不陷"。如果历史没有撒谎，对范雍至少不能简单地评价为"无能"。历史对这个人的另一个评价是"好谋而少成"，不过他也有不少优点，如"颇知人，喜荐士"，经他推荐提拔的人"后多至公卿者"，而一个最典型的事例便是北宋名将狄青，"狄青为小校时，坐法当斩，雍贷之"，若不是范雍放了狄青一马，狄青早已成为刀下鬼，哪会有后来那个"每战披头散发，戴铜面具，冲锋陷阵，立下了累累战功"的北宋名将狄青？

　　这里，武将狄青并非我叙述的主角，在大宋帝国的特殊国情下，历史的主角从头到尾都是由文臣来扮演。宋仁宗此时最信任的文臣是宰相吕夷简，但君臣俩商议来商议去，最终却走了一着臭棋——派夏竦去陕西前线挂帅。这个后来官拜宰相的夏竦，在历史的叙述中是一个典型的具有双重人格的人，既是宋代的文武双全、有经国济民之才的一代名臣，也是贪婪阴险、陷害忠良的一代奸相。不过，至少此时，这个人是很有眼光的，当枢密使晏殊、副帅韩琦推荐范仲淹出征时，他马上就请奏朝廷，调范仲淹作副帅——陕西经略安抚招讨副使。此时朝廷急于用人，五十二岁的范仲淹，在国难当头之时终于迎来了自己仕途上又一次极重要的机遇，他结束了辗转于润州和越州一带的贬官生涯，先被仁宗恢复了天章阁待制的职衔，随即又拜龙图阁直学士，随即便奔赴危在旦夕的延州。而除却虚名，他最实在的职务便是陕西经略安抚招讨副使，知延州。在崇文抑武的宋朝，一个文人随时准备投笔从戎，这既是天下士人的宿命，也是义不容辞的担当与使命。但严格地说，范仲淹却并非一个投笔从戎的士人，他的另一半就是剑，剑是他在这世上的另一种活法，在等待多少年之后，他的剑现在终于可以派上用场了。

大西北，黄沙漫卷着重重关山，灰霾中几乎看不见北宋帝国的太阳。那座早已消失的延州古城，城头上浮现出一个儒将消逝千年的身影，一把我在此前反复提到的剑，在挥舞了四十多年后，至此才终于派上了用场。那个在旌旗之下仗剑而立的身影，便是北宋仁宗年间的一代名将范仲淹。

范仲淹的眼光就是不一样，他抵达前线后，首先不是发现外敌的危险，而是宋军内部的危险。大敌当前，而宋军官兵却弥漫着畏战的情绪，从战阵、后勤和防御工事等，松松垮垮，漏洞百出。这情景就像他当年在泰州海陵看到的那道千疮百孔的海堤一触即溃，这哪是打仗的样子，还没等敌人进攻就垮掉了。若要御敌，必须像当年那样筑起一道坚固的捍海堰堤，才能抵御巨大的风浪。他从整军开始，一方面改革军阵体制，提高军队的战斗力；另一方面又加强防御工事，部署严密的战略防御。而此时，另一位副帅韩琦却已经有些急不可耐了。当敌军发起一次次侵袭时，朝野上下对这几位文人出身的将领没有谁看好，不问青红皂白，一味地指斥他们怯弱无能。这让韩琦义愤填膺，力主集中各路兵力，打一场强有力的反击战，让那些只会纸上谈兵的朝臣们看看。但他立功心切，又低估了西夏军队的实力，由此而制订了一系列冒险轻敌、急于求成的大反攻计划。对韩琦的大反攻战略，主帅夏竦深以为然，并专门派韩琦和经略判官尹洙回京奏请仁宗，仁宗更不知兵，也急于通过一次大反攻转败为胜，让国家转危为安，立马就批准了韩琦的计划。得到仁宗诏准后，尹洙又奉命去拜见范仲淹，敦请范仲淹与韩琦同时发兵，一起展开大反攻。从私交看，范仲淹与韩琦、尹洙原本就是至交，对反击西夏也是同仇敌忾，态度坚决。但范仲淹认为此时反攻时机尚未成熟，决不能冒险轻敌发兵搞大反攻。无论尹洙怎么苦劝，范仲淹都不认同，反过来苦劝韩琦、尹洙少安勿躁，先要冷静下来，整军习武，实施战略防御，以待战机。然而，对范仲淹的军事战略智慧，无论是夏竦还是韩琦、尹洙都缺乏认识，他们没想到这样一个敢于犯颜直谏、充满了胆识和锐气的范仲淹竟然如此惧敌，这让尹洙不禁悲叹："韩公说过，且兵须将胜负置之度外，你今天区区过慎，看来真不如韩公！"

范仲淹拂袖而起，瞪眼道："大军一发，万命皆悬，置之度外的观念，我不知高在何处？"

从接下来的历史事实看，范仲淹拒不发兵是最正确的选择，他采取的战略防御绝非惧敌，更不是单纯或消极的被动防守，而是构筑起强大的防线以拒敌。一方面，治军必先治兵。他对镇守延州的军队进行了一次严格的整治。由于原来戍边的军人大都是从内地调来的禁军，这些军人既不耐劳苦，又因久戍思乡，基本上丧失了战斗力。范仲淹先淘汰了这些战斗力羸弱的老弱官兵，又从本地招募兵卒来补充到各部，由于战区就是他们的家乡，他们要保卫的是自己的家园和父老乡亲，这在战斗意志上就有了坚强的保证。而他们在作战时又熟悉这里的山川道路，也就更利于作战。据史载，范仲淹精选出约一万八千名士卒，分成六部，又从士兵和下级军官中选拔了一批经过战火考验、骁勇善战的将校，每个将领统率三千人。此外，他还在当地选拔了不少精干的民兵，无论官兵还是民兵，都进行了严格的军事训练，并取缔了原来那种呆板、机械的旧式军阵，按军阶高低组成了梯队式的战斗方阵，根据敌情随机应变。范仲淹以身作则，将士没喝上水他从不说渴，将士没吃上饭他从不叫饿，朝廷赏赐给他的金帛都分发给将士。范仲淹赏罚分明，奖励勇猛杀敌的士兵，提拔重用立功的将领，对克扣军饷的贪污分子则当众斩首，毫不留情。这样，在范仲淹的率领下，西北军中涌现出许多像狄青、种世衡那样有勇有谋的将领，又训练出一批强悍敢战的士兵，直到北宋末年，这支军队仍是宋朝的一支劲旅。另一方面，范仲淹采纳种世衡的建议，加紧修建防御工事，他先在延北筑城，然后又在宋夏交战的纵深地带构筑堡寨。种世衡是范仲淹一手提拔的将领，后来成了总领西北军务的一代名将，招抚羌人，筑城安边，并巧施离间计，除去了李元昊麾下最有战斗力的两位心腹大将。在范仲淹和种世衡的竭力打造下，一边整军设防，严立赏罚公约，一边优抚沿边少数民族居民,在鹿延、环庆、泾原等防线上,筑起了北宋历史上一道最坚固的屏障。

再看另一位急于反攻的韩琦,在接到西夏军侵袭渭州(今甘肃平凉一带)的战报后,他立即命大将任福率军出击。任福也是当时的一员名将,以夜袭白豹城一役成名,他很快就打退了敌军的进攻,西夏军受挫败退,而任福也和他的顶头上司韩琦一样的心态,急于扩大战果,趁敌军败退而下令急追,一直追至西夏境内的六盘山麓。他却未曾料到,敌军实际上采取的是诱敌深入之策,在一夫当关万夫莫开的好水川口早已埋伏了重兵,任福率领的大军还没来得及庆贺这次昙花一现的大捷,旋即就被西夏伏兵一举围歼,任福等十六名将领一直战斗到最后,任福持四刃铁锏,挺身决斗,大呼:"吾为大将,兵败,以死报国尔!"话音刚落,一股热血喷射而起,敌将的一杆长枪,直接捅进了他的喉咙。史家在记录他"决喉而死"、英勇殉国的同时,也发出了这样的悲叹:"好水川之败,诸将力战以死。噫,趋利以违节度,固失计矣;然秉义不屈,庶已烈士者哉!"应该说,史官之论,确实公允,任福是一位悲壮殉国的失败的英雄。而与他一起殉国的还有十六位将领和一万多士卒。韩琦率领残部大败而返,在半路遇到了数千名死难者的家属,他们并未责怪韩琦,而是哭喊着亲人的姓名,祈祷他们的亡魂能跟着韩帅一同归来。韩琦停下战马,他感到无颜面对这些父老,撩起战袍的袖子,掩饰着脸孔,却掩饰不住自己声泪俱下又痛悔不已的恸哭与号啕……

而范仲淹却以另一种方式筑起了一个将领的辉煌。在韩琦兵败的第二年三月,北宋官兵正处于战败后一蹶不振的消沉与低迷状态,此时范仲淹却发起了一次反击,他密令长子范纯祐和蕃将赵明率兵偷袭西夏军,一举夺回了庆州西北的军事要塞马铺寨。随后,他又亲率大军出发,除了携带作战武器,士卒们还带着筑城工具。出发之前,诸将谁也不知道他这次行动的目的。当部队快要深入西夏军防地时,他突然发令:动工筑城!他们只用了十天时间,便筑起一座坚固的新城,这便是锲入宋夏夹界间那座历史上的著名孤城——大顺城。西夏不甘失利,屡次发兵攻打大顺城,却发现宋军以大顺城为中心,已构成了与四周堡寨互相呼应的坚固战略体系，而他们的每次进攻，无论是强攻还是突袭，最终都只能大败而归。

范仲淹筑起的城池又岂止这一座，在此前的头一年，他便派种世衡筑青涧城，随着这些城池和与四周的堡寨构成一个无法撼动的防御体系，西夏军中只有无可奈何的议论："不能轻易攻取延州了，如今小范老子（范仲淹）胸中有数万甲兵，不似大范老子（范雍）那般好对付。"而此时年已五十四岁的范仲淹，满头白发似雪，当南飞的大雁在朔风中缓慢地飞过他头顶的苍空，他心中难免也有一种低沉而疲倦的悲凉："塞下秋来风景异，衡阳雁去无留意。四面边声连角起，千嶂里，长烟落日孤城闭。 浊酒一杯家万里，燕然未勒归无计。羌管悠悠霜满地。人不寐，将军白发征夫泪。"（范仲淹：《渔家傲·塞下秋来风景异》）

虽说有许多说不尽的悲凉，但范仲淹的防御战略在历史的叙述中相当成功，这也引起韩琦的反思，在痛定思痛之后，他开始效法范仲淹在治军和战略上的部署，在范、韩等将领的苦心经营下，宋朝西部边寨终于摆脱了被动挨打的局面。而这时,西夏国内也开始出现各种危机，元昊已进入了他沉湎酒色的晚年时代，一次他醉醺醺地回宫时，遭遇太子宁林格刺杀，他在躲闪中被削去鼻子，不久，因鼻创发作，不治而亡，最终却不知该把他埋在哪里。据说他生前下令民夫每日为他建一座陵墓，足足建了三百六十座，作为他的疑冢，其后又把那批民夫统统杀掉。元昊最终葬于泰陵，庙号景宗，谥武烈皇帝。宁林格也以弑父之罪被处死，一时间，西夏内部纷争不断，将领之间矛盾重重。但北宋帝国除了防御，却似乎无力也没有决心剿灭西夏，当年北宋开国皇帝赵匡胤曾说出一句"卧榻之侧，岂容他人安睡"的豪言，在北宋开国七八十年之后，他们只能接受他人在卧榻之侧安睡的事实。

庆历四年（1044年）北宋与西夏正式达成和议，两国之间在经历了一场场血战之后终于又恢复了和平。这个结局大抵和寇准打造的澶渊之盟类似，而范仲淹在这次宋夏之战中起到的作用，不是主帅胜似主帅，而他筑起的坚固防线，一直捍卫着北宋帝国的西部边疆，这也是超越了战争本身更长久的存在。只是，大宋帝国在西北局势暂时得以转危为安的同时，事实上也承认了西夏帝国的存在。

六、昙花一现的庆历新政

从理性上看待那一段历史，北宋面对东北的辽国（契丹）和西北的西夏，都没有足够的国力来发动一场更大规模的统一战争。对此，范仲淹心里十分清楚。就在他不遗余力地筑起一道坚固的防线时，宋军的边防开支已让国家财政捉襟见肘，而每一项支出都取之于民，老百姓的负担也就越来越重。被逼上了穷途和死路的老百姓，只能以死亡的方式来反叛朝廷，宋朝虽然没有发生过大规模的农民起义，但中小规模的农民起义却比任何一个王朝都频繁。宋仁宗从来就不是一个雄心勃勃的皇帝，却是一个相当明白的皇帝，他深知以镇压的方式是维护不了稳定的，必须痛下决心，对北宋七八十年来积累的各种弊政进行一次大刀阔斧的变革。

当西线兵戈暂息，宋仁宗将夏竦、韩琦和范仲淹等三名帅才一同调回京师，分别任命为最高军事机关的正副长官——枢密使和枢密副使。这也是范仲淹经历了三起三落后第一次跻身为二府大臣，而对于他的安排，还只是过渡性的。没过多久，他就拜参知政事，事实上已被推向了权力的巅峰，在宋仁宗的支持下，开始了北宋历史上的第一次政治变革——庆历新政。又从历史事实看，范仲淹在庆历新政期间自始至终都处在最核心的位置，其在执政中的权力甚至要超过宰相晏殊，这与日后王安石在担任参知政事期间推行熙宁变法如出一辙。在北宋历史上，至少有三位参政知事在历史的节骨眼上一度拥有超过宰相的权力，寇准、范仲淹和王安石。

一个划时代的变革者，一个改革的总设计师，不只是有血的热度，更须具有观察和洞见，对潜在的危机必须有足够的敏感性，对改革所面临的阻力也得有充分的心理准备。但范仲淹显然有些身不由己了，改革伊始，老大不小的仁宗皇帝就像一个急于制造奇迹的孩子，比几位改革派大臣更为急迫，在他的连日催促下，从庆历三年（1043年）八月开始,在实际上扮演庆历新政主角的范仲淹,便夜以继日地为帝国起草改革方案。为了这一天,他等了二十八年。他认真总结了自己从政二十八年来一直在沉思、在酝酿的改革思想,最终向仁宗呈上了著名的新政纲领《答手诏条陈十事》(即《条陈十事》),提出了十项改革主张:

明黜陟——那时,官员的升降不看政绩,而是论资排辈,一个官员,一生仕途,只要不出什么问题,干到一定的年头,该提拔到什么位置,虽没有明确的规定,却也有不成文的潜规则,这让各级官员不求有功,但求无过,因循苟且之徒壅塞官场。范仲淹提出以考核官员政绩为升降的标准,对那些政绩卓著、有大功劳者则予以破格提拔,罢黜那些有罪和不称职的官员,此举并非他的首创,正是他的前辈寇准当年力推的,结果却把自己推下了台;

抑侥幸——以科举"为国择士"为宋朝的基本国策,但为了安抚皇亲国戚、元老重臣又另辟恩荫特权,一人跻身于特权阶层后,就如一人得道鸡犬升天,每年都可自荐其子弟充任京官。一个学士以上的官员,经过二十年,一家兄弟子孙出任京官的就有二十人。当这样的纨绔子弟一个接一个地进入朝廷,不仅增加了财政开支,而又干不了什么正事,只知大树下面好乘凉,结党营私,相互包庇。范仲淹还不敢主张取消恩荫,只是说要应限制大官的恩荫特权,防止他们的子弟充任馆阁要职;

精贡举——为了培养有真才实学的人才,范仲淹力主改革科考的内容,把原来进士科只注重诗赋改为重策论,把明经科只要求死背儒家经书的词句改为要求阐述经书的意义和道理。这样,学生有真才实学,进士之法,方可依其名而求其实了;

择长官——当时分布在州、县两级地方官,不称职者十居八九,贪赃枉法有术,造福一方无能,范仲淹一方面建议从中央派出得力的官员分赴各路(北宋州以上的一级监察和财政区划),稽查地方政绩,奖掖贤能,罢免庸官;另一方面建议选派地方官要通过认真推荐和严格审查,以防止庸官冗官泛滥;

均公田——公田，即职田，是北宋地方官的定额收入之一，但分配往往高低不均。范仲淹既有辗转各地为官的经历，深知供给不均，难以要求官员尽职公正办事，因此建议朝廷均衡一下他们的职田收入，按等级发给他们，使他们有足够的收入养活自己，以田养廉。对那些违法乱纪者，也可理直气壮地予以惩办或撤职了；

厚农桑——范仲淹建议朝廷降下诏令，要求各级官府和百姓，重视农田利害，兴修水利，大兴农利。而他通过泰州、苏州太湖治水，有着切身体会，把太湖治水的经验作为了"庆历新政"的一项重要内容，以图在全国推广。他向宋仁宗陈述水利乃"养民之政，富国之本"。此外，他建议制定一套与"厚农桑，兴水利"的奖励百姓、考核官员的制度，以长期实行；

修武备——范仲淹建议在京城附近地区招募强壮男丁，充作京畿卫士，类似于今天的基干民兵或预备役部队，用来辅助正规军。这些卫士每年大约用三个季度的时光务农，一个季度的时光教练战斗，寓兵于农，实施这一制度可以节省给养之费。此举先在京师试验，如果这种制度成功了，再由各地仿照执行；

推恩信——广泛落实朝廷的惠政和信义。主管部门若有人拖延或违反赦文的施行，要依法从重处置。另外，还要向各路派遣使臣，巡察那些应当施行的各种惠政是否施行。这样便处处都没有阻隔皇恩的现象了；

重命令——要严肃对待和慎重发布朝廷号令。范仲淹认为，法度是要示信于民，如今，一方面是颁布的法律条令太多太滥，另一方面是有的颁行不久便随即更改，法度无常，朝令夕改。为此，他建议朝廷必须讨论哪些可以长久推行的条令，对既有法令条文大规模精简，删去那些繁杂冗赘的条款，对必须有的则裁定为皇帝制命和国家法令，颁布下去。这样，朝廷的命令便不至于经常变更了，如此方可长治久安；

减徭役——范仲淹认为如今户口已然减少，而民间对官府的供给却更加繁重，应根据实际情况精简合并行政区域，将户口少的县裁减为镇，将各州军的使院和州院塌署并为一院。对职官厅差人干的杂役，可派给一些州城兵士去承担，将那些本不该承担公役的人，全部放回农村。这样既节省了财政开支，也减少了民间繁重的徭役和老百姓的负担，天下就安定了。

以上这是我对《条陈十事》的白话版解读。而庆历新政的伟大意义被接下来的王安石变法给遮蔽了。但欲知王安石在神宗时代主导的熙宁变法，必先知范仲淹此时在仁宗时代主导的庆历新政。北宋历史上这两位政治家和改革家，如同隔代的同谋，他们看到的问题，他们的改革方略，有很多相同与相似之处，而其中的不少方略，又是他们的前辈、一代名相寇准已经推动和实施过的。在某种意义上说，寇准三次拜相采取的一些变革，虽说没有明确地形成文字，事实上却是庆历新政的前奏，而庆历新政又可谓熙宁变法的前奏。这也是文治盛世在政治上彰显出来的一个突出特色，也反映出了北宋士人锐意进取的精神风貌。这一代士人、士大夫不只是那种在传统意义上励精图治的好官，而且产生了寇准、范仲淹、王安石等堪称锐意进取的改革家，一直到南宋濒临灭亡时，丞相文天祥还提出了一系列包罗政治、经济、文化教育和军事上的变革主张，一个王朝自始至终有着如此强烈的变革意识，这在历代王朝中不说绝无仅有，却也十分罕见。

对范仲淹的《条陈十事》，宋仁宗首肯之后，诏告天下，随即便在全国铺展开来。但一场改革的广度和深度，往往和它遭到的反对成正比。随着改革的深入，改革围绕着既得利益者的既得利益展开了殊死的交锋与较量。寇准当年被一贬再贬，直接原因就是人事问题，这也是最直接的政治问题，而范仲淹这一系列的改革方略从更大范围亦从根本上触犯了既得利益者的切身利益，而范仲淹为了提高行政效率，又主张改变朝廷官衔多元重叠和虚职分权的体制，扩大宰相的实权，这更引起了高层权力的震动。为了撤换地方上不称职的长官，他又派出许多按察使，分赴各地。按察的汇报一到，很多贪官庸官的姓名就会从班簿上勾掉。

富弼看着范仲淹一手举簿、一手执笔，俨若无情的阎罗判官，从旁劝道："你这大笔一勾，可就有一家人悲哭啊！"

范仲淹下意识地按了一下蓬松的鬓角，沉吟片刻，说："一家人哭，总该比几个州县的人哭好些！"

对于一个早已习惯了规则和潜规则的古老国度和古老民族，想要推进一些局部的变革难于上青天，况乎是这种全方位的改革，商鞅是怎么死的，寇准是怎样的命运，范仲淹应该知道。但他就像当年韩琦冒险轻敌、急于求成一样，在改革上也犯了和韩琦在军事上相似的错误，他求治太急了！在他推进改革的同时，那些特权利益集团的官僚也开始结盟，而范仲淹在此时表现出来的大权在握的霸气，也像他的前辈寇准一样招人嫉恨。首先在他背后使坏的是御史台官，他们很有谋略，先从剪去范仲淹的羽翼开始，对范仲淹派出的那些按察使，他们编造出了什么"江东三虎""山东五伥"一类的恶谥，连范仲淹在边防线上的几员部将也遭到秘密调查。欧阳修等"四谏"，一直是坚定地站在庆历党人一边的，他们想要撵走御史台那些保守派的爪牙，给范仲淹排除掉改革的障碍，但他们很快就发现，这些御史台官背后还有大人物，结果是，还没等他们撵走那些保守派的爪牙，反而是自己就被撵出了京城。

随着欧阳修等人纷纷被撵走，御史台被保守派掌控了。就在庆历新政推行第二年仲夏，御史台官宣告破获了一起谋逆大案，他们在庆历党人石介写给富弼的一封密信中，竟然有废黜仁宗之意。这是谋反叛逆的惊天大罪，宋朝天子虽然发誓不杀士大夫，但对这种谋反叛逆的大罪是绝对不会手软的。好在仁宗还算英明，不信会有这等事情。石介和富弼更觉莫名其妙。石介对此矢口否认，而富弼未及辩诬，先已惶恐不迭。其实，此事后来查明，纯为此前被罢黜了枢密使的夏竦一手制造，从他被撤去枢密使，并被石介斥为"奸魅"时起，便秘密买通婢女临摹石介的手迹，模仿得还真是很像石介的手笔。但这是后来才查明的，而眼前这一道致命的坎儿，庆历党人已经很难迈过去了。

在历史的真相被揭示之前，宋仁宗虽说对这伪造的密信将信将疑，然而历史的转机就像一个天子的心机一样不可捉摸，仁宗皇帝从一种疑心转为了另一种疑心，他最重的疑心不是对这封密信的怀疑，而是怀疑范仲淹扩大相权到底是何居心？一切又得从北宋开国的既定国策说起了，太祖当年采取措施分解相权和军权，唯一的目的就是以此来减低朝廷重臣、权臣对皇权的威胁，事实上此举也一直行之有效，既避免了军事强人的崛起，也降低了宰执大臣威胁皇权的风险，哪怕像寇准那么强势的人物，又哪怕他握有主宰天下的大权，只要皇帝动一个小指头，他立马就被打倒了。而眼下，这一封密信只不过是一个由头，一下激活了一个皇帝和一个帝国最警觉的心理，他重温了太祖当年的心机和立国的根本，这个根本决不可动摇，而动摇的只能是他对一场时代大变革的态度，面对一场改革可能危及皇权的可怕后果，同时又面对反对派的强大势力，一度慷慨激昂、试欲大刀阔斧推动改革的仁宗，从锐意进取开始全线退缩。而一场波澜壮阔、势不可当的改革，一旦失去了最高权力的支持，立刻如同釜底抽薪，其兴也勃焉，其亡也忽焉……

七、时空中的另一个范仲淹

范仲淹在庆历新政中提出了一条便是重命令，对皇帝制命和国家法令不能朝令夕改，对此，仁宗皇帝当初也是使劲点了头的。但一个天子点头也快，反悔也快，庆历五年（1045年）初，宋仁宗便下诏废弃推行了仅一年有余的各项新政，比他推行新政更加干脆彻底，一场很可能给北宋带来划时代巨变的变革就这样夭折了，如此短命，仿佛昙花一现。而范仲淹等所谓庆历党人的命运也可想而知，对于一个天子和一个朝廷，他们已经没有了多少利用价值，他们剩下的唯一价值，就是作为惩罚的对象，让他们为一场失败的改革承担所有的责任，而惩罚他们，则是为了安抚那些特殊利益集团受伤的心灵。

随着庆历新政被悉数废止，范仲淹呕心沥血写出的《条陈十事》也变成了一堆历史的废纸。在保守派重新执政后，京师内外的达官贵人及其子弟，依旧歌舞升平、通宵达旦。时任宰相的章得象和副相贾昌朝，当初也曾附和过范仲淹的新政，但在实际执行中却是阳奉阴违，以静观时局的变化，待到此时新政废止，天子改变了主意，他们旋即见风使舵，而随着庆历党人相继被逐出京城，他们又与保守势力结盟，对范仲淹等人落井下石，又通过御史台官制造出许多冤案，将在京的改革派一网打尽。

几家欢乐几家愁，说到这些庆历党人的命运，最聪明者莫过于富弼。为了避那封密信之嫌，他先是主动请求出使边地，随后又被贬至青州，欧阳修则已贬知滁州，滕子京谪守巴陵郡，尹洙流放筠州（今江西高安附近），而作为庆历新政的主角，范仲淹也预感到了自己接下来的命运，先是请求带职去视察河东与陕西，但保守派又怎么能这样便宜了他，范仲淹很快就被贬知邠州（今陕西省彬县）。他都记不得这是他一生中多少次遭受贬谪了。这是他的祖籍地，也是他的故乡之一，但早已没有故乡的温度，只有阴沉的天空和呼啸的寒风。这年冬天，范仲淹已五十八岁，对于一个志在天下的士人，此时他只想尽心尽力地为这片祖先的故土做点什么，这其实也是一个士人的必然选择，当他无法为国尽力，那就只能选择造福一方了。但他显然已不适合在这片祖先的土地上生活，北方的严寒更兼郁结在心底里的忧患，让他老病复发，咳嗽吐血。当死亡的感觉又一次逼近，他猛然发现他还不想死，还想活下去。他只能向朝廷祈求，给他换一个气候比较适合的地方。或是念他镇守边关有功，皇恩浩荡，把他从邠州调到了天气稍暖的邓州去做知州。而在这些被贬逐的庆历党人中，他的命运还算不错的，最悲惨的莫过于尹洙，他不是被贬谪而是被流放，在流放地受尽了非人的折磨与凌辱。范仲淹听说后，又再三奏请，终于把尹洙接到邓州来养病。这是文人之间的相濡以沫，至今读来令人心酸不已。尹洙一生喜谈兵事，到后来却"乐于佛氏之说"，临终时，他早把一切看开了，连生死都仿佛洞穿了。对于两个已经步入晚境的士人，死亡也成了他们时常谈论的话题。尹洙弥留之际，忽然翘着胡须露出一脸安详的微笑。他笑着对范仲淹说："死生乃正常的因果，既无鬼神，也无恐惧。"

不过，像尹洙这样彻底看穿了的贬官并不多，他们虽说遭受无罪的贬谪，却依然像范仲淹一样，在自己的贬谪之地都竭尽余力以造福一方。滕子京谪守巴陵郡，重修岳阳楼，而范仲淹一生干的最有意义的一件事也在滕子京的邀请下成全了。事实上，在写完一篇三百多字《岳阳楼记》后，范仲淹的一生就已经完成，但在接下来的数年里，他那"进亦忧，退亦忧"的贬官生涯还将在疾病与忧患郁结中继续辗转，一直辗转到死，从邓州而杭州，由杭州而青州，又从青州而颍州，圣旨一到，他便挣扎着抱病赴任，在宋朝的那条官道上，一双在世间已经奔波了六十四年的脚，早已枯槁变形，走得步履踉跄，如同挣扎般拖着锁链，那无形的锁链，比看得见的锁链更沉重。但命定的，他已经无法抵达一个贬官的最后贬谪地——颍州，他只走到了半路上的徐州，便在皇祐四年五月二十日（1052年6月19日）病逝了，终年六十四岁。

范仲淹病逝时，家无余财，一家人贫病交困，只能借官屋暂时栖身。他其实不是没有积蓄。他六十岁贬知杭州时，就拿出自己多年来的俸禄积蓄在故乡苏州买了一千亩良田，创建了中国历史上第一个私人赈恤助学机构——范氏义庄。当时，很多的贫寒子弟往往是全家人耕作，才能勉强供一人读书。范仲淹尝谓："自吾祖宗来积德百余年而始发于吾，得至大官，若独享富贵而不恤宗族，异日何以见祖宗于地下，亦何以入家庙乎？"他想到的不只是范家，还有长山朱家。据《宋史》范仲淹本传载，范仲淹"性至孝，虽改姓还吴，仍念朱氏顾育恩，乞以南郊封典，赠朱氏父子太常博士，朱氏子弟以荫得官者三人……"并"置义田四顷三十六亩以赡朱族"。于此可见，在复姓更名、认祖归宗之后，他一生依然对长山、对朱氏是怀有深厚的感情。宋仁宗皇祐三年（1051年），也就是他逝世的前一年，六十三岁的范仲淹"以户部侍郎知青州"，赴任途中，他专程绕道长山，而长山父老为迎接这位漂泊多年的游子，于城西十五里处便设帐摆酒。范仲淹下车参拜故乡父老，满头白发，老泪纵横，但那一副憨厚朴实的相貌依然未改，只是平添了太深的皱褶。长山，也是他的故乡啊。此次故乡之行，他以一首《留别乡人》慰勉乡亲："长白一寒儒，荣归三纪余。百花春满路，二麦雨随车。鼓吹罗前部，烟霞指旧庐。乡人莫相羡，教子苦读书。"这仿佛是对自己寒窗苦读生涯的一次迟到的总结。第二年，他就去世了。

从长山义田到范氏义庄，范仲淹可以说是为国家鞠躬尽瘁一生后，又捐出了自己的一生。而范氏义庄这种宗族式慈善组织，后来为各地宗族仿效，成为宋、明、清时期赈恤助学的普遍模式。而在他逝世后，人们才发现他几乎是倾其所有地捐献了一生的积蓄，几乎没有给家人留下任何财产。当他的死讯传开，朝野上下一片哀痛，连远在西夏甘州、凉州等地的少数民族，都为他逝世而连日斋戒。凡是他曾为官的地方，老百姓纷纷为他建祠画像，像亲生父亲死了一样哀悼恸哭。宋仁宗得知范仲淹的死讯，也是悲戚唏嘘，连声叹息。也许，仁宗的怅然若失是真的，自从范仲淹被贬到了他不愿看见的地方，满朝文武都像报喜的喜鹊，而他已经许久再也听不见乌鸦的叫声了。对于那些贬官，宋朝皇帝从来不吝惜给予他们死后的哀荣，仁慈的宋仁宗对一个死去的范仲淹更是慷慨，追加范仲淹为兵部尚书，并为范仲淹亲书褒贤碑。范仲淹也算是哀荣备至了。而范仲淹的碑文，则由另一个著名的贬官、北宋文坛领袖欧阳修撰写。这一篇短短的碑文，他写了整整两年才写成。

范仲淹的归焉之地，既不是在他江南的故乡苏州吴县，也不是他先世的故乡陕西邠州，而是河南洛阳伊川。究其原因，一说是因其母改嫁，他无法回苏州安葬，而先世邠州的那一方水土去日已多，而他选择归焉伊川，只因他的先祖是汉代的清诏史汝南范滂，而他的十代祖范履冰在唐武则天时曾任宰相，因此，范仲淹曾在给兄的信中说过："我本北人，北人淳厚。"他被安葬在伊川后，长子范纯祐、次子范纯仁（后来拜相）、三子范纯礼和四子范纯粹及其众多的后世子孙也都葬在他的周围，在中原的黄土与黄泉之下，聚集了一个血缘聚落的大家族。

范仲淹入仕为官四十载，"在州县为能吏，在边境为能将，在朝廷为良相"，历代后世对范仲淹的褒奖有加，他被称为北宋著名的政治家、思想家、军事家、文学家。其实还可以添加教育家和水利家。对于所谓政治家的历史评价，史家对循规蹈矩的保守派人物一般没有太多的争议，而对改革派人物，如范仲淹、王安石等，一向难以盖棺论定。从我个人对历史的解读看，作为政治家的范仲淹，在北宋士人中是非常杰出的，其仕途功名虽然无法赶上他前辈的政治家寇准，却比寇更有思想。同他的后辈王安石比，他至少可以与王比肩，而王安石不管是否承认，他的熙宁变法几乎脱胎于庆历新政。说到王安石对这位前辈的评价却是自相矛盾的，他在《祭范颍州文》中称范仲淹为"一世之师"，然而早在熙宁九年（1076年）五月，王安石却又在宋神宗面前批评范仲淹"好广名誉，结游士，以为党助，甚坏风俗"。这也是对范仲淹最低的一种评价。按说，同为锐意进取的改革家，王安石应该给予范仲淹以激赏和礼赞，至少也应惺惺相惜吧，但历史深处总有太多出人意料之处，而历史人物又总有叵测的心机。

　　无论王安石是出于怎样的心机，他一个人也不可能改变历史对一个历史人物的看法。而在王安石本人的历史评价充满了争议的同时，对范仲淹的评价却在一路走高。到了南宋时代，对范仲淹的评价已经接近完人与圣人了，南宋学者吕中在其《皇朝大事记讲义》中说："先儒论宋朝人物，以范仲淹为第一。"范仲淹也因此而被后世称为北宋第一名臣。金人元好问称范仲淹"求之千百年间，盖不见一二"，范仲淹堪称千古第一名臣了。后世又有《宋元学案·序录》云："高平（范仲淹）一生粹然无疵，而导横渠以入圣人之室，尤为有功。"这就是说，范仲淹既是完人，也是圣人。但明末清初的大儒王夫之对范仲淹却有苛评："（范公）以天下为己任，其志也。任之力，则忧之亟。故人之贞邪，法之疏密，穷檐之疾苦，寒士之升沉，风俗之醇薄，一系于其心。……若其执国柄以总庶务，则好善恶恶之性，不能以纤芥容，而亟议更张；裁幸滥，核考课，抑词赋，兴策问，替任子，综核名实，繁立科条，一皆以其心计之有余，乐用之而不倦。唯其长也，而亟用之，乃使百年安静之天下，人挟怀来以求试，熙、丰、绍圣之纷纭，皆自此而启，曾不如行边静镇之赖以安也。"但无论后世怎样评说，范仲淹都将以其

"先天下之忧而忧，后天下之乐而乐"的崇高境界而彪炳千秋，而范仲淹的另一句名言"宁鸣而死，不默而生"，似乎为前一句名言过于耀眼的光芒遮掩了，但我深信，越到未来，这句名言将越来越闪烁出难以遮蔽的光芒，"宁鸣而死，不默而生"，我觉得这是从一个高贵的生命里提炼出来的最高贵的人格！

　　走笔至此，一个人的一生已经完成，但我感觉以这样的方式来追述一个人的一生还过于单调，事实上还有另一个范仲淹以另一种方式贯穿了自己的一生，他的一生实际上是以复调的方式完成的，他的人生和他的文章是互相映衬、相互诠释的互文。只有理解了作为政治家的范仲淹，方能理解作为文学家的范仲淹。换言之，没有作为政治家的范仲淹，也就没有作为文学家的范仲淹。而一个作为文学家的范仲淹，或许是一个比作为政治家的范仲淹更深刻的存在，乃至一直决定着他生命的方向。

　　从文学和文学史的意义来看范仲淹，我的脑子一下又转回了我此文开头那一番油然而生的感叹。作为中国历史上最杰出的政治家之一，他不仅是北宋政治变革的先驱，也是北宋诗文革新的先驱。他的传世散文（今存包括赋、表状、奏疏、书、序、论、记、碑铭墓志等）近五百篇。从其散文影响看，自然首推其以《岳阳楼记》为代表的写景抒怀散文，还有《清白堂记》《桐庐郡严先生祠堂记》《天竺山日观大师塔记》等名篇佳作。但这一类散文在范仲淹一生的散文中为数不多，更多的还是他雄辩滔滔的政论文。

　　长于议论，是北宋散文的一大特色，唐宋八大家都是抒写政论的大手笔。范仲淹的散文亦以政论文为主，其代表作如《上执政书》《奏上时务书》等，还有著名的"四论"（《帝王好尚论》《选贤任能论》《近名论》《推委臣下论》），都是大手笔的雄文。如果没读过他的《上执政书》，就不可理喻他为什么要那么不顾一切地推行庆历新政。当时，北宋王朝已经历太祖、太宗、真宗、仁宗四朝五十余年，在经济繁荣、社会安定的浮华表象之下，一个王朝已如国中流淌的黄河一样泥沙俱下、暗流汹涌，而帝国的积贫积弱绝非后世想当然地认为是"文治"

带来的,终北宋一朝,一直未能从根本上解决冗兵、冗政、冗官的问题,这才是造成国家积贫积弱而民不聊生的根本原因,内有此起彼伏的农民反叛,外有西夏和契丹(辽)两个虎视眈眈的强邻,而在内忧外患之际,朝野上下充斥着喜鹊悦耳动听的叫声,而一直在不断发出忧患不祥之声的范仲淹也就成了"北宋的一只乌鸦"。他的《上执政书》亦如充满了忧患意识的鸦啼,先从以周、汉、唐三代"圣贤共理"得以兴盛而最终皆因"奸雄竞起"走向衰亡,由此而提出执政要除弊革新。这篇洋洋万余言的文章堪称他政论性散文的代表作,也是宋代散文的代表作之一,既显示了范仲淹作为政治家的治国之才和作为军事家的雄韬大略,也凸显了他作为一个文学家的横溢才华,它以清晰的条理、严谨的结构、透辟的说理层层推论,文如其人,这些政论文一如他坦诚务实、充满锐气的秉性一样,充满了正义理性又极其犀利,其胆识之超群,论辩艺术之高妙,个性之鲜明突出,无论是与他同时代的散文大家欧阳修,还是之后的三苏、王安石、曾巩等,都不一定能达到他的标高。

又不能不叹惋,这个人一生有太多魅力四射的光芒,也被他自身的光芒遮蔽了太多,而一篇《岳阳楼记》的光芒又过于耀眼夺目,让他这篇《上执政书》也被他自身文章的光芒给遮掩了,而我比较认同一些独具慧眼者的观点:这篇《上执政书》和《岳阳楼记》分别代表了范仲淹两种题材散文创作的不同风格,堪称两种风格的极致。时人把他与西汉的司马相如相提并论,足见当时人们对范仲淹散文的评价之高。诚如后世所谓,有境界则自成高格,范仲淹的文学素养之高,文学境界之高,是由他崇高的精神和高尚的人格来确定的。这也是我在本文一开始就发出的由衷感叹,凭他在北宋散文史上的巨大影响和杰出地位,他是足以跻身于唐宋散文八大家之列的。

范仲淹不只是散文大家,也是北宋划时代诗词律赋大家。他力倡的诗文革新有很大一部分是针对诗的。他所处的时代正由宋初诗风向宋代中期诗风过渡的时期,"晚唐三体"余风犹存。这三体,一是余风浅俗的"白体",二是余风工细的"晚唐体",三是余风巧靡的"西昆体",

尤其是"吟咏性情而不顾其分，风赋比兴而不观其时"、一味无病呻吟的"西昆体"，让范仲淹、欧阳修等诗文革新派主将深恶痛绝。范仲淹的诗文革新主张与其政治革新主张一脉相承，力图通过变革以正文风、恢复古朴雅正的诗风，给文学贯注强有力的社会功能，抒发真性情，从而使诗文"质文相救，变而无穷"。他既是诗文革新的提倡者，也是实践者和探索者。据《全宋诗》所收范诗数量计，范诗作现存三百余首，他抒发了一个士人、士大夫心忧天下、锐意进取、济世安民的胸怀与抱负。大凡士人，一般都有两副面孔，从年轻时渴望出头到后来又寄望出世，从步入仕途后的渴望超升到后来又追求超尘出世的超越，达则兼济天下，穷则独善其身，而一生也大都有两变，进则为儒，退则释道。但范仲淹虽不能外，但他穷其一生显然没有这样明显的精神分界线，这从他晚年在庆历新政失败后写的《岳阳楼记》中充分体现出来了，他是进亦忧退亦忧，居庙堂之高亦忧，处江湖之远亦忧，他是一个天生的忧患者，忧患是他一生的动力，他因忧患而进取，也因忧患而长鸣。但也不能说他一生的心态就没有一点变化，若以庆历新政失败为界，在后期他的诗多少流露了一些陶渊明式的情结，但却很难对他的诗文进行一个分期，心忧天下是贯穿他一生的情怀。无论从思想上还是艺术上，范仲淹都是一位影响深远的大诗人。

在律赋上，范仲淹也大胆提出变革主张。北宋是律赋由兴盛走向衰落的转折点，而范仲淹阻挡和延缓了这种衰落的大趋势。在他至今尚存的三十五篇律赋中，对律赋的内容有了极大的拓展，在技巧运用上也是炉火纯青。他在律赋创作上提出"体势"说,对律赋学有重要贡献。范仲淹还在律赋中探究儒家经义，尤其是他借律赋谈《易》说理，论述世界和人生哲理，穷天理，尽心性，这在宋人中是独一无二的，可谓为宋学（理学）的发轫开山。谨慎而言，他至少也是中国理学的精神源头之一。事实上这也是宋学（理学）人物认可的，南宋理学的巅峰人物朱熹不仅把范仲淹确定为宋学的开山之祖，更赞其为"天地间第一流人物"。

既是宋人，自然少不了词作。范仲淹的词作在《全宋词》中仅存五首，此外还有存目词三首，而词不在多，而在于其文学上的标高，在文学史上的影响力。就凭他那两首苍凉豪放、历代传诵的《渔家傲》和《苏幕遮》，他也算是宋朝顶尖级的词人了。这两首他在镇守延州时所写的边塞词，一举打破了既往仅限于男女私情的"花间体"，令人耳目一新。边塞词在宋初如凤毛麟角，而在文人眼里"词为艳科"，"诗庄词媚"一直是诗词创作的准则，很多士人、士大夫在诗文里是一个个正人君子，在词里却尽力表现其心灵里不肯示人的另一面。范仲淹边塞词的出现，可以说是对词的一种颠覆性创造，开大宋一代词风。

然而，这样一个在诗词文赋上的宽阔写作者，一个几乎无所不能的大家，在文学史上一直处于被低估的状态。这是我从一开始就坦诚说出的看法，而当我把一个人从头到尾地描述了他的一生，我更坚信自己的看法。但这不能怪别人，只能说，他作为政治家、军事家、教育家的光辉掩盖了他在文学上的成就。其实，面对这样一个拥有太多光环的人物，也不必为他未能被列入唐宋八大家而遗憾了，从功名看，他已超越了他那将相兼荣、无与伦比的前辈寇准，也超越了唐宋八大家中的欧阳修以及三苏和曾巩，只有王安石可以比肩。是不是唐宋八大家，已经无所谓了，除了他，还有谁敢妄称北宋第一名臣？而只凭一篇三百多字的《岳阳楼记》，谁又能忽视他在文学上的闪耀的经世不灭的光辉？

岳阳楼，不知去过多少次，只因它离我太近了。登岳阳楼，范仲淹永远是缺席的，他描述的那个大泽，兴许是他曾经到过的西洞庭的风景，也可能是他故乡太湖的风光，而那一楼一岛（君山岛），则是滕子京寄给他的一幅画中的景物，一个士人的精神脉络，就在这纸上的一楼一岛之间贯通了。他对"政通人和，百废俱兴"的描述，也只是一个大宋国士理想主义的憧憬，就在这样一个虚拟的高度上，范仲淹抵达了一个北宋士人最崇高的境界："先天下之忧而忧，后天下之乐而乐。"如果把天下仅仅视为赵宋王朝的天下那就褊狭了，这是伟大的文学家为整个天下而确立的伟大价值观，而这个"天下"是"天下兴亡、匹夫有责"的天下。岳阳楼成全了范仲淹，范仲淹也成全了岳阳楼，斯楼也，斯人也，以重叠的影像为一个民族确立了一个精神坐标。而一篇《岳阳楼记》，只有在了解了这个人的一生一世之后，你才能理解那每一个文字都是心血凝成。那三百多个汉字我也不知读过了多少遍，每一个字符都让我沉重得喘息，然后，深呼吸。

　　微斯人，吾谁与归？

欧阳修

一个活得最像人的人

若要看清一个人的一生一世，必须从他的故乡、他最初的精神源头开始。

那个源头已经离我十分遥远，在尘土飞扬中的旷远视野里，车窗外源源涌现的一直是罗霄山脉迷雾中那恍若幻觉的山影，一条山道在悬崖的边缘上宛如蛇行，又总是在最凶险的关头突然颠簸而起。一条山路终于走到头了，我浑浑噩噩地下车时还有些心惊肉跳。但还得继续走，接下来的一段路只能靠两条腿来走了。我朝一个憧憬已久的方向瞄了一眼，在压得很低的云霭之下，那北宋庐陵的山色越发沉重起来。

欧阳修自谓庐陵人，庐陵是个大地方，他的故里沙溪其实很小，也很远，离吉州城很远，离永丰县城也很远，哪怕离我抵达的庐陵古镇沙溪也还有一段不短的距离。吉州，如今的吉安，这是元初的命名，在汉民族与蒙元经历了旷日持久的血战后，一个入主中原的外族也终于开始渴望国泰民安，宋朝的庐陵从此变成了吉安或吉州。然而这与我来寻觅的那个少年无关，他只能永远栖身于那个比吉安更古老的庐陵，一个叫西阳宫的小地方。当我走在这样一条山道上，难以想象，千年之前，当一个幼年丧父的少年背着包袱从这里出发，他该要经历多少荒芜、走过多少弯路才能抵达他想去的地方。但只要你沿着这条路一直走下去，必然会走到你想要抵达的一个地方。

这步步成灰的土路上已没有北宋的辙印，压得很低的天空是铅灰色的，一条路也是铅灰色的，我此刻的脸色或许也是铅灰色的。这样的铅灰色其实没有任何的寓意，我也没有感受到某种即将抵达的启示，但对于我，这又的确是一种内心的抵达，从一开始我就不是为来看什么风景，而是为了探访一个人的心灵而来，只因这个人对我的一生都有意义。

一、一个人从这里走远

沙溪是一个古镇，也曾是一条十分明净的小河，还是一个小小的渡口。

这条小河是吉水河的源头之一，水忽小忽大，与季节有关。这渡口也并不总在一个地方，码头跟着水跑，船跟着码头跑。我看见了，一只渡船，一块跳板。上人，下人。装货，卸货。我愣愣地看着，我知道这是幻觉，它来自一个宋朝士人对故乡风景诗意的抒写，每一篇文字都像他的胸襟一样明亮，恍惚又弥漫着某种微醺的醉意。一个背着包袱的少年，慢慢走过来了，像从时光的背后走过来的。但幻觉与微醺中的一个事实基本上可以确定，他是从这个小小的渡口出发的，一条很小的船，一条很小的河，将载着他在风波中远去。但那时谁也不知道，这个少年终将渡向哪里，又会走多远。早春，风很大，风一直在不停地吹，一个影子，终于淡去了，淡隐了。

离这渡口不远处，就是西阳宫欧阳宗族的一座宗祠。这里没有想象中掩映的苍松古柏，只有一些灰蒙蒙的樟树、柳树、苦楝树。我看见了一棵几乎挨着祠堂生长的树，不知是什么树。这是我见过的最奇怪的一棵树，它先向左拐，然后，仿佛受到了什么指引，又开始向右拐。它七弯八拐，却是这祠堂四周长得最牢固的一棵树，那古老的墙缝里也扎进了它挣扎的根须，裂缝中暴凸的树根，颜色像浸透了血一样。看着它，我的眼球开始尖利地疼痛。在我的头顶，一截干枯的树丫，一看就遭过雷劈。或许是它们实在太古老了，不该如此长久地活在一个不再属于它们的时空里。然而在这早春的季节，那古老的枝丫又开始变得黑而湿润了，一副要发芽的样子，要长出新枝翠叶的样子。看着这样一棵树，忽然想到欧阳修，想到他一生崎岖而坚忍的命运，我的心尖下意识地颤抖了一下，我忽然感到了某种启示，或许命运，真有某种宿命般的启示。

眼前这座祠堂，不知还是不是那座供一对北宋的孤儿寡母栖身的祠堂。看样子很古老，由于年久失修，多少显得有些苍凉和破败了。但这里的老乡们都跟我说，欧阳修的少年时代就是在这里度过的。

追溯一个北宋士人的人生，历史的叙事充满了重复的嫌疑，从一个士人身上，常常会碰到和另一个士人身上吻合的事情。

宋真宗景德四年（1007年），一个日后将被命名为欧阳修的婴儿降生于远离故乡的绵州（今四川绵阳）。绵州是李白的故乡，欧阳修和李白也攀得上半个老乡。当时，他父亲欧阳观正在绵州推官任上。对这样一个些小衙门吏，官修的正史是不屑一顾的，幸运的是他晚年得子，而且是一个特别有出息的儿子，他也就不会处于被遗忘和湮没的状态。欧阳修在父亲逝世六十年后为父亲写了一篇千古流芳的墓表——《泷冈阡表》，也正是通过这一篇墓表，让后世了解了他父亲大致的身世："先公少孤力学，咸平三年（1000年）进士及第，为道州判官，泗绵二州推官；又为泰州判官。享年五十有九，葬沙溪之泷冈。"中进士是一个士人的命运转折点，而从欧阳观中进士的时间看，他已年过半百，而进士及第初授官职一般都是所谓"些小衙门吏"，这也是欧阳观一辈子做到头也只做到了一个八品推官的原因。中进士的时间太晚了，年岁不饶人，还没熬到该提拔的年数，就到了退休的年头，甚至走到了生命的尽头。

欧阳修是欧阳观的独子，或许是为尊者讳，欧阳修没有交代他母亲郑氏是不是父亲的发妻。在宋朝，也有不少一生寒窗苦读终身未仕也未婚的老童生。很多士人都梦想中进士后再论婚娶，既是金榜题名时，也是洞房花烛夜，欧阳修后来就是这样双喜临门。但透过他父亲老年得子的身世不难看出，他父母亲是那个时代相当普遍的老夫少妻。他父亲在五十九岁逝世时，母亲才二十八九岁，比父亲小了整整三十岁。而她如此年轻的母亲并非穷人家的女子，而是大家闺秀，对此欧阳修在《泷冈阡表》中交代得非常清楚："太夫人姓郑氏，考讳德仪，世为江南名族。"然而非常不幸的是，这种老夫少妻的结果是难以白头到老，往往在一个老夫晚年得子之后，一撒手就走了，却极不负责任地把那一对孤儿寡母抛在世上。这是寇准的命运、范仲淹的命运，现在又轮到了欧阳修。他三四岁时，父亲去世了，而父亲一辈子做到头了也就是一个八品推官，薪俸微薄，又加之为官清廉，家无余财。他一撒手一蹬腿走了，这孤儿寡母身在异乡，家无余财，"故其亡也，无一瓦之覆，一垄之植，以庇而为生……"而孤儿寡母还不只是欧阳修一个孤儿，还有一个襁褓中的小妹。在穷愁无依、走投无路之下，一个三十不到的年轻寡妇，只得手里牵着三四岁的儿子，怀里抱着襁褓中的女儿，从四川绵阳辗转千里去投奔在湖北随州为官的欧阳修的叔父欧阳晔。欧阳修从小就是叔父抚养大的，说是抚养又弗如说是在叔父门下寄生。后世鲁迅曾有过的那种乞食者的屈辱之感，不知欧阳修少年时是否有过。

据欧阳修日后为叔父撰写的墓志碑，欧阳晔曾任刑部郎中，这个官职的品位应该不算低了，已是四五品官。但这应该是后来的事，他在大中祥符年间（1008—1016年）为随州推官，和欧阳修的父亲一样俸禄低微又加之为官清廉，仅够勉强养家糊口而已。这有一个直接因欧阳修母子而产生的成语或典故为证——"画荻课子"。欧阳修小时候受到了良好的家教毋庸置疑，他母亲郑氏原本就是知书达理的大家闺秀。他那篇让人读得流泪的《泷冈阡表》，其实是"一碑双表，二水分流"，一个长大了的孤儿更多的其实不是追忆亡父，而是在倾诉对母亲的衷情，同那个形象模糊的父亲相比，他那寡母的形象，以及自己不幸的身世,在字里行间更加真切感人。他父亲对自己的早逝是有预感的，此前还有懂相术的人给他看过相，他因此特意叮嘱自己年轻的妻子："术者谓我岁行在戌将死，使其言然，吾不及见儿之立也，后当以我语告之。"这位老父亲预感到自己已经看不到儿子长大成人的岁数了，只能将抚养儿子成人的重任托付给妻子，而那可怜的未亡人自是心领神会。

然而，寄居于叔父家中时，这可怜的孤儿寡母穷得连纸笔也没钱买，只能用荻——芦苇秆在沙地上指画着教欧阳修读书写字。这个典故与范仲淹童年时在地上用树枝练习写字几乎如出一辙。欧阳修和范仲淹算是同时代的人，但比范仲淹小了十八岁，差不多两代人了。前者因为苦读有了"划粥断齑"的成语，后者则因母亲的施教留下了一个"画荻课子"的典故，而他们都像北宋时代的颜回，"贤哉回也！一箪食，一瓢饮，在陋巷，人不堪其忧，回也不改其乐"。但一样的事迹却是两样效果，范仲淹一生不堪其忧，欧阳修一生不改其乐。

又从寇准、范仲淹和欧阳修这北宋三大国士看，他们的命运也如出一辙，全都是在贫穷中靠寡母抚养成人。其实除了他们，北宋时代的很多大臣、名臣都是寡妇的儿子，而在一个祥瑞与神童频出的王朝帝国，这种单亲家庭的孩子也表现得非常神奇，日后一个个都特别有出息，而且是非同一般的大出息。

欧阳修母子是何时离开随州回到故乡的，史载不详，但事实清楚，一对孤儿寡母在回归故乡后，却无家可归，好在同族人念这母子孤苦无依，腾出宗祠的一间厢房供这孤儿寡母栖身。这间房子据说还在，走过去，一扇门开着，仿佛自然而然地对往事开放着。当年，欧阳修就是从这扇门里走出去的。在他走后的一千多年，我站在了他的起点。在他读书的案头，还放着一册摊开的线装书，而烛台里的那一支蜡烛，已经熄灭千年，只有凝结的烛泪，如冰花一样绽放。就是在这支蜡烛下，一位孤儿，一位寡母，十多年来一直在守望着什么。在那个年代，一个失去了父亲的孩子，就是名副其实的孤儿了，但欧阳修从小似乎并未感到有多么孤独，这是因为他幸运地拥有一位慈母。

和他的老前辈寇准一样，欧阳修也是一个生而早慧的神童。据说其少年习作诗赋文章，"文笔老练，有如成人"。他也是一个像范仲淹一样天生的读书人，但没钱买书，他就抄书。当时，城南李家藏书很多，对欧阳修这种天生爱读书的孩子也格外开恩，时常借书给他。十岁时，他从李家借到了《昌黎先生文集》六卷，"甚爱其文，手不释卷"，他把这六卷书抄下来了。又据说他天资聪颖,一本书还没有抄完,他已过目成诵,而他少年习作的诗赋文章,颇有韩愈(昌黎)的风采神韵。事实上,韩愈的道德文章也是对他一生影响最深远的,甚至可谓他一生最重要的精神源头,作为唐宋八大家的北宋第一位大家,他是韩愈衣钵最直接的继承者和传承者。

时间过于久远,有些东西我们已经看不到了,但那位容貌端庄、依然年轻的母亲,她的形象还如在眼前,一只手捧着线装古籍,一只手慢慢地摇着蒲扇,正给埋头用功的儿子驱散着夏日的炎热和蚊蝇。她微笑着,很恬淡也很温柔,很慈祥也很严厉,除了书,除了蒲扇,在她腿边还靠着一把戒尺,那是用来打儿子手心的。这是一位有着某种信念的母亲,在她身上,你看不到一丝穷困潦倒的痕迹,甚至没有一些苦涩,哪怕再穷、再苦,也会给你一种高贵的感觉。她恪守着一个母亲最后的信念,一定要把儿子抚养成人,成为比他父亲更有出息的人。

又据说,当他的叔父看见侄儿这样聪明,又这样酷爱读书,从这个少年瘦弱的身上,他看到了一个家族振兴的希望。一次,他看到了侄儿的一篇文章,简直不敢相信是一个孩子写的,冲着嫂子惊叹:"嫂勿以家贫子幼为念,此奇儿也!不惟起家以大吾门,他日必名重当世!"

二、曾是洛阳花下客

但从接下来的科举之路看,被叔父惊叹为"此奇儿也"的欧阳修却不像他的前辈寇准、范仲淹那么顺遂。他十六岁便跃跃欲试地参加第一次科考,结果落榜了。不过,对这次落榜他没有太多的意外,原本就只是抱着试一试的心态,但在三年后的大比中,接下来的又一次落榜他就大感意外了,连心态都开始变化了。他觉得自己发挥得相当好,应该高中才对,怎么又落榜了呢?他有一种异常强烈的感觉,这不是他自身的学问与文章有问题,而是这样的科举考试出了问题。

别说他,连那些一向看好他的士子、士大夫们也颇感意外。在很多人心中,凭欧阳修那一肚子四书五经和一笔让人叫绝的好文章,莫说中进士，就是中状元也绰绰有余了。但科考就是科考，考不上就是考不上。我猜测，欧阳修屡试不第的原因可能与他深受韩愈的影响有莫大的关系，韩愈的文章在唐朝吃香，但在北宋开国后的数十年里，最吃香的却是那种有"险怪奇涩"之称的太学体，而欧阳修最深恶痛绝的就是这种太学体，这也正是欧阳修怀疑科举考试出了问题的原因。

宋仁宗天圣七年（1029年）春天，接连两次落第的欧阳修，已经二十二岁。眼看又一次大比即将来临，欧阳修这次似乎变得聪明了，他不再像前两次那样冒冒失失地进考场，而是先试开封府最高学府国子监。对当时的士子来说，入试国子监，既是一个应试的准备阶段，也是一个结交人缘、培育人气的机会。这也是欧阳修前辈范仲淹的成功经验之一，而国子监生原本也是一种很为当时士人看重的身份。

宋代科考比较复杂，在岁月嬗变中又有很多变化，进士科一般分为三级考试，第一级是州试，或称郡试、解试，登榜者即举人，其第一名称解元；第二级为省试，或称乡试，只有举人才有资格参加，中第一名为会元或省元；第三级是由中央礼部在京师举行的会试，即礼部考试，宋太祖开宝六年（973年）又在会试后再举行由天子主持的殿试，或称廷试、御试，其第一名称状元，第二名称榜眼，第三名称探花（宋初，又以最年轻的进士称探花，如寇准），其他合格者均为进士。

说到这里，又得说到欧阳修平生中的一个贵人。他这次在大比之前入试国子监，就是得到了这个贵人或高人的指点。这个贵人也是他就试国子监的保举人胥偃。此人为潭州长沙（今湖南长沙）人，和欧阳修一样，从小勤学苦读，能写一笔令人惊叹的文章（后来成为北宋骈文大家），也从小就被高人预测："异日必得名天下！"他后来举进士甲科，授大理评事，累迁至尚书刑部员外郎、知制诰、工部郎中，入翰林为学士，而他一辈子担任的一个最重要的职务则是"权知开封府"，担任了北宋京师的"市长"。而对他与欧阳修非同一般的关系，《宋史》也没忘载上一笔："欧阳修始见偃，偃爱其文，召置门下，妻以女。"这还真是非同一般的关系，这个胥大学士既是欧阳修的贵人、恩师，过不久还将成为他的老丈人。不过，此时的胥学士还没有到"妻以女"的时候，他对这位入室弟子赏识归赏识，但宋朝的士大夫既爱才又非常现实，他必须对自己的女儿负责，欧阳修能否成为他的乘龙快婿，还要看这小子大比的结果。

欧阳修还真是不负重望，这年秋天，他在国子监解试、国子学的广文馆试和国学解试中，均得了第一，成为监元和解元，又在第二年的省试中斩获第一，成为省元。如此一来，他在大比之前就以三连冠震撼了云集京师的士子。

也就在这次省试中，欧阳修阴差阳错地成了那个以神童登科入仕的晏殊门下的弟子。

反复搜寻历史，这当是晏、欧两人能扯上师生关系的第一次交集。据王铚《默记》中卷云："晏元献以前两府作御史中丞，知贡举，出《司空掌舆地之图赋》。既而举人上请者，皆不契元献之意。最后，一目眊瘦弱少年独至帘前，上请云：据赋题，出《周礼·司空》，郑康成注云：如今之司空，掌舆地图也；若周司空，不止掌舆地之图而已。若如郑说，今司空掌舆地之图也，汉司空也。不知做周司空与汉司空也？元献微应曰：今一场中，惟贤一人识题，正谓汉司空也。盖意欲举人自理会得寓意于此。少年举人，乃欧阳公也，是榜为省元。"

欧阳修这个省元来之不易，但那位风流倜傥的晏大学士对欧阳修第一印象并不好。据说，晏殊瞟了他一眼，立马就皱起眉头嘀咕："原来是个目眊瘦弱之少年！"——这也是欧阳修天生的缺陷，他相貌丑陋，身材矮小，脸色苍白，唇不包齿，大概是读书读多了，还高度近视。所谓目眊，即目不明澈，也就是高度近视了，而那时的近视眼还没有办法矫正，算是终身残疾。他这模样也实在让人难以恭维，难怪晏殊看了他一眼就不想看第二眼了。

但也并非每个人都像晏殊这样以貌取人，譬如说欧阳修未来的老丈人胥大学士，似乎比神童出身的晏殊更懂得人不可貌相，海水不可斗量。在欧阳修连中三元后，胥大学士虽说不动声色，一副没事人的样子，在心里却已感觉自己即将当上新科状元的老丈人了。可惜，他这个老江湖能沉住气，却忘了提醒自己未来的女婿一下。结果是，连中三元的欧阳修毕竟是有些年轻气盛，在即将到来的殿试中，他对夺得状元更是踌躇满志，大有舍我其谁之感。应该说，这个实力与底气他确实有，但他未免也太轻狂了，一个状元还未到手，他就提前定做了一身大红的状元袍子，只等着那钦点状元的一刻，就脱下寒衫换新装了。这是欧阳修一生第一次犯下的一个低级错误，他也实在是太沉不住气了。恰此时，他在广文馆有个叫王拱辰的同学，年方十九，却也是才华逼人，这次大比他也夺得了殿试资格。但他有自知之明，知道这个状元郎还轮不上自己，对欧阳修也就只能抱着一种羡慕嫉妒恨的心态了。一天晚上，这小子不知怎么发现了欧阳修那一身大红的状元袍，看得他一双眼更红了，趁欧阳修当时不在场，他又是羡慕又是好奇地穿上了一身大红袍，光彩熠熠地到处炫耀显摆："看看，我中状元了，我穿上状元袍子啦！"

这样一个滑稽的历史玩笑，转眼竟变成了历史事实。

殿试那天，仁宗皇帝对那个十九岁的王拱辰竟然特别看好，将他钦点为新科状元，这也是北宋历史上最年轻的状元。可怜那一心等着穿上大红袍的欧阳修，连一甲进士也没中上，直到仁宗皇帝慢悠悠地唱到二榜进士，才终于唱到了欧阳修的名字，位列二甲，在此次登榜进士中名列第十四名。应该说，这还是一个不错的名次，但从一个状元到一个二榜进士，这巨大的落差让欧阳修有多么失落，也只有欧阳修自己才能感受得到。他这个名次，还没赶上他老丈人胥学士当年的名次，人家那可是一甲进士。不过，以欧阳修豁达的性情，他也应该想得开，看得开，二甲进士也是进士，也是很多人穷其一生也求之不得的，而在当时，只要是个进士，都是很多人来争抢的乘龙快婿。这又是一个文治盛世的奇异风景了，由于宋代以科举为晋升的主要阶梯，也是出人头地的主要捷径，从此打破了前朝的门阀制度，在婚姻上也就不再那么讲究门当户对，朝中那些进士出身的高官显宦都喜欢在新科进士榜下争相挑选女婿。榜下择婿甚至形成了宋朝一代的风俗，又毕竟进士及第者十分有限，榜下择婿又变成了你拉我拽的争抢。欧阳修一登进士榜，他恩师胥偃早就等在那里了，近水楼台先得月，眼疾手快地把自己这得意门生抢到家里来做了女婿，老师变成了老丈人。

一个寒门士子，在金榜题名时，又迎来了洞房花烛夜，人生中的最美的两件事一下占全了，而他虽说相貌丑陋，但老丈人和美丽的胥小姐都很中意于他，这也多少冲淡了一些他没中状元的失落和遗憾吧。从欧阳修一生的性情看，他也很善于调整自己的心态，更何况，状元也不一定就比进士有出息，一甲进士也不见得就比二甲、三甲进士有前途，接下来还得看个人在仕途上的打拼了。要说遗憾，还是他那一身提前做好的状元袍子，这是他一生中闹的一个笑话，而且是一个滑稽的历史笑话。当一场大比尘埃落定之后，就在欧阳修调整心态时，一个内幕消息不胫而走，让欧阳修的心态一下又失衡了。据这次科举的主考大人、欧阳修的江西同乡晏殊透露：欧阳修之所以未能夺魁，主要是他锋芒太露，"众考官欲挫其锐气，促其成才"。

这难免就让欧阳修的心理倾斜了，失重了，虽说他一直也在后悔自己的轻狂，但这些考官又怎么能如此随意呢？一次故意强加给他的挫折，让他唾手可得的状元就这样丧失了，永远丧失了，这公平吗？一个考官的权力如此之大，随意性如此之强，或许会让欧阳修思考一生。从此之后，他这个晏殊的"门生"，一辈子与他的"老师"晏殊不睦，谁看谁也不顺眼。

而接下来，欧阳修在洛阳的种种表现，又是否与他这种倾斜、失重的心态有关呢？

接着往下看，在经历了那喜剧般的一幕幕后，欧阳修度过他新婚燕尔的蜜月，该步入仕途了。天圣九年（1031年），他中进士的第二年，被任命为西京（今洛阳）留守推官。这个官职像所有初入仕途者一样低微，这是他的起步官，却是他父亲一生当到头的官。从年龄上看，欧阳修与他的前辈范仲淹步入仕途时的年岁不相上下，身世命运也差不多，但步入仕途后的表现却差得太多了。范仲淹在入仕的最初一段岁月里难免辗转蹉跎，但一直有着十分清晰的人生规划和追求目标，一直在捕捉和创造晋升的机会，而欧阳修在步入仕途后显得有些茫然和不知所措。这兴许与他的天性有关，他不像范仲淹那样"少小爱功名"，他对功名好像抱着无所谓的态度，人在仕途，若没有了对功名的追求，也就没有了太明确的方向感。

若从人生的意味看，西京可以说是欧阳修人生的另一个起点。

换言之，时空中如果还有另一个欧阳修，从一个其貌不扬的欧阳修到一个风流浪子欧阳修，就是从他担任西京留守推官时开始的，甚至就是从西京直接诞生的。

如果没有那么多历史事实摆在那里，谁又能凭空想象，一个欧阳修到了西京，立马就发生了人格分裂，抑或人生的断裂。说起来，这里边也有一些缘故，欧阳修不但长得丑，似乎还有些克妻，他的第一房夫人胥小姐红颜薄命，嫁给他没多久就病逝了，还不满十八岁。欧阳修没过多久又继娶杨氏，也是高官之女，据说两人也很恩爱，可惜杨氏嫁后一年也去世了。随着两房娇妻在花季夭折，年轻的欧阳修在西京形同鳏居。不过，这鳏居的两年，正是他寻欢作乐、美女相伴的两年。这个西京的欧阳修，绝不是那个"四岁而孤"的欧阳修，却像是一位自小便养尊处优的纨绔子弟。对这样一个欧阳修，所谓功名至少没有及时行乐、享受生活那么重要，而洛阳既是天下牡丹之都，也是北宋的花都，一个销魂之城，一座销金之窟。这个欧阳修一脚跨进西京，几乎没有任何过渡，就云里雾里地坠入了乱花迷眼的声色犬马之中，仿佛把他从小到大的不幸命运、一个慈母"守节自誓，居穷，自力于衣食，以长以教，俾至于成人"的苦难历程一齐抛到了九霄云外。一个年轻士人，自称洛阳花下客，却是西京风流鬼，西京无处不销魂，得销魂时且销魂。

说起来，这又与他在西京遭遇的一个贵人有关了。这位贵人是一位王公贵族，即吴越王钱俶的第十四公子钱惟演。钱惟演时任西京留守，欧阳修则是他幕下的推官。如果吴越国没有被大宋帝国吞并，钱惟演还是一个王子，甚至有可能当上与大宋帝国并肩而立的皇帝。不过，这个王子似乎早已没有了称王称帝的非分之想，他随父王钱俶"纳土"归宋后，就一心安分守己地做着一个北宋的臣子，并且做得还非常成功。像他这种身份，在政治上高度敏感，是很容易让大宋天子起疑心的，稍有不慎脑袋就要搬家，但此公一生历右神武将军、太仆少卿、命直秘阁，累迁工部尚书，拜枢密使，官终崇信军节度使，一度竟然还当上了北宋帝国最高军事长官，还曾加封同平章事（宰相），这真是令人惊叹的奇迹了。而奇迹中又该有多少值得后世钻研的官场秘诀？说穿了其实也不是什么秘诀。从钱惟演这种奢华享乐的生活中，仔细看看就能隐隐窥伺到了什么，那或许暗藏着一个前王子更隐秘的心机，也可以说是一种智慧吧，从南唐亡国之君李后主的命运来看，你越是这样耽于享乐，越是这样碌碌无为，这个帝国就越是对他放松警惕，你就好好去乐呵吧！若是你忽然心血来潮想干点什么正事儿，而且是一副踌躇满志大有作为的样子，那你就高度危险了。历史对钱惟演的评价是（大意）：他一生奔波宦途，数度沉浮，政绩平平，其为人好趋炎附势，多写歌功颂德的文章献于朝廷以邀恩宠，尤善以联姻手段巴结皇室，攫取权力，为时论所鄙薄。如此评价，已经把他描绘成一个历史上的卑鄙小人了，然而这又是他一生的非凡成功之处。

钱惟演虽说政绩平平，却也博学能文，说起来也是一位神童，少时曾赋《远出》一首，以"高为天一柱，秀作海山峰"而为时人传诵。他一生雅好文辞，还是一个读书的榜样，自称"平生唯好读书，坐则读经史，卧则读小说，上厕则阅小词，盖未尝顷刻释卷也"。而他家藏书富可敌国，可与秘阁（皇家图书馆）相比，尤其收藏有很多古代书画，后人亦将其归入藏书家之列。此外，他还有一个载入中国古代文学史的身份，他是"西昆体"的代表性诗人，当时与杨亿、刘筠齐名。西昆体为宋初一大诗派，以词采妍华又好用典故而名噪一时，这也是北宋诗文革新的先驱范仲淹深恶痛绝的。但范仲淹深恶痛绝，欧阳修却不会深恶痛绝，至少暂时还不会，他挺喜欢这个人的，难免也会爱屋及乌，甚至一度加入了西昆派。在欧阳修任西京推官的两三年里，钱惟演作为他的上司，对他和梅尧臣、尹洙等一帮青年才俊优待有加，从来没有把他们当作自己使唤的下属，而是引为自己的座上宾，"座上客常满，樽中酒不空"，这是钱惟演最享受的贵族式生活，也是他乐于与欧阳修等年轻人分享的生活，他几乎把他们"供"起来了，很少让这些年轻文人和低级文官去干那些琐碎的行政事务，鼓励他们趁着年轻时能吃能睡能玩的大好年华，好好吃喝玩乐，享受生活。欧阳修等人跟着他也非常享受。此时，他好像忘了母亲的教诲："吾儿不能苟合于世，俭薄所以居患难也。"他只记得自己打小就受穷受苦，想起来几乎没过一天好日子，如今终于也能奢侈地享受这贵族一般的生活，同时也奢侈地享用着自己的生命，他或许觉得，这是上苍对他的慷慨补偿。几乎每天，他都跟钱惟演花天酒地地厮混在一起，也因此与梅尧臣、尹洙等在诗酒唱和中结为一生的至交。

在芜杂的宋人笔记中，记录了许多正史不载的历史掌故、趣闻、逸事，欧阳修似乎更适合成为趣闻中的主角——自然是另一个欧阳修。其中有不少他与妓女的风流韵事，虽有捕风捉影之嫌，却也有一些比较可信的。说起来，宋朝政府还很人性化，一个官员到外地为官，既有官邸可住，朝廷又念那些没带妻室或没有家室的官员日子过得冷清孤寂，还在每个地方养了官妓。这也不是大宋的首创，而是唐朝以来的遗风，甚至在更久远的历史年代，就有了这样的官妓。但这人性化的安排又简直有点不近人情，官妓既是供奉官员的妓女，却只是在官场应酬会宴时陪酒陪唱，也就是卖艺不卖身的那种。很多官妓还是大家闺秀，在涉案抄家后，官方将其妻妾子女入妓。还有不少朝代规定，凡朝廷命官因罪而抄家后，官家女子不能卖入市井青楼，只能招官妓。此外，也有自小通过教坊司的培养入妓的。这些官妓既秀色可餐，又多才多艺，琴棋书法无一不能。这也迎合了一个文治盛世的那些文士们的精神需要，很多文人士子，譬如说欧阳修和后来被他纳入门下的苏东坡等风流才子们，无不经常出入官妓场所，还在官妓身上找到了激情与灵感，写出了不少流芳千古的诗词，也让一些色艺俱佳的官妓流传了芳名。人道是"婊子无情"，但这些官妓又似乎不是花街柳巷中的那些市井妓女，她们对那些文人士子还一往情深。有一段后话，也是一段佳话：在苏东坡被卷入"乌台诗案"几乎被打入死牢之后，曾有一位官妓为营救他而到处奔波。文人一向自命为高雅之人，哪怕在风月场上，也只有与之相对应的官妓才能对得住自己的身份。但对于欧阳修这样一个充满了激情的风流才子，眼看着那些如花似玉的官妓只是陪酒陪唱，时常也有越界的冲动，但这又是非常危险的游戏，若是叫人逮住了，或有人告发了，那政治前途就算玩儿完了。

欧阳修在西京时，据说曾与顶头上司钱惟演为一个妓女而争风吃醋。此事，是吴越王之后钱世昭在《钱氏私志》中曝出来的，说是欧阳修与钱惟演争一妓不得，遂恶语诋毁吴越国，而后来，欧阳修在自撰五代史时又对钱氏先祖有谴责之语。这位钱世昭遂在书中给了欧阳修一个评价："有才无行。"但看欧阳修的生平及著述，他与钱惟演私交甚好，在《归田录》中，他对钱惟演更是充满了溢美之词，他并非不知道钱惟演的人品，但从来没有谈论过钱惟演在政治和人格上的污点。一生以"论事切直"的欧阳修，对钱惟演这个上司和贵人还真是网开一面，没有实话实说。至于修《新五代史》，本是谈王朝兴衰，以为后世之鉴，作为一个修史者，只能忠于历史事实，秉持持平之论，绝无报复之嫌，倒是钱世昭因为祖先被抨击，带着怀恨之心扭曲事实。但他这部类似于宋人笔记的书中，还保留了一部分为正史所不载的史实，也可以说是另一类历史吧。

对《钱氏私志》披露的这一桩"花边旧闻"，又有另一个演绎得更生动的版本。

相传，欧阳修在西京迷恋上了一名樱桃小口、笑意吟吟的官妓，这让梅尧臣等好哥们为他捏了一把汗，三番五次地提醒他，千万别动真格！可欧阳修哪里听得进去，他的魂像是被狐狸精迷住了，几乎成了一个情痴了。某天，钱惟演又请几个哥们来饮酒作乐，可等了许久，还不见欧阳修和那官妓过来，大伙儿在心里犯嘀咕了。等到那一双男女一前一后过来了，一见那官妓云鬟散乱，几个人你看看我、我瞅瞅你，那个久经风月的钱惟演心里更是明镜儿似的。作为过来人，也作为上司，他既为欧阳修这个小年轻捏了一把汗，也生怕连累了自己，毕竟人多眼杂，官场的竞争又那么激烈，难免有人抓住一个小青年的尾巴不放。想到这里，他用一种近乎谴责的语气问那官妓，你怎么才来？那官妓倒也伶俐，连忙说是天热睡着了，醒来不见了金钗，找了半天也没有找到，因而来晚了。钱惟演又瞅了欧阳修一眼，欧阳修也装模作样说，他刚才脑子里想着一首词，想提前填好了交给这官妓来吟唱，没想到琢磨着琢磨着，天色就晚了。钱惟演猛盯了他一眼，那模样有点凶恶。你骗谁呢！你要现在就填出一首词来，我才相信！欧阳修翻了翻眼睛说，好，打个赌，我要是吟出来了呢？钱惟演说，你要吟出来了，不光相信你迟到是在琢磨词，还要赔给这姑娘一支金钗！这又如何难得倒欧阳修呢，吟诗填词是他的拿手好戏。他张口就来，即席赋了一首《临江仙》："柳外轻雷池上雨，雨声滴碎荷声。小楼西角断虹明。阑干倚处，待得月华生。　燕子飞来窥画栋，玉钩垂下帘旌。凉波不动簟纹平。水精双枕，旁有堕钗横。"这倒不是什么艳词，而是一首意境幽美的好词。又经那官妓一唱，满座的人都被迷住了，都忘了刚才发生过什么了。而这个钱惟演还真是很会表演，他说话算话，命人从府中取了一支金钗赔给这个官妓，并命她向欧阳修敬了一大杯酒。如此一来，他不仅把一场风流事给岔开了，也让欧阳修和那官妓都找到了能带得过场的借口。欧阳修对这个上司更是充满了感激，钱惟演好像是在审问他，实际是在保护他，给了他一个下台阶的机会，也给了他一个施展才华赢得众人喝彩的机会。有了喝彩，有了好感，自然也就不会揪住他的尾巴不放了。

对这一类"花边旧闻"自然是当不得真的，但欧阳修在西京的那一段岁月的风流才子形象是真的，他和钱惟演等人花天酒地的生活也是真的。在这两三个年头里，欧阳修几乎没有干过什么正经事，除了写过不少艳词，似乎也很少写什么正经文章。不过，在拈花惹草之余，他还写出了一部牡丹专著——《洛阳牡丹记》，包括《花品序》《花释名》《风俗记》三篇。根据他的生平推测，这应该是在他"曾是洛阳花下客"的那段岁月里写成的，他亲睹"洛阳之俗，大抵好花，春时，城中无贵贱皆插花，虽负担者亦然。花开时，士庶竞为邀游"。于是他遍访民间，将洛阳牡丹的栽培历史、种植技术、品种、花期以及赏花习俗等作了详尽的考察和描述。这是历史上第一部具有重要学术价值的牡丹专著，也是欧阳修在西京洛阳的意外收获吧。

"洛阳地脉花最宜，牡丹尤为天下奇。"这两句诗，几乎成全了一座牡丹之都，换句话说，也是一座牡丹之都成全了他。

从接下来的历史看，如果不是钱惟演调离洛阳，欧阳修还将继续享受下去。欧阳修等年轻士人对钱惟演的离去依依不舍，在把酒饯行时，每个人的酒盅里都有自己掉下来的泪水。他们好像不是在告别一个人，而是在告别一种生活。事实上，随着一个老王子的黯然离去，欧阳修一生度过的最快乐的时光也结束了，这也是他生命中最美好的一段回忆。对欧阳修度过这段花天酒地的时光，后世也曾寻找其中的意义，认为这一段时光对欧阳修在文学上是非常有意义的，它不仅奠定了欧阳修一生的文学基础，也成就了他后来一生反复抒写吟咏的华彩篇章。对这样的评说让人不禁莞尔，感觉就像是一出喜剧的延伸。欧阳修似乎也颇为适合在这喜剧中扮演那么一个角色，一个寻花问柳、风流多情的公子哥儿。如果让他继续享乐下去，他绝对愿意，而且乐不可支。后来，当他也成为一个贬官时，他又一次回想起这段美好的时光，情不自禁地写道："曾是洛阳花下客，野芳虽晚不须嗟。"

三、一个命定的方向

历史是最有宿命感的一种存在。一个日后注定将成为大宋国士和北宋文坛领袖的人物，也注定是不会与一个没落的王公贵族花天酒地地厮混下去。欧阳修的命运或仕途在他二十七岁那年为之一转，宋仁宗景祐元年（1034年），欧阳修召试学士院，从进士晋升为翰林学士，授任宣德郎，入朝为馆阁校勘。

对此，《宋史·欧阳修传》还特意加了一个前提："修以文章名冠天下，入朝为馆阁校勘。"

看来，欧阳修二十七岁时的文名已经是天下一流的了。

士人入馆阁任职，人道是高阁穷年。像欧阳修这种馆阁校勘，官位不高，薪俸也不高，在高阁中坐的也是冷板凳，但地位很高，无论翰林学士身份，还是进入馆阁，都是宋朝士人登上日后士大夫高位的重要阶梯。这也是欧阳修在仕途登上的一级重要台阶。而欧阳修这次进入馆阁，与仁宗时代的一项国家文化工程有关，参与编修《崇文总目》。宋仁宗先命翰林学士张观等校定整理三馆与秘阁藏书，去芜存菁、刊其讹舛，编成书目，不久又命翰林学士王尧臣等人校正条目，讨论撰次，又仿唐代《开元群书四部录》，编列书目。在为数众多的编修人员中，欧阳修初期还只是叨陪末座，后来逐渐成为主笔。这是一个旷日持久的工程，历经七年编修，至庆历元年（1041年）七月成书六十卷，这年十二月，由王尧臣上奏，仁宗赐名为《崇文总目》。《崇文总目》六十六卷，按经、史、子、集四部分四十五类，全目共著录北宋前期图书三千四百四十五部，计为三万零六百六十九卷。其编纂体例，有叙有释，主要为欧阳修所撰写。这也是中国现存最早的一部国家书目（已残缺），上承唐代《开元群书四部录》之余绪，下启清代《四库全书总目》之先河，其间八百多年，是唯一一部卷帙浩繁、体例完备的官修目录。由于宋朝崇文三馆和秘阁曾多次失火，补缺全靠这部《崇文总目》。

尽管坐着冷板凳，但欧阳修从西京洛阳到东京开封，性情似乎未变，"座上客常满，樽中酒不空"，依然是一个士人从青年到中年最热爱、最享受的生活。但此时，欧阳修已走得离范仲淹等忧国忧民的国士越来越近了，而一旦走得离范仲淹这样的人近了，也就危险了。

就在欧阳修进入馆阁的第二年，景祐二年（1035年），范仲淹因治水有功，从苏州的贬官任上奉诏回京，以天章阁待制的荣衔，被任命为北宋帝国的京师开封知府时，在政治与法制上推出了不少标新立异的举措。当时，欧阳修那位老丈人胥偃大约正在刑部员外郎任上，负责纠察刑狱。史载，"范仲淹尹京，偃数纠其立异不循法者"，而当时欧阳修和范仲淹的交往已经很深了，由于他对范仲淹的改革举措非常推崇赞赏，结果和自己的老丈人都有了过节，"修方善仲淹，因与偃有隙"。不过此时，从严格意义上说，这位老丈人也不是欧阳修的老丈人了，他那位胥夫人红颜薄命，在新婚不久便去世了。但胥偃就算不是他的丈人，也是提携过他的恩师，由此可见，在政治立场上，欧阳修的态度是鲜明而决绝的。

得罪了一个老丈人还无所谓，若是得罪了朝廷和天子，就不会这样便宜他了。当时，北宋王朝已运转了七十多年了，从守内虚外到积贫积弱，各种隐疾正逐渐显现，随着贫富差距不断拉大，社会矛盾日益突出。景祐三年（1036年），欧阳修年届而立，范仲淹已年近天命，而一个天命将至的国士，其危机感更迫切，范仲淹又开始为改革而奔走疾呼。他把社会问题归咎为腐败，但年轻的欧阳修看问题却更深刻，认为腐败还不是根本原因，冗官冗员才是根本问题。你不能不说欧阳修的眼睛很毒，腐败只是官员的道德问题，而所谓根本问题则是一个帝国的体制上出现了问题。我想范仲淹其实也意识到了这一点，他只是想从反腐败入手，这样更容易被天子和朝廷接受，然后进入更深层次的改革。但欧阳修的提醒似乎在他身上起了作用，结果是一个果不其然的结果，当提出来的改革方略触犯了国家的政治体制，同时又冒犯了以"一代名相"吕夷简为首的权贵集团的既得利益，立马就遭遇了双重的打击，他这个开封知府当不成了，他那个天章阁待制的荣衔也被褫夺了，被逐出京师，直贬饶州。

这是范仲淹一生中第三次被贬。而欧阳修自从和范仲淹有了交集，从此一生仿佛就有了一个清晰的政治方向，这也是他一生中命定的一个方向，而这个人一旦认定了某个方向，就再也不会回头。他性格中的另外一部分也被激活了，表现出他不畏权贵、倔强抗争的一面，这也是风流才子欧阳修的另外一副面孔。他那支惯于吟风咏月、挥洒了不少艳词的羊毫笔，一变而为锋芒毕露的狼毫笔，直指吕夷简的心窝子。而老谋深算的吕夷简，连收拾范仲淹那样一个大臣也易如反掌，对欧阳修这样一个连毛也没有长齐的愣小子，他一个小指头，就把他从高阁中一下撵到了千里之外的夷陵（今湖北宜昌）。

欧阳修别了东京，又别西京。洛阳还有许多他的故交友人。在黯然无语的饯别中，每个人都流下了难舍难分的眼泪，那痛饮下去的每一盅酒都掺杂了泪水咸涩的滋味儿。欧阳修似乎想提振一下满座落落寡欢的众人，把盏挥毫，填词一首："樽前拟把归期说，未语春容先惨咽。人生自是有情痴，此恨不关风与月。　离歌且莫翻新阕，一曲能教肠寸结。

直须看尽洛城花，始共春风容易别。"他几乎是一挥而就，将笔一掷，却已热泪双流。世道越冷，他心里越热，一个士人，至此方见真性情。而这首词，或许不是欧阳修一生最好的词，但应该是欧阳修精神上的一条清晰的分界线，他此时的离情与别恨，已无关风月，而在他接下来的人生仕途中进一步确立了一个命定的方向，那就是关乎社稷河山、魂系天下生民。如此胸襟，让他迟到百年的隔代知音、那个寻寻觅觅、冷冷清清的"千古第一才女"李清照扪心而叹。这个婉约而清高的女词宗，无论对奔放豪迈、倾荡磊落如天风海雨般的苏东坡词，还是对以白衣卿自诩的婉约派词宗柳永，都颇有微词，但她对欧阳修的"樽前拟把归期说，未语春容先惨咽。人生自是有情痴，此恨不关风与月"一赞三叹，恨不能早生百年，与其相逢于同一时空。

一个"千古第一才女"迟到百年的赞叹，对于眼下的欧阳修毫无意义，他面对的是吕夷简等人独揽朝纲之后的万马齐喑。在欧阳修被贬之后，为了以儆效尤，吕夷简主宰的朝廷又专门下旨：凡文武百官不准越职言事。如此禁言，自北宋开国以来还是非常少有的，一时间朝野上下噤若寒蝉，北宋陷入了一个最压抑的年代。这让处于贬谪中的欧阳修又一次挺身而出，指名道姓地痛斥吕夷简等权相奸臣结党营私、堵塞言路。然而，他的疾呼已经离庙堂越来越远……

若从单纯的仕途看，对于而立之年的欧阳修，"坐贬夷陵令"只是他的一任贬官，而对于他年近六旬还只是一个八品推官任上的老父亲，一辈子也抵达不了这样一个官位。在翻检了历代大量士人的生平事迹后，我不禁一次次徒发感叹，古往今来仕途都是一条最逼仄的路，若想在仕途上晋升殊为不易，多少士人穷其一生，最终也就能当上一个七品芝麻官，甚至连个正儿八经的七品芝麻官也混不上，哪怕后来一度主宰朝纲的范仲淹，在三十多岁时也只是当上了一个县令，那还是他颇费了一番良苦心机创造的一个机会。不能不说，欧阳修的官运还真是不错。夷陵在那个时代还是一个"民穷吏弛"的偏远小县，年轻贬官欧阳修既是一个七品芝麻官，也是一方父母官，这也是他作为一个地方行政长官的磨砺和历练机会，为以后积累上台阶的行政经验。

从他在夷陵的事迹看，他采取上严下宽之策，所谓上严，也就是对那些官吏严，一来他就从整顿吏治开始，一方面制订修补必要的规章制度，一方面又精简那些既导致行政效率低下又扰民害民的制度；对下宽，即对老百姓宽，施以他后来一生奉行的"宽简仁政"，尽可能减少老百姓的赋税徭役，让他们能把更多的精力投入农商生产和经营。在他的治理下，一个偏远穷县没过多久就变成了一个百业兴旺、丰衣足食的模范县。但在吕夷简等人把持朝政那段时间，他的政绩自然得不到朝廷的赏识，此后数年，他又辗转于湖北光化、河南滑县等县，为官一方必造福一方，虽不为朝廷所注目，却未被历史所遗忘。而他本人，对仕途功名似乎也看得很淡。

这一贬就是六七年，就在他辗转于各地贬官任上时，大宋帝国又到了最危险的时刻。康定元年（1040年）正月，西夏大军围攻延州（今延安），第二年春天，西夏又发兵十万攻袭渭州（今甘肃平凉），在屡战屡败的情势之下，仁宗皇帝眼看宰相吕夷简和文武百官慌作一团，才又想起了那些国家的栋梁之材，命韩琦、范仲淹主持陕西军务。并颁旨取消言禁，鼓励官吏上书言事，而屡次犯颜直谏的欧阳修也奉诏回京，复任馆阁校勘。

这一年，欧阳修恰好三十六岁，三十六岁被中国人视为命运中最重要的一道坎，欧阳修不但迈过了这道坎，还连走了几年好运，这又与范仲淹的命运有关了。三起三落的范仲淹，在对西夏的战争中立下了大功，随着西线兵戈暂息，仁宗皇帝也看到了帝国内忧外患的危机，试欲推出一场历史性变革。

这段时间，仁宗皇帝正在进行密集的人事调整，为了广开言路，他还扩大了言官编制，亲自任命了欧阳修、余靖、王素和蔡襄等四大谏官，史称"四谏"。又查欧阳修年表，庆历三年（1043年）三月，"仁宗思广言路，勤修政事，人多荐公为台谏，首被其选"，欧阳修被召还，迁太常丞，知谏院，赐五品服。而欧阳修回朝之后，就立下了首功，他弹劾权相吕夷简，最终将其罢黜，也等于帮了晏殊一个大忙。晏殊当时也是宰相，但相权实际上操控在吕夷简手里，罢黜了吕夷简，晏殊才能接管吕夷简的相权。这年七月，欧阳修又陈言"参知政事王举正懦默不任事，范仲淹有相才，请罢举正用仲淹，上从之"。这等于又帮了范仲淹一个大忙。而在此前后，"四谏"认为夏竦在西线挂帅但无军功，将夏竦的枢密使弹劾罢黜了。在欧阳修等"四谏"一声接一声的罢官奏议中，欧阳修等人也掌握了朝廷强大的话语权，"举擢俊良，扫除娇魅，提升众贤……驱逐奸邪"，而内阁几乎发生了大地震，以吕夷简、夏竦为首的二府大臣以及他们的党羽，大多被朝廷扫地出门。一时间，大宋帝国的天下仿佛成了改革派的天下。在这昙花一现的庆历新政期间，欧阳修在自己人到中年时也抵达了他仕途的高峰，"九月，赐绯衣银鱼，同详定国朝勋臣名次；十二月，召试知制诰，辞不就，后有旨不试，直以右正言知制诰，仍供谏职，赐三品服；是月，祭西太一宫，为献官，循例赐紫章服"。在短短的数月间，欧阳修就从五品擢升为三品，仁宗皇帝对他也是恩重如山了。

这应该是欧阳修最踌躇满志的一段时日，而此时，那些被打压下去的保守派自然不甘心，吕夷简、夏竦等人也在密谋反扑。这些老谋深算的政客，有的在暗地里伪造庆历党人图谋不轨的密信，有的则公然向仁宗上书，将范仲淹等一批志同道合、极具有救世热情和献身精神的人指斥为"朋党"。而对士人、士大夫抱团，从太祖开国后就高度警惕。范仲淹等人也察觉到了保守派险恶的用心，生恐仁宗皇帝因此而产生对改革派的警惕和对改革的动摇，必须对这种所谓的"朋党论"予以针锋相对、一针见血的揭露。这个事就落在了欧阳修身上。庆历四年（1044年），欧阳修向宋仁宗上的一篇奏章，把政治家（君子）和政客（小人）的角色说得非常透彻："君子以同道为朋，小人以同利为朋。……故为君但当退小人之伪朋，用君子之真朋，则天下治矣！"欧阳修是这样说的，事实上也是这样做的。有一件此前发生的事情可以为证：范仲淹结束第三次贬官生涯后，被朝廷任命为陕西都转运使，念及欧阳修在自己被贬时曾仗义执言，要任用欧阳修为自己幕府的掌书记，却被欧阳修辞谢了："昔者之举，岂以为己利哉？同其退不同其进可也。"这就是欧阳修，也是政治家的风度，为了理想和信仰他可以与被打压的范仲淹"同其退",而范仲淹一旦有出头之日,也可谓一旦得势,他并不是为了获得什么回报,"不同其进可也"。然而,对欧阳修这种作为政治家的忠诚和清醒,在那些政客眼里则是极不精明的,甚至是糊涂的。范仲淹第三次被贬时,"同其退"的欧阳修正年轻,作为一个人,从个人前途和自身际遇来考虑,此举绝对太不聪明了,但作为政治家的欧阳修,却也并非全凭一股血勇之气,他是清醒地考虑到了后果的,然而他必须这样做。这其实就是一个政治家和政客的根本区别,前者在政治上堪称秉持理想主义的贵族,他们从不计较个人得失,"只为天下计";而后者只为自身的利益考虑,无立场,无是非,对自己有利则拼命投机、钻营,为达目的不择手段。这篇奏章远远超越了时政的意义,这是欧阳修为其诗文革新主张提供的一篇经典范文,更是对其"事信、意新、理通、语工"等理论主张的一次实践,在文学史上具有经世不灭的意义,他也被时人以及后世评为欧阳修最好的文章之一,在"文起八代之衰"的古文运动中也是公认的最好的文章之一。

无法猜测,欧阳修的这篇奏章对仁宗天子起到了多大的作用,从历史的宿命看,范仲淹、欧阳修等庆历党人又将扮演失败者的角色。随着保守派精心组织的反扑,必先从剪除范仲淹的羽翼开始,而在保守派眼里,欧阳修无疑是范仲淹最重要的羽翼。庆历四年(1044年)四月,也就在欧阳修回朝整整一年后,欧阳修又"兼判登闻检院",奉命往视河东(今山西阳曲)。事实上,这是他遭受排挤的先兆,也是一种很明显的调虎离山计,而施展此计的又是谁呢?七月,欧阳修回京师。而他这次一回来,就被宰相晏殊决意逐出了朝廷,八月,"除龙图阁直学士,河北都转运按察使"。

晏殊不能算是保守派,当然更不是变革派,而是典型的观望派。但在一场风云激荡的大变革中,他也有自身的危机感。事实上,就在欧阳修步步高升时,这"师生俩"的交恶也开始了。他们既在科考中成了师生关系,也因科考而生过节。这在两人的书信往来中也看得出来。欧阳修曾在信中抱怨晏殊的傲慢:"足迹不及于宾阶,书问不通于执事岂非飘流之质，愈远而弥疏；孤拙之心，易危而多畏？"而晏殊接到此信更加表示出了自己的傲慢，他口授了几句，便命门下书吏代为回复，把欧阳修草草给打发了。连他的亲信也觉得这样比较过分，但晏殊却是一脸的不屑，说，回复一个旧日的挂名门生，足够了！后来，随着欧阳修文名日盛，又特别推崇韩愈，晏殊更是充满了冷嘲热讽。据宋人笔记、魏泰《东轩笔录》载："晏一日指韩愈画像语坐客曰：此貌大类欧阳修，安知修非愈之后也。吾重修文章，不重它为人。"而欧阳修对晏殊也多次鄙薄，"每谓人曰：晏公小词最佳，诗次之，文又次于诗，其为人又次于文也"。晏殊和欧阳修都是奖掖后进犹恐不及的伯乐，也曾是文人相亲的典范，却偏偏是他们两人后来彼此鄙薄，也让他们一变而为"文人相轻"的反面典型了。

如果从纯粹的仕途看，欧阳修此番被晏殊逐出朝廷也算是比较优待的安排，又还真是因祸得福，随着庆历新政的流产，范仲淹、韩琦以及晏殊的女婿富弼等改革派主将相继被贬，这些曾经的二府大臣大都一落三丈，被贬为州府官员，地位皆在提前出局的欧阳修之下。欧阳修还真应该感谢晏殊。在急转弯式的政治变局中，明哲保身为上策，识时务者为俊杰。此时，不少庆历党人都在跟着皇帝的脑子急转弯，从改革派一变而为反对改革，还有人主动揭发范仲淹等人"不可告人的阴谋"。但欧阳修却做出了最不明智、最不识时务的选择，他一边为营救范仲淹等庆历党人而奔走，一边连连上书为范仲淹等人分辩。其时，司谏高若讷对范仲淹落井下石，欧阳修愤而致函高若讷，谓其"不复知人间有羞耻事！"这信让高若讷如获至宝，立即转呈仁宗皇帝，结果是一个命定的结果，他从龙图阁直学士、河北都转运使一下被贬知滁州。

这也是他一生中第二次被贬。第一次被贬他年届而立，而此时他已年过不惑，而讽刺的是他心中陡生从未有过的疑惑。

对欧阳修的此次被贬，还有一种说法，是为一桩让他臭名远扬的风流案，据说，他与自己的"外甥女"张氏有染，但细看历史，这个张氏与欧阳修并无血缘关系。欧阳修有个妹妹嫁给了一个叫张龟正的人

（一说为张龟年），是继室。张龟正有个和前妻所生的女儿，也就是这个张氏。后来，张龟正病逝，欧阳修的妹妹只好带着小女孩来投奔哥哥，在欧阳修家中寄住过一段时间。这小女孩长大后，嫁给欧阳修的堂侄欧阳晟，按说，一个孤女能够嫁到官宦之家做媳妇，也算是有福气了。但这张氏既不惜福，又风流成性，很快就和欧阳晟家一个叫陈谏的家仆勾搭成奸，被捉奸成双。开封府将二人拘拿审讯。不知出于什么心理，在公堂之上，张氏竟然供出自己十四五岁、尚未出嫁时，就和"舅舅"欧阳修有私情。这个消息一经曝出，朝野上下一片哗然。想想那个影响力有多大，欧阳修既是个大名臣，又是个大名士，若是有啥风流韵事绯闻之类，倒也无伤大雅，但他竟然跟自己的外甥女和堂侄媳妇儿通奸，既乱伦又扒灰，简直成了大宋帝国的一大丑闻了！

当时，一身凛然正气的欧阳修正在为范仲淹等庆历党人奔走疾呼，却突然遭人泼了一盆子腥臊的脏水，从一个充满了正义感的士大夫，一下变成了一个连畜生也不如的下三烂，这个反差太强烈了。尽管他百般辩解，却又是百口莫辩，很多人都信以为真，而在世人的心目中，欧阳修从来就不是范仲淹那种清教徒式的人物，从年轻时他就是一个在花街柳巷里寻欢作乐的风流才子，既有如此德行也由不得人不信。要不那风流女子怎么会平白无故地把他这个"舅舅"和堂叔公给咬了出来呢？欧阳修既抵赖不了，也被告上了开封府。而据说那个仁宗皇帝对这桩非同一般的风流案也兴趣盎然，决定亲自审理。而欧阳修的辩解似乎却又难以令人信服，他说来说去就是一个年龄上的理由：他妹妹带着张氏来投奔自己时，张氏还是一个十岁的小女孩，还有一说，那就更小了，这女孩刚来时只有七岁，他怎么会和这样小的一个女孩有私情呢？结果被他的政敌、中书舍人钱勰一下抓住了尾巴，更加不肯放手了。说起来，这位钱勰还是吴越武肃王的六世孙，和欧阳修在洛阳的贵人和上司钱惟演原本是一家人。他拿出欧阳修的一首叫《望江南》的词来作为反驳欧阳修的证据："江南柳，叶小未成阴。人微丝轻那忍折，莺怜枝嫩不胜吟。留取待春深。　十四五，闲抱琵琶寻。堂上簸钱堂下走，恁时相见已留心。何况到如今。"看看，看看，这词里的哪一句话几乎都验证了张氏所言是实,欧阳修把一个十四五岁的小女孩就给糟蹋了,还说人家"叶小未成阴",还说什么"人微丝轻那忍折,莺怜枝嫩不胜吟",真是作孽啊,天作孽,犹可存,自作孽,不可活!

面对这样一首词,欧阳修还真是无从辩解了。欧阳修是一个风月场上的里手,也是一个写艳词的高手,他的高足苏东坡虽说也风流,却从未写这种充满了狎昵、猥亵的艳词,而这首《望江南》也确实给人以狎昵的、猥亵的、暧昧的想象空间,且又确实与张氏的口供是一致的。欧阳修虽无法自辩,但后世却一直在为他的名誉而辩解。对张氏口供,在南宋王铚的笔记《默记》中曾这样为欧阳修辩解:"张惧罪,且图自解免,其语皆引公未嫁时事,语多丑异。"但这个辩解同样是苍白无力的,因为张氏这样做,对她减轻罪责没有一点帮助,她也就没有必要咬欧阳修一口,毕竟欧阳修还是她名义上的舅舅,对她还有收养之恩。于是,又有后世采取了更干脆的方式,否认!他们认为《望江南》根本就不是欧阳修所作,那又是谁所作呢?在《名臣录》和《西清诗话》中,还真是苦心孤诣地找出了一个替罪羊——刘恺,这个刘恺又为何要冒欧阳修之名来写这些艳词、淫词来陷害欧阳修呢?这又与欧阳修曾经担任礼部主考时的那些"聚噪于马首之徒"有关了,但也有人提出了疑问,刘恺"盖笃厚之士也,肯以一试之淹,而为此检薄之事哉"?意思是说,刘恺是个笃厚之士,不可能因一次科举未被录取而对欧阳修这个主考官如此怀恨在心,以致如此挖空心思来污蔑欧阳修。

同范仲淹等正人君子相比,后世在面对欧阳修这个有着两副面孔的历史人物时还真是心态复杂。他的一副面孔是正面形象,就是正史里的那个"以风节自持"的欧阳修,一个深受历代文人士子敬重的人物;而他的另一副面孔则是逆光的侧影,就是活在正史之外的那个风节失守,甚至沦陷到了人伦底线以下的欧阳修。在欧阳修人格分裂的同时,后世对他的评价也形成了两极分化,一种是为了维护欧阳修的名誉,自他谢世之后,甚至还在他活着时,就有许多词评家开始为他辩诬,认为他词集中那些艳词为他人所伪托。把欧阳修名下的艳词俗曲统统归诸"当时小人"的谬托,从而痛加删除,以维护欧阳修的"以风节自持"的君子形象，却又明显有"形象包装"的嫌疑，难以让人相信；另一种则是坦然面对他的两副面孔，反而更有"通人之见"，如现代词学的开拓者和奠基人夏承焘先生就在其《四库全书词籍提要校议》中坦承："北宋士夫如范仲淹、司马光亦为艳词，不必为欧阳修讳。"这样一来还真是替欧阳修大大解脱了，还有谁比范仲淹、司马光更接近正人君子的形象呢？他们的历史形象已经接近圣人了，而他们在现实中也曾表现出世俗的其实也很人性化的一面。

这里再回到那首《望江南》，这首词如果真是刘恺的栽赃陷害，欧阳修为何不做出辩解呢？为此，我几乎翻遍与之有关的诸史，也没有发现欧阳修对此有任何辩解。只能说，这首词还真是欧阳修的手笔，而且在此前影响已经很大，很多人都知道是他写的，他已经无法否认了。其实，如果没有涉及具体事实，只是就词谈词，欧阳修在兴之所至时写了大量艳词，从人性的情感欲求上也能理解，对他以及对宋朝士人在人性的情感欲求上，我们或许还会因此而有了更深入的认识与体会。

从当时的历史事实看，欧阳修被传讯到开封府，开封府审理数月也没有头绪，仁宗皇帝也没有对此案有什么交代，总之是，朝廷在处理此事上也是将信将疑，最终以"查无实据"而不了了之，而此事也从此成为一桩永远没有结论的无头案。欧阳修虽说被放了一马，但名声已一落千丈，他为庆历党人的奔走疾呼自然是草草收场。对这样一个人，谁还相信他是为国为民呢？而接下来，对他再次遭受贬谪的命运更没有多少人同情，甚至觉得他是罪有应得！而最终的胜利者，则是吕夷简、夏竦、钱勰等欧阳修的政敌，自然也是庆历党人的政敌。这让我脑子里有个念头霍地一闪，我想到了一种可能，钱勰等之所以一直咬住这事儿不放，三番五次上书请求罢黜欧阳修，不就是为了拔掉欧阳修这个眼中钉吗？如果说做官是一门技术含量很高的活儿，整人则是一门技术含量更高的活儿。那些动辄上纲上线、以政治斗争的方式打倒一个人，其实并非上策，既让挨整者获得同情分，日后还有平反昭雪的可能。而最好的方式是从道德品质上把一个人搞臭，搞得连畜生也不如。对于那些老谋深算的整人者，这甚至是出神入化的艺术。于是，我想到了一种可能,那张氏可能被欧阳修的政敌收买利用了,或屈打成招了。从当时已经发生的历史事实看,夏竦连诬蔑庆历党人谋反的密信都可以伪造,还有什么事情干不出来呢?何况,在保守派卷土重来后,开封府早已被其党羽掌控,无论威逼还是利诱,让一个自觉有罪又想拼命开脱罪责的女子咬欧阳修一口实在太简单了。——这只是我对历史的猜测,却也是以历史的逻辑与情理推论出来的一种可能性。

又无论有多少的可能性,只有一个不可改变的历史结果,欧阳修再次遭受贬谪的命运已经被历史注定了。这次被贬,他是带着薛夫人上路的。这是他前两位夫人在新婚不久相继去世后,他在鳏居两年后又迎娶了已故宰相薛奎的二女儿。这其貌不扬的欧阳修还真是艳福不浅,他又何以屡得大家闺秀的青睐?说来,还是与他的文才内秀有关,在那样一个文治盛世,文章就是一个文人的第二张脸,甚至比第一张脸还重要。说起来又挺有喜剧性,薛奎的大女婿不是别人,就是跟欧阳修一起参加殿试、提前穿上了欧阳修的状元袍子又一举高中状元的王拱辰。后来,王拱辰的夫人去世了,又娶了薛奎的三女儿,继续做薛家的女婿和欧阳修的连襟。欧阳修曾写诗调侃他:"旧女婿为新女婿,大姨夫作小姨夫。"这位史上最年轻的状元,也算是北宋的一代名臣,但远不及欧阳修那么有名,官也没有欧阳修做得那么大。从文学上看,王拱辰也算是那个时代的著名诗人,但名气又怎能赶得上欧阳修?据史载,此人还算是一个挺正直的人,"数论事,颇强直",一个著名的事例,是他向皇上直谏,"夏竦不宜官枢密,帝未省遽起。至前引帝裾,竦遂罢"。这个故事堪称寇准那个著名故事的另一个版本,当初寇准直谏,太宗皇帝一怒而起,拂袖而去,寇准为了让太宗听完自己的话,一把拽住了天子的龙袍。而这个王状元又在仁宗皇帝一怒而起、拂袖而去时也拽住了天子的龙袍。尽管如此,他还是深得仁宗赏识,还为他赐名拱寿,他也曾像连襟欧阳修一样,知制诰。但到了欧阳修命运的关键时刻,却也未见他这位"颇强直"的连襟再次拽住天子的龙袍为欧阳修说话。

一个命定的方向也越来越明确了,他只能从繁华如梦的京华烟云中一路辗转，走向那个"环滁皆山也"的滁州。琅琊山，醉翁亭，一个越走视野越开阔的贬官，在风尘仆仆中日夜兼程，走得离中国文学史上的那个欧阳修越来越近了。

四、悟道醉翁亭

滁州，醉翁亭，这可能是我们抵达一个北宋士人内心的一条捷径。

那天，当我一个人独自走在琅琊山的那条青石磴道上时，正是秋天。一轮秋日当头照着，山峦上漂浮着若有若无的轻纱薄雾，而山腰里隐约传来松涛阵阵和流水汩汩之声。人道是琅琊山的春天最美，我觉得秋天才是此山最美的季节，每一片树叶都透出了红意，是那种经历了春风夏雨之后的红，红得有一种经历了磨砺的剔透与润泽，那簌簌之声，犹如琴瑟。此刻秋风与云雾一样徐徐而来，山中的一切都散发着成熟的味道，嗅着这醇香如酒的味道，呼吸，深呼吸，如醉一般，飘飘欲仙，一座远隔千年的琅琊山，忽然变得真实了。

我无意浏览这眼下的风景，我来这里，只为寻觅一个北宋士人的踪影。那是我想念了多年的一个人，就像想念自己的一个亲人。同过于威严的寇准相比，同那个清教徒式的范仲淹相比，欧阳修的确更有亲和力。他是一个人，一个本性不移的人，像人一样活着，像人一样走过了自己的一生。这座山，只是他在生死路上必然要经过的一座山，他走过的那条磴石古道还在，就在我的脚下。我走得战战兢兢，如履薄冰，那磴石太光滑，又生出了暗绿色的苔藓，像一层铜锈。除了这条路，还有太多的路，太容易让人迷失，把自己弄丢。但在我眼里始终有一个神秘的身影，在冥冥中指引着方向。这让我仿佛已走在另一条路上，一步，一步，走进了岁月深处的某个章节。

是的，这条路是那个北宋士人一步一步走过的。这是一个生命正如日中天的岁月，他却又一次跌入了人生的低谷。对所谓功名，在北宋士人中他可能是最淡泊的一个，他可以甘于淡泊，但他不想这么被人推下来。这又是他天性中比较倔强的一部分了，你越是把他往悬崖下推，他越是有一种不能摧垮的意志。而一座琅琊山，仿佛为他的意志而生，给了他一个登攀的高度。我也曾琢磨过他的一生，如果有一条界线，琅琊山应该是他人生的一个分水岭，在走进此山之前的欧阳修，多少更接近一个中国古典才子的形象，而走出此山之后，他更逼近一个国士的形象。但我在一边设想的同时也在一边设问，琅琊山从来就不是一座灵山或神山，一个人怎么会有如此神奇的变化？兴许，真正的琅琊山并非这座自然之山，它的存在对于欧阳修只是一个影子，属于欧阳修的那座琅琊山，必须在一个人的精神世界里寻找。否则，你就难以解释，欧阳修在这山上怎么能找到他后半辈子的精神支撑？

我这样说，绝非幻觉又一次发生，一切就像山巅上的那个亭子一样真实。这一方古亭，几乎是突兀地出现在我的视线里。乍一看，它凸出于山岩之上，与四周的一切没有一点儿联系，就像一个孤立的存在。这亭，原本是一个无名山亭；这修亭人原本也是一位无名僧人，只因一个人的到来，这亭从此便有名了，这僧人从此也有了名，"作亭者谁？山之僧曰智仙也"。那个智仙当是一位隐藏得很深、道行也十分高深的僧人，一辈子潜心修炼，却从未留下只言片语，只留下了一个小亭子。他在此山中参禅悟道，谁也不知道他最终悟出了什么，或许他所悟到的，是不可言说的，只能置于最深层、最隐秘的状态，不可告人亦无人可告。他也不想留下什么名，只想在某一刻随着他在青灯黄卷之下苦修了一辈子的正果从此山中神秘消失。

只有有心人，才能在这一方云遮雾绕的山亭里获得神秘的灵感与暗示。我不知道，那一个深藏不露的出家人和一个入世很深的士人于此山中是否有过坐而论道的时刻。道不同不相为谋，智仙自有智仙之道，但士人也有士人之道，士志于道，乃士之核心精神。若以此山为分水岭来看欧阳修的一生一世，他在此前活得还真是有些浑浑噩噩的，但从此之后，他于政，于文，明显有了一个清晰的目标，又为着这个目标，他穷其一生地求索着尘世之内的另一种正果、另一种道。从他接下来的人生来看，他所悟的道，既非智仙之道，也不是那些冥顽的儒者恪守的三纲五常之道，那么他到底又悟到了什么道呢？

还是先看看那一篇《醉翁亭记》吧。我曾说过，若没有读过《岳阳楼记》，就不可能理解一个真正的范仲淹，若不了解范仲淹的一生，又读不懂《岳阳楼记》。同理，若没有读过《醉翁亭记》，就不可能理解一个真实的欧阳修，若不了解欧阳修的一生，也读不懂《醉翁亭记》。这绝不是故意绕弯子，而是一个简单的常识，人如其文，文如其人，所谓人文，如此而已。先看看这个醉翁亭中人，他依然是个性情中人，哪怕从娘肚子里重新出来一次，他也不会成为范仲淹那样的人，也可以这样说，他和范仲淹天生就是中国士人、士大夫的两个版本，范仲淹是进亦忧、退亦忧，他则是进亦乐、退亦乐。

如果说贬谪是一种惩罚性的苦难，贬官之苦，不是苦于生活，而是苦在心里、苦于心志。如范仲淹，眼看着自己披肝沥胆、呕心沥血推出的庆历新政变成一堆废纸，他梦想缔造的大宋帝国的辉煌转眼成灰，自然是愁肠郁结，苦不堪言，吃啥喝啥都不是滋味儿，一夜数次被梦惊醒，在忍受别人的折磨时，自己还要折磨自己，这样还不把自己折腾出病来？他预感到范仲淹离死也不远了，就是活着也生不如死。在人格境界上欧阳修也许赶不上范仲淹，但在人生境界上他比范仲淹高得多。他从不折磨自己，他内心里也很少有范仲淹那样的挣扎。他虽是个贬官，却也是个太守，薪俸还是不菲的，生活还是不愁的，那又何不乐天知命，随遇而安，该吃且吃，该喝且喝，该睡且睡，好好享受生活吧。

一个人拥有了这般心态，无论那些政敌怎么打压他、排挤他，他照样乐呵呵的。何况滁州还有这么一座琅琊山，他又正当春秋鼎盛之年，他在尽可能宽简的政务之余，时常呼朋引伴，带着滁州的一般文人士子吏民去游山玩水，饮酒赋诗，尽享宴酣之乐。如果说范仲淹作于一年之后的《岳阳楼记》是一篇忧患的预言，以一个忧字贯穿始终，欧阳修这一篇《醉翁亭记》就是一篇快乐的宣言，以一个乐字贯穿始终，而得乎其乐者，一是陶醉于"得之心而寓之酒"的山水之乐，二是陶醉于在山林中与吏民一齐游赏宴饮的欢乐——与民同乐，更有自然的山林之乐，禽鸟之乐，"游人去而禽鸟乐也。然而禽鸟知山林之乐，而不知人之乐；人知从太守游而乐，而不知太守之乐其乐也"。欧阳修一生风流潇洒，大大咧咧的，有时候就像一个快乐的傻子，但他也不是一个没心没肺的人，其实也有被打压、被排挤的苦闷和颓唐，也像范仲淹一样进亦忧、退亦忧，从他对自己"苍颜白发，颓然乎其间者"的自况来看，他才四十岁出头，就已是一副未老先衰的颓然老态了。他时常自称醉翁、衰翁，也的确是一种老迈的心境了。

如果没有苦闷和压抑，没有太多让他难以释怀的东西，他不可能在人生的盛年就显出这样一副老态，那老迈的心境也不会提前到来。酒后吐真言，一个"饮少辄醉"的欧阳修，有时候几乎会显露出一个生命的全部真相、真性情，偶尔竟会产生某种犯罪心理。元人元怀在《拊掌录》中记下了这样一段掌故："欧阳公与人行令，各作诗两句，须犯徒以上罪者。"说的是他一次与人饮酒行令时，忽然提议每人作两句酒令，表达自己仗着酒兴时最想干什么，还必须达到判徒刑的标准。所谓徒刑，为中国古代五刑之一，是一种剥夺人身自由并强制其劳役的刑罚。一人把酒笑言："持刀哄寡妇，下海劫人船。"欧阳修付之一笑。又一人往更狠里说："月黑杀人夜，风高放火天。"此言一出，满座骇然，但欧阳修仍只是淡定地笑了笑。轮到欧阳修时，他悠然吟出两句："酒黏衫袖重，花压帽檐偏。"众人一齐疑惑地看着他，怎么也想不出这两句酒令与犯罪判徒刑哪里沾上了边儿？他却笑着调侃道："酒喝到这种程度，还有什么事情做不出来？又有什么事情还能去做呢？"——对这样的逸事自然不能当真，却又道破了欧阳修那两难的心境，在苦闷、压抑与酒精的作用下，他偶尔还真有突破底线、以身试法的犯罪冲动，然而此时他已不胜酒力，又什么也干不了了。这则笔记也很符合欧阳修的性情，欧阳修不虚伪、不矫情，对人性中某种邪恶的部分，用时下的话说也可谓"人性中的黑洞"吧，这也正是人性的复杂性，由此而产生人生的复杂性、社会的复杂性，他很少去刻意掩饰，而是以坦然的方式去面对，这又可以说是他的酒醉心明了，也足以表达他在理智上的清醒。我甚至觉得，在历代士人中，欧阳修是一个有着清醒自我意识的人，也是活得最明白的一位。他认识了一个真实的自己，也活出了一个真实的自己，在历代士人中他是最有真性情的一个！如果这一则笔记是真的，我也宁愿相信是真的，这个人显然还有太多放不下、难以解脱的东西，但他又绝不是一个被绑架的灵魂，他既不为权势所绑架，更不会被酒精所绑架，当然也不会为苦闷与忧患所绑架，而快乐就是一种从他的生命与性情中释放而出的精神力量。

一篇《醉翁亭记》，据他自述，是他在沉醉中苏醒的即兴之作，一篇即景抒情的美文。这是天下最容易写又最难写的文章，而一句"醉翁之意不在酒，在乎山水之间也"，一下将所有的感觉激荡开了，而你的心却并不激荡，而是奇异地平和了。醉眼蒙眬间，看着这山、这水、这亭，这众生的欢乐，又与清醒时不一样了，仿佛又多出了一个世界。这境界非常高妙，以至神妙。感觉这话里还藏着难以言说的神韵，那个"醉能同其乐，醒能述以文"的欧阳修，那个"饮少辄醉"的欧阳修，醉翁之意不在酒，其实也不在山水之间，而在人生天地之间，人将以怎样的方式立身于这个世界？欧阳修给了一个不同于范仲淹也不同于隐者智仙的答案，对于人生，这或许是最有智慧的一种选择，一种"能达于进退穷通之理，能达于此而无累于心"的悠远、放达而高迈的境界，其间多少事物，僧人智仙看透了的他其实也看透了，甚至看得更透，国士范仲淹遭遇了的他也遭遇了。然而你既看不到智仙那种万事皆空的绝望，也看不到范仲淹那种肝肠欲绝的忧愤，他那种全然不计较个人得失的风度，其实既不属于文学家的欧阳修，亦不属于政治家的欧阳修，只属于人。这是生而为人的欧阳修从人的意义抒写的一篇人生感言、人类宣言。我敢说，他根本没有喝醉，他也从未真正醉过，哪怕真的喝醉了他也不会变成另一个人。诚如欧阳修的自况："虽机阱在前，触发之不顾。放逐流离，至于再三，志气自若也。"好一个自若的欧阳修，他一直那么胸襟明亮、宽容豁达地活着，一半诗意一半醉意地快快乐乐地活着，这兴许就是欧阳修与寇准、范仲淹等贬官的不同之处，你几乎看不到他这辈子有什么忧愁，他似乎也从来没有过可以让他不快活的理由。这就是他悟出的人生之道。

这一篇中国文学史上经世不灭的经典篇章，据说就是他在沉醉中的即兴之作。果真如此，那应该是一个文人和酒神共同创造的杰作。还应该感谢这一座琅琊山，一方小小的山亭，让一个叫欧阳修的人无论从人生境界上还是文学境界上都站到了一个从未有过的高度。一篇《醉翁亭记》完成了，欧阳修在滁州的意义也完成了。诚如范仲淹以一篇《岳阳楼记》成全了岳阳楼，欧阳修也以一篇《醉翁亭记》成全了醉翁亭，从此这一楼一亭再也不会在中国文学版图上和中华民族的精神谱系中消失。

若要看清欧阳修在醉翁亭悟出的道，或许还要走出此山中，看他接下来的后半生。

一年之后，欧阳修挥别了醉翁亭，挥别了琅琊山和滁州，又轻装简从地上路了。他还有很远的路要走，还将辗转于扬州、颍州（今安徽阜阳）、应天府（今河南商丘）等各地宦途，还将继续着他沉下去又浮起来、浮起来又沉下去的坎坷命运。但无论走到哪里，他都会带上他的心爱之物。他自称有藏书一万卷，琴一张，棋一盘，酒一壶，"陶醉其间，怡然自乐"。他一生不改诗人酒徒的风流天性，知扬州时，每当莲花绽放、清香飘拂的季节，他就呼朋引伴至"壮丽为淮南第一"的平山堂，命人采来还带着露水的新鲜莲花，插于盆中，又叫来俏如莲花一样的歌伎取荷花相传，传到谁，谁就摘掉一片花瓣，摘到最后一片时，便饮酒一杯。范仲淹以一阕《渔家傲》抒发了边塞的悲怆，欧阳修却以一阕《渔家傲》写尽了美酒、美女、荷叶、莲花给人间带来的美妙无比的生活，那些采莲姑娘以清香四溢的荷叶卷成酒杯，在迤逦而行的轻舟或画舫上一边饮酒一边唱着小曲，随着她们飘拂的青丝是潺潺的流水、徐徐而来的清风……

别了扬州，又知颍州，他依然在诗酒中享受生活，回想当年在西京洛阳那花天酒地的生活，他自认为这贬官的日子过得一点也不比在西京差。而这样一个沉醉于诗酒中的太守，每次告别都让吏民伤心落泪，当他又将告别颍州时，他怕送别的吏民伤心，还写了一首诗来安慰他们："我亦只如常日醉，莫教弦管作离声……"

一个北宋士人的生活如此销魂，让我此刻的文字也飘飘欲仙、如醉如痴。想到那个一生如同清教徒的范仲淹，简直是白活了，却又忽然想到，难道这个贬官贬到哪里就不干一点正事儿吗？这又要说到欧阳修悟出的为官之道了。

欧阳修一生为官，历史对他的评价不像寇准、范仲淹那样复杂，就是简单的两个字：宽简。他不像范仲淹那样有那么多想法，每到一地必精心筹划，从励精图治而推向一个必然的结果——"肃然称治"。而欧阳修似乎从不追求政绩，也不追求万民伞下的声誉，他觉得"宽简而不扰"就是最好的仁政，"宽简而不忧"就是为官者最好的心态，不折腾老百姓、不给老百姓添乱添堵就是个好官。这样一来，让自己和百姓都过得轻松快乐。这似乎是"无为而治"了，却也不是，用时下的话说，他似乎也十分注重构建宽松和谐的社会环境。而像他这样一个不追求政绩的官员，历史对其政绩的评价反而很高，几乎每到一地，他推行的宽简仁政都会把那个地方治理得井井有条，而且不是寇准、范仲淹和包拯等人制造的那种"肃然称治"的效果，境内一派安宁祥和，老百姓生活得怡然自得，这也让他比那些"肃然称治"者更深得百姓爱戴。对此，也曾有人奇怪地问他："为政宽简，而事不弛废，何也？"欧阳修说："以纵为宽，以略为简，则政事弛废，而民受其弊，吾所谓宽者，不为苛急，简者，不为繁碎耳。"为官有道，这就是欧阳修悟出的为官之道。我不敢说欧阳修的这种宽简政治比范仲淹的励精图治更好，但他至少为官场提供了另一种选择。多年之后，当他结束数年的贬官生涯，再次获得朝廷的器重，像寇准、范仲淹和包拯等北宋名臣一样当上北宋京师开封知府后，你才会进一步看到这个选择的神奇效果，这里暂且作为一个伏笔，但绝对不是悬念。

从一座琅琊山和一方醉翁亭开始，以一篇《醉翁亭记》为标志，欧阳修也悟出了不同于既往的文章之道，"道法自然"而"文从字顺"，你不必一开始就拉开一副"语不惊人死不休"的架势，先要有内心的纯粹，有实在的东西要表达，方可达至"道纯则充于中者实，中充实则发为文者辉光"的境界。有话要说而不言，故作高深状，是虚伪；无话可说而偏要说，"务高言而鲜事实"，是矫情。是故，在言与不言之间，行与不行之间，有所为有所不为。"道胜者，文不难而自至"，学道而不能至，是因为"弃百事而不关心"。欧阳修的文章之道，如其为人一样自然而然，绝不违拗自己的天性作文章，他的生活很享受，他的诗文也很享受。若同范仲淹相比，范仲淹的文章是接近圣哲的道德文章，欧阳修的每一个文字都发乎真性情。范仲淹是一个伟大的文学家，欧阳修则是一个天才的文学家；欧阳修的诗文亦如他的为政一样，以纵为宽，以略为简，简而有法而又意味无穷。他没有智仙那样高深，但在今天，在我们早已不复知道智仙修成的"正果"为何物时，欧阳修还在源源不断地给我们注入一种出乎于人、入乎于神的精神力量。如果世间真有永恒之"道"，我想，这个"道"绝对不在智仙那里，有可能在范仲淹那里，也有可能在欧阳修这里。

一个醉翁早已走了，我看到的，是他远逝千年后留下的一座琅琊山，一方醉翁亭。此时，日近晌午，那让我如坠梦中的一切朝云晨雾，渐渐烟消云散。眼前这一方山亭，也在阳光下露出了原形，一看就知道，它早已不是北宋庆历五年（1045年）的那座山亭，它不可能经历一千年的风霜雨雪、天灾与人祸而保存至今。天地有道，但世间无常，万物中从来没有那么牢固的事物可以长存于时空之中，醉翁亭也并非凝固的记忆，但每一次毁灭，必有一次重生，一方山亭就这样在一代一代人手中或毁灭，或重生，屡兴屡废，屡废屡兴，如同轮回。事实上，它更接近我们意念中的一个事物，一个一旦被确立就不会偏移的精神坐标。醉翁亭原来的碑记，据说是苏东坡的手笔，如今亦早已不存，只余苏轼手书的原拓。可惜，没有人把当年那一方山亭原样拓下来。苏轼既出于欧阳修的门下，说起来，他一生的命运和欧阳修一样，也是一贬再贬，最终连寿命也和欧阳修一样，只活了六十六岁，而且都是虚岁。在后世的文学评价中，苏东坡是史上公认的一个将北宋诗文推至巅峰的大家，他的高度已超越醉翁亭的主人。但苏东坡的诗文词赋乃至书画，都能从欧阳修那里追寻到精神源头，这也正是欧阳修的另一种意义，在唐宋八大家中，他也许不是最杰出的，但作为宋代第一家，他无疑是一个继往开来的精神源头。

在这万峰峥嵘的琅琊山，有很多被称为极顶或绝顶的山峰是我可望而不可即的，永远只在我的仰望中存在。当我从醉翁亭下山时，一切的幻觉与幻想皆已消失，再也没有上山时那种恍恍惚惚的感觉。我踏着那青石的磴道，一步，一步，很真实地走在我该走的路上。转过一个山坳，又下意识地回首仰望，那一方山亭又明亮了一些，这个世界也变得清楚了许多。

五、一生最好的注解

宋仁宗皇祐元年（1049年），在欧阳修被贬的第四个年头，又奉诏回朝，任翰林学士、史馆修撰等职。这也是他从不惑走向天命时度过的一段相当安稳的岁月，稳中有升。五年之后，至和元年（1054年）八月，欧阳修又遭诬陷，被贬同州。这个人一生还真是充满了喜剧性，他上朝拜别天子，行礼如仪。仁宗皇帝看着一个白发参差的脑袋磕在自己脚下，发出一声闷响，忽然有些伤感，改口了："别去同州了，留下来修《唐书》吧。"

天子一句话，让欧阳修一生中的第三次被贬以喜剧的方式终结，从此他一生似乎再也没有遭受贬谪。在接下来的几年里，他与宋祁同修《新唐书》，在修定《新唐书》二百五十卷外，他意犹未尽，又以一人之力自撰《五代史记》（《新五代史》）。五代史既是一段短暂而纷乱的历史，也是离大宋帝国最近的历史，还从来没有人厘清过。欧阳修觉得，若能把一个乱世的根脉梳理清楚，知乱而兴治，知其非常，才知道一个正常社会的来之不易、治之不易。这其实就是欧阳修修史的心机，历史是太容易遗忘的东西，又是绝对不能遗忘的东西。说起来，他也是一个像范仲淹一样被自身的光芒所遮掩的人物，由于他在文学史上的盛名，在一定程度上遮掩了他在史学上的建树。

嘉祐二年（1057年），在位日久的宋仁宗已进入了他的第九个年号，也是最后一个年号，此时欧阳修也年届天命，他被任命为礼部贡举的主考官，主持进士考试。这是宋代科举史上一次非凡而辉煌的考试，唐宋八大家中的宋六家中，将有一半在该榜脱颖而出：苏轼、苏辙和曾巩。昔年寇准摘得探花郎的那一榜进士号称大宋龙虎榜，欧阳修主考的这一榜进士则是名副其实的大宋精英榜。而这些精英能够脱颖而出，又与他这个主考在诗文革新上的主张有莫大的关系。

从文学史的意义看，欧阳修在北宋文坛的地位相当于唐代的韩愈，既是当世文坛盟主，又是史上公认的北宋文坛领袖和诗文革新的旗手。北宋诗文革新的最早倡议者和实践者首推范仲淹，但范仲淹在文学上的光芒既为他自身的光芒所遮掩，又在很大程度上被欧阳修遮掩了。欧阳修的诗文革新主张和范仲淹是高度一致的，精神源头也是一致的，师承韩愈，主张明道致用，在继承的同时他又矫正了韩愈的某些偏颇，譬如说在对"道"的解释上，欧阳修主张把现实中的"事"看作"道"的具体内容，反对"弃百事不关于心"，着力扭转了自晚唐经五代以来的那种浮靡雕琢、怪僻晦涩、"务高言而鲜事实"的文风，主张通达平易、文风平实、"言以载事而文以饰言"的文章之道。

这里就不说范仲淹作为北宋诗文革新的先驱性意义了，且把注意力集中在欧阳修这个诗文革新的主角上。他不但以自己诗文革新的主张和文章来影响天下士人，而且在主持进士考试时把这一软实力的影响直接化为了决定士子命运的制度。当时有个"太学体"，其代表性人物是一名叫刘几的太学生，他最大的特长就是放着好好的话不说，玩弄古书里的一些貌似高深的奇怪字眼。这次作为礼部主考，欧阳修就看到一篇"太学体"奇文，开头便是"天地轧，万物茁，圣人发"，意思是天地交合，万物产生，然后圣人就出来了。看似古奥，实在别扭，欧阳修是个很搞笑的主考，他和其韵续其文："秀才剌（乖张），试官刷。"当他画上一个句号，这个考生也就完了。若是这样的士子不完蛋，大宋帝国又将退回那天地交合的原始岁月了。这些被欧阳修刷下来的考生在发榜之后既不买账，更不好惹，他们后来还拦在欧阳修的马前，吵吵嚷嚷地跟这位主考大人叫板。史称他不顾"聚噪于马首之徒"，坚决罢黜太学体，一举扭转科考中"险怪奇涩"的风气。

当然，欧阳修这次作为主考，更多是眼睛一亮的惊喜发现，而且是惊喜连连。由于试卷上的考生姓名都是密封的,他也不知道是谁的试卷。在他接连发现了许多精彩的文章后,又看到一份几近完美的答卷。那篇题为《刑赏忠厚之至论》的文章,让他读得荡气回肠,两眼闪烁着激动和惊喜的光芒,这就是他在诗文革新中提倡的文章啊!又有一说,当他读到这篇文章,惊呼此人了得,欲录头名。这时有考官私下提醒他,一旦让此考生拔得头筹,三十年后就无人知晓欧阳修了。但欧阳修却嘿嘿一笑,这样的文章不取第一,谁取第一?但掩卷之后,他又踌躇起来了,他估计这篇文章十有八九是自己的得意门生曾巩的手笔,而他原本就是是非之人,若将自己的得意门生取了第一,唯恐更有人说三道四,甚至会殃及曾巩的前程。为了避嫌,他最终违心地降低了评分,只把这份卷子取为第二。

待到众考官批阅完毕,拆开试卷上密封的姓名,一个名字露了出来,欧阳修下意识地"呀"了一声。那试卷上的名字不是曾巩,却是苏轼!对这个名字他其实也并不陌生,就在这次大比的前一年,苏轼的父亲苏洵便带着两个儿子慕名而来拜访他。当时,他对苏洵的文章激赏不已,"上其所著《衡论》《权书》等二十二篇,士大夫争传之"。如果没有他这位文坛领袖的推荐,像苏洵那样一个屡试不第、寂寂无闻的乡儒,不可能在一夜之间轰动京师、名扬天下,在未来跻身于唐宋八大家之列。但当时他只注意了苏洵的文章,未曾想到他儿子的道德文章也如此非凡了得。有其父必有其子啊,况且还不是一个,而是一双,在这次进士榜上,十九岁的苏轼和十七岁的苏辙同榜登科,这也是继苏洵之后,苏氏三父子在京师制造的第二次轰动。而他那屡试不第的得意门生曾巩,这次也表现不俗,终于在年近不惑时金榜题名,而且是南丰曾氏四兄弟同登进士榜,一时传为佳话,想不轰动都不行。

遗憾的是,一生慧眼识英才的欧阳修,这一次还真是看走了眼,结果让十九岁的少年英才丧失了一次中状元的机会。历史还真是有某种宿命的味道,他当年唾手可得的状元被考官断送了,而他作为主考官又断送了一个当之无愧的状元。苏轼后来的命运亦如他当年错失状元的命运,而且比他更无辜。但遗憾归遗憾,欧阳修这次担任礼部主考,可以说改变了北宋的文学史，苏氏兄弟、曾氏兄弟，还有众多的大宋文学精英，只因欧阳修以自己看重的文章风格而录取，在不远的将来，他们将成为北宋文坛上一批重量级人物，与欧阳修这个文坛领袖一起扭转北宋的文风，这也是欧阳修为北宋乃至整个中国文学史做出的无与伦比的贡献。

苏轼对一个失之交臂的状元自然也备感遗憾，但他没有怪罪欧阳修，在中进士后，还给欧阳修写了一封真挚的致谢信。欧阳修读着他的信，"不觉汗出"，自叹不如这位晚生，甚至顿生提前退出文坛之念。每次看了苏轼等青年才俊的文章，他便拿出自己年轻时写的文章来修改。据宋人笔记载，对自己的文章他勤于修改，一改再改。他为韩琦作《昼锦亭记》，颇中韩琦下怀，其中"仕宦至将相，富贵归故乡"两句，韩琦尤其欣赏。说来，韩琦比欧阳修的身世更不幸，他三岁时父母就去世了，由诸兄扶养成人，"既长，能自立，有大志气。端重寡言，不好嬉弄。性纯一，无邪曲，学问过人"。他能抵达将相兼荣的人生巅峰，而且号称"三朝贤相"，如此盖世功名，又不好自我炫耀，自然也就冀望欧阳修以生花妙笔来为之彪炳千秋，扬名立万。就在他要将一篇《昼锦亭记》铭刻树碑时，欧阳修又命仆人送来另一篇《昼锦亭记》，韩琦仔细阅读对照之后，两文其实并无太大的差异，他最欣赏的那两句也还在，只是新插入了一个"而"字："仕宦而至将相，富贵而归故乡。"仔细一读，还真是比没有"而"字更为舒畅，语气更见舒缓。而欧阳修对文字推敲如此殚精竭虑、精益求精，也让他油然而生敬意。同为学问过人的高人，韩琦能够理解欧阳修反复修改文章的妙处，欧阳夫人却有些不理解，看着他那一头白发的脑袋栽在密密麻麻的文字之中，又是心疼，又觉好笑："都这么大岁数了，还费这个心。难道还是小孩子，怕先生骂你吗？"

欧阳修笑道："不怕先生骂，只怕后生笑啊！"

若按由来已久的科举传统，登科士子与考官是师生关系，而苏轼既是欧阳修主考登科的进士，也可以说是出自他门下，是他的门生。但当年宋太祖为了预防士人抱团，在开国之初便已三令五申，凡士子及第，

"不得呼春官（考官）为恩门、师门，亦不得自称门生"。但规定是规定，苏轼一辈子都是认欧阳修这个恩师的。欧阳修对苏轼的奖掖也远远超过了他那得意门生曾巩，到了晚年，他便将北宋文坛托付给了苏轼，苏轼也成了继欧阳修之后北宋文坛的又一位领袖。而文坛领袖并非代代相传的世袭，在欧阳修之前，北宋时代还没有哪个文人可以成为公认的文坛领袖，因此，欧阳修也可说是北宋第一位文坛领袖，而在苏轼之后，终赵宋一朝，再也没有哪个文人可以成为公认的文坛领袖，苏轼也可以说是大宋帝国的最后一个文坛领袖。如果说欧阳修一生执着于"事信言文"，苏轼则更着意于"激扬文字"，欧阳修入世既深，得益于现实的支撑，苏轼则在经历了比欧阳修更不幸的贬谪与放逐生涯后，比欧阳修有了更多对现实的超越。如果纯粹从文学史的意义上看，当欧阳修已经成为一个既定的存在事实之后，这样的超越是及时的，也是必要的，在中国文学史上，有一个欧阳修已经足够了。

国学大师陈寅恪尝谓："华夏民族之文化，历数千载之演进，造极于赵宋之世。"而在下窃以为，一个文治盛世的文学，则造极于欧阳修、苏轼这两位北宋文坛领袖。

在唐宋八大家中，欧阳修虽不是开创性的人物，却是一个承上启下的轴心人物，没有他，甚至就没有后来明人标榜的所谓唐宋八大家。这八大家除唐人韩愈、柳宗元之外，几乎诞生于一个时代，除了欧阳修本人，又几乎出自他的门下。若没有出自他门下的五大家，又哪来的八大家？这又与欧阳修"奖引后进，如恐不及"的高贵人格有直接关系。其实，除了这些文学大家，欧阳修提携和栽培过的，还有张载、程颢、吕大钧、司马光等宋学大儒。斯人也，堪称千古伯乐！在这方面他为早已习惯于"文人相轻"的中国文人树立了一个无与伦比的楷模，无论此前还是之后，再也没有人在这个意义上超越他。这也是欧阳修的大智慧，提携人才就是提携自己，有了弟子你才能被尊为师父和导师，而作为文坛领袖和精神导师，欧阳修也很有感召力和凝聚力，他身上仿佛有一股强大的磁性，天下文人从四面八方朝他靠拢聚集。这也让他有了更多发现人才的可能，形成一个阵容强大的文学方阵。有后世评说，"欧阳文忠公堪称一个文治盛世和文学盛世的奠基者"。"正是欧阳文忠堪为人师的道德文章，才有薪火相传的苏门四学士黄庭坚、秦观、晁补之、张耒，才有了曾巩、曾布昆仲，才有了'中国十一世纪最伟大的改革家'王安石。……追古溯今，世间已无欧阳修，堪与之比肩者，可有其二者否？"（袁春乾：《世间已无欧阳修》，《西安晚报》2010年8月24日）

说到唐宋八大家，又必然要说到王安石。王安石原本与欧阳修没有师承关系，只因曾巩的引荐，王安石后来也出自他的门下。但这师生俩的关系却不同于其他的师生关系。谁都知道，"慨然有矫世变俗之志"的王安石在政见上和欧阳修是极为相左的，两人之间后来闹得很不愉快。但从文学的意义看，王安石的诗文骨子里和欧阳修的文章之道又是高度契合的。其实除了在政见上道不同不相为谋，在人生的追求上他们也有很大的不同。若按此划分，唐宋八大家大致可分为两种类型，一类是韩愈、柳宗元、王安石和三苏，还有未列入八大家又绝不弱于八大家的范仲淹，他们首先都没有把自己当作一个文人、文学家，他们的第一身份是官员、士大夫、政治家，而文学只是他们在现实与政治中的一种精神补偿、一种与政治的呼应、一种政途失意后的抒发。欧阳修和他的得意门生曾巩则属于另一类。一个细节可以佐证：欧阳修晚年几次辞官，辞谢的理由是："臣素以文辞专学，治民临政，既非所长。"我深信这不是借口也不是他婉言谢绝的托词，这就是他对自我的理性认知和人生定位。他一生也更倾注于"文辞专学"，对仕途功名的追求还从未表现出超过了对"文辞专学"的追求。在庞大的中国士大夫阵营中，只有陶渊明等很少的全身心地沉浸在诗文中的文人，那是因为他们对现实绝望得已不抱任何幻想，于是在诗酒中营造自己的幻觉。但欧阳修又绝对不是陶渊明，他一生都充满了入世的热情，也从未把自己看作一个纯粹的文人，即使和文人朋友在一起交谈时，他在大多数时候也不谈文章，只谈吏治。"文章止于润身，政事可以及物"，这是欧阳修的名言之一，他认为文章更多是个人的事，只有政治（政事）可以直接改变现实，改变国家与人民的命运。他这样说，其实并不矛盾，作为个人，他更愿意也更擅长"文辞专学"，这纯粹是他个人的人生选择，但从国家和社会的意义上看,他更看重的还是政治,这是一种比文学更有力、更直接地改变社会现实的力量,但文学也从来不是旁观者,而是介入者。

  我也曾妄自揣测,欧阳修强调文章是"个人的事",更多的可能是想排除一种强加的外在的干扰,这是他在现实的政事中无法排除的,那么在文学中则可更贴近自己的心灵。一位真正的作家永远只为内心而写作,这是绝对的真理,但一位作家内心里装着什么,又是最关键的,这也是我们解读欧阳修的一个关键。时下,我们的许多作家也强调文章是"个人的事",认为纯粹的文学应该回到文学本身。然而我们今天的文学最大的精神误区是在强调"灵魂叙事的核心价值"的同时也抽去了灵魂的真义,灵魂从来就不是蹈空而生的,灵魂必然会有个人的心灵对当前现实的投射。如果说过于"现实"的文学容易落入一个简单的、浅表的、单一的结论里面,那么,当文学完全取消现实功能,"弃百事不关于心",那所谓的灵魂叙事也就是欧阳修所谓的"务高言而鲜事实",这种纯之又纯的纯文学如同完美的绝对空白,意义为零。

  从文学实践看,欧阳修既是散文八大家的宋代第一家,无疑也以散文的成就最高,他穷其一生写了五百余篇散文,有政论文、史论文、记事文、抒情文和笔记文等,其代表作如《朋党论》《新五代史·伶官传序》《与高司谏书》《醉翁亭记》《丰乐亭记》《泷冈阡表》《秋声赋》《祭石曼卿文》《卖油翁》等,都是历代传诵的名篇佳作。对他的散文,苏洵曾在《上欧阳内翰书》中有过如是评说:"纡余委备,往复百折,而条达疏畅,无所间断。"而苏轼的一句话既凸显了欧阳修足以与韩愈比肩的文学地位,其实也说出了欧阳修对韩愈的传承意义:"欧阳子,今之韩愈也!"但他也不等于韩愈,如此还要一个欧阳修来干什么,所以,还得在苏轼的这句话中补上清人袁枚在《随园诗话》中的另一句话:"欧公文学韩而颇不似韩,此公文之所以能于八家中自树一帜也。"这就是他在艺术风格上能自成一家的独创性,否则他也不可能成为一代散文大家了。他与韩愈的散文风格其实也是有着鲜明区别的,韩文多是以气势雄壮见长的雄文,欧文则多是以情韵优美见长的美文。欧阳修为文与为官一样,力倡文字简约,一个经典的例子,他的《醉翁亭记》开头原本有二十余字的描写，最后删改为了五个字："环滁皆山也。"又据宋人笔记载，他任翰林学士时，某次与同僚出游，看见街上有一只狗被一匹马给踏死了。欧阳修看到了什么事就想做文章，他提议各人以最简短的文字来记录此事。一人说："有犬卧于通衢，逸马蹄而杀之。"欧阳修不以为然地摇头。另一人说："有马逸于街，卧犬遭之而毙。"欧阳修还是摇头道："都太啰唆了，如果让二位修史书，只怕写上万卷也写不完。"他只用了六个字就把一件事交代清楚了："逸马杀犬于道。"——这虽是一个比较极端化的例子，却也反映了他对简约的极致追求。

　　说到欧阳修的散文，不能不说到他所写的大量碑志、墓表，这在他一生的散文中占了大量篇幅。他所师承的韩愈就是一位善写此类文章的大手笔，而以其地位与文名之高，凡有请托者，"韩愈亦来者不拒"。这让他的好友刘叉也是羡慕嫉妒恨，一次竟然从韩愈那里"取其黄金数斤而去"，他白拿了韩愈这么多黄金，还说："此谀墓中人得耳，不若与刘君为寿。"——你这黄金都是阿谀奉承那些墓中人得来的，不如送给我刘某人贺寿罢了。欧阳修也是此类文章高手，随着其官位越高，更加之其文章盛名空前，达官贵人纷纷而来求其为先人撰写碑志、墓表，据宋人笔记《高斋漫录》记载：欧阳修为宋真宗时的一代名相王旦作神道碑铭，王旦之子王仲仪给他的润笔是十副纯金酒具，可见欧阳修当时的身价有多高。或是碍着王旦乃一代名相、监修《两朝国史》又"善知人、多荐用厚重之士"的情面，欧阳修对这一笔巨额稿酬推辞不受，还半开玩笑地调侃："缺乏捧酒具的人啊！"那王仲仪是个挺实诚的人，没听出这是欧阳修的公开玩笑，还真是花重金买了两个妙龄侍女，连同十副纯金酒具一起送给欧阳修。一辈子爱搞笑的欧阳修，发现自己的玩笑开大了，而王仲仪也是真心实意要给他这高昂的润笔，因为欧阳修的文章值这个价。如此一来，欧阳修也感到盛情难却，只得收下了那十副纯金酒具，却将那两个侍女退回了，声明"前言戏之耳"。从这一则可信度相当高的笔记看，欧阳修又并非那种登徒子之徒了，他的风流名声很可能与他口无遮拦，又爱调侃玩笑有关。

言归正传，还说欧阳修的这一类散文，从文学的角度看这类散文，古人写得最多，欧阳修也不例外，但此类文章若要在文学史上占一席之地则是凤毛麟角，而欧阳修却在这类文章中留下了不少的经典之作，如其给父亲逝世六十年祭而写的《泷冈阡表》，还有《范文正公神道碑》《尹师鲁墓志》《杜祁公墓志》等，都是这方面的代表作。对范仲淹，他更是倾注了无与伦比又难以言说的情感，一篇短短的碑文，他写了整整两年才写成。但据说，这些人的子孙皆不满意欧的文章，只有他的得意门生曾巩对欧阳修为其祖父作的墓碑铭深表谢意："铭志之著于世，义近于史。"

在散文上他还有很多开创性的贡献，他开宋代笔记散文创作之先声，如其《归田录》《笔说》《试笔》等，就是这方面的代表作。他的赋也独具神韵，如《秋声赋》几乎调动了所有能形容秋声的比喻，营造出了一个逼真的声音的世界，这样的文字不是用来看的，而是用来倾听的。他还创立了应用文体。所谓应用文也就是公文一类的官样文章，在那个文体边界还不清晰的时代，应用文也可谓散文的一种。欧阳修曾知制诰，为天子起草诏令诏书，这种官样文章若要写好，既要下功夫，而且还得有非同一般的功力。欧阳修既是一个杰出的应用文章家，对应用文理论也有开创性的贡献。在他之前，还没有人创立应用文这个概念，更没有人构筑应用文理论的框架。这一切都是从他开始的。他对应用文写作与对散文的写作也是一致的，一是真实，二是简洁质朴，三是得体。所谓得体，也是合体（大体、文体、语体）。据统计，欧阳修一生写有公文一千多篇，但他自责其公文有"无以发明""意思零落""非工之作""拘牵常格"的毛病，主张内容要完整出新，有条有理；形式既要规范，又要创新。他在《内制集序》中对公文写作提出了自己的基本理论：在内容上，他强调"必须合物议，下悦民情"；在形式上，他主张"取便于宣读"，最好是采用"四六"的语言形式。欧阳修对公文写作的开拓性，为苏轼后来改革骈文开了先河。而他这应用文的衣钵，最终被他的得意门生曾巩传承了。

除了散文创作，欧阳修在散文理论上提出了一系列上承韩愈又开启北宋散文风格的观点，他强调以"道"为内容，为本质，"道"对"文"起决定性的作用，而以"文"为形式，为工具。在对待两者之间的关系上，他主张既要重"道"，又要重"文"，认为"文"固然要服从于"道"，但并非"有德者必有言"。他把现实中的"事"看作"道"的具体内容，"言以载事，而文以饰言。事信言文，乃能表见于世"。所谓"事信言文"，就是内容要真实，语言要有文采，做到内容和形式的统一。欧阳修提出的这个"道"，不但扭转了自晚唐至五代以来浮靡雕琢、怪僻晦涩的文风，让天下文章一下子荡开，流畅婉转一泻千年。

欧阳修也是北宋诗词大家。其诗如其文一样也受韩愈的影响，在诗中议论时事，他敢于揭露社会的黑暗，反映苍生疾苦，但从艺术性看，则"道"重于"文"，有失重之感。相比之下，还是他那些即景抒情的诗更有韵味。对欧诗的评价其实也是对宋诗的评价，而对唐宋诗之高下优劣，其实早有定论，并没有太多的争议，而一些所谓争议实在是庸人自扰之。我并非所谓"尊唐派"，但也只能体认一个事实，唐诗所抵达的高峰确实是后世难以超越的，但也不必以太绝对、太极端的方式声称"终宋之世无诗""宋绝无诗"，我亦非所谓"尊宋派"，但以"宋诗的点化锻造之功、独得理趣之妙"，也的确是在唐诗之后另辟蹊径，"宋人之诗，变化于唐，而出其所自得，皮毛落尽，精神独存"。我以为吴之振在《宋诗钞序》中的这番评述并不玄虚，但对"宋诗岂惟不愧于唐，盖过之矣"，我则不敢苟同，对欧诗我也持相同的看法。欧阳修入仕之初进入钱惟演幕府，深受西昆派创作风格的浸染。而他对西昆体的态度也一直为后世争论不休。同范仲淹鲜明的反对态度相比，欧阳修对以杨亿等人为代表的早期的西昆体是持肯定态度的。但后世一般也认为，恰好是欧阳修借入主西昆派机会，以简约平易的文风荡涤了西昆体萎靡恬艳之风，而后世在论及西昆体衰落时，也归功于欧阳修，明初王祐、宋濂更是突出强调了欧阳修"痛矫"西昆体、扭转了北宋一代文风诗风的转折性作用。不过，对西昆体的几位主将欧阳修是留有情面的，在欧阳修全集中没有发现他直接攻击杨亿、钱惟演的文字，只是对事不对人。欧阳修在中国诗歌史上最具开拓性的贡献，还是其《六一诗话》，这是中国文学史上第一部诗话，开历代诗话之先河。他在《梅圣俞诗集序》中提出诗"穷者而后工"之论，对杜甫、白居易的诗歌理论有了进一步发展，对当时和后世的诗歌创作产生过很大影响，这也是他在诗论上又一不可忽视的贡献。而欧诗的贡献，则主要不是文学上的意义而是文学史上的意义。诚如叶梦得《石林诗话》的点评："欧阳文忠公诗，始矫昆体，专以气格为主，故言多平易疏畅。"他的贡献在于对深受西昆体影响的北宋诗风进行了一次有力的矫正。欧阳修青年时代对钱惟演等贵族文人提倡的那种浮华虚空、并无社会意义，却曾风靡一时的西昆体诗赋，一开始似乎并不那么反感，至少态度还比较暧昧，但后来随着他同范仲淹等人越走越近，尤其是在经历了被贬谪的挫折与磨砺之后，他对西昆体的拒斥也像范仲淹一样旗帜鲜明了。

  从欧阳修的词看，明显不如其前辈范仲淹，更不如其后辈苏东坡，其词多写男女之情，但也写得情真意切，如《踏莎行·候馆梅残》《蝶恋花·庭院深深》《临江仙·柳外轻雷》等，与范仲淹那位同窗晏殊词风相近。这也难怪，在性情上，欧阳修也更近似晏殊，都是那种风流才子型的文人。而这样的情词、艳词也更适合在歌楼舞榭中广泛流传。他贬知颍州时，传说有一位歌伎会唱他所有的词。他出使辽国时，接待他的官员请来当地一位歌伎为他陪酒助兴，嘱咐她一定要把这位欧阳大人侍候好。歌伎朝欧阳大人含情脉脉地怯怯一笑，并不多言。看了她这怯怯的神情，众人只以为她是边塞之地的歌伎，没见过世面，什么都不懂。哪知酒过三巡，这一开口，唱的竟全是欧阳修的词，那声音犹如瑶琴之音。这一段传说中的佳话，无疑是为了验证欧词在当时的影响之大。欧阳修也几度因这些艳词而遭遇莫测的命运。但这些情词、艳词中其实也有佳作，如其《南歌子》写新婚夫妇的戏谑，一句"等闲妨了绣工夫，笑问鸳鸯两字怎生书"，把小两口的情致写得婉变动人，颇有花间派神韵。只是不知那位歌女唱没唱欧阳修的另一类词，如其缠绵婉约的小令："去年元夜时，花市灯如昼。月上柳梢头，人约黄昏后。今年元夜时，月与灯依旧。不见去年人，泪湿青衫袖。"他的这些词曲小令在坊间四处传唱，成为当时歌伎最爱唱的曲儿。又如其《朝中措·平山栏槛》:"平山栏槛倚晴空,山色有无中。手种堂前垂柳,别来几度春风?文章太守,挥毫万字,一饮千钟。行乐直须年少,尊前看取衰翁。"这是欧阳修当年贬知扬州时所填词,此时他虽为贬官,却以文章名冠天下,故豪迈地自称"文章太守",但他又以衰翁自况,如此才备感应该趁着年轻及时行乐。欧词的另一类,也是欧阳修的另一副面孔,其实也风流,但同他那些迤逦而缠绵的情词相比,此词更充满了生命的喟叹,抒写得豪放而大气,多少已近似于豪放词的风格了。

欧阳修几乎是一个无所不能的大才子,他钻研《春秋》,不拘前人之说,颇有独到的发现与见解,这是他在经学上的造诣;他在金石学上也有开辟之功,编辑和整理了周代至隋唐的金石器物、铭文碑刻上千件,并撰写成《集古录跋尾》(简称《集古录》)十卷四百多篇,这是今存最早的一部金石学著作。欧阳修的书法也是一流的,其书受颜真卿影响较深,但也有自己的独到发挥,被公认为"文人书法"的开创者。南宋大儒朱熹对他的人品与书法都十分欣赏:"欧阳公作字如其为人,外若优游,中实刚劲。"

当我把一个人的一生追踪至此,读其文,观其书,文如其人,书如其人;文亦有道,书亦有道。而他以文学与书法的方式书写和诠释的"道",其实就是贯穿于他人生中的"道"。"外若优游,中实刚劲",朱熹这句话,还真是对欧阳修一生最好的注解。

六、在生杀予夺之间

对欧阳修一生的注解已被我提前交代,但这个人的一生还没有走到尽头,他一生最辉煌的岁月还在晚年。

宋仁宗嘉祐三年(1058年)六月,欧阳修以翰林学士身份兼龙图阁学士权知开封府。

又是一个"权知开封府",这是怎么回事呢,北宋帝国的京师"市长"怎么都是"代理"的呢?这又与大宋帝国的政治布局有关了。由于首都处于帝国的心脏地位,非同于一般的州府,朝廷设府尹为行政长官，以亲王出任，但又不常委派，多以"权（代理）知府"行使职权，其主要职责是掌管民政、狱讼和社会治安等。"权知开封府"实际上也就是京师市长。京师乃首善之区，自然须择德高望重的首善之臣担任，而除了皇宫禁城，还有皇室贵胄、朝廷重臣的府邸，更有三教九流、五行八作，鱼龙混杂，光怪陆离，社会关系错综复杂，稍有意外就会惊动天子。开封知府的地位何其重要，其政务又何其繁忙，自不必多说，若没有一个德高望重的大臣来主政，若没有一身精明干练的本事和久经历练的行政经验，是难以驾驭一个帝国的京师的。

这一回，在开封知府出缺后，终于轮到欧阳修了。仁宗皇帝和当朝宰相富弼、韩琦等经过慎重考虑，决定派欧阳修主政开封。这一方面，自然是富弼、韩琦等庆历党人重新执政后对欧阳修这位"同党"的信任，自然也有他们在政治上的盘算。另一方面，满朝大臣中欧阳修也的确是一个德高望重又久经历练的老臣。此时，欧阳修已五十二岁，用现代眼光看还是壮年，可在那个时代已经是名副其实的老人和老臣了。当时《新唐书》正在撰写中，而欧阳修对历史的志趣丝毫不亚于文学，更不亚于仕途功名。他原本想法是，待《新唐书》大功告成后，请求外放到某个小州府当个清闲官，养病保身颐养天年，没承想人到晚境，竟然被朝廷委以重任，对此他没有丝毫的惊喜，接到任命的第一反应就是上书辞谢。重读他那篇著名的《辞开封府札子》，绝不是矫情文人的故作谦卑，他陈辞恳切，甚至有些悲切，他诉说自己久患目疾、早衰多病，又忽得风眩，体力不支，要治理京城这样的重地，恐力不从心。也就是在这封辞谢信中，他说出了我已经提前说过的那句名言："臣素以文辞专学，治民临政，既非所长。"

但无论他怎么辞命，朝廷都不答应。就这样，在十分勉为其难的情况下他登上了入仕以来第一个地位显赫、大权在握的官位。在他之前，已有寇准、范仲淹等北宋重量级政治人物主政开封，无不政绩显赫。而欧阳修的前任开封知府不是别人，就是那个闻之如雷贯耳的包青天。包拯也是以龙图阁学士权知开封府，他主政开封数年，为官清正廉明、执法如山，不畏权贵、不护亲友，名震朝野，连那些权贵显宦都畏之如虎，一句流传千年的民谚据说就是从这时传开的:"关节不到,有活阎王老包。"但这个活阎王也因此得罪了不少权贵,纷纷向朝廷告他的黑状,仁宗皇帝心里十分清楚,这个包拯绝对是一个忠于朝廷、铁面无私的清官能臣,可告状者实在太多,又觉得这个包拯在很多事上也确实有些过分,那些告状者说他目中无人、骄横自负也是实情,搞得一些皇亲国戚和朝廷大臣都下不了台,长此下去,既不便于仁宗皇帝协调君臣关系,又搞得一个京师充满了肃杀之气,这就与仁宗皇帝一生追求的仁治盛世不大和谐了。

宋仁宗堪称史上最仁慈宽厚的天子,有这样一个我不忍割舍的细节验证了他的仁慈:有一次用御膳,他牙齿"嘎嘣"一响,硌得一阵尖利的剧痛,他赶紧将一口御膳连血一起吐了出来。这还了得,这可不是家常饭菜而是天子的御膳啊,竟然连沙子也没有清理出来,按法律,这是要问死罪的!而这位仁宗天子对待下人的过失首先考虑的不是痛苦,而正是下人可能带来的罪责。他牙齿疼得咝咝抽冷气,还压低声音叮嘱陪侍的宫女:"千万别声张我曾吃到沙子啊!"就这样一个细节,就足以看得出这个仁宗皇帝是多么仁慈。当然,一个皇帝的历史从来不是靠这样的小细节来书写的,而应该是天下第一的大手笔。作为宋朝第四位皇帝,也曾有人如此总结了他的一生:论能力,他不如雄才大略的宋太祖;论学问,他不如多才多艺的宋徽宗。但若论生前死后的名声,他却是宋朝十八帝中最好的一位皇帝。凭什么?就凭他一生奉行的仁慈宽厚的仁治。他在位四十一年,对下属宽厚以待,让百姓休养生息,又加之他知人善用,在位期间名臣辈出,在天子与士大夫的共治之下,把一个大宋帝国治理得政通人和、河清海晏。这里边当然还有一个很重要的因素,自从范仲淹等文臣将领对西夏以战逼和后,北宋与西夏、契丹(辽)之间数十年来无战事,国家安定太平,经济繁荣,科学技术和文化教育得到了很大的发展,在他当政期间,宋朝达到一个如日中天的盛世,甚至是巅峰。若不论武功,只谈文治,宋仁宗缔造的仁治与文治盛世甚至超过了唐太宗的贞观之治。若说有什么遗憾,那就是他亲手催生了庆历新政又亲手掐灭了庆历新政,但后世对他也没有什么不好的评价,兴许他这样做是预感到了一场划时代巨变可能会影响天下的安定和谐,才果断地中止了这样一场历史性变革。

我在此叙述一个皇帝的事迹,绝对不是多余的话,这是为欧阳修走马上任交代一个历史背景。这样才能看清楚,包拯为何去职,欧阳修为何能取而代之?有了这样一个背景,一切就一目了然了,仁宗宽厚的仁治与欧阳修的宽简仁政,实在太对路了,难怪这个"权知开封府"他怎么也推辞不掉,这又再次验证了仁宗的知人善用。在经历了黑脸包公数年来的铁腕治理之后,开封还真是特别需要欧阳修的宽简仁政。欧阳修当这个帝国的京师首长虽说是一百个不情愿,却也不负天子与朝廷的重托,他上任后既像包拯一样清正廉洁,在率先垂范、勤政爱民上又超过了包拯。若同宽仁的欧阳修相比,与其说包拯是个青天大老爷,不如说是个严刑峻法的酷吏,动不动就使上狗头铡、虎头铡、龙头铡,杀人如麻,而在审案过程中更是施以百般酷刑。欧阳修绝不会以这种铁腕的、残酷的方式去维护所谓的"稳定"。如果说包拯是一个典型的性恶论者,把所有人都当作犯罪嫌疑人,他则是典型的性善论者,他认为违法犯罪之徒毕竟是极少数,最好的方式是加强教化,引人向善。

对包拯做官做人是否真的公正,欧阳修也曾给予讥刺。张方平任三司使时,因依仗权势强买豪民的财产,包拯愤而上奏弹劾,罢免了张方平。宋祁取代张方平后,包拯又横加指责,宋祁也被罢免了。如果事情到此为止,姑且或可谓包黑子秉公直言。结果却是,在接连上奏弹劾两位朝廷重臣之后,再也没有人去争那个倒霉的三司使了,包拯以枢密直学士的身份权兼三司使。他这个三司使虽说是代理的,朝臣们又慑于包拯的权势和威望而敢怒不敢言。但欧阳修却不会保持沉默,他讥讽道:"包拯真是《左传》中所说的'牵牛踩了别人的地,而地的主人把牛抢夺过来',这种惩罚已经过重了,又贪恋三司使的肥缺,不也太过分了吗!"据说,欧阳修这一针见血的冷嘲热讽让那位脸比锅盖还黑的青天大老爷好长时间躲在家里没脸见人。

看欧阳修主政开封的作为,还必须看他此前在龙图阁直学士、河北都转运使任上的经历，看他日后在刑部尚书高位上的事迹，如此方能看清一个作为政治家的欧阳修。若要追本溯源，又得从他孩提时代说起了。

许多事在一个少年心头的潜移默化，或许只有等到后来才会逐渐发现。

其实，对于酷爱读书的少年欧阳修，早逝的父亲也是他的另一本书，一本必读书。从母亲嘴里，他知道了父亲的身世。若从功名上看，他父亲显然是那种没多大出息的官，但绝对是个好官，也是个穷官。要不，这孤儿寡母在他死后又何致如此受穷。但他母亲还真不是一般的寻常女人，这个作为妻子的女人，对死去的丈夫却充满了自豪，她告诫儿子，一个人的寿命不在长短，一个人做官不在大小，一个人当官不在发财，为的是多积德，多做好事。这是一个少年最初懂得的最朴素的人生哲学，他一生都念念不忘的一个细节，是母亲告诉他的："汝父为吏，尝夜烛治官书，屡废而叹。吾问之，则曰：'此死狱也，我求其生不得尔。'吾曰：'生可求乎？'曰：'求其生而不得，则死者与我皆无恨也；矧求而有得邪，以其有得，则知不求而死者有恨也。夫常求其生，犹失之死，而世常求其死也。'"这一番话说的是，他父亲活着时，常常在烛光下熬夜审阅案卷，有时忽然停下来长吁短叹，问他为何叹气，他说有一个人被判了死刑，但他不想让这个人死，他想在案卷中为这个人找一条活路，却又实在找不到……

就是这样一个细节，让一个父亲模糊的形象突然变得鲜明了。而我总是堕入某种幻觉：当一个少年背着包袱从故乡出发时，那包袱里装满了那手抄的典籍，他心里一定也装着这样一个父亲，还装着他母亲的肺腑之言："呜呼！其心厚于仁者邪！此吾知汝父之必将有后也。汝其勉之！夫养不必丰，要于孝；利虽不得博于物，要其心之厚于仁。吾不能教汝，此汝父之志也。"对亡父的事迹，对生母的叮咛，欧阳修在《泷冈阡表》中说："修泣而志之，不敢忘。"

对欧阳修一生影响深远的还有他曾任刑部郎中的叔父欧阳晔，欧阳修在给叔父撰写的墓志铭中称赞其为官清廉，秉公执法。关于他，有这样一个破案故事:"欧阳晔治鄂州。民有争舟而相殴致死者,狱久不决。晔自临其狱,坐因于庭中,去其桎梏而饮食之。食讫,悉劳而还之狱。独留一人于庭,留者色变而惶顾。晔曰:'杀人者汝也!'囚佯为不知所以。晔曰:'吾观食者皆以右手持箸,而汝独以左。今死者伤在右肋,非汝而谁?'囚无以对。"意思是,他在鄂州为官时,遇到了一件压了很久、一直未被前任审理清楚的命案,当地渔民因为争夺渔船而发生群殴,有一个人被打死了,但由于案发时场面混乱,一直无法确定那个致命的凶手。而官府采取的手段却是糊涂官打糊涂百姓,把所有打架者全部关进了监狱。为了抓捕一个凶手,竟让所有人跟着那潜在的凶手一起蹲大狱,每个人都成了戴着手铐脚镣的重刑犯,这对那些无罪的囚徒太不公平了。欧阳晔接到这桩棘手的案件后,没有在公堂审理,更没有刑讯逼供,他干的第一件事就是放人,解除他们手铐脚镣,还请他们到衙署的饭堂里吃饭。这让那些渔民一个个受宠若惊,又难免在心中嘀咕,不知道这个当官的葫芦里卖的什么药。但葫芦里装的却不是药,而是让这些囚犯垂涎欲滴的酒。欧阳晔就像他们的一个亲戚,给他们斟酒、夹菜、拉家常,谈笑风生,压根就不提什么案情,这些渔民自然也一个个守口如瓶。待到他们酒足饭饱之后,欧阳晔只留下了一个人,其余的先送回监狱。那留下的人倒也沉得住气,依然是一副事不关己的样子。欧阳晔紧紧地盯着他,压低声音说:"你就是杀人凶手!"那人还是一脸的茫然和无辜。看来这个人还真是不简单,也难怪这么多天他都没有暴露出来,他太沉得住气了,也太会装了。不过,这一次他在劫难逃了,欧阳晔在众人吃饭时就一直在留心观察。从案情看,死者的直接死因是右胸被一刀从左到右捅伤致死,凶手应该是一个左撇子,而众人吃饭时都是用右手,只有一个人是左撇子,就是这个站在欧阳晔眼前的人。当然,对一件命案,欧阳晔不会这样草率地结案,而这个左撇子为他提供了重要的破案线索和侦破方向。当一个个证据被找到,铁证如山,这个杀人凶手再也无法抵赖了。这也是叔父给欧阳修主持狱讼的启迪,对侦破一个案子,最重要的不是口供,而是证据,执法如山,首先在铁证如山。而所谓仁者,仁政、仁心,说穿了就是公正、公平。

看欧阳修自身的际遇,他也是一个屡屡遭受冤屈和不公正对待的人。兴许,他还想到自己那被断送了的状元,还有苏轼那被他断送了的状元,他深知一个人的命运有时候往往就是另一个人脑子里的念头。一个考官的权力再大,主宰的也只是士子的功名前程,最可怕的还不是考官,而是法官,主宰的是人命关天的大事,既不能不问青红皂白地将老百姓打入大狱变成囚徒,更不能草菅人命、滥杀无辜。譬如说他父亲,虽说只是一个品位不高的推官,却也是最基层的法官,手里拿捏着老百姓的小命,一念之差就有可能让人掉脑袋。人命关天,面对一个活生生的生命,他第一个想到的是"生可求乎"?若真是"求其生而不得,则死者与我皆无恨。夫尝求其生,犹失之死,而世常求其死也"。对生命的公正就是最大的公正、最大的仁心,"呜呼!其心厚于仁者邪"!

这里,有一个我特意推迟讲述的故事,那是欧阳修在被贬滁州之前以龙图阁直学士、河北都转运使的身份处理的一次兵变。对这次兵变,朝廷采取了招安的手段,只要停止叛乱,一律可以赦免死罪。这已非一般的赦免,而是双方达成的一种协议。而朝廷派来的招抚官员却出尔反尔,在兵变主犯自愿缴械之后却大开杀戒,杀了兵变的首领之后,连那些因胁从参与兵变的三千多降卒,并已在自愿缴械之后分散安置在邻近各郡了,欧阳修的好友、宣抚使富弼还想"尽数诛戮"。趁夜半无人时,富弼将这一骇人的秘密意图告知欧阳修。欧阳修问他是何道理,富弼说是担心"日久生变",不如趁早斩草除根。欧阳修惊出一身冷汗,这样的屠杀不但预防不了"日久生变",而只会让矛盾进一步激化,一旦走漏风声,更将引发大规模的叛乱。他要竭力制止这场大规模的屠杀!从这件事的处理上可以看出欧阳修作为一个政治家的非凡眼光。杂观诸史,中国历代帝王都是最无信义可言的,口里说的是一套,暗地里做的是另一套。这个富弼,明里怀揣着皇帝"不杀"的诏命,保不定还暗藏了一份"斩草除根"的密诏。然而诚如欧阳修所说,"祸莫大于杀已降",如此朝廷的信义必将荡然无存,而叛乱者必将一叛到底，反正是一个杀，那就不如大反大叛吧。这样的后果不但富弼考虑不到，连以开明君主自诩的赵顼（神宗）可能也没考虑到，而欧阳修在出发之前就考虑到了，甚至预料到了可能会发生的一切。不过这一次，无论是神宗皇帝还是富弼可能还不想把自己完全置于不义的境地，也的确是从自身的安危考虑，最终听从了欧阳修的建议。欧阳修一句话，救了两三千条命！

　　接下来，欧阳修开始"善后"，这"善后"不是对所谓"平叛"人员论功行赏，而是先将在混乱中强占民女的通判冯博文下令逮捕，这让另一个自恃"平叛"有功的大将李昭亮见势不妙，也赶紧将自己强占的民女送回。欧阳修此举虽未必能在这种社会的紧张关系中看到历史和现实的根源，但他在那个时代可能是极少几个已经接近于事物本质的人。作为一个深受儒家文化影响的人，他无疑也有着对朝廷的绝对忠诚，也担心"日久生变"，然而他有更为深邃的目光：一切动乱之源不在于民而在于"官"，在于那些既得利益者的无法无天、为所欲为。

　　如今，欧阳修以龙图阁直学士"权知开封府"，掌管京师开封府的民政、狱讼和社会治安，接下来，他还将官拜刑部尚书，主宰普天之下的生杀予夺之权，无论是此时主政开封，还是日后主掌刑部，他都像父亲生前一样，首先想到的不是这个人有罪，而是无罪，不是让人死，而是让人活，对每一个案子，尤其是那些死刑案，他都要从案卷中找破绽，为生命寻找最后一丝可能的生存缝隙。当然，每于深夜里的烛光之下，他也难免会发出父亲那样的长吁短叹，有些人是的确该判死刑的，罪不可恕的，但至少可以尽最大的可能减少冤案，让世上少一些无辜就戮的冤魂。

　　尽管欧阳修与包拯颇有些道不同不相为谋，但他和包拯在某些看法上也是一致的，只是采用的手段不同而已。包拯以强势的权力加之以自身的铁腕，走的基本是"猛药去疴、重典治乱"那一路。而欧阳修的宽简仁政也是有条件的，其宽，是对百姓黎民之宽，对权势者他也表现出强硬的、绝不宽容的原则性。哪怕再宽简的仁政，也必须严格按法令处置，这就是原则，如此才能保证法律的公正，既要对得起那些受害者，也能起到对不法分子的惩戒作用。他主政开封府后不久，就发现京都重地违法犯罪的并非普通的老百姓，而是那些有着各种背景的权贵，而这些权贵们之所以有恃无恐，只因有来自大宋宫廷的包庇，一旦触犯刑律，他们就能找到各种关系，从宫中乞得恩命以逃脱惩罚。这也是大宋朝廷体制上的漏洞，也可谓一种畸形的特权制度——"内降"，即不按常规经中书等省议定，而由宫内直接发出诏令。欧阳修走马上任才一个多月，此类案件就遇到十余件，对于这些倚仗权势、有恃无恐的犯罪分子他深恶痛绝，决心严惩。很快，他就给仁宗天子上了一道《请今后乞内降人加本罪二等札子》的奏章，凡今后对替别人谋求"内降"、开脱罪责者，应连同罪犯一并治罪，凡是罪犯自行求得"内降"者，一律施以加重本罪二等的处罚。此举看似严厉，其实不是直接针对罪犯，而是直接针对宫廷的特权制度，是对政制、法制漏洞的一次修补，而能谋求"内降"者，多是后宫那些擅权的宦官。欧阳修此举，有力地遏制了宫廷与权贵勾结在一起违法乱纪、扰乱朝纲的行为，在一定程度上切断了他们的利益链。而欧阳修要么不说，说到必做到。明眼人一眼就能看出来，欧阳修此举和包拯主政是有根本区别的，包拯更多是依赖他强势的铁腕风格和手中的权力，欧阳修则更着眼于从政制上、法制上进行修补和完善，从制度上废除权贵集团的特权，也就更能从根本上保证行政、司法和审判上的公正。

这绝非我对一个北宋士大夫的理想主义的臆想，而是历史事实。欧阳修一生留下了大量的上书与奏疏，就是最确凿的证据，后世可以复制，但绝对不能伪造。尽管他一生并不热衷于政治，却是一个当之无愧的政治家。后世对他的评价是政治家、文学家、史学家，摆在首位的也是政治家，但他也像范仲淹一样，是一个光环太多的人，对他一生的建树也有所遮蔽。譬如说他在法学意义上的建树，足以超越前世、当世和后世的许多法学家。他在审核案件时，不是急于寻找有罪的证据，而是采取无罪推定的方式，这已经接近现代的法学精神了。在中国法学史上，这种无罪推定最早可能就是从欧阳修和他父亲开始的，这个意义绝对不亚于他作为文学家的意义。另外，他既反对"内降"，又反对常赦，认为赦则自侮其法而人不畏绳索。他力主法律宽简，但又坚决捍卫在执法过程中应严格以法律为准绳，绝不可法无定法、法外施刑、对法律随意放宽或加重。这已是直接向人治的巅峰——皇权和极权挑战了。人尽皆知，在极权或集权时代，只有皇帝有这样的赦免权。然而，在对极权的挑战中，欧阳修命定只能成为失败者，但这样的失败却不是毫无意义的，他至少让今天的人们更加清醒了，有专制，绝无法治，甚至也没有真正意义上的"法"，专制乃犯罪之源，乃是某位权力巅峰者所谓的"和尚打伞，无法无天"之源，欧阳修早已意识到了这一点，"私道行，则刑罚繁而邪不禁"。

正是基于这一政治家清醒的认识，欧阳修在主政开封仅仅八个月的短暂时间里，就与其前任范仲淹、包拯被誉为"三杰知府"。但这个"权知开封府"对于他确实来得太迟了，他的身体状况已大不如从前，在主政开封时又积劳成疾，几次在处理公务时病倒。自己病倒尚是小事，开封的政事非同小可，他不得不给仁宗连上三书，请求辞去开封知府一职。翌年二月，他的辞呈终于获准。但从"权知开封府"的位置上，一般都不是下来而是上去。嘉祐五年（1060年），欧阳修在五十三岁这年又超升为枢密副使，第二年又转任参知政事，后又相继任刑部尚书、兵部尚书等职。在他的身体每况愈下时，他也登上了自己一生仕途的巅峰。

由于欧阳修一再以年迈多病而请辞，宋仁宗也曾请欧阳修挑选宰执大臣的接班人，欧阳修在再三权衡之后推荐了三个人：王安石、吕公著和司马光。若论私交，这三人与欧阳修都有过节，王安石虽是他名义上的学生，但此人自负得简直目空一切，常自比孟子，却称欧阳修这位老师为韩愈；吕公著因反对范仲淹而迁怒欧阳修，两人素有宿怨；司马光对欧阳修亦有非议之词。但欧阳修却根本不计较这些个人恩怨，一心为国家荐举栋梁之材，这让仁宗皇帝也颇为感动。

昔年太宗拜年届花甲的吕端为相，很后悔，后悔自己对大事不糊涂的吕端重用太晚了。

如今欧阳修虽未及花甲，却已形如衰翁，不知仁宗是否后悔过对一生奉行宽简仁政的欧阳修也重用得太晚了？

哪怕仁宗皇帝真的后悔过，也悔之晚矣，这个比欧阳修晚生三年的天子，身体状况比欧阳修更差，差不多比欧阳修早逝十年。嘉祐八年（1063年）三月二十九日，宋仁宗驾崩，在位四十二年，享年五十四岁，实际亲政约三十年。据《宋史》载："京师罢市巷哭，数日不绝，虽乞丐与小儿，皆焚纸钱哭于大内之前。"一个仁慈的君主创造的仁治盛世不仅让国人感恩戴德，而他一生奉行的睦邻友好的和平政策也让邻邦感激涕零，当噩耗传到与大宋帝国缔结为兄弟之国的辽国后，"燕境之人无远近皆哭"。宋使进宫，向辽国天子送达讣告，辽道宗耶律洪基冲上来抓住宋国使者的手，一边使劲摇晃一边号啕痛哭，说："四十二年不识兵革矣！"这位辽国皇帝还特意为宋仁宗建了一个衣冠冢，此后，辽国历代君主对宋仁宗"奉其御容如祖宗"。

由于宋仁宗盛年而逝，又由于继位的宋英宗英年早逝，——他在北宋历史上只有短暂的过渡意义，从仁宗的仁治盛世过渡到神宗"以富国强兵之术"变法图治的时代，这也让欧阳修成了一个历经真宗、仁宗、英宗、神宗的四朝元老。就在一场轰轰烈烈的大变革拉开序幕之前，欧阳修便以年老多病屡次上表请求外任，不准。不准在他的意料之中，不幸却在他的意料之外。这位自称衰翁的老臣，到了这岁数竟然又闹出了一桩"扒灰"的风流案，同他中年时代的那宗"乱伦"案相比，这宗"扒灰"案还真让人大感意外，都这么大岁数了，墓木已拱矣，这个老风流怎么还没有一点收敛呢？

细看那段历史，当时有位叫蒋之奇的御史，欧阳修对他还有推荐提携之恩，但此人在变法党争中为了一己私利，上书弹劾欧阳修"帷簿不修"，与儿媳有染。此事闹得满朝风雨，在市井里巷更是传得沸沸扬扬，绝不亚于欧阳修中年时代那桩与"外甥女"和堂侄媳妇张氏苟且的绯闻案。细说起来，始作俑者又不是这姓蒋的，而是欧阳修夫人（薛夫人）的堂弟薛宗孺，也可以说是欧阳修的小舅子。此人名不见经传，却也是个朝廷命官，从苏颂的一首《送薛宗孺通理并州》看，薛宗孺曾通理并州，官已经当得不小了。但此人不知犯了何事，受到弹劾，便请托姐夫欧阳修在皇上面前为他开脱开脱，没想到他这姐夫非但不给他开脱，还上书要求严肃处理。这让薛宗孺怀恨在心了，你这个姐夫既然六亲不认，他这个小舅子也就认不得你这个姐夫了，于是乎，薛宗孺到处造谣，说欧阳修与其大儿媳吴春燕有染。而外人又不知内情，只知薛宗孺是欧阳修的小舅子，连小舅子都说姐夫与儿媳有染，那还真是由不得人不信，更何况欧阳修"帷簿不修"，早有前科。而御史蒋之奇一如当年的钱勰，他三番五次给朝廷给皇帝奏本弹劾欧阳修。但要弹劾一个元老大臣，光凭谣言不成，还得有证据，而他举出来的证词又是欧阳修的一首艳词《醉蓬莱·见羞容敛翠》："见羞容敛翠，嫩脸匀红，素腰袅娜。红药阑边，恼不教伊过。半掩娇羞，语声低颤，问道有人知么。强整罗裙，偷回波眼，佯行佯坐。 更问假如，事还成后，乱了云鬟，被娘猜破。我且归家，你而今休呵。更为娘行，有些针线，诮未曾收啰。却待更阑，庭花影下，重来则个。"——这是一首写男女私会的轻薄小词，说是艳情还不如说是色情，词中爱的意味十分淡薄，性的趣味倒是非常浓烈，每一句描写都充满了性的暗示，有的还写得很露骨。在一场销魂的交欢过后，两人犹余兴未尽，又商量如何骗过女子的母亲，以便更阑之际重来欢会。而那女子对这种偷欢的愉悦既羞涩又向往，既担心母亲发现，又宽慰情郎莫要性急。如果这首词真是欧阳修的手笔，他还真是一个偷情猎艳的高手，如果没有经历过，又怎能把一对男女的心理活动描写得那样细腻、传神？想象那个偷腥女子不安的、战栗的身体，几乎让人的神经为之战栗。诚如我在前文所说，这又是欧阳修留给世人的另一副面孔，或另一个疑问，他的这一类艳词也确实突破了文学和人格的不少禁区。又加之他"平生与人尽言无所隐"，有啥说啥，对人没有什么防范意识，又因他"论事切直，人视之如仇"，自然也就难逃"数被污蔑"的命运，从青年狎妓、中年"乱伦"，到老年"扒灰"，欧阳修在仕途文途上一次次超越自己的同时，又一次次污名加身……

其实，与其媳有染谣言，也从来不只是欧阳修一个人的遭遇，同样一个版本的故事，既可加之于欧阳修身上，也可以安放在他学生辈的王安石、苏东坡身上。据传王安石、苏轼都曾与自己的儿媳有什么事情。

而对这一类"似是而非谁得知"的故事,信不信就由你了。好在,欧阳修也是个非常想得开的人,若是想不开他早就像范仲淹一样在进亦忧、退亦忧中忧郁而死了。又好在,当时年方弱冠的神宗天生就是历史上一个最明白、最有主见的皇帝之一,对此类案子他似乎也没有先帝仁宗那样盎然的兴致,也没有那样拖泥带水,他处理得很干脆,将那个蒋之奇从御史直贬为监道州酒税,还了欧阳修一个公道。但对欧阳修的再三请辞,他也是很干脆的两个字:不准。

一波未平,一波又起。熙宁二年(1069年),宋神宗和王安石开始推行宋朝历史上也是中国古代史上最伟大的一场大变革,此时欧阳修已年过花甲,白发如雪,肝胆亦如冰雪。一个冰雪老人欧阳修,与一个炽烈如火的王安石,随即便发生了势若冰火的冲突。从个人私情而言,王安石于文、于政,都曾得到欧阳修的提携与推荐,即便王安石没有知遇之恩,两人也有师生关系;从政治立场上看,无论王安石还是欧阳修,用欧阳修《朋党论》的标准看,两人在精神本质上都是君子而非小人,骨子里都有一股"以天下为己任"的理想主义精神。从王安石的角度看,他一旦拥有了主宰天下、改变历史的权力,又看准了一个明确的目标,便以绝对权力推行一场势不可当的变革,其变革的核心利益或核心意图是为一国所谋,而国家利益有时候和老百姓的利益是一致的,有时候却会极大地损害老百姓的利益,譬如他所力推的青苗法,实施的效果与预想的效果成反比,至少从结果上看有害民、坑农之实;从欧阳修的视角看,他之所以反对王安石变法,并非他的冥顽守旧,他也曾是个响当当的"革新"派,而且是范仲淹当年推行"庆历新政"的骨干之一。这就是说,他和王安石都在为这个国家和国民寻找一条更好的道路。若要真正了解欧阳修对王安石变法的态度,这是一个基本前提,他反对的不是变法,而是王安石变法的一些具体法案、手段或措施,他所虑者,绝非后世想当然地认为,随着他本人政治地位的提高,站在了封建地主阶级的立场上,因而在政治态度上从锐意变革而一变而为保守,这对他绝对是比所谓"帷簿不修"更严重的误解。看他一生的为政为文,他的确是那个时代少有的心里始终装着老百姓的好官，但他的终极目标，当然还是为国、为君、为朝廷，他之所以站在老百姓的立场说话，在于他深知天下之乱而百姓先乱，百姓安而天下乃安。在某种意义上说，他对百姓的疾苦和内心的渴望似乎比王安石有更深切的体会。当时王安石主宰天下、独揽朝纲的政治地位，欧阳修显然已没有与之抗衡的实力，他也不想以老朽之身"螳臂当车"，只能一次次上书，恳求致仕，安享晚年。然而朝廷和神宗皇帝好像还不想让一个老臣就此安心养老，熙宁三年（1070年），欧阳修又"除检校太保宣徽南院使"等职，这绝非闲差而是重任在肩的要职，他坚辞不受，改知蔡州。

欧阳修再也无法拒绝，扶杖走向他一生最后的仕途。蔡州也就是今之河南汝南，此地离京师不远不近，自古汝南有"负山面淮，控扼颍蔡"之险，古属豫州，为九州之中，汝南又居豫州之中，故有"天中"之称。这样一个山环水绕之地，倒是一个很适合养老的地方。是年，欧阳修已六十一岁，改号"六一居士"，这是他一生的最后一个号，也是他一生对自己的最后一次调侃吧。但他自号"六一居士"又不只是因他六十有一，对此，欧阳修也曾以答客问的方式有过一番解释。客有问曰："六一，何谓也？"居士曰："吾家藏书一万卷，集录三代以来金石遗文一千卷，有琴一张，有棋一局，而常置酒一壶。"客曰："是为五一尔，奈何？"居士曰："以吾一翁，老于此五物之间，是岂不为六一乎？"——对这段问答，最好还是文言文，若用白话文根本无法表达他"吾因知名之不可逃，然亦知夫不必逃也；吾为此名，聊以志吾之乐尔"的人生境界。尽管老病缠身，他依然不改其乐，其乐如何？居士曰："吾之乐可胜道哉！方其得意于五物也，太山在前而不见，疾雷破柱而不惊；虽响九奏于洞庭之野，阅大战于涿鹿之原，未足喻其乐且适也。然常患不得极吾乐于其间者，世事之为吾累者众也。"如果他不这样解脱自己，"累于彼者已劳矣，又多忧；累于此者既佚矣，幸无患。吾其何择哉？"一番答客问到了这里，他似乎找到了一生中的最后答案，于是与客俱起，握手大笑曰："置之，区区不足较也！"

然而他在一番自问自答后又不禁喟叹："夫士少而仕，老而休，盖有不待七十者矣。吾素慕之，宜去一也。吾尝用于时矣，而讫无称焉，宜去二也。壮犹如此，今既老且病矣，乃以难强之筋骸，贪过分之荣禄，是将违其素志而自食其言，宜去三也。吾负三宜去，虽无五物，其去宜矣，复何道哉！"

这是他作于熙宁三年（1070年）九月七日的《六一居士自传》，也是他对自己一生的人生总结，从少年时代背着包袱出发，到现在把包袱一个一个放下了。此文就像他提前写好的一篇坦然、豁达、淡定、快乐的死亡预言。第二年六月，他终于以太子少师的身份致仕，居颍州。这样的一个从崎岖仕途上一路走过来的快乐老人，原本是不该早逝的，是应该多享几年清福的，但他几乎还没来得及好好安享自己的晚年，就于致仕的第二年在颍州家中辞世。

那是神宗熙宁五年闰七月二十三日，公元1072年9月22日。

对于他，能够安详地躺在自己家中的一张床上，也算是享福了。

七、谁识当年旧主人

一个人的一生已走到了尽头，又该回到一个少年当年背着包袱出发的地方，这里既是他精神的源头，也是他生命的原点。又该盖棺论定了。其实，对这个人的历史评价已经白纸黑字地写在那里了：中国古代著名的政治家、文学家和史学家。

关于他作为文学家、史学家的意义，在前文已经叙述。这里，只从他作为政治家的意义来打量他。追溯欧阳修这一生，他的第一身份无疑是个官员。从他二十岁出头中进士任西京留守推官开始，历仕仁宗、英宗、神宗三朝，一贬夷陵，二贬滁州，以后便接二连三地再贬扬州、颍州，还曾辗转于应天府、亳州、青州、蔡州，而在他步入晚境后，更一度登上了权知开封府、官拜枢密副使、参知政事、刑部尚书、兵部尚书等位高权重的要职，跻身于二府大臣之列。一个人到了如此显赫的地步、拥有几至于位极人臣的功名，他也足以告慰自己的亡父与慈母了。他在父亲逝世六十年祭日撰写《泷冈阡表》时，自己也六十四五岁了，或许是预感死神将至，才那样披肝沥胆地诉说平生："自先公之亡二十年,修始得禄而养。又十有二年,烈官于朝,始得赠封其亲。又十年,修为龙图阁直学士,尚书吏部郎中,留守南京,太夫人以疾终于官舍,享年七十有二。又八年,修以非才入副枢密,遂参政事,又七年而罢。自登二府,天子推恩,褒其三世,盖自嘉祐以来,逢国大庆,必加宠锡。皇曾祖府君累赠金紫光禄大夫、太师、中书令;曾祖妣累封楚国太夫人。皇祖府君累赠金紫光禄大夫、太师、中书令兼尚书令,祖妣累封吴国太夫人。皇考崇公累赠金紫光禄大夫、太师、中书令兼尚书令。皇妣累封越国太夫人。今上初郊,皇考赐爵为崇国公,太夫人进号魏国。"

不能不说,那个"天子与士大夫共治"的大宋帝国,对一个大臣是慷慨的,不但让他本人享受了荣华富贵,还将他上溯三代的祖宗封为国公、国太,他那一辈子只做到了一个八品推官的父亲(皇考崇公)累赠金紫光禄大夫、太师、中书令兼尚书令,又赐爵为崇国公;他那一生"守节自誓,居穷,自力于衣食"的母亲(皇妣)累封越国太夫人,又进号魏国。而欧阳修本人除了担任的实职,也被加封为"推诚、保德、崇仁、翊戴功臣,观文殿学士,特进,行兵部尚书,知青州军州事,兼管内劝农使,充京东路安抚使,上柱国,乐安郡开国公,食邑四千三百户,食实封一千二百户……"

这样也就理解了,这个人一生走到头为什么无怨无悔了。同他那"故其亡也,无一瓦之覆,一垄之植,以庇而为生……"的父亲相比,他能从一个幼年丧父的孤儿抵达这样的人生高峰,他所遭受那些诬陷、诽谤和贬谪又算得了什么呢?对这样一个帝国,他又怎么会不忠心耿耿、感恩戴德、诚惶诚恐,"于是小子修泣而言曰:呜呼!为善无不报,而迟速有时,此理之常也。惟我祖考,积善成德,宜享其隆,虽不克有于其躬,而赐爵受封,显荣褒大,实有三朝之锡命,是足以表见于后世,而庇赖其子孙矣"。

他所处的那个时代,在中国王朝史上是一个罕有政治家辈出的时代。在他之前,有被誉为北宋第一名臣、庆历新政的主角范仲淹,在他之后,更有以"天变不足畏、祖宗不足法、人言不足恤"的大无畏精神变法图强的王安石,如果说范仲淹、王安石是最像政治家的政治家、最像国士的国士，恰好介于两者之间的欧阳修，由于其一生风流，有太多"帷簿不修"的风流韵事，后世还真是很难把他与一个政治家或国士的形象联系起来，在同一时空中，好像不止有一个欧阳修，而有几个欧阳修，这也让他成了一个最不像政治家的政治家、最不像国士的国士。也正因如此，欧阳修才有非同一般的意义，一方面，他像范仲淹、王安石等典型的国士一样有着对社会责任自觉的担当，他是一个道统、理想与信仰的捍卫者，一个对无道与不义的反抗者；另一方面，这个不安的身躯一直以享受生活、享用生命的方式表现自我，同时也保持着人格尊严，他是那个时代最能体现自我人生价值的一个人，一个活得最像人的人。

奇怪的是，欧阳修致仕之后却未落叶归根，死后也未魂归故里。他一生经过的地方太多，却把颍州作为了最后的归宿，也是他最后的故乡。我曾拜谒过颍州，经千年风雨淘洗，只余会老堂一处余壁了，这个会老堂，据说是当年欧阳修和老人们一起喝酒、品茶、闲聊的地方。又听说当年的宅第很大，但和成都杜甫草堂一样，早非原来的宅第，而是清代重修的建筑。清代离我们还不算十分遥远，然而也足以让一座老房子倒塌了。欧阳修一生当知州的时间最长，地方最多，查《宋史·欧阳修列传》，颍州只是他担任知州的一个极普通的地方，未见与他有什么深刻渊源，不知他为什么最终会定居于此，或是这里有他依恋的湖光山色，很适合一个致仕的文人和老人想要的那种心情。

欧阳修墓，则离他的庐陵故里更远，位于今河南新郑辛店镇欧阳寺村。——这与《庐陵欧阳文忠公年谱》（简作《年谱》）的记载是吻合的。据《年谱》载："熙宁五年壬子，闰七月庚午，公薨。……熙宁八年九月乙酉，葬开封府新郑县聚贤乡。"无疑，这是十分确凿的记载，除此之外也未发现欧阳修还有别的疑冢。但许多事都不能深究，稍一探究就让人疑窦丛生。欧阳修怎么会葬在这里呢？他虽曾知开封府，可此地既非其故里，致仕后他又未曾在此定居，怎么会在停柩三年之后葬于此地？而无论《宋史》还是《年谱》，均未载欧阳修卒于何地，死于何因，只谓"遽兹长逝"。拜谒欧阳修陵，陵园恢宏，有着凝重而肃穆的朱漆门阙，左右有两只威严神武的石狮镇守，逶迤的围墙，深远的神道，一派蒸蒸逼人之势，令人备感肃杀。墓冢也修造得十分高大，右侧并排躺着他的夫人——薛夫人墓。这气氛，这气派，已远胜于他的任何一处故居，应该说朝廷对这位生前曾被一贬再贬的官员在他辞世后给予了他高规格礼遇。连皇帝赵顼（神宗）也给予他极高的评价："以文章革浮靡之风，以道德镇流竞之俗，挺节强毅而不挠，当官明辨而莫夺。"这也算是对欧阳修的盖棺论定吧，虽然来得太迟了，实话说又是很客观公正的，至少没有太多掺假或虚应的成分。欧阳修就是这么个人。神宗把欧阳修的文章摆在他对欧阳修总体评价的第一位，既表达了朝廷以至神宗本人对欧阳修文章的看重，也是当时人们对欧阳修的普遍看法，这与后世对欧阳修的评价也是一致的，即按他一生建树的重要性排序，他先是文学家，然后是政治家，最后才是思想家、史学家。

同颖州相比，北宋的庐陵，如今的吉安、永丰、沙溪、西阳宫，无疑更有故乡的意义，我在这丘陵与沙溪之间的一小片土地上慢悠悠地转着，看着，祠堂、农舍、西阳宫、宫前庑下，欧阳修撰书的"泷冈阡表"石碑，一一都已看过。在一个逝去已久的年代，一条条早已在时间中消失的路上，我把欧阳修曾经走过的路，又重新走了一遍。现在，让我们回到庐陵沙溪，回到一个人出发的地方。欧阳修从这里走后就再也没有回来，或许是他走得太快，没来得及回来。这里也就成了一个永远的出发地。睹物伤情，忽然想起欧阳修的一句诗："谁识当年旧主人？"

仿佛被一股莫名的力量驱使着，最终我又转回了先前看过的那个渡口，却没看见那条渡船。那条船呢？或许又已走得老远了吧。空茫间，一群撒开脚丫子飞奔的鸭子，被一个同样撒开脚丫子飞奔的少年，拿着竹篙一路撵着发出"嘎嘎"的叫声。它们奔跑着尖叫着，让我感到了一种蓬勃生命的活力。生活还在继续，一切并没有随着一个人的远去而结束。

苏 洵

在传说中活着

在民间传说中,苏老泉和他父亲一样,也是个很搞笑、很好玩的人物,也是一个不老的形象,他的年岁仿佛永远停留在二十七岁那年。这也为我节省了大量的笔墨,干脆直接进入了一个家喻户晓的故事:"苏老泉,二十七。始发愤,读书籍。"——如果没有《三字经》中的那十二个字,一个叫苏老泉的人也许不会成为那样一个家喻户晓的人物,这也让他成为了一个不只是载入正史的人物,更多的还是一个民间传说中的人物。一个人能进入民间传说,实在比载入史册更难,只有那些典型人物才有这个可能。苏洵是一个少壮不努力但老大不伤悲的典型,一个大器晚成的典型,一个伟大的父亲,一个基本上没有当过官的政治家,一个一辈子没有打过仗的军事家,也是唐宋八大家中唯一没有中过进士的布衣寒儒,在一个以科举"为国择仕"的文治盛世,他的成才之路和成名之路,为后世提供了成功学上的另一种可能。

一、故乡的风水

一直想去那里看看,看看那里的风水。

我接下来叙述的一切,兴许都与那里的风水有关。风水是中国神秘文化的一部分,其实也并非不可泄露的天机,对那些心明眼亮的人,一眼就能洞穿。

在我的预料之中,首先出现的是风,春夏之交的风,几乎迫不及待地向我吹来,不知不觉间,一条河就在风中出现了,通惠河。这条河属岷江水系,岷江中游。其实不是一条河,而是从唐朝开元年间(713—741年)的通济堰流下来的一条灌渠,但对这一方水土上的人来说,它又确实是一条河,一条在他们的血脉里蜿蜒而流的母亲河。我就是跟着这条河,由南向北贯穿了一座西蜀古城。蜀中多山,但此地却是川西盆地,我在这盆地走了许久,才慢慢回过神来,这里原是一个盆地。而给我启示的是城郊的一座小山,远望如眉,这座山就是我憧憬已久的眉山,这座城也叫眉山。这是我在风水中完成的第一次确认。

在古人眼里,风就是元气和场能,水就是流动和变化。在我眼里,风就是风,水就是水,风有点虚无缥缈,而水却是十分的真切。这地方的风水还真不错,在被风吹拂着的阳光下,那河道两岸的青草与杨柳,在这个季节都绿得透心了。更有那形形色色的花卉,以姹紫嫣红的方式倾情绽放,红润鲜亮的美人蕉,几乎开到了妖艳的程度。这是人造的风水,但人造的风水也是风水,在中国古典风水学上也很有形法与理法。一座城池、一个乡村、一个庭院、一幢建筑,乃至一口井、一扇门、一扇窗,无不与其周围的风水形势有关,这个道理像常识一样简单,一座逆光的窗户自然采不到阳光,而阳光直射的窗户又炽热无比,让人睁不开眼睛。就是基于这些很简单的自然道理,中国古人总结出了风水学上的三大原则:天地人和、阴阳平衡、五行相生相克。而那些神秘的风水学,实际上包括了地球物理学、水文地质学、宇宙星体学、气象学、环境景观学、建筑学、生态学以及人体生命信息学等多种学科,实际上是一门包罗万象又融会贯通的自然科学。所谓理法,也就是对天、地、人三者关系之间的自然推理,一个人在选择风水时,必然会对自然环境进行审慎周密的考察,在深入了解一地的风水之后,既可利用自然风水,还可以对风水气场进行导引——改造自然,从而创造最适宜自己居住生息的环境,而其核心则是遵循天理——自然之理。

很想看看北宋时代的眉山是什么样子,这也是我时常触景而生的幻想，也只能幻想了。但有些事情却又绝非幻想或幻觉，而是一种难以理喻的现象，当你对某种现象难以理喻时，最好的方式就是从风水上去寻找理解的方式，如江苏苏州、浙江绍兴、江西临川、安徽徽州等地，既是风水灵秀之地，又是人文荟萃之地，可见风水与人文有直接的关系，所谓人杰地灵，所谓含英咀华，无不是汲风水灵气，得天地造化，如此才有辈辈不绝的英才人杰。而那些凶险之地，必出凶险之人，穷山恶水出刁民，其实更多不关人性，而是天性，当人类的生存环境太恶劣了，只有死路一条了，也就只能以残酷的方式来为自己寻找一条求生的出路、活路，如那些土匪和强盗，无不是在险恶的环境下诞生。

如果对一方水土的风水没有深入的了解，你就难以理喻一个地方的风气。以眉山为例，这样一个天高皇帝远、远离中原文化中心的西蜀边远之地，为何能成为一个人文渊薮之地？凭什么？这就不能不从风水中去寻找答案了。从自然地理看，眉山位于四川盆地成都平原西南边缘，又正好处在岷江中游和青衣江下游的扇形地带，境内以肥沃的平原和河流冲积平坝为主，东有龙泉山，西有丹棱、彭山，又起到拱卫这一方水土的屏障作用，让生长于斯的生民又有如母亲的子宫给婴孩一般的温存与安全感。无论从山川地形看，还是从四季分明、冬无严寒、夏无酷暑的气候看，这一方水土都是一个风水上佳之地。又此地虽说偏远，却也并不闭塞，古往今来一直是成都平原沟通川南、川西南、川西和云南的咽喉要地和南大门。

一个地方的风气，其实就是风水之气，有了良田沃土，便可丰衣足食，而在生存之余，就会送子孙读书，由此而造就了一个书香浓郁、人文荟萃之地，也就造就了众多的士人，史称"眉阳士人之盛甲于两蜀，盖耆儒宿学，能以德行道理励风俗、训子孙，使人人有所宗仰而趋于善"。北宋时代，四川进士数量仅次于首都所在地的中原河南，高居全国第二，而眉州进士又占了成都府路十五州的近一半。据当地方志载，仅赵宋一朝，眉山就出了八百八十多名进士，这个数量还没把今属眉山的仁寿、洪雅等县计算在内。而在《宋史》中有传的眉山人也有好几十位，史称"西蜀惟眉州学者最多"。在苏氏三父子所处的时代，一个"郡之富于文"的眉山，堪称眉山人文史上的鼎盛时期。宋仁宗曾发出这样的赞叹："天下好学之士，多在眉山。"到了南宋，陆游犹称眉山为"千载诗书城"，清人更称其为"人文第一州"，这绝对都不是吹的。说起来，眉山的人文之盛又与四川这个文化大背景有关。四川虽不是汉民族的文化中心，但以其人文发达之早，却在江南之前，当成都成为全国五都之一时，江南的很多城市还大多寂寂无闻。历史上，眉山既有文化名人辈出，还出过各种稀奇古怪的人才，如殷商时期曾封于彭城的彭祖，相传活了八百岁。他后来又归隐故里——眉山彭山，在这里度过了他漫长的晚年。当然，一个人活到八百岁，更接近神话传说。彭祖也并非凡人，而是道教中的一个神仙，但彭山作为长寿之乡又并非神话，这里是全国百岁老人比例最高的地区之一。除了彭祖，道教中的另一个著名神仙张仙也是五代时期的眉山人，此人名叫张远霄，得道成仙后被称为弹弓张仙、送子张仙，如今全国很多地方都有张仙楼或张仙洞。一个小地方能出两个大仙，这也是一方风水极富灵气的造化了。说到这个张仙，还与苏氏三父子颇有因缘，苏轼、苏辙兄弟，就是他们父亲苏洵向送子张仙求来的，这是后话了。而在苏氏三父子之前，眉山最有名的文人应该算是晋人李密了，而他的鼎鼎大名，只因他写了一篇"茕茕孑立，形影相吊"的《陈情表》。《古文观止》中有"二表"，一是诸葛亮的《出师表》，一是李密的《陈情表》，都是这一类文体中的登峰造极之作。古人尝谓："读《出师表》不哭者不忠；读《陈情表》不哭者不孝。"诸葛亮堪称千古第一忠臣，李密则堪称天下第一孝子。

　　风水如太极，无所不在，但只有上佳的风水才能成为风景，只有对风水利用到了上佳的境界，方可为名胜。眉山既有风景，又有名胜，一个人一辈子不来这里看看，多少有些遗憾，而真的来了，看了，也许又有更多的遗憾。这都是题外话了。

　　我的视线一次次为眼前的风景所遮蔽，但一直没有迷路。只要跟着一条通惠河走，一直走到一个人工湖，就是我此行最终的目的地——"灵秀三苏里"。其实也不远，至少没有我想象的那样遥远。到了，很快就到了。若要探悉文学史上那个无与伦比的中国第一文人家庭，还有那个无与伦比的千古第一文人，你只能走到这里。关于他们，苏氏三父子，已有太多的言说，还有太多的传说，但无论如何，一个故乡不能成为传说。眉山不只是三苏的故乡，也是中国文学最伟大的故乡之一，这又与风水有关了。若说眉山风水最好的那一家，除了苏家，还有谁家？数天下风流人物，以人文而言，还有谁家能够超越这样一个家庭？

应该说，北宋的那个地址直到今天依然非常清晰，纱縠行南街，这里已是在大兴土木中巍然崛起的眉山中心城区，而三苏里已是高楼大厦背后最低矮的房子。如果不是三苏，我想这里早已看不见北宋时代的任何遗迹。又如果没有三苏，我兴许一辈子也不会来这个地方。每一个地方，尤其是一座历史文化名城，都必有一些灵魂人物，也只有这样的灵魂人物，才能以经世不灭的存在挽留了一个地方的记忆，成为我们通向历史的坐标。

眼前这个湖，就是东坡湖，天底下有太多的东坡湖，或在他们诞生之地，或在他们的埋骨之地，或在他们漂泊与沉浮的宦途中。但无论有多少个东坡湖，只有我此刻眼睁睁地看着的东坡湖，对于他们才有生命源头的意义。这湖，看上去很大，在大片透亮的水光中，我感到头有点晕，眼也有点花。那花丛树影的背后，开始出现一个个相似的身影，如同幻觉。我晃晃头，定睛一看，那晃动的身影一下凝固了，安静如石头。这是几位北宋士人的雕像，主角是一个父亲和他那两个还未成年的儿子。而大片的竹林暂时遮蔽了他们的故居，这让他们的形象更加突出，哪怕透过凝固的姿态，也能感觉他们心情舒畅。一个人，或一家人，如果能栖居在这样一座山水庭院里，心情又怎能不舒畅呢，好风水啊！又该说说这里的风水了，一个地方，或风流水散，或风生水起，都离不开风水。尤其是像苏洵这种崇尚道家的居士，道法自然，对风水自然是十分看重的。看这座有着浓郁川西特色的古典园林，谁都会觉得这是一个人杰地灵的灵秀之地。

然而，在一片潮湿与宁静中，我却嗅到了一种异样的味道。其实，这味道我在那条河边走着时就嗅到了，这味道就像那麻将声，几乎一路上都追随着我。无论你怎样栽花种草、乔装打扮,都无法掩饰这异样的味道,看那疲惫地流淌着的河水,浑浑噩噩,深沉发黑,说不清是什么颜色。当河水流进这个人工湖里,我终于看见了大片透亮的湖水,却未见风生水起的波浪,俨然一潭死水。但是我错了,这还真是一个活水湖,为了把东坡湖打造成一个活水湖,眉山人可真是煞费苦心了,他们还特意在通惠河和东坡湖之间挖了一条引水渠,又在通惠河筑起了一道橡胶坝,把河水拦截起来后,引进这个人工湖里。然而,引进来的却不是活水,而是一场灾难,想一想也知道,如果把那腥臭发黑的河水引进东坡湖,这里的风水,这"灵秀三苏里",就给毁了。

对千年后发生的这一切,苏氏三父子无论是多么伟大的天才,绝对都难以想象。被毁掉的又岂止是这里的风水,很多东西早已提前就被毁掉了。事实上,这里早已看不见他们的生前之物,他们的故居,他们故居前的池塘,还有他们和他们先辈栽下的树林、竹林,早已荡然无存。

从眉山的历史看,自三苏横空出世,把一个地域的人文推至难以超越的巅峰状态后,接下来就必然要走下坡路了。从北宋到南宋,从四川到眉山,随着西蜀从战争的大后方变成前线,四川在宋金、宋元战争中经历了长时间的拉锯战,进士数量一步步递减,但真正让眉山陷入万劫不复之地的,还是两次几乎让蜀人灭亡的"蜀祸",一次是南宋末年的宋元之战,据《宋季三朝政要》载:宋理宗端平三年(1236年)十二月,"鞑靼国兵入普州、顺庆、潼川府,破成都府,掠眉州"。又据曾通判眉州、后参赞四川宣抚司军事的吴昌裔的《论救蜀四事疏》奏称:"臣窃惟蜀寇深矣,蜀祸惨矣!……屠成都,焚眉州。"——这是信史,一座"千载诗书城"被蒙元大兵一把火烧掉了,而在烈火焚城之际,三苏故里又怎能得以幸存?而更让人痛惜的是,在宋代,眉山和杭州、建阳并称为国中三大雕版印刷中心,"蜀刻"和"眉山七史"是眉山人在三苏之外缔造的另一座文化高峰,也同样毁灭于烈火焚城之中。而最惨的还是那些无辜的生命,"蜀人受祸惨甚,死伤殆尽,千百不存一二"。这就是说,在一场大毁灭中,宋代的四川人、眉山人几近灭绝，蜀人的生命血脉已经断裂，更何况文脉。如今的蜀人、眉山人，绝大多数都是后来"江西填湖广、湖广填四川"填进来的湖广人的后裔，已非三苏时代的蜀人也。

又从风水看，四川及眉山皆是盆地，盆地如同聚宝盆，可以形成集聚效应。然而，那经过长期集聚的财富与文化一旦遭受破坏，尤其是毁灭性打击，恢复起来非常缓慢。在财富上还有爆发可能，在人文上则只能是长时间——数百年以至千年的蕴积、传承的结果，而随着许多世代书香之家在盆地的整体消失，连读书的种子都化为了灰烬，又何谈一地的人文复兴呢？无论是四川还是眉山，在元明两代都像它们的地理位置一样，也是人文的边缘地带。不过，偶尔也有奇迹出现，在明代，眉山曾出现过一门六进士的彭氏家族，但也只是创造了科举上的奇迹而已，同北宋时代的苏家相比，明代的眉山彭家六进士又怎能望其项背？然而，就是这一缕缕渐渐恢复或正在生长的人文元气，在明末清初又经历了第二次大毁灭，这一次不是毁在异族手里，而是毁在张献忠手里。关于张献忠屠川的历史，罄竹难书，其残忍血腥的程度比之此前的蒙元和此后的倭寇都有过之而无不及。而在四百年间就经历了两次大毁灭的四川及眉山，经济与文化发展进入了最缓慢的历史时期，书院少，学人少，已经很少有人能走出夔门入仕为官了。一个盆地，由此形如文化的低谷，江南一带的读书人视四川为边鄙之地，甚至视蜀人为井底之蛙。有这样一桩历史公案：清康熙年间（1662—1722年），一位叫冯应榴的杭州籍的主考官到四川主持乡试，此人平生最崇敬的便是曾知杭州的苏轼，但他崇敬北宋的苏轼，却很瞧不起清代的蜀人，竟出了一道题目叫《井蛙赋》，这也实在太过分了，四川士人羞愤无比，他们的学问虽不如人，但骨气犹在，他们纷纷罢考，把官司一直打到朝廷。然而，对于他们，最重要的还不是打赢一场官司，而是如何重振天府之国的人文。

在古人心中，最适合人居的宅第"以形势为身体，以泉水为血脉，以土地为皮肉，以草木为毛发，以舍屋为衣服，以门户为冠带。若是如斯，是事俨雅，乃为上吉"。那座最古老的建筑，是一座青砖青瓦的老屋。哪怕一间只有三四百年历史的老砖瓦房,能保存到现在也不容易,我必须再一次确认,这里就是三苏原来的故居。尽管它已与当年那个苏家无关,但除此之外,我已经找不到比这更久远的历史凭据。也只有它,好像全不在乎四周的时间,哪怕头顶上长出了半人高的野蒿子,它也置若罔闻。如果岁月中真有什么遗世独立的存在,这座老屋就是。我正不紧不慢地走向它,想象中的北宋时期的两扇大门,早已向我敞开。

对这座老屋,我看得特别仔细,感受其间的每一个细节,都将与我接下来的叙述有关。这样的老屋我其实也看得多了,并没有发现太多意料之外的东西。前厅为悬山式屋顶,抬梁式梁架,三楹四柱二室。穿过前厅,是一个四合小庭院,庭院正中是一条石板路,踏上三级垂带式台阶,就是正屋了,如今已是三苏祠的正殿,又名飨殿,祠内供奉着苏氏三父子、程夫人、苏轼生命中的三个女人王弗、王闰之和王朝云、苏辙的夫人史氏以及苏家六公子,还有任采莲、苏八娘等更接近传说中的人物。此外,还有木假山堂、古井、洗砚池等苏家遗迹。但我知道,岁月已经改变了太多的事物,风景的意义已超过了历史,看这三苏祠"池之两岸,叠石成壁"的风景,谁又知道还是不是当年的风景?

没有人告诉我这个答案,一切都靠自己去探寻,探寻那时空中深藏的秘密。

二、追溯一个家族的历史

历史已被重新塑造,若要努力接近一个人的真相,只能从一个生命的原初开始。

无论正史还是方志,都明确指向一个时空,宋真宗大中祥符二年四月二十五日,一个即将被命名为苏洵的婴儿降生于眉山城西南隅之纱縠行私第。若从中国老黄历换算到公元,他的诞辰是1009年5月22日。他选择了一个非常好的出生季节,春夏之交,这也是一个特别适合怀孕生育的季节。一个无与伦比的家族将从此人开始。对于这样一家人,我也曾臆想过，他们是否是骨子里浸透了灵性和巫性的巫人的后代？如果是，或许可以为我打开另一扇历史之门。然而他们的族谱上白纸黑字地写着，他们与世居于此的巫人无关，而是从中原延伸而来的血脉，祖籍河北栾城。

追溯一个家族的历史过于漫长，但在苏洵、苏轼、苏辙这"三苏"之前，至少还有"二苏"是不可忽视的，一个是苏洵之父苏序，一个是苏洵之兄苏涣，后世也曾将这"二苏"和后"三苏"合称为"眉山五苏"。

苏序，字仲先，此人只是这个辉煌家族的一个引子。他生于宋太祖开宝六年（973年），据苏洵后来清理出来的眉山苏氏宗谱看，苏序之父苏杲一辈子生了九个儿子，而他是唯一幸存者，排行第七，世称苏七君。又据苏洵《族谱后录下篇》载："先子少孤，喜为善而不好读书。"这就是说，他年少时父亲便已去世，而他是乡下那种喜欢做好事但不好读书、生性顽皮的孩子。这是苏家血统中的遗传，苏序年少时不好读书，苏洵、苏轼、苏辙年少时也都生性顽皮、不好读书。又据说，苏序长大后容貌英伟，他这副英伟的容貌后来也被他的子孙们继承了，一个个都是风流倜傥的美男子大帅哥，同时也继承了他豁达开朗、不拘礼法的性情，这也是一个在血缘中有着浪漫气质和豪放天性的家族。

关于苏序的生平事迹，鲜见于正史，更多是来自他子孙的追忆。根据苏轼在《苏廷评行状》中的描述，又综合苏洵、苏辙等人的回忆，还有一些民间传说，大致可以还原这样一个有血有肉的苏序的形象——

苏序在乡下居住时，田地不多，全种稻谷。但苏序很有头脑，每到收获季节，他便拿米换稻，储藏起来，这样积累下来有三四千石之多。而到了灾年或青黄不接的季节，他就拿出自己的储藏来接济族人、妻子娘家人、佃户和穷人，帮助他们度过饥荒。由于他乐于助人，衣食稍微有了结余，就把财物施给他人，家无余财，致使自己家里多次在饥饿寒冷中过着穷困的生活，但他从不后悔，只要有了盈余，依旧乐善好施，在灾荒之年，他甚至卖掉了自己的田地来救济饥民。到了丰年，那些被救济的人要偿还他，他却说："吾固自有以鬻之，非尔故也。"意思是,这些田地我原本就想要卖掉的,与你们无关。他不图报答,也不想让任何人背上人情债。

苏序二十二岁那年,"李顺反,攻围眉州",苏序主动参战,每天拿着兵器守城。恰在此时,他父亲病逝了(这与苏洵的"先子少孤"一言不符),"而贼围愈急,居人相视涕泣,无复生意",当全城人在李顺的围攻下相顾哭泣、慌作一团时,苏序却像平日一样,为父亲治丧执礼。此时,他母亲也忧心忡忡,苏序安慰她:"朝廷终不弃,蜀贼行破矣。"这个人还有一个性格,就是不信神、不信邪。眉州城里有一座茅将军庙,不知是哪一路神灵,但据说很灵验。苏序偏不信这个神,一天他仗着酒兴,带着二十来个村仆砸碎了神像,又拆了庙宇。三年后,他儿子苏涣登进士第,苏序率人到剑门去迎接,在七家岭又看到一座茅将军大庙,他看着这个名不见经传的茅将军庙就恼火,正准备带人再拆,一个庙卒赶紧过来告诉他,说是昨夜梦见茅将军的神灵泣告,若明日苏七君来,哀求他放过这座庙。在众人的一再劝说下,苏序才没拆庙。

苏家当时在眉山只是个勉强能维持温饱的人家,但苏序的妻子史氏则是眉山的大家闺秀。史夫人为苏序生有三子——苏澹、苏涣和苏洵。长子苏澹,"不仕,亦先公卒"。这是一个没多大出息、比父亲还早逝的儿子。而在苏序生前,他最有出息的儿子是老二苏涣。庆历年间(1041—1048年),大约就在范仲淹等人推动庆历新政时期,朝廷诏令在州郡设立学馆,士人争着入学。而苏序对此一开始似乎并不热衷,还告诫子孙,不要和别人争着进学馆读书。他对通过科考做官似乎也不以为然,由于郡中官吏一向残暴苛刻,让百姓受到严重侵扰,他还写诗讥刺过官吏。苏序的这种心态,与眉山当时的人文生态是一致的。自从五代动乱以来,蜀中求学的人大量减少,又因都留恋家乡,很多人都不愿意出来做官。对此,苏辙在为苏涣所撰的《伯父墓表》中云:"苏氏自唐始家于眉,阅五季皆不出仕。盖非独苏氏也,凡眉之士大夫,修身于家,为政于乡,皆莫肯仕者。天禧中,孙君堪始以进士举,未显而亡,士犹安其故,莫利进取。"苏辙提到的这位宋真宗天禧年间(1017—1021年)的进士孙君,当是北宋以来眉山的第一位进士,可惜"未显而亡",对眉山士人的影响不大，士人们也就"犹安其故，莫利进取"。而一个对眉山士人产生巨大激励作用的进士，将出自苏家，也就是苏家老二苏涣。

说到苏涣中举的故事，又可以看出苏序那豪放、浪漫的天性了，说起来就像是笑话了。相传苏序是个酒徒，常常和乡人高歌狂饮，通宵达旦。当他家老二苏涣中举的喜报送来时，他已喝得大醉，歪坐在一只乡下人挑粪的撮箕里。但他还没有醉倒，还醉眼蒙眬地坐在那撮箕里把喜报大声宣读了一遍，随手将这封喜报放在布袋里。当时中举后，官府还会赏赐新科举子一身特制的举人袍子，他老人家也把袍子和那些没有吃完的牛肉一起塞进了布袋中，叫一村童背着送回城里的家中，他自己则骑着驴，晃晃悠悠地跟在后边。从这个故事可看出，这苏老汉视功名如粪土。而在当时，眉山能中举的人还非常少，这次与苏涣一起中举的，还有一位程公子（程浚），程家是眉山有名的书香仕宦之家，程浚的父亲程文应曾官居大理寺丞，自然比苏序这个乡巴佬懂规矩，他早已在家中张灯结彩，大宴宾客，当喜报到来时，程家满门盛装，在大门口庄重迎接，可此时苏序还骑在一头驴子上一步三摇地走着呢。城里人看了程家的盛况，又看到苏序这副模样，都围着他看笑话。别人笑，他也笑，从来不生气，人缘也非常好。用苏洵的话说，由于他"薄于为己而厚于为人，与人交，无贵贱皆得其欢心"。他每次看见了士大夫便"曲躬尽敬"，很多人以为他是阿谀奉承这些士大夫，可他看见了田父野老也是一样"曲躬尽敬"，很多人这才"不以为怪"了，原来他对所有人都是一样的。不管是了解的还是不了解的人，他都能与他们打成一片，敞开心扉，谈笑风生。也有一些小人时常侮辱他、欺负他，他也从不计较。这里边还有一个细节，他"居乡间，出入不乘马"，凭他的身份和家资，是可以骑马出行的，他却说："有甚老于我而行者，吾乘马，无以见之。"如果有一个比他更年长的人在走路，而他骑在马上，他就不知怎么去面对了。于此可见，他在大大咧咧的性格中，还有体贴入微的细心。苏洵称道自己的父亲"盖不学《老子》而与之合"，实乃知其父之言。

而这个"喜为善而不好读书"的苏序到了晚年，居然又兴趣盎然地做起诗来了，"凡数十年得数千篇，上自朝廷郡邑之事，下至乡闾子孙畋渔治生之意，皆见于诗"。对父亲的诗，苏洵的评价是"观其诗虽不工，然有以知其表里洞达，豁然伟人也"。当然，一个儿子是很难对父亲做出客观评价的，而后世就更无从评价了，苏序那几千首诗没有一首传下来。从文学史的意义看，苏序的那些诗等于是白做了，只能算是自娱自乐的那种。而苏氏三父子在述及苏序的生平事迹时，也没有谁引用过他的任何诗句。据此猜测，只能说是苏序诗的水平还不足以让子孙愿以示人吧。而苏轼对自己的祖父，也充满了由衷的敬仰："公之精识远量，施于家、闻于乡闾者如此。使少获从事于世者，其功名岂少哉！不幸汩没，老死无闻于时。然古之贤人君子，亦有无功名而传者，特以世有知之者耳。公之无传，非独其僻远自放终身，亦其子孙不以告人之过也。"这也是他为祖父做一篇"行状"的原因，他为之扼腕叹息，如果他那"精识远量"的祖父能够在世上任职，他的功名难道还会少吗？

苏序于宋仁宗庆历七年（1047年）五月十一日去世，享寿七十五岁，这在那个时代已是一个罕见的长寿老人了。而此时，他最有出息的儿子苏洵已经三十八岁。若按古人一虚三岁的算法，他已年届不惑之年。然而，一直到苏序溘然长逝，依然未能看到他这个最有出息的儿子有什么出息。历史已经注定，在"眉山五苏"中，苏序只是一个引子，苏涣只是一个铺垫，而苏洵必将成为一个非凡家族的开端。

这里，我们就从苏洵这个人开始，确切地说是从一尊雕像开始。

那个端坐于祠堂中央、一身朝服、冠冕堂皇的人就是他吗？谁都说是他，但怎么看也觉得不像他，看那一身镶着金边的大红袍，连腰带也是金黄色的，他的神情如此肃穆，一个生前地位卑微的八九品文官，绝不会俨然摆出这样一副居庙堂之高的姿态。我说的庙堂并非帝国的太庙，也非借以指代的朝廷，祠堂也是民间的庙堂、家族的神殿。但哪怕供奉在家庙中，这尊雕像也和民间传说中的那个头裹儒巾、蓄着八字胡子、山羊胡须的宋朝士人形象实在大相径庭，好像不是一个人。

三、在传说中活着

苏洵，字明允，号老泉。但苏洵和苏老泉好像是两个人，一个是载于正史的那个端庄雅正、如同格式化了的苏洵，一个是活在民间传说中的那个苏老泉，活得就像个传说。若从他这么多年走过来的岁月看，那个民间传说中的苏老泉，活得又最像他父亲。

据《宋史·苏洵传》载："年二十七，始发愤为学。岁余举进士，又举茂才异等，皆不中。乃悉焚所写文章，闭户益读书，遂通六经、百家之说，下笔顷刻数千言。"

又从《宋史·苏洵传》上看，苏洵从小就"为人聪明，智辩过人"，这样高智商的孩子应该是一块读书的好料，但这孩子又特别贪玩，"少不喜学""终日嬉游"。这也是他父亲的德行。在婚姻上，他也和父亲一样，十九岁时便迎娶眉山的大家闺秀程氏，他的老丈人就是前面提到过的那位曾官拜大理寺丞的程文应。据后来司马光在为这位程夫人所写的《苏主簿夫人墓志铭》云："夫人姓程氏，眉山人，大理寺丞文应之女。生十八年，归苏氏。程氏富，苏氏极贫。"苏家的家境到底怎么样呢？据苏洵在《上田枢密书》中自况，倒也不至于那么穷窘："有薄田一顷，非凶岁可以无饥，力耕而节用，亦足以自老。"这在当时也不能说是"极贫"，勉强也算是个温饱之家了，但遇到灾年很可能饿肚子。这样一户人家，对大家闺秀程夫人也够委屈了，据说，这位十八岁的程夫人嫁给十九岁的苏洵后，日子一度过得相当艰难。在最窘迫的时候，也有人建议她向娘家求助，却被她一口拒绝了，她不愿意别人说自己的丈夫靠她娘家过日子。

但程夫人争气，苏洵却不争气，他像他爹一样是个乐天派，在成家后，他依然不改好玩的天性，今朝有酒今朝醉，哪管明天和后天。他爹苏序那时还健在，对这个儿子也不管不问，由他去吧。对此，苏轼后来有过一段最接近历史真相的追忆："然轼之先人（父亲苏洵）少时独不学，已壮，犹不知书。公（祖父苏序）未尝问。或以为言，公不答，久之，曰：吾儿当忧其不学耶？既而，果自愤发力学，卒显于世。"大意是，我父亲小时候独独不愿学习，到了壮年，还不知诗书，但我祖父从来没有过问，有人问他，祖父没有回答，过了很久，他说："我的儿子，还要担心他不学习吗？"不久，我父亲（苏洵）果然自己发愤学习，终于扬名天下。——按苏轼的描述，他祖父的教育方法就是典型的"无为而治"了，对儿子的学业既不操心也不担心，更不强加干预，一切全凭他的自觉了。

苏轼此言，不能说没有道理，但作为子孙的他，也难免有为先人辩解和美言的一面。从人性中猜测，苏序对苏洵也有宠爱娇惯之嫌。常言道："爹疼幼子，爷疼长孙。"苏洵是他最小的儿子，用四川方言道，是幺儿，而幺儿也是最受父母亲娇宠的。还真是有其父必有其子，说到苏洵的好玩，还比他父亲玩出了更多的花样、更高的境界，他主要是游山玩水，颇有点像李白和杜甫的任侠与壮游。在二十五六岁时，他抛下妻儿不管，和几个疾恶如仇、豪侠任性的好友结伴游了峨眉山，又去西北数百里外的岷山游玩，游得其乐无穷，用苏洵自己的话说是"不知有生死之悲"。苏洵这一游就是大半年，回家后，程夫人虽对他没有半点责备，却是满面愁容。

程夫人既出自那样的书香仕宦之家，从小就受到了良好的家教，司马光在为程夫人所写的墓志铭中，亦称道她"喜读书，皆识其大义"。一个这样的大家闺秀，对于这样一个不思进取的丈夫，她又怎能不忧心忡忡呢？但有人说，程夫人之忧并非为这个没出息的丈夫而忧，她对这个顽劣的丈夫已经不抱任何希望了，根本就不指望他能够光宗耀祖，他是为两个儿子而忧，她将全部的希望都寄托在两个儿子身上，在操劳家务的同时，程夫人还要教两个儿子读书识字，但两个儿子和他们的爹一样天生聪明，又生性贪玩，不好读书。——但此说在时间面前经不起推敲。查苏洵生平，他和程夫人一生共生有三男三女，苏轼与苏辙是最小的两个：小五与小六。而排在他们前面的几个儿女均在幼年夭折，还根本没到读书的时候就离开了人世。而此时苏轼、苏辙还未出生。如果说程夫人真有此忧，那也是在苏洵"年二十七，始发愤为学"之后的故事了。

推翻了一个流传千年又十分明显的历史错误，程夫人忧虑的对象，就只能是丈夫了。对夫人之忧，苏洵后来自己也承认："昔予少年，游荡不学，子虽不言，耿耿不乐，我知子心，忧我泯没。"或许就是在夫人的忧虑下，苏洵方才幡然醒悟，于是，他只好把玩心渐渐收敛，开始了迟到已久的发愤，"年二十七，始发愤为学"。这一读，竟越读越觉得有滋味，读得废寝忘食、手不释卷了。而为了让丈夫专心读书，程夫人上事翁姑，下教子女，几乎把所有家务一手承担下来。在她的张罗下，苏家还在眉山城南纱谷行街上租来了一座宅子，经营布帛织物。对程夫人的操劳，她的儿子苏轼后来曾有这样一段真切而生动的追忆："昔吾先君夫人僦宅于眉，为纱谷行，一日，二婢子熨帛，足陷于地，视之，深数尺，有大瓮，覆以乌木板，先夫人即命以土塞之。瓮中有物，如人咳声，凡一年乃已，人以为此有宿藏物欲出也。"

又据《宋史》载，在苏轼十岁那年，他父亲苏洵正"宦学四方"，此时的苏洵已不是那个游山玩水的浪子了，他四处访学，一心想要打下扎实的学问功底，为儿子树立一个读书人的榜样。他一走，在家中教儿读书的便是程夫人了。史载，"太夫人（程氏）尝读《东汉史》，至《范滂传》，慨然太息。公（苏轼）侍侧，曰：轼若为滂，夫人亦许之否乎？太夫人曰：汝能为滂，吾顾不能为滂母耶？公亦奋厉有当世志。太夫人喜曰：吾有子矣！"——这是一段有趣的对话，一对母子，一个以东汉名臣、江夏八俊之一的范滂自励，一个以教子有方的范母自诩，十岁的苏轼天真地问母亲："如果我成了范滂，那母亲将如何？"程氏回答说："你如果像范滂一样，我难道不能像范滂的母亲一样吗？"而当苏轼发誓要成为范滂一样的人时，做母亲的喜不自禁地发出一声呼唤："吾有子矣！"这其间那属于一个母亲的惊喜与欣慰，更适合用文言文来表达，直译出来就不是那个味道了。——从这个细节看，一是对苏轼未来宿命的揭示，他后来不但成了比范滂更杰出的人物，也遭遇和范滂一样的命运。范滂以"图危社稷"之罪被卷入党锢之祸，死于狱中，而苏轼也因"乌台诗案"被打进大狱，九死一生。二是这个程夫人教子不只是简单地教苏轼兄弟俩识文断字，更注重对儿子的励志教育。又据苏辙追忆,太夫人(程氏)"生而志节不群,好读书,通古今,知其治乱得失之故"。一个母亲能"通古今,知其治乱得失之故",对他两个儿子将产生一生的影响,而苏轼、苏辙在母亲的教诲下,不但在小小年纪就博通经史,也为他们未来步入仕途、形成自己经世救国的政治思想打下了坚实的基础。

这位程夫人还是一位特别爱惜自然生命的母亲。苏轼有一篇《记先夫人不残鸟雀》的文章,其立意虽说另有其"言政刺过"的深意,却也呈现了程夫人人性中的一个侧面:苏轼少年时的书房前,"竹柏杂花,丛生满庭,众鸟巢其上"。一个少年能有这样的读书环境,盈盈绿意掩映着书窗,人鸟共处,书香与鸟语花香交织在一起,呼吸着那来自大自然的清新、活泼的空气,哪怕寒窗苦读,也读得有滋有味了。这让我不禁又琢磨起了苏家的风水,这风水之妙,除了自然的安排和人间的营造,还有一个很重要的因素,那就是程夫人"恶杀生",在她的悉心呵护下,"儿童婢仆,皆不得捕取鸟雀",几年后,"皆巢于低枝,其觳可俯而窥也"。只因有了这样一个母亲,一个少年才拥有了这般风景,苏轼未来那些在大自然中怡然自得的诗文,兴许都有他少年时代那一扇书窗前的自然投影……

——这就是关于苏洵"年二十七,始发愤为学"的第一个故事,走笔至此,却发现已经偏离了方向,与其说是他的故事,还不如说是他夫人程氏的故事。

在民间传说中,关于苏洵"年二十七,始发愤为学"还有第二个故事,从夫人之忧变成的兄弟之忧。

也大约在苏洵二十五六岁时,母亲史夫人病逝,在外地为官的二哥苏涣回家奔丧,然后又留在家里丁忧守制。在这两三年时间里,兄弟俩自然会有一些交流。而以苏涣对苏家以及眉山的影响,对此人也不能一笔掠过。

关于苏涣的生平事迹史载不多,后世对他的了解,主要是依据苏辙为其所撰的《伯父墓表》。据此可知,他生于宋真宗咸平三年(1000年),比苏洵年长九岁,二十四岁中进士。据苏辙在《伯父墓表》中的追忆:"公

（苏涣）于是时独勤奋问学，既冠，中进士乙科。及其为吏，能据法以左右民，所至号称循良。一乡之人欣而慕之，学者自是相继辈出。至于今，仕者常数十百人，处者常千数百人，皆以公为称首。"透过苏辙还有苏轼的一番大同小异的描述，苏涣中进士后回乡，许多乡人听说后，出迎一百多里。当他成为朝廷命官、衣锦还乡时，眉州百姓更是人山人海地围着他，争相观看，把这作为眉山最荣耀的事，然后纷纷效仿苏家教导他们的子孙。从这以后，眉州求学的人一天天增加，增到千余人。从历史事实看，苏涣做官并未做到达官显宦，在诗文上也没有留下什么千古绝唱，但他在苏家首登进士榜，无论是对"士犹安其故，莫利进取"的眉山，还是对"阅五季皆不出仕"的苏家，都具有开拓之功，苏辙所谓的"皆以公为称首"绝非吹嘘之言。

苏涣入仕后，初为凤翔宝鸡主簿、凤州司法，后通判阆州、知祥符县，屡官至提点利州路刑狱，约相当于如今的省检察长。同老三苏洵相比，这个老二苏涣仿佛是一个天生的读书人，他从入塾读书到进士及第，几乎没有让父母、师长烦心过。除了聪慧过人，他还有一个读书的绝招——抄书。据说他从头到尾抄写过司马迁的《史记》、班固的《汉书》等。后来，他侄子苏轼也效仿他，将《汉书》抄写了三遍。苏涣不但学业过人，而且很有美德。相传他赴成都参加乡试，当时试卷还未实行糊名制，考官和考生交流的透明度也很高。通判蒋公在堂上翻阅到苏涣的文章，击节赞叹，又把苏涣召到面前说："子为第一！"眼看着一个即将到手的解元，苏涣却谦逊地辞谢说："杨异、宋辅与我为友，他俩就像我的父兄，我不愿意名列在他俩之上。"蒋公听后，对苏涣的谦逊礼让愈加赞赏，说若他二人的试卷做得好，就按你的要求，将你的名次列为第三，成就你的美名。

苏涣既有谦虚礼让的美名，也是一位廉明的好官。南宋郑克编撰的《折狱龟鉴》是中国古代一部著名的案例汇编，在卷三《辨诬》中，记载了苏涣的一则排除嫌疑、破获真凶的故事。苏涣任衡州（今湖南衡阳）知州时，衡州耒阳县有个百姓被强盗杀害了，但凶手没有提到。古往今来，命案都是必破的大案。在上峰的催促下，一天，一个负责缉拿凶犯的县尉终于抓来一个人，指称他就是凶手。苏涣仔细观察了这个嫌疑人，越看越觉得可疑，就问县尉是从哪儿抓到他的。县尉说："弓箭手发现草堆里有件血衣，就招呼同伴去看，后来就找到了这个人。"苏涣一听就觉得不对头了，说："弓箭手既然发现了血衣，按理说首先就应该按线索去追踪案犯，以便请功，他还肯叫上其他人吗？这件事必定有诈！"他立马就把那弓箭手找来审问，那弓箭手果然是为了应付上司的一再催促，随便抓了个老百姓来交差了。苏涣既查明了事实，又根据现场痕迹、物证等，最终抓到了真凶。而此案的传世意义不在于他侦破了一桩疑案，更在于他避免了一次冤案。如果不是他事先察觉，在严刑拷打之下，这个无辜的老百姓也会屈打成招。也正因为这个意义，这个案子才成为了中国刑法史上的一个经典案例。

  苏涣活了六十二岁，后赠太中大夫，这也是他的最高品位，从四品。史载他"善为诗，有诗千余篇，题曰《南麎退翁》"；又有杂文、书启、章奏若干卷，并有《苏氏怀章记》一卷，记平生所历仕宦，今俱失传。他唯一的存世之作，就是《全宋诗》录其诗一首，也仅仅只有存留的意义，毫无影响。同未来的三苏相比，这个苏涣实在太平常了。然而，在苏洵二十五六岁时，他这个二哥在他面前已是一个了不起的人生楷模，甚至是偶像了。

  在兄弟俩的交谈中，苏洵最爱谈的话题自然就是他游山玩水了，一说起来就眉飞色舞，滔滔不绝。看着这个玩心不改的三弟，苏涣也是满脸忧色。一次，苏涣问他："老三啊，你游历了那么多的名山大川，怎么就不写出来呢？"这一下还真把苏洵给问住了，古人的诗文大多以纪游为主，苏洵觉得满腹锦绣河山，却是想写写不出，想画画不成，简直是白白地去那大好河山中转了一趟。苏涣见状，心生一计，又开始启发老弟："我们苏家先人自大唐以来，只知眉州刺史苏味道是我们的先人，往后就语焉不详了。从父辈往上推，也只知道高祖讳釿，曾祖讳祐，祖讳杲，三世不仕，皆有隐德。你既喜欢周游，何不找些老辈聊聊，再去查查别人的宗谱，把咱们眉山苏家的宗谱也编出来呢？"苏洵一听，觉得这件事还真是值得一做，也挺感兴趣。他便开始追根溯源，从唐朝刺史苏味道追溯到汉代的苏建和苏嘉、苏武、苏贤三兄弟，又追溯到先秦的苏秦和苏公，这一路追下来，让他在先代的丰功伟绩面前羞愧无比，更深感自己读书之少、力不从心。为了把这一条祖先的血脉厘清，他把《左传》《国语》《战国策》《史记》《汉书》等史籍都搬到了床前案头，每日孜孜不倦地读到深夜，几乎像换了一个人。从而，就有了苏洵"年二十七，始发愤为学"的故事。

——从苏洵后来的生平事迹看，这个传说是比较靠谱的，苏洵名列唐宋散文八大家，最擅长的就是政论，尤其是史论，如他的传世名篇《六国论》，若没有对历史古籍的苦读、钻研和发现，是不可能有那样独到而透辟的见解的。而他在中国谱学领域的开创性贡献也为这一传说提供了有说服力的佐证。他创造了中国修谱方法之一的"苏氏谱例"，与欧阳修创立的另一谱例一道被世人称为"欧苏谱例"，其特点是篇幅大，记载内容多，其体平列，世序直陈，用表格的形式记述先祖世系。在表中人名下注出其仕宦、行迹、配偶、死葬、享年并依次书写子孙后代，各代标明辈分。其谱例以五世为表，以宗法为则，详近而略远，尊近而贬远，主张睦族、恤族、化俗。苏洵开创的这一谱例，在历代以至今天依然是修谱的范例。

此外，还有一种说法：苏洵年轻时既聪明，还挺自负，读了一点儿书，就自以为满腹文章才高八斗了，便兴冲冲地去参加科考，结果，凭他那点三脚猫的学问和文章，不说科举及第，连个秀才也屡试不中。这让他羞愧无比，回到家里，一把火把自己的文稿全烧了，那满屋呛人的黑烟冲窗而出，让家人和邻居们惊慌失措，还以为是失火了。对于苏洵，这是一把浴火重生的涅槃之火，从此他脱胎换骨，从一个浪人一变而为读书人，开始发愤读书，青灯黄卷，皓首穷经。这也是苏洵"年二十七，始发愤为学"的第三个故事。但"历史不忍细看"，传说更经不起推敲。看苏洵的科举经历，他第一次参加科考是在宋仁宗天圣五年（1027年），当时他十八岁，结果落第了。从此差不多十年，也是他一生中最美好的年华，就在游山玩水、交朋结友中虚度了。但从"读万卷书、行万里路"方可为大家的意义去看，却也不是虚度，不管他的主观愿望如何，至少在客观上，他是在为自己日后成为一位大家做另一半的功夫。宋仁宗宝元元年（1038年），这年苏洵已实满二十九岁，也是他"始发愤为学"的第三个年头，他参加贡举考试和策制举人考试，结果又落榜了。很明显，至少这两次科考都与他"年二十七，始发愤为学"毫无关系。

对一段历史进行厘清是必要的，而唯一的结果则早已被历史注定：这样一个从二十七岁开始苦读了一生的读书人，唯此苦读，才有了正史中那个"遂通六经、百家之说，下笔顷刻数千言"的结果，而能为正史记载的必为正果。这是一个简单的故事，一个属于成年人的童话，若用来教育小孩子，却未必有效果，甚至还适得其反。我那半文盲的父亲，是念过三字经的，也就知道"苏老泉，二十七。始发愤，读书籍"的典故。我小时候，他也常用苏老泉的故事来教育我，结果对我还没有一点鼓励作用，反而变得更贪玩了。心想，我才七岁呢，离二十七还老远呢，那就等到我像苏老泉那么大的岁数了再发愤读书吧。

我之所以在此反复解读一个家喻户晓的故事，只因这个故事，才让苏洵的一生变得特别具有典型意义，也让他成了一个古代士人的典型形象。这个人最大的人生价值和历史意义，其实并非他写出了载入史册的《权书》《衡论》《机策》等传世之作，也不在乎他是唐宋散文八大家之一，我觉得，他在历史上最大的贡献就是以"年二十七，始发愤为学"而树立了一个大器晚成、后来者居上的榜样。中国自古便有"年过三十不学艺"的传统，而苏洵以自己的经历颠覆了这一传统，哪怕少壮不努力，只要幡然猛醒就有补救的机会，年龄多大都不能成为不学习的借口。苏洵的典型意义并不深奥，说穿了就是一个常识，然而像他这样的榜样在中国古代士人中还真是独一无二的，除他之外，你几乎找不到第二个这样的典型。

若要论及苏洵在历史上的第二个杰出贡献，就是造就了两个出类拔萃的儿子。

就在苏洵"始发愤为学"的第二年，他的儿子苏轼在他二十八岁这年降生了。

两年之后,也就是苏洵的而立之年,他的另一个儿子苏辙又降生了。

前文提及,苏洵的前四个子女均在幼年不幸夭折,而恰恰就是这硕果仅存的兄弟俩,在日后都成了中国文学史上的巅峰级人物。从关于苏轼、苏辙的生平事迹看,兄弟俩虽是公认的大家,却也似乎不是寇准、欧阳修和司马光式的神童,他们后来能有那么大的出息,应该与家教有很大的关系。那么,苏洵又是怎样教育这两个儿子的?从他的诗文中也能看到一个父亲的心愿:"求子之多,责子之深,期子于贤。"又据他大儿子苏轼晚年对幼年随父读书的回忆,读书用功甚勤的父亲让他深受影响。也正是在父亲的影响和谆谆教诲下,他年未及冠即"学通经史,属文日数千言"。如此看来,苏轼的教育背景,实为父亲寒窗苦读的背影。又看他小儿子苏辙在《历代论引》中的追思:"予少而力学,先君,予师也;亡兄子瞻,予师友也。父兄之学,皆以古今成败得失为议论之要。"若同兄长苏轼相比,苏辙似乎更像他父亲,他的文章更有乃父之风,最擅长者也是政论和史论。

这样的叙述过于枯燥,而民间传说又平添了一段有趣的细节。传说中的小哥俩也是顽皮捣蛋,从小就不喜欢读书。这既是苏家几代人的天性,其实也是天下儿童的天性。苏洵想了许多法子都不见效,后来,他还真是想出一条妙计,当两个又顽皮又活泼的儿子在玩耍时,他就躲在一个角落偷偷摸摸地看书。两兄弟总是在无意间发现父亲在读书,便好奇地跑过来看父亲在干什么,苏洵却故意慌慌张张地把书藏起来。这让小哥俩更好奇了,他们不知道书有什么好看的,想方设法偷父亲的书看。这一看,他们发现书还真是好看得很。由于他们天资聪慧,一旦迷上了看书,自然就越看越有味道,越有长进。这样的民间传说自然是不能完全当真的,但我情愿相信,这至少为那种灌输式的传统教育贡献了另一种方式,它不是从违拗孩子的天性出发,而恰好是巧妙地利用了儿童好奇的天性和逆反心理,你越是不让我看书,我偏要看,偷着看,这样也才能让小哥俩把读书当成乐趣。中国人在教育上一贯崇尚严厉,连一些原本应该扮演慈母的角色也变得特别冷酷,如被奉为家教典范的岳母（岳飞之母）在儿子身上亮出的是冷冽而尖锐的针尖，刺出的锥心的带血的字迹。想象"精忠报国"那四个悲惨的渗着血水的汉字，哪怕最坚强的汉子也会有一种锥心的颤抖。我感觉这不是教育而是一种残忍的惩罚。而作为一个民间传说人物的苏洵，也以民间的智慧演绎出了一种可能是最好的教育方式。这样一种方式也是难以载入正史的，但那个结果却是载入了正史的，随着两个儿子在文坛上的崛起，一个还有更多人陆续加入的苏家文学团队成了北宋文坛上最瞩目的风景，苏洵堪称这个古代中国第一文人家庭的缔造者。

综观苏洵的一生，无论在哪方面都赶不上他那两个儿子，论官位，他跟自己位极人臣的儿子苏辙望尘莫及；论文学，他也远不及那个被后世称为"天下第一文人"的苏轼。他或许称不上一个伟大的文学家，却堪称一个伟大的父亲。

四、一个生与死高度默契的生命

接下来，暂且撇开那个民间传说中的苏老泉，去瞅瞅正史中的那个苏洵。

苏洵这一生，由于被科举这道入仕的必经之门挡在了门外，也就无所谓仕途。在唐宋散文八大家中，他是唯一没有中过进士的，也可以说是唯一没有做过官的。他晚年经韩琦坚邀，做了四年文安主簿就病逝了，严格地说，那也不是什么官。在一个以科举"为国择仕"的文治盛世，他的成才和成名，是另一类彪炳千秋的楷模。

作为明人标榜的唐宋八大家之一，从一开始，苏洵似乎就没有把自己定位于一个文人上，他还有比写文章更大的抱负，那也是所有中国士人的雄心抱负。自孔孟以来，尤其是董仲舒"罢黜百家，独尊儒术"之后，天下士人几乎别无选择地奉行儒家的"九言价值观"——修身齐家治国平天下。而基于这种价值观的华夏民族之文化，说穿了就是以官本位为核心的文化，由此而形成了一个官本位的民族、官本位的国家。无论居庙堂之高，处江湖之远，天下士人无不热衷于政治，有的士人即便一生未仕，对政治的热情也丝毫不减。苏洵就是一个典型。应该说，在二十七岁之后，他在修身齐家上已堪为楷模，接下来便是治国平天下了。但他穷其一生，却没有这样的机会。他也就只能以文学的方式来抒写他的雄心抱负。从苏洵的传世之作看，看不出有太多天赋方面的因子，更多是通过苦读、沉思、深挖出来的作品。他的代表作大多是精研古籍后写出的政论（策论）、史论以及军事方面的论述，其传世名篇《六国论》就是一篇熔文史于一炉的经典政论文，他论述的是六国灭亡的那个历史时期，实际上却直指北宋时代的现实状况，借古讽今，以此警告北宋统治者对外不要一味地采取妥协苟安的政策。由此可见，他的文章从来不是单纯的文学作品，更不是为了施展才情，而是为了"言当世之要""施之于今"。为此，他力倡以古文为宗，反对自六朝以来浮艳怪涩的文体，主张文章应"有为而作""言必中当世之过"，强调文章要"得乎吾心"，抒写"胸中之言"，这让他的文章"博辩宏伟"，"纵横上下，出入驰骤，必造于深微而后止"——这是欧阳修慷慨而又心悦诚服的评价。不过，这样的评价他已经听不见了，欧阳修的赞美写在他的墓志铭上（《故霸州文安县主簿苏君墓志铭》）；曾巩对他的文章也不吝赞美之词："指事析理，引物托喻""烦能不乱，肆能不流"。这些话他也同样听不见了，这是曾巩写给他的祭文（《苏明允哀词》）。

苏洵以其如乃父一样的直爽与率真，对自己的文章，他生前毫不掩饰其"自鸣得意"。在《上田枢密书》中，他自评其文兼得"诗人之优柔，骚人之清深，孟、韩之温淳，迁、固之雄刚，孙、吴之简切"。这并非自夸，而是他对自己精神源头的诚实交代，他力倡文章应以古文为宗，其第一个精神源头便是那些分析透彻、议论纵横，又各具特色的先秦说理散文，在后世文章大家中都可看到不同风格的先秦说理文的影子，而《孟子》之文尤其深得唐宋古文家的推崇，苏洵最推崇的就是孟子，此外还有韩非子。这是他政论性散文的主要精神源头。其第二个精神源头则是司马迁、班固等史家的散文，这也是他史论性散文的主要精神源头。其第三个精神源头则是孙子和吴起的兵法之书。除了政治抱负，他还"颇喜言兵"（曾巩语），这也是苏洵文章的一大特点，除政论、史论之外，他在军事上钻研颇深,从军事理论看,苏洵堪称一位从未打过仗的军事家。他特别强调打速决战、突击取胜、避实击虚、以强攻弱、善用奇兵和疑兵等战略战术原则。对军事,这是高度专业化的言说。纸上谈兵,其实是宋朝士人的传统。这是一个崇文抑武的王朝,文人的地位远高于武将,由于武备不修,国家积弱,如同一个纸糊的帝国,也是一个建立在纸上的帝国。这也让宋朝士人成了最有担当、最有使命感的士人。一旦遭逢国难,那些纸上谈兵的士人,就会投笔从戎,一变而为领兵打仗的武将。但苏洵却没有这样一个机会,他所处的时代恰好是北宋帝国相对比较安稳的一个和平年代,他如此钻研军事,或许是他有一种奇特的预见能力或洞察能力,已经提前看到了一个王朝在稳定繁荣的背后所蛰伏的危机以及未来山河破碎的悲惨命运。

从政治上看,苏洵是后世历史公认的政治家,一个基本上没有从政的政治家。他在政治生物链上一直都处于低端,但他却一直在高端思考,身处江湖之远,却以一生魂系庙堂,这也让他成了一个"位卑未敢忘忧国"的典型人物。由于他的散文具有强烈的政治色彩、独到而透辟的政治见解,但他所有的政治抱负和战略思维,都是在纸上完成的。但他积极又极具建设性的政治思维和战略智慧,也同样影响着一个国家和民族的历史进程,他也就无愧于政治家的称号。而论政、谈兵,这也正是他的文学理想,也就是说,这个人的政治抱负和文学理想是高度契合的。当文学以直接发力的方式切入政治,他对政治的激情反而让文学升腾而起,让政治激情转化为文学激情,这让他对政治话语的书写并不枯燥,反而由此而创造了许多奇特的互动、关联和想象,这也是他散文最突出的艺术特征。

若把苏洵放在一个更宏阔的背景上考察,更能凸显他的历史价值。在文学上,唐宋八大家蜀人独得其三,而且是出自一家的苏氏三父子;在史学上,"隋前存书有二,唐后莫隆于蜀";在经学方面,程颐尝有《易》学在蜀"之叹。而苏洵的另一非凡历史价值,就是对蜀学的开创之功。所谓蜀学,可以从广义和狭义上去看。狭义的宋代蜀学,是指由苏洵开创,经苏轼、苏辙兄弟加以发展,继而又由黄庭坚、张耒、秦观等苏门四学士参与组成的有着共同思想基础与学术倾向的学派，蜀学与二程"洛学"（即理学）和王安石"新学"鼎足而三，共同构成当时中国学术的三大主流。广义的宋代蜀学，指两宋时期包括三苏、周程及其在蜀后学张栻、度正、魏了翁等著名人物融合蜀洛、贯通三教而以宋代新儒学为主的巴蜀学术。无论从狭义还是从广义看，苏洵都是一个开拓者，其余则是继承者或发扬光大者。

从纸上的文章回到现实，满怀文才武略的苏洵，自不甘心在西蜀一隅长久地当一个隐士或居士，他何曾不想走出眉山去施展一下自己治国平天下的抱负？然而，这步入仕途的第一道门槛是谁也无法绕开的，也把他终生堵在了政治的门槛之外。三十七岁那年，在经历了十年苦读之后，苏洵再次奔赴考场，结果又一次名落孙山。若从单纯的科考结果看，只能说，他以十年的苦读再次验证了自己十年前的失败。从他的学问与文章看，这几乎是命定的失败，他苦读的结果和书写平生抱负的方式很不适合当时的科举考试，当时科场盛行以"险怪奇理"著称的"太学体"，他那些"得乎吾心"的"胸中之言"在这样的评价体系面前如同废纸。从此，他便蛰居眉山，在悉心课教儿子的同时，继续闭门苦读。但他对投身政治、报效朝廷并未死心，在科考无望之后，他只能寄望于当道者的赏识，进而得到推荐、提拔、重用。而这样的贵人在他年近天命时终于出现了，第一个赏识他的应该是当时镇守西蜀的张方平。

张方平，字安道，应天府南京（今河南商丘）人。此公比苏洵年长两岁，和苏家的另一个大贵人欧阳修同庚。此人先中茂才异等科，又中贤良方正科，由于科考之路顺遂，也就少走了许多弯路，在神宗朝，曾官拜参知政事（副相），因反对任用王安石、反对王安石变法而贬官。就在他知益州时，作为一方父母官，他发现了眉山苏洵及其子苏轼、苏辙这三个藏于民间的人才，而古代地方官都有荐举人才的义务。正是在他的推荐下，苏氏三父子才走出眉山，去京师拜见翰林学士欧阳修，成就了未来的一段文人相亲的佳话。为了叙述方便，这里不妨提前交代一下后来的一些事，在苏氏三父子中，张方平和苏轼的情谊应该是最深厚的。苏轼初出茅庐时,他曾推荐苏轼为谏官,后来苏轼被卷入"乌台诗案"下狱治罪,他也受到牵连,但为了解救苏轼,他依然不顾个人安危上奏天子,这也让苏轼一生对他充满了感恩之情,一辈子像尊敬父亲一样尊敬他。后张方平于哲宗元祐六年(1091年)去世时,苏轼哀痛不已,其悲切之情丝毫不亚于亲生父亲辞世。此外,苏辙在河南推官任上,也曾受到张方平的殷切关照,苏辙追随他左右有六七年。这是后话。

还说眼下。话说苏洵三十七岁再次落榜回乡,不久他父亲苏序便去世了。此后他一直在家中耕读,一晃又是十年过去,宋仁宗嘉祐元年(1056年),他领着苏轼、苏辙远赴京师,一是为两个儿子明年的大考早做安顿,还有一件事,就是带着张方平的推荐信,去拜见欧阳修。此时的苏洵,虽已年近半百,但依然是一个寂寂无闻的布衣寒儒。欧阳修仅仅只比苏洵年长两岁,却早已是翰林学士,而且是当时公认的文坛盟主。这样一个人,也不是谁想见就能见到的,苏洵的这次拜见,一是有张方平的推荐,二是 欧阳修虽是江西庐陵人,却生于四川绵阳,与苏洵也算是半个四川老乡。当然,还有一个尤为重要,欧阳修是一个"奖掖后进,如恐不及"的千古伯乐。这次会见似乎非常顺利,在这一次载入史册的会见中,苏洵二十年苦读的结果,终于得到了一代文坛盟主的认可。欧阳修没有蔑视这个来自西南一隅的有些木头木脑的老儒生,在看了苏洵的文章后,他更抑制不住兴奋与激动,没想到这个屡试不第的老儒生竟有如此令人惊讶的才华和智慧,他把苏洵的《衡论》《权书》《几策》等文章与汉代的刘向、贾谊的政论相媲美,向朝廷郑重推荐,此事连《宋史》也未敢遗漏,郑重其事地载上一笔:"欧阳修上其所著《衡论》《权书》等二十二篇,士大夫争传之。"一个拥有权威话语权的人,对一个籍籍无名的布衣寒儒给予如此慷慨的赞赏和极力的引荐,也引得公卿士大夫争相传诵苏洵的文章。那是一个特别崇尚文章的时代,很可能是中国最崇尚文学的时代,一篇好文章足以轰动一座京师。

因为欧阳修,苏洵几乎是一举成名天下知。但文名再大也不如功名,哪怕文坛领袖欧阳修的推荐也没有太多实际意义，若要获得朝廷的起用，苏洵必须实实在在地博得一个功名。这样的机遇在苏洵的天命之年又一次降临，宋仁宗召苏洵到舍人院参加考试。说起来，宋朝在招揽天下文人士子上还真是用心良苦，为了安抚那些年老落第又有真才实学的士人，早在宋太祖开国之初便创立了"特奏名"制度，又称特科、恩科，凡省试、殿试落第的举子，只要解试合格，到了一定的举数和年龄还是屡试不第者，便可参加这种特科、恩科考试，或赐同进士出身，或直接赐予官衔。为此，宋太祖曾特意诏告天下："朕务于取士，期在得人，岁命有司大开贡部，进者俾升上第，退者俟乎再来。"意思是说，"特奏名"制度是为了优待那些老而无成的举子，每一个科场失意的士子都有下一次成功的机会。太祖圣明，这让科举不再是一种让人绝望的制度，而是一种让人一辈子都充满了希望的制度，自然也让天下士人对这个王朝充满了期望。据估计，有宋一代，通过特科或恩科获得功名的士人几乎占整个科举及第人数的一半。这样通过特科、恩科出身的士人虽说有些被人看不起，但毕竟给天下无数士人（尤其是那些寒门学子）提供了更多晋身的机会，而通过这一制度，天子一方面让天下士人"皆入吾彀中"，而更重要的一方面，则消除了天下士人中潜在的不安定因素，是一项重要的"维稳"之举。

　　宋仁宗对太祖的良苦用心自然是心领神会，他召苏洵到舍人院参加考试，自然也是特殊人才特殊对待的格外施恩了。而仁宗对士人的特殊关照，格外施恩，在历史上也是有名的。有这样一个故事：四川有个屡试不中的老学究，一直觉得自己是个无人赏识的天才，而一次次科考的失败让他积累了一肚子怀才不遇的愤懑，对现政权深怀不满，于是献诗成都太守："把断剑门烧栈阁，成都别是一乾坤。"这是明目张胆地煽动太守大人切断剑门、烧了栈道，以此来切断与中央政府的联系，在剑门之内另建独立王国。太守大人的政治觉悟极高，随即便把这个老学究绑赴京师，一则表自己对朝廷的耿耿忠心，二则将对一个读书人的生杀予夺之权直接转嫁给了朝廷。应该说，这个太守还真是极有政治头脑，但仁宗天子比他更有政治智慧，他淡淡一笑说："这老学究不就是想当个官吗,那就赏给他一个官。"便授其为司户参军。这老学究自然是谢主隆恩,三呼万岁。从一个"舍得一身剐,敢把皇帝拉下马"的狂狷书生,一变为俯首听命的人。宋仁宗此举堪称绝招,这也是后世文人特别迷恋宋朝的一个原因。

宋仁宗召苏洵到舍人院参加考试。对于他,这可能是他一生中最后一次步入仕途的机会,但令后世匪夷所思的是,苏洵却推托有病,不肯应诏,白白丧失了这次机会。对苏洵的这次放弃,也成了千年的追问,他为什么要放弃?是不自信,还是"五十而知天命",把世俗的功名利禄皆已看淡?又或是考虑他的两个儿子已在一年前已同榜进士及第,他的夙愿已被儿子实现,自己也就无所谓了?我想这三者或许兼而有之吧。

又过了两年,嘉祐五年(1060年),苏洵经"宰相韩琦奏于朝,除秘书省校书郎",这顶五十二岁才戴上的轻飘飘的乌纱帽,几乎就是他生前唯一的功名,这是一个级别低得不能再低了的九品文官。此外,他还干过一段霸州文安县主簿,也是县署里的低级事务性文官,低得几乎没有品位。而苏洵一辈子为朝廷干的最大一件事,就是《宋史》所载,他"与陈州项城令姚辟同修建隆以来礼书,为《太常因革礼》一百卷","书成而卒"。这样的叙述,让人感觉他是累死的。苏洵去世后,被朝廷追赠为光禄寺丞,由于生前品秩太低,哪怕礼仪性官职也不可能有太高的追赠,这个光禄寺丞最高也就是个从六品。

我之所以不厌其详地叙述这些官位品秩,只因历史人物一直处在这样一个官本位的国度,官职品位是确定一个士人社会地位的基本价值。而在一个以世俗功名为基本评价体系的时代,一个社会地位如此卑微的士人,若要正史为之列传,就全凭功名之外的实力了。我觉得中国的正史有一个一直被人忽视了的特点,在官本位的社会里,历史却并未完全按官本位来书写,苏洵这个九品官儿也因此被载入《宋史》卷四百四十三、列传第二百二、文苑五。苏洵更重要的历史价值,也是他的人生价值,还是作为一个"文苑"人物。他之所以能继欧阳修之后而位列唐宋八大家之宋代第二家,无疑是因其在文学上的卓越贡献。

除了对政治抱负的抒写，从另一方面看，他生活于佛、道兴盛的北宋前期，耳濡目染，也难免受到佛道的影响。看他的生平事迹，一辈子常游道观佛寺，结交道士僧人，每舍心爱之物为死去的亲人祈求冥福。这让他的诗文也下意识地从佛道的空灵中吸收了营养。而在佛道之间，他更倾向于道。对道教的信仰，则是从祈求子嗣开始的。古代士人结婚生子都相当年轻，如果到二十来岁还没有子嗣就忧心忡忡了。苏洵二十三岁时，还未有子嗣，一次，他在游成都玉局观时，见到了在祈嗣上据说非常灵验的张仙画像，便购置回家，与夫人一起虔诚地祈祷跪拜。这不是传说，苏洵曾对此有如是自述："洵尝于天圣庚午（1030年）重九日玉局观无碍子肆中见一画像，笔法清奇。云乃张仙也，有祷必应。因解玉环易之。"他后来生下了苏轼、苏辙这两个有出息的儿子，也让他更加虔诚地相信，这与他们夫妇俩的祈求有关，张仙显灵了。对道教的信仰，也贯穿在他的诗文中，他的文学创作受启于《庄子》，作品中涉及道教的仙话传奇、灵验故事、宫观胜境等，其政治思想从渊源、重要观点到语言文字无不留下道家的痕迹，这让他在文学创作中既有入世的情怀，也有出世的淡远。

一个地位卑微的人，一个在传说中比历史更真实的人，最终以卑微的官职辞世。苏洵一生历经真宗、仁宗、英宗三朝，卒于宋英宗治平三年四月戊申日（1066年5月21日），如果他再活一天，恰好是他五十七岁的生日。这是一个生与死高度默契的生命。

从三苏祠走向苏坟山，是一条宿命的路。苏坟山位于今眉山市东坡区土地乡公益村西，为苏洵与夫人程氏以及苏轼原配夫人王弗的墓地。据旧志载："苏洵疾卒于治平三年（1066年）戊申四月，享年五十有八，天子闻而哀之，特赐光禄寺丞，有司具载其丧归于蜀。"这块墓地，是苏洵于嘉祐二年（1057年）为葬亡妻程氏而择。这里有一座老翁山，山下有一口岁月幽深的老泉井，俗称老翁井。对于讲究风水的苏洵来说，此地也算是依山傍水的风水宝地了。苏洵生平简短，一生没有太多的坎坷，也没有留下太多的谜团，唯一的谜团就是这个家喻户晓的"苏老泉"之号，而这个号又似乎与这口老泉井有关。尤其到了明、清时代，有学者提出，苏老泉不是苏洵之号，而是其子苏东坡的另一别号。据叶少蕴《燕语》："苏子瞻谪黄州，号东坡居士，其所居之地也。晚又号老泉山人，以眉山先茔有老翁泉，故云。"又有传说，苏洵归葬之后，有一口干涸许久的泉又出水了，这是祥兆，苏轼为此赋诗"老翁山下玉渊回，手植青松三万栽"，又欣然给自己起了个别号叫老泉，后来很多人只因苏洵墓旁有一口老泉井，就以为苏洵号老泉，也就产生了一个历史性的误会。

岁月中总有太多的阴差阳错，又无不与泯灭与消失有关。自宋以降，北宋年间的苏坟山历经南宋、元、明四百余年的变迁，风雨沧桑，碑志腐蚀剥落，时人都不知道这是谁的坟地了。明成化年间（1465—1487年），州守许仁曾奉命寻找苏洵墓，但找了很久也没有找到。又经历了百余年岁月，后世根据苏轼的诗，最终才在可龙里柳溪山中找到了老翁井。一口井，比迷失已久的人类更清楚那座坟茔的位置，几座无主的孤坟终于被重新确认，此处就是埋葬着苏洵的苏坟山。

如今的老翁井，已在水中央，环绕着它的一片水泽，像一个池塘，又像一个湖泽。它的存在如同时空中的一个漏洞，井口四周的边缘像磨光的铜钱。我趴在井口，深深地朝里望，像是窥探历史的一部分隐私。这是我看到的最深的一口井，那水还跟明镜儿似的，散发着无比幽深的魅力。这深不见底的老井据说与岷江相通，而四周的碧水仿佛从这老井中渗出，在水汽充盈的风中向四周漫延。一种逼真的感觉突然出现了，我忽然觉得，这里不只是一股清泉，也是文学的一个源头。

苏 轼

一个人的大悲咒

这个人一生大起大落,这个人有奇迹般顽强的生命,奇迹般顽强的硬骨头。从入仕到逝世,他屡屡为掌权人物所不容,连性命也几乎丢了,除了与当权者论事意见不合外,更在于他骨子里有种始终不渝的东西。他涉过了无数凶险的江河,直至跨越大海,但他最终却没有走进沉没了屈原的那条幽深的河流,他一生都怀抱对现实残存的幻想。这就是苏轼,世称苏东坡,一个河东河西都不讨好的人,一个腰板和脊梁都坚挺的人,一个永远都不绝望的人。无疑,他身上还有一些别的东西在支撑着他。或许,这里边既有庄子的豁达,又有李白那样的超然。他是一个骨头最硬的文人,也是一个具有浪漫气质的文人,一个热爱美食和美女的性情文人。他有一个世界之内的世界,也有一个世界之外的世界。如果说他一生的命运就是一个大悲咒,那个时代对他有太多的不公,但上苍又对他特别垂青,让他成了一个文学艺术的神话创造者,他一辈子做着神仙也不可能做到的事情。

一、失落的状元

凝视一个婴儿,以一个父亲的目光。

对这个人,你只能选择以这样的方式开始。这是一个难以抽象的人物，他是中国文学史上最鲜明、最丰满的形象之一。哪怕时隔千年，你依然能感受他滚烫的血肉和温热的呼吸，然后不由自主地跟着他一起走进那个王朝，那个传说中的文治盛世。

他降生于父亲"年二十七，始发愤为学"的第二年冬天，宋仁宗景祐三年十一月十九日，即公元1037年1月8日。这是一个确凿无疑的日子，他的诞生就像他父亲"始发愤为学"的一个结果。伴随着一个生命诞生的啼哭，窗外掠过寒峭的北风呼啦啦地像是在为他助阵，而当一个父亲抱起这个初生的生命，手臂竟明显地软了一下。从排行看，他是苏洵的第二个儿子，却由于长兄夭折，让他实际上成了家中的长子。由于前四个子女都不幸夭折，此子的降生让苏洵悲喜交集。当他小心翼翼地打量着自己的第五个孩子时，一个父亲的神情显得非常脆弱。而那襁褓中的婴儿，正睁着一双黝黑发亮的眼睛瞅着他。这是父与子的第一次对视，也是一次历史性的对视，却让他莫名的一阵心慌。他需要找到一种比较牢固的东西，来固定这个幼小生命的未来命运，绝对不能让他像他夭折的兄姊一样，又一次早早地逃离了人间。

在古人看来，一个人的名字绝不只是一个单纯的符号，而是命运与命理的象征，甚至是一个生命的全部寄寓。苏洵苦苦地思索着怎么替这个儿子命名，据他在《名二子说》中的解释："轮、辐、盖、轸，皆有职乎车。而轼独若无所为者。虽然，去轼，则吾未见其为完车也。轼乎，吾惧汝之不外饰也！"意思是说，轼，虽不如轮、辐、盖、轸那么关键和重要，但若没有了轼，也就没有了一辆完整的车。苏洵最终替这个儿子命名为"轼"，既寄望于其"外饰"巧为观瞻、处世圆通，又能起到可为依凭的稳定作用。所谓依凭，如《左传·僖公二十八年》之"君冯（凭）轼而观"，看苏轼的名字，字子瞻，又字和仲。古人的名和字是互为辅助、相互诠释的，"字"与"名"是互为表里的，所以又称"表字"。瞻也，和也，实际上是对其名的补充解释或延伸，"君冯（凭）轼而观"，就是瞻，而"仲"，恰好表明了苏轼在兄弟中名列第二。除了名字，苏轼一辈子还有很多"号"，而古人的"号"一般不是来自父辈的命名，而是本人对自己人生阅历的自况和感叹，由此折射出人生的命运或精神的寄托。苏轼有一个家喻户晓的号——苏东坡，这个号比他名字的名气大多了，这是后话。

生命如一部流水账，这也是历史的叙事方式。除了从孩提到少年时代的顽皮淘气到方正雅正的求学经历，载入苏轼人生史册中的第一件大事，就是他在十七岁那年迎娶了十六岁的发妻王弗。

王弗是眉州青神乡贡进士王方之女，那里正是以清澈和秀丽而闻名的岷江之滨，因为一条江，让她拥有了一个清澈的故乡。而一个喝岷江水长大的女子，据说也长得水灵灵的，"生十有六岁，而归于轼"。嫁入苏家之后，每当苏轼读书时，她便陪伴在侧，终日不去。由于她嫁过来时"未尝自言其知书也"，在那年代，小两口在婚前也不可能有什么接触，苏轼"亦不知其能通也"，十七岁的苏轼还是一个赤子童心的少年，对这个十六岁的妻子还有着一种孩子般的好奇，但他也没有问过她知不知书。一次，苏轼看书时突然联想起上一次看过的内容，却怎么也想不起来了，王弗却记起来了，就柔声提醒他。苏轼有些吃惊，又问她其他书，她大概都能知道一些。这让苏轼对妻子有点刮目相看了，也愈加喜欢了。一个士人，自然都希望有一个生于书香之家、知书达礼的妻子，而王弗不但知书达礼、十分聪慧，又是那种秀外慧中、娴静而含蓄的淑女，"由是始知其敏而静也"。

宋仁宗嘉祐元年（1056年），也就是苏轼和王弗婚后的第三个年头，四十七岁的苏洵经益州太守张方平推荐，领着十九岁的苏轼、十七岁的苏辙远赴京师，一是去拜见文坛盟主欧阳修，二是为兄弟俩来年的大比提前做好安顿。这当是兄弟俩跨出眉山、走向中原文化核心的第一步。古来交通不便，赶赴科场一般都要提前一年半载，尤其是对远在西蜀一隅的苏氏父子，这是一条如同穿越西南绝域的艰险之路，李白时代的蜀道之难，对于他们依然是难于上青天。好在苏氏三父子经历了这一次长途跋涉，抵达京师后的运气都不错，第一年是父亲苏洵在拜见欧阳修之后，深受抬举，以文章而名动京师；第二年，十九岁的苏轼和十七岁的苏辙又同榜登科，这是继苏洵的文章之后，苏家在京师制造的第二次轰动效应。

说起来，这兄弟俩能够高中进士，又与欧阳修这个苏家的大贵人有关，他是此次科考的主考官。当时科场依然盛行"太学体"，其始作俑者是以激烈讨伐西昆体而著名的太学讲官石介。石介在猛烈抨击西昆体"穷妍极态，缀风月，弄花草，淫巧侈词，浮华篡祖"的同时，提出了"文恶辞之华于理，不恶理之华于辞"的论调，把北宋文学从一个"穷妍极态"的极端反拨到了另一个"险怪奇涩"的极端，由于他的这种论调在太学生中影响极大，由此而形成了所谓"太学体"。继西昆体之后成为北宋文坛的主流，在科考中也成了主考官评卷的标准。作为嘉祐二年（1057年）贡举主考官的欧阳修，在北宋诗文革新运动中最具标志性的一个贡献，就是借主持这次贡生考试之机，冒着极大的风险大力整顿太学体，凡是太学体文章，"修痛排抑之，凡如是者辄黜"。而对于苏轼等考生，他们一开始并不知道考官的意图，许多考生依然大作太学体文章。这也是明智的选择，太学体既是科举择仕的标准，你就得遵循。但苏东坡、苏辙、曾巩等士子却一扫太学体之恶习，尤其是苏轼，全凭自己的心性做文章。可见，在这样的一场"高考"中，他首先想到的不是自己能不能考取，而是像他父亲苏洵作文一样直抒"胸中之言"。对于他，这仿佛不是一次决定命运的考试，而是一次像主考欧阳修一样的冒险，甚至是拿自己一生的前途做赌注的冒险。又好在这次的主考官是欧阳修，对苏轼考卷上的那篇题为《刑赏忠厚之至论》的文章不只是欣赏，而且是推崇。在他眼里，这就是他力主诗文革新的一篇范文，一篇代表作。他原本想评为第一，只因误认此文是自己的弟子曾巩所作，为了避嫌，还故意降低了评分，结果苏轼只得第二。哪怕第二，也是非常了不得了，何况又是兄弟俩同登进士榜，这是苏家光宗耀祖的大喜事！

然而，大幸之中却有大悲，刚接喜报，又闻丧报，那教子有方、如同圣母般的程夫人去世了。对慈母的去世，兄弟俩悲切万分，一起回家奔丧。此去关山重重，天遥路远，接下来又是三年的丁忧守制。而一个母亲去世的悲痛，或许还要用更漫长的时间来慢慢抚平。

直到嘉祐四年（1059年）夏天，兄弟俩才带着一大家人举家迁往京都，而他们又将迎来人生中的第二次大考——制科考试。制科考试是宋朝的一种特殊的考试制度，科举考试每三年一次，而制科考试则是不定期的。这是由天子亲自主持的小范围考试，范围虽然不大，但应试者的资格却放得很宽，不论是在任官员，还是寒儒布衣，只要能得到宰相等大臣举荐，均可参加考试。已中进士者也可以参加制科考试，苏轼、苏辙兄弟均已中进士，但又一起参加了嘉祐六年（1061年）的制科考试。这样的考试，虽然把应试者的资格放得很宽，但考试的程序比科举考试要烦琐得多，先要参加一次预试，未被淘汰者才能参加由皇帝亲自命题、亲自主持的考试，选拔非常严格。据统计，宋朝三百多年的历史，在进士考试中有四万多士子金榜题名，而天子御试的制科只进行过二十二次，总共选拔了四十一人。制科考试分五等，但第一、第二等形同虚设，第三等实为最高等，而在三百年内所有应试制科者中，入第三等的人只有一位，就是眉山苏轼。还有一个叫吴育的，虽入第三等，却是第三次等。据后世考证，苏轼应的是"贤良方正能直言极谏科"，他进策二十五篇，入第三等，为"百年第一"，实为三百年第一。可惜的是，他原本以进士第一中状元，却因欧阳修的一个误会而降为第二，让他错失了一个唾手可得的状元郎。他中制科，为三百年第一，比中状元难多了，却又不是名正言顺的状元，但至少是实至名归的天子门生了。

　　对此事的史载，有同出于《宋史》的两个版本。

　　一个版本载于《宋史》苏轼列传："仁宗初读轼、辙制策，退而喜曰：'朕今日为子孙得两宰相矣。'神宗尤爱其文，宫中读之，膳进忘食，称为天下奇才。而卒不得大用。"

　　另一说则是苏轼日后祸罹乌台诗案后，仁宗曹皇后为苟全苏轼的性命，转述了仁宗当年在主持制科御试时，因苏轼、苏辙昆仲联袂登榜而高兴之极，"仁宗策贤良归，喜甚，曰：吾今又为吾子孙得太平宰相两人。盖轼、辙也"。

　　这个绝密消息，除了仁宗、曹皇后，还真不是一般人能知道的。这就是说，仁宗皇帝还真是对眉山苏家兄弟俩早有栽培重用之心，而且不是一般的重用，而是准备在日后用作宰相。但眼下，苏轼兄弟对一个天子长远的用心还一无所知。不过，年轻气盛的苏轼还真有天子门生或天之骄子之感，他被授大理评事、签书凤翔府判官。而他的弟弟苏辙则"因直言时政得失，得罪当道"，故被列为下等（第五等），仅授以商州军事推官。从兄弟俩的仕途起步来看，苏轼的第一个官阶为正八品，这在当时已是一个相当高的起点了，而苏辙则输在了起跑线上，他那个商州军事推官不但官低一等，而且近乎幕僚，苏辙嫌位卑官小，以"奏乞养亲"为由辞职不去。

二十四岁的苏轼，带着妻子王弗赴凤翔府走马上任，无论仕途与文途，一路顺风顺水，春风得意马蹄疾。他虽没有少年得志的轻狂，但毕竟太年轻，又加之他们苏家的血统中原本就有浪漫的天性，在和人打交道时更是大大咧咧、没心没肺，兴许是感觉这个世界对他太好了，"觉天下无一个坏人"。倒是比他小一岁的妻子，比他还多长了一个心眼。他刚到凤翔上任时，凡在外边的为人处世、应酬周旋，王弗皆要问个仔细端详。与年长一岁的苏轼相比，二十三岁的王弗仿佛扮演了一个小母亲的角色。除了她，也没有任何亲人来关照苏轼。她再三提醒夫君："子去亲远，不可以不慎。"贤惠的王夫人可能还有另一重考虑，年轻时的苏轼心直口快，有时得罪了人他都不知道是怎么得罪的。而关于她的一个典型故事，日后被苏轼念念不忘地记载在《亡妻王氏墓志铭》中："轼与客言于外，君立屏间听之，退必反覆其言曰：某人也，言辄持两端，惟子意之所向，子何用与是人言？有来求与轼亲厚甚者，君曰：恐不能久。其与人锐，其去人必速。已而果然。"大意如是：苏轼和客人在外间说话时，王弗有时候站在屏风背后悄悄听着，等苏轼送走了客人，回来时，她便会提醒丈夫，对那些首鼠两端、见风使舵之人一定要有所戒备，害人之心不可有，防人之心不可无，有些人有求而来，对你特别亲热巴结，但这种人怕是不能长久，来得快，去得也快。她的话，后来果然都被印证了。

从这段追忆可知，王弗似有所指，而苏轼也知其所指，但王弗所指者到底是谁，苏轼在墓志铭中没有明确交代，成了一桩历史的糊涂案，一直没有人说清楚。但从苏轼当时的好友和接下来的命运看，大致可以猜测到两个嫌疑人：一个是张璪，初名琥，此人与苏轼是进士同年，那时进士同年都是非同一般的关系，不是兄弟胜似兄弟，而两人入仕后又在凤翔同事两年，更加情深义厚了。张璪返回汴京时，苏轼还作《稼说·送张琥》一篇，殷殷惜别，情真意切。可等到"乌台诗案"祸起萧墙，张璪以知谏院的身份参与推治，他对自己这位同年好友竟使出了绝手，欲置苏轼于死地。王安石的弟弟王安礼曾奉劝神宗宽恕苏轼，张璪竟然火冒三丈，当面斥骂王安礼，唯恐苏轼得以免死。而对这样一个欲置自己于死地的险恶之人，苏轼当时又哪里有一丝戒备？还有一个是章惇，此人后来成了一代名相，也是被列入奸臣传的一代奸相。此人也是嘉祐二年（1057年）进士，和苏轼也是同年。说起来挺有趣，此次科考，他的侄子章衡竟高中状元，这让章惇羞愧不已，便不就而去，后来又再举进士甲科，这也是历史上少有的一个两登进士榜者。又据《宋史》载：章惇与苏轼曾是好友，某日，两人相约去游南山，走到仙游潭时，过不去了，潭下是万丈绝壁。但章惇却毫无惧色，他横木空架，在两道山崖间架起了一道独木桥，挽着苏轼一同走过独木桥，去那绝壁上写字。苏轼平时大大咧咧却很胆小，怎么也不敢走过独木桥。章惇一个稳步过桥后，又垂索挽树，在石壁上书写："苏轼、章惇来。"苏轼战战兢兢地看着他，突然说："君他日必能杀人！"章惇问："何也？"苏轼又壮着胆子看了他一眼，说："能自判命者，能杀人也！"苏轼这句话还真是说对了，在三年后就应验了，在熙宁变法中，章惇由于旗帜鲜明地站在了王安石一边，一升再升，却把苏轼一贬再贬，一直贬到天涯海角。

这里且不说日后的是非，只说这个"幕后听言"的王弗，她年纪轻轻就有如此知人善辨的本事，令人钦佩。对于一个涉世不深的年轻官员，还真得有这样一个贤妻在一旁时时提醒。事实上，这也是她扮演的角色，在陪伴苏轼的十一个年头里，她一直是苏轼的建议人和监督人。苏轼在《先夫人不发宿藏》一文中又记录了这样一个故事："某官于岐下，所居大柳下，雪方尺不积；雪晴，地坟起数寸。轼疑是古人藏丹药处，欲发之。亡妻崇德君曰：使吾先姑在，必不发也。轼愧而止。"岐下是一个古老的地名，据今天的一些考古学者猜测，周公庙、周王陵遗址就在其周边。这里的古墓葬很多，苏轼在这里做官时，一次雪后方晴，地里露出了一座古坟，而苏轼对仙道仙丹之事也一向十分迷恋，因而怀疑这墓穴是古人藏丹药处，想要掘坟探丹，但王弗一句话就劝阻了他："如果婆婆在的话，肯定不会让你去挖坟的！"苏轼顿时惭愧而止。透过这件事，一方面再次验证了苏轼对慈母程夫人的崇敬与孝顺，一方面也验证了王弗还真是扮演了一个小母亲的角色，也可以说是程夫人的一个影子。这婆媳俩也的确有很多相似之处，她们都是生于书香仕宦之家、有着儒雅教养的大家闺秀，也都是那种知书达礼、秀外慧中的贤淑女子，也是最适合相夫教子的女性。

可叹天命无常，又或是操心过度，积劳成疾，这个几乎寸步不离地守望着自己丈夫的女人，于宋英宗治平二年（1065年）五月病逝，年仅二十七岁，一个发妻变成了亡妻，她给苏轼留下了一个年仅六岁的儿子苏迈。对这个"侍亲甚孝"的儿媳，公公苏洵特别看重，他特意叮嘱苏轼"于汝母坟茔旁葬之"。王弗尚未归葬，苏洵又于翌年农历四月在京师病逝。当年苏家一大家人从眉山来到京师，如今已走了两个。苏轼、苏辙兄弟俩扶柩归蜀，在经历了一次山重水复的长旅之后，接下来又将经历两三年的丁忧守制。古人的仕途，时常被至亲的死亡所打断，也因此而错失了许多机遇。

苏轼将亡妻与母亲合葬时，又在墓志铭中倾诉："君得从先夫人于九原，余不能。呜呼哀哉！余永无所依怙。君虽没，其有与为妇何伤乎？呜呼哀哉！"他几乎是在哭喊着诉说着。而他对发妻最悲切的怀念，或许还要再等十年，那时，苏轼已人到中年、年届不惑，知密州。此时正值他的人生盛年，他却把自己描绘成了一个满脸风尘、鬓发如霜的老者了。这也是唐宋文人的一个共同特点，从唐之韩愈、柳宗元，到北宋寇准、范仲淹、欧阳修，再到苏轼，几乎都是未老先衰，我也相信他们的诚实。这就是说，哪怕在唐宋这样的王朝盛世，那些士大夫的日子也没有后世想象的那样好，否则，岁月怎么会如此催人老？一个未老先衰的苏轼，在一个远离故乡的异乡，纵使与年轻早逝、一别十年的亡妻在梦中相遇，也是"相逢应不识"，而那梦中幽会的情景，却清晰如小两口当年生活的重现，"小轩窗，正梳妆"，此情此景，恍若王弗生前。然时光不能倒流，回首处，只有遥远故乡那朦胧的月夜和小松成林的山冈，还有那千里之外的孤坟。一对恩爱夫妻阴阳两隔，哪怕在梦中重逢，也只能"相顾无言，惟有泪千行"。当诗人在梦中蓦然醒来，一切皆已恍然成空，他泪眼模糊，心中酸楚，写下了一首被誉为千古第一的悼亡词《江城子·记梦》："十年生死两茫茫，不思量，自难忘。千里孤坟，无处话凄凉。纵使相逢应不识，尘满面，鬓如霜。　夜来幽梦忽还乡，小轩窗，正梳妆。相顾无言，惟有泪千行。料得年年肠断处，明月夜，短松冈。"

这也是一个豪放派诗人、词人抒写的千古第一的婉约词。读斯词，方知斯人对亡妻的情感之沉痛悲切如肝肠寸断，让人情不自禁地哭出声来……

二、一些过渡性的人生片段

王弗的去世，对于她是一个生命的终结，对于苏轼，则是一段生活的结束，此时他已年届而立，在那个时代，这已是青年时代的结束、中年的开始。而苏轼这丁忧守制的两三年，对他的人生仕途，如同一条清晰的生命裂痕。

在王弗逝世后第三年，渐渐抚平了丧妻之痛的苏轼又迎娶了他的第二任妻子——王弗的堂妹王闰之。她比苏轼小十一岁，但当时也不小了，时年二十一岁。古时女子一般是没有正式名字的，按王闰之在娘家的排行，原叫二十七娘，闰之这个名字，是嫁过来后苏轼给她取的，这里面颇有寓意，一是她出生的庆历八年（1048年）闰正月，二是"闰"这个字义原本就有着不期然地增多之意，如闰月就是多出来的一个月。对于青年丧妻的苏轼，这也是一个不期然地增加的妻子。这也表明，他原本是没有再娶之意的，是准备与发妻王弗执子之手、白头偕老的。有趣的是，苏轼不仅给她取了名，还有字，王闰之，字季璋，从中可以猜测，她在娘家该是排行第三。

这里有个小小的疑问，一个村姑，怎么会等到二十一岁才出嫁呢？在那个年代，这已经是少有的晚婚了，王弗嫁给苏轼时才十七岁，用现在的眼光看还是个未长成的少女，而女子过了二十，在当时就是大龄女青年了。也曾有人猜测，在王弗病逝时，苏、王两家就已经议定，把二十七娘许配给苏轼。如果不是接下来苏洵又病逝，苏轼必须为父丁忧守制，这二十七娘可能提前两年就要过门了。又相传，这位村姑从小就暗恋姐夫。这样说有些过分，但她应该是比较了解这个姐夫的，苏轼既有一副苏家男儿的英伟容貌，又有满腹诗书文采，年纪轻轻就获得了那么多功名，无疑也是女孩子们心中的白马王子，暗恋也是有可能的。

从身世看，这位小王夫人是从村姑到贵夫人，和那个知书达理、美丽端庄的王夫人相比，自然少了那种大家闺秀的气质，但清澈的岷江，也同样给了她一副村姑的清纯与美丽。她生性温柔，又有着村姑的勤劳和能干，虽不知书，却也通情达理，尤其是比那位早逝的王夫人更能操持家务。这么比较一下吧，如果说第一位王夫人更接近贤妻的形象，这个小王夫人则是苏轼的爱妻。事实上也是这样，她名义上说是从村姑当上了贵夫人，其实她更是一个操持家务的主妇。苏轼一生清廉，王闰之在刚嫁过来的那几年，苏轼尚未登高位，俸禄十分有限，家庭负担还挺重，除了抚养自己的家室，他大伯苏澹的长孙又病故于京城，侄子的遗孀和两个侄孙都由苏轼抚养；老奶妈年纪大了，苏轼也不愿辞退，十几口人的家务，全都交给这个小王夫人来操劳。王闰之追随苏轼走过了他一生中最坎坷的二十五年，从杭州、密州、徐州到湖州，从州郡到朝廷，又从朝廷到州郡，时而折向北方，又时而走向南方，一会儿沉下去，一会儿又浮起来，这不是一个士人自己可以决定的，一切听凭命运的安排。他的命运总与天子和朝廷相联系，而他又是闰之的命运，在颠沛与沉浮之间，她也只能跟着丈夫一起颠沛与沉浮。

如果说苏轼与王弗婚后的生活是一路上顺风顺水，在王弗和父亲死后，在他带着新娶的小王夫人服满还朝后，他一生坎坷的命运与崎岖的仕途也由此开始了。此时已是宋神宗熙宁二年（1069年），随着又一轮改朝换代，此时执掌朝政的已是参知政事王安石，并开始以强有力的方式推行他酝酿已久的变法。苏轼在朝中的许多师友，包括最赏识他的恩师欧阳修在内，皆因与王安石政见不合，被迫离京，取而代之的都是一些新面孔，也就是所谓新党，如他的同年进士张璪（张琥），由于立场坚定地站在了变法派一边，被王安石用为编修并授集贤校理，后迁知谏院、翰林学士等职。他的另一个同年进士章惇也因力挺变法而得到神宗和王安石的器重，以后的出息就更大了。而苏轼刚一还朝，就直接站在了王安石的对立面。从宿命的意义上看，这几乎是不可改变的，一是苏轼的政治观念与王安石的新法、他的学术思想与新学都是格格不入的，不说是背道而驰，也是两股道上跑的车。又不知他那两位同年进士好友是否在政治立场上争取过他，或劝告他保持沉默。哪怕劝告过他以明哲保身的方式保持沉默。但以苏轼忠鲠谠直的个性又绝不是一个保持沉默的明智者，他回朝的第一件事，就是上书反对变法，他必须说出他在返京的途中眼睁睁看见的事实，王安石推行的新法，尤其是青苗法，根本就不是什么惠农政策，而是坑农、伤农之策。而他一旦开口，势必就会成为王安石的眼中钉，他所说的事实都是王安石最不愿意正视更不愿意承认的事实，但他似乎没有把王安石放在眼里，哪怕对当朝皇帝神宗，他也敢于冒死去指责："（陛下）求治太急，听言太广，进人太锐。愿镇以安静，待物之来，然后应之。"——你瞧瞧，这个人胆子也太大了吧，若是换了另一个朝代，立马就给砍头了。但从神宗和王安石的表现看，一开始对他应该还算相当宽恕和仁慈的，并未把他怎么样。

政见的不同，或纯粹是围绕政见所产生的理想主义的纷争，是君子之争，然而苏轼与王安石的政见之争，似乎又不那么纯粹。追溯起来，从苏轼的父亲苏洵开始，就与王安石"素不相协"，也可以说是互不买账。嘉祐年间（1056—1063年），苏洵的文章得到文坛盟主欧阳修的赏识，引得文人士子争相赞赏，王安石却置若罔闻，对苏洵的文章未有一言褒奖。后来，王安石的母亲去世，朝中大臣纷纷前去吊唁，苏洵独不前往。欲知苏洵对王安石的成见有多深，可以看看他的《辨奸论》。不过，此文到底是不是苏洵所作，后世一直都有争议。至少在苏轼眼里，王安石绝非《辨奸论》所隐射的那种奸邪，但他对王安石"好为大言诡论"也很看不惯，曾在祭刘敞的一文中予以讥讽。说起来王安石这个人又挺大度，他并未因苏氏父子对自己的隐射、讥讽而报复，还一度把苏轼之弟苏辙纳入自己变法的决策机构，但苏辙也不买账，很快也直接站在了王安石的对立面。

　　好在，那个比苏轼年轻十一岁的宋神宗赵顼，也是一个特别爱惜人才、尊重人才的天子，他一度还想重用苏轼，对苏轼反对变法的一些意见他也听得进去。譬如说，苏轼上疏论贡举之法不当轻改，神宗皇帝就非常重视，当天就召见了苏轼。按苏轼当时的级别，是不可能与当今圣上"越次入对"的，但神宗一生常有这种打破常规、"越次入对"之举，对王安石是这样，对苏轼也是这样。在这次"越次入对"中，尽管苏轼没有足够的理由说服神宗放弃变法，但神宗还是相当看重苏轼，想任命苏轼修中书条例，但遭到了王安石的反对，这是意料之中的事情。王安石反对重用苏轼，又绝非一己恩怨，而是深知苏轼的政治立场，如果重用苏轼，无异于给变革制造一个重大的障碍。同年，苏轼为国子监举人考官，策题以历史上君主独断或兴或亡之事为问，这又让王安石很不爽，据《宋史》载："轼见安石赞神宗以独断专任，因试进士发策，以晋武平吴以独断而克，苻坚伐晋以独断而亡，齐桓专任管仲而霸，燕哙专任子之而败，事同而功异为问，安石滋怒。"也难怪王安石愠怒了，苏轼这小子几乎是处处跟他对着干，这策题不是挑拨他和天子的关系吗？你若是光明磊落地对着干，倒也罢了，年纪轻轻的，何必这样阴毒！

　　就在王安石被一个眼中钉越刺越痛时，神宗又想让苏轼修《起居注》，王安石再次反对，这一次，他没有先前那样有风度了，直言苏轼非"可奖之人"。为此，对王安石一向言听计从的神宗皇帝还与王安石发生了一次比较罕见的争论。神宗说苏轼文学出众,为人亦平静,司马光、韩维等大臣都对苏轼非常称道。而王安石在情急之中说出了一句实在不该说的话,他指斥苏轼乃"邪险之人",还向神宗直接举报了苏轼的一桩腐败案:苏轼父亲去世时,韩琦等元老大臣赠送给苏家的赙金他一概不受,好像是个多么不爱财的正人君子,可实际上呢,他却利用运丧的官船贩卖苏木入蜀(一说为偷运私盐),以走私的方式牟取暴利,这样的人虽有才华和名望,又怎么能重用呢,最多只能当个通判。

王安石的这番话太有杀伤力了,但此事在王安石下令调查后,却是一桩冤案,压根儿就没有那回事。当然,以王安石此时的权势,他完全可以罗织罪名、制造一个冤案,但他没有这样做,而是还了苏轼一个清白。从这个事实看,王安石一开始并不知道这是个冤案,但他也犯了一个严重的错误,在真相大白之前,他就在神宗面前先入为主地下了一个结论,断送了苏轼提拔重用的一次机遇。对王安石的理解,自然不能完全从人格上去理解,只能从历史逻辑上去理解。一方面,为了推行新政,他就必须对反对派进行打击和清洗,把自己的眼中钉一个一个拔掉,如果说这很残酷,也是政治家的残酷。但必须注意到,王安石和那些奸邪还是不同的,他有自己的基本底线,对于自己的政敌,无论他多么痛恨,但在他大权在握时,足以置人于死地时,他一直保持了一个基本底线,仅仅只是将其降职或外放,从未把对手往死里整。这是历史事实。后来,当苏轼卷入"乌台诗案",王安石的学生李定对苏轼百般构陷,苏轼的同年好友张璪(张琥)欲置他于死地,而苏轼本人已经屈打成招,一心求死以摆脱那痛不欲生的折磨,此时已经辞官的王安石挺身而出,上书神宗,再三疾呼"岂有圣世而杀才士乎"。不能不说,在营救苏轼的过程中,以王安石在神宗心中的地位,他这句话起到了关键作用,这也是毋庸置疑的历史事实。这又是后话了。

还是回到此时的情境。王安石虽说一再劝阻了神宗皇帝对苏轼的重用,但也并未把苏轼立即撵出京师,倒是苏轼在这个新党把持的朝廷中自觉处境尴尬,在那桩"走私案"真相大白后,他请求外放。王安石自然巴不得他早点离开朝廷，走得越远越好，眼不见心不烦。而对苏轼的安排，还真是像王安石所说的那样，苏轼最多只能当个通判，不过，那个地方倒是安排得不错，苏轼被任命为杭州通判。

苏轼在杭州待了三年，又被调往密州（山东诸城）、徐州、湖州等地任太守。苏轼一生"历典八州，行程万里"，这对于苏轼的一生，都只是一些过渡性的人生片段，但在当地这却是谁也不想忽略的历史，哪怕一次短暂的抵达，也足以让那个地方的人用一千年来铭记。这与他为官一任、造福一方又深得民心的政绩有关，也与他越来越大的影响力有关，只要他到过的地方，就不再是一个单纯的地名，而是一个人文乃至灵魂的标志。而湖州，应该是他待得最短暂的一个地方，他一生中最大的一次厄运就是在湖州降临的。

三、乌台诗案：一个人的大悲咒

那是一个必须确切交代的年份，宋神宗元丰二年（1079年），苏轼到湖州赴任还不到三个月，就卷入了北宋历史上那一场几乎是绝无仅有的文字狱——乌台诗案。

此案说是诗案，其实是因他的一篇《湖州谢上表》所引发。

凡新官履职，不管是超升还是贬谪，按例均要写一篇谢主隆恩的"谢上表"，实乃典型的应酬文章。但他这封"感谢信"却非比寻常，如同一篇讨伐朝廷和皇上的檄文，绝不是后世为他开脱的只是发了几句牢骚而已，也非一般的犯颜直谏，其中有很多指向非常明确也非常愤激的话语，如他所指责的乃至叫骂的那些"新进"，无不是当时在各个要害部门主政的大臣，而在苏轼眼里，这些人都是王安石变法时被引进的一批投机钻营的"群小"，自然也包括了他的同年进士、此时已迁知谏院的翰林学士张璪（张琥），也包括他的另一位同年进士、此时已拜为参知政事的章惇，更有王安石的学生、当时已召拜宝文阁待制、同知谏院、进知制诰，拜御史中丞的李定和另一位知制诰的御史中丞舒亶。而苏轼所用的"生事"一词，已是当时的所谓旧党攻击新党的习惯用语,也是新党最深恶痛绝的字眼,苏轼这些激愤而尖锐的言辞都是直指那些窃据高位、谋取私利的"小人",甚至可以说是对变法派的直接宣战。

看当时的背景,王安石已经罢相,出知江宁,变法到了转折关头,苏轼应该不是直接对他发难。

看苏轼此时的年纪,他已四十二岁,年过不惑,按说早过了血气方刚的"愤青"之年,可他却如此血脉贲张。当他挥笔疾书时,可曾想到,自己接下来的性命就交给这一封"谢上表"了。随着这篇"谢上表"到了朝廷,紧接着就引发了一场如平地狂飙般的政治风暴,而那些御史们似乎早有准备,对苏轼下手显得不慌不忙、有条不紊。第一个站出来检举苏轼的是御史里行何正臣,而最有"政治觉悟"的还是李定和舒亶这一左一右两位御史台官,他们不是锦衣卫,胜似锦衣卫,很快就查获了(很可能早就开始搜罗)苏轼众多的"反革命言论",都是他此前所作的那些讽喻新政的诗文。从接下来的事实看,他即将跌入的深渊,其实是一个早已布置好的陷阱,只等着猎物自己眼睁睁地往里跳。这些御史也绝非等闲之辈,舒亶曾试礼部第一,又素以"思致缜密"著称,经他与李定等人的"百般构陷",几乎把此案办成了铁案。他们从苏轼的《杭州纪事诗》和其他诗文中断章取义,如"读书万卷不读律,致君尧舜知无术",苏轼原本是自谦之词,说自己不读法律一类的书,无法帮助皇帝成为尧舜那样的圣君,李定等人却用心险恶地篡改了他的本意,说他讥讽当今圣上是一个不以法律督导官吏的昏君;又如"岂是闻韶忘解味,迩来三月食无盐",说他是讥讽当今皇上和宰相制定的国家政策。这样的"构陷"不胜枚举,也就不必再举了,总之是,当苏轼这些"谋逆"的铁证奏报神宗皇帝案头,正值血气方刚之年的神宗,难免一时冲动以致震怒,一气之下,便降旨将苏轼交御史台审判。赵宋三百年历史上鲜有针对士人的文字狱,以文字治罪,这应该是有宋以来的第一桩大案。

所谓乌台,也就是御史台,因御史台官署内柏树森森,又称"柏台",而那些黑乌鸦又似乎特别喜欢这些柏树,在其间筑巢栖息,乃称乌台,即乌鸦之台。在乌鸦凄厉的啼叫声中，李定和舒亶等人对苏轼昼夜逼供，"诟辱通宵不忍闻"，如此非人的折磨，足以摧毁一个士人精神的高贵和人格的骄傲。那些黑暗中的施暴者，你永远看不清他们的面孔，但过了一千年，你仍然知道他们是谁。而苏轼也没有人们想象的那样坚忍，他自知此次凶多吉少，数次想自杀，以免牵累他人，但此时他已经无法掌握自己的生死了，御史台看管森严，让他求死不得。未久，他便屈打成招。经李定等人上纲上线，苏轼所犯的是一个帝国最不能容忍的谋逆反叛的大罪，罪大恶极，必用极刑。最后，李定等人给苏轼罗织了"四大罪状"，上奏天子，请处死苏轼。但该死的还不只是一个苏轼，根据苏轼数万字的交代材料，御史台逐一查清了收藏苏轼"反诗"的众多党人，当然，都是旧党，计有司马光、范镇、张方平、王诜、苏辙、黄庭坚等二十九位大臣名士。李定等准备借此机会，将这些盘根错节的新法反对派一网打尽。舒亶更狠，他奏请神宗，将司马光、范镇、张方平、李常和苏轼的另外五个朋友一律处死。风声越传越紧，从朝廷要将苏轼处死，又传出更恐怖的消息，朝廷要将苏家满门抄斩。这些消息也并非空穴来风，一切取决于皇帝脑子里的一个念头，若神宗一念之差，真的钦准了御史台的奏请，一个以宽仁而著称的文治盛世，必将又沦为一种血雨腥风的暴政，这个帝国又将被士人的鲜血浸透，一场熙宁变法，将变成一场残忍的血祭，这个古老的国度、古老的民族，也将变得更令人绝望。

又该提到那个可怜的女人王闰之了。一个村姑出身的女子，一直追随丈夫辗转于各地的宦途，她不只是一个妻子、一个母亲，还是一个天底下最难当的后母。她为苏轼生了两子，无论是对王弗的儿子还是自己的儿子，她皆视如己出，"三子如一"。为此，苏轼还曾作《蝶恋花》词来表达自己的感激之情，词中"三个明珠，膝上王文度"，就是赞美她对三个儿子的疼爱从来不分彼此，一视同仁。她吃得苦，耐得劳，除了操持一家人的生活，精心照料好自己的丈夫，对丈夫每天在干什么、写什么，她是从来不管不问。在她眼里，丈夫写下的每一篇文字都是神圣的，她可能做梦也没想到这样的文字竟然可以惹上杀头甚至满门抄斩的大罪。在大难临头时，她第一个想到的，几乎是本能的，就是赶紧焚毁丈夫的"罪证"，在御史台抄家之前，她就下手了。后世有人指责她干了一件大蠢事，一把火把苏轼的很多好文章付之一炬了，但这样的指责也太冷血了，以一个女人和一个妻子的本能，她这样做是无可指责的，还有什么比丈夫的生命更珍贵？

再看苏轼的那两位同年进士、凤翔密友，在这人命关天之际，他们也各有非凡表演。一个是张璪（张琥），此人不知怎么对苏轼那样痛恨，他恨不得赤膊上阵去做剑子手，亲自抡刀去捅苏轼的心窝子；一个是章惇，他的表现却让人有些难以捉摸。有这样一个史实：一天，宰相王珪觐见神宗，以苏轼的"反诗"《桧》为罪证："根至九泉无曲处，岁寒唯有蛰龙知"，这是大逆不道的反诗，陛下请看，龙本在天上飞，苏轼却要在地下去求什么蛰龙，还要在九泉之下去求，这不是诅咒皇上（死了）吗？恰好身为副相的章惇在场，他赶紧为苏轼辩解：龙并非专指天子，大臣也可以称为龙。好在神宗皇帝也不是那样一个容易听信谗言的人，他听了章惇的一席话，觉得也是啊，诸葛亮不也被人称为卧龙吗？东汉颍川不也有"荀氏八龙"吗？那个苏轼咏叹桧树，与朕有何相干呢？对天子的质问，王珪一下哑口无言了。但章惇并未放过王珪，退朝之后，他又追问王珪："相公何至如此？是想将苏轼满门抄斩吗？"王珪被章惇问急了，只得推诿："这是舒亶说的。"章惇一听，厉声斥责他："难道舒亶的唾液你也要吃下去吗？"若历史的真相果真如此，这个章惇就不是那个被打入历史另册的奸臣章惇了，而是一个为人刚直、义正词严的君子。然而，这又如何去解释他对苏轼、苏辙兄弟一贬再贬的事实呢？应该说，这个历史人物还真是比较复杂，或许他也像王安石一样，政见归政见，但至少还能恪守一条政治家的基本底线，不把人往死里整。

对复杂历史中表现出来的复杂人格，我也只能存疑或猜测了。

乌台诗案，从御史里行何正臣告发，七月二十八日皇甫遵一行到湖州将苏轼逮捕，到十二月二十九日终审判决，在近半年时间里，被张璪（张琥）、李定、舒亶等人越整越大，朝野上下，一片哗然，如果说此案一开始是新旧党人矛盾的一次总爆发，越到后面越是出现了更错综复杂、更奇怪的走向，从苏轼一个人的案子演绎为一桩牵涉广泛、震动朝野的大案。而此时，民间也出现了感人肺腑的一幕幕，湖州、杭州等地百姓请和尚念经，为这位曾经的父母官祈福消灾。相传，还有一位官妓替苏轼到处奔波。但这样的民意，虽说感人却并无太多的实际意义。到了最关键的时刻，无论新党旧党又达成了一种高度的默契，一致认为苏轼虽心怀对现实不满，有讥刺时政之实，但未犯叛逆罪，罪不至死，并以各种方式参与了对苏轼的营救。这其中既有旧党的代表人物，如苏家的恩公、前太子少师张方平、前吏部侍郎范镇等，也有王安石、王安礼兄弟。或许此时，天下士人都有一种强烈的本能，如果拿苏轼开了第一刀，接下来就会轮到自己头上了。当时营救苏轼的大臣很多，由于旧党人物或已边缘化，或已退休，在营救过程中起决定性作用的，应该说还是新党人物，章惇就不说了，神宗皇帝最能听得进去的，一是作为新党领袖的王安石，他从金陵上书神宗："岂有圣世而杀才士者乎？"这句话起了关键作用，王安石不愧为政治家，他是从大宋的立国之本去规劝神宗；而太皇太后曹氏，当神宗表示要大赦天下为太后请寿时，曹太后说："不须赦天下凶恶，只放了苏轼就够了。"这位身患重病的曹太后，在弥留之际，还把宋神宗叫到病榻前叮嘱。也就是在这次，为了保住苏轼的性命，曹太后说出了仁宗许多年前说过的那句话："昔仁宗策贤良归，喜甚，曰：吾今又为吾子孙得太平宰相两人，盖轼、辙也，而杀之可乎？"太后此言，让神宗为之一震。若尊重历史，王安石和曹太后的话是在生死攸关间起了关键作用的。但真正救了苏轼一命的，应该说，还是太祖开国时立下的一个基本国策，天子与士大夫共治天下，除了犯叛逆谋反罪，这个王朝早已发誓一概不杀士大夫。

应该说，宋神宗也是一个圣明的天子，在排除了苏轼的叛逆谋反之罪后，他最终决定对苏轼从轻发落，元丰二年（1079年）十二月二十九日，神宗正式下旨：苏轼责授检校水部员外郎、黄州团练副使，不得签署公事。其余牵入本案的官员，视情节轻重处分。北宋时代最大的一场文字狱,就此结案,而九死一生的苏轼,在那个严寒的冬天走出监狱,就该上路,去做他的团练副使了。

四、从苏轼到苏东坡

从苏轼的一生看,乌台诗案可谓他生命中最清晰的一个断裂带。

这一跤把苏轼摔得很重,连性命都险些儿摔掉了。从此,这个天下第一等的聪明人,应该对自己的人生仕途有了更冷峻、更清醒的认识吧!所谓仕途,就是遵循体制内的一种秩序而行,有着清晰的界线和规范标志,还有着众多如同暗礁陷阱一样的潜规则。一个有着浪漫天性的文人进入仕途是高度危险的。当然,这个人是否有了吃一堑长一智的清醒意识,还得看他未来的人生,但有一点可以肯定,这是一个特别能经得起摔打的人,无论你怎么摔打,似乎都无法把他推进绝望的深渊,他内心的力量过于强大,足以与那些想要摧毁他的力量相抗衡,也足以与一个接踵而至的严寒的冬天相抗衡。

从仕途上看,苏轼的入仕起点算是比较高的,或是他青年时代太顺利了,步入中年后几乎是步步坎坷,又处于一个急遽变化的时代,一些善于捕捉机会、把握机会的人,几乎都提拔上去了,如章惇等,都已当上了宰执大臣,而他一直在五品知府的位置上辗转。而此次,他又从五品知府直贬为黄州团练副使,差不多一贬到底了。所谓团练副使,是一个品位低微又无实权的职位,这也标志着,从此,苏轼便开始了他一生被放逐的生涯。

苏轼拖家带口赴黄州途中,已是一年中最寒冷的季节,一场悄无声息的大雪正在无比辽阔的中原无止境地堆积。雪是一种奇妙的东西,可以创造一个超自然的世界,却让苏轼几度迷失在一场从北下到南的大雪里,在辗转了很久之后,他才重新辨识方向。一个贬官的心情可想而知,自从而立之年拜别京师,他已在各地辗转十年,命运坎坷,道路崎岖,难免让他也有些心灰意冷。但只要一盆炭火就可以烤热他冰冷而僵硬的手指,还有同样冰冷而僵硬的胸膛。在黄州,他遇到了一个热心肠的人，这个人就是时任黄州通判的马正卿，也是他的故知。他乡遇故知，是不幸中的幸运，在黄州，给他点燃第一盆炭火的人，或许就是马正卿。开春之后，为了让苏轼打发郁闷而无聊的日子，马正卿又从州府要来了已经荒芜了的五十亩军营旧地给他种。而他那村姑出身的小王夫人，仿佛又重新回到田野里做了一个村姑，只是不再年轻，但却依然像村姑一样茁壮，她和苏轼一起采摘野菜，赤脚耕田，或许这个形象给后世的印象太深，才那么认定她就是一个村姑。

那片营地位于黄州的东坡，冰雪尚未化尽，苏轼就在东坡筑雪堂，题之曰"东坡雪堂"，并作《雪堂记》。他也因此有了一生最著名的一个"号"——东坡居士。苏轼为何要取这样一个号呢？有人考证，因为他很仰慕唐朝的诗人白居易居士。当年，白居易贬谪四川忠州时，也曾在那里的东坡种植花木，还曾写了一首《步东坡》的诗："朝上东坡步，夕上东坡走，东坡何所爱，爱此新成树。"苏轼平生最仰慕的就是白居易，也感慨自己和白居易一样的命运，故以此自号。

在某种意义上说，这就是苏东坡的诞生，从苏轼到苏东坡，如同一次人生的蜕变。从此，一个自号苏东坡的人，甚至是一个独立于苏轼的存在。

文学最适合在伤口上生长，越是在疼痛的深处，越是长得蓬勃茂盛。经历了"乌台诗案"的苏轼，如同死而复生，确乎像换了一个人，这个人就是苏东坡。看苏东坡在黄州的这一段岁月，似乎有某种超越生命的气质就在他的灵魂和骨子里发生。他在黄州待了五个年头，这里是他舔舐伤口的疗伤之地，也是他文学创作的井喷时期。他曾多次到黄州城外的赤壁山游览，明知此赤壁非彼赤壁，但为倾吐心中的块垒，他先后写下了《赤壁赋》《后赤壁赋》《记承天寺夜游》《念奴娇·赤壁怀古》等千古绝唱。这些在血液里浸透了的文字，最终以酒的方式抒发，或许在醉眼蒙眬中更能发现人类占有时空的局限，生命的渺小、无奈与苍茫，"寄蜉蝣于天地，渺沧海之一粟。哀吾生之须臾，羡长江之无穷。挟飞仙以遨游，抱明月而长终。知不可乎骤得，托遗响于悲风"。这样的文字是如此不可思议，感觉已经接近了想象的极限。一个人要遭多少罪才能写出这样的句子？而文学巨大的影响力，有时候具有改写历史的力量，以致很多人把黄州赤壁误认为三国赤壁。事实上，他也以自己的号替黄州赤壁重新命名：东坡赤壁。又为了与赤壁之战的那个武赤壁相对应，后世也把东坡赤壁称为文赤壁。宋神宗元丰七年（1084年）正月，一轮冷洌的明月再次照亮了一个离人孤独的身影，却无法照亮他幽暗中的灵魂。苏轼又将离开黄州，奉诏转任汝州团练副使。在黄州待了这么长时间，他原以为朝廷该把他遗忘了，他倒也喜欢这种被遗忘的状态。然而，一道诏书下来，他又将开始长途跋涉。在那个年代，从黄州到汝州路途遥远，舟车劳顿，又正是天寒地冻的季节，一路向北，越走越冷，苏轼的幼儿在颠沛途中不幸夭折。而此时，苏东坡盘缠已尽，又加之丧子之痛，他感到自己实在走不动了。从其《谢量移汝州表》可知，那正是他一生最悲苦的岁月，连想死的心都有了："只影自怜，命寄江湖之上；惊魂未定，梦游缧绁之中。憔悴非人，章狂失志。妻孥之所窃笑，亲友至于绝交。疾病连年，人皆相传为已死；饥寒并日，臣亦自厌其余生。"一辈子很少求人的他，这次也不得不上书朝廷，请求暂时不去汝州，先到常州暂居一段日子。好在神宗仁慈，他的请求得到恩准。这也许是宋神宗所做的最后一件好事。就在苏东坡准备去常州时，宋神宗驾崩，宋哲宗赵煦九岁登基，由太皇太后高氏（宣仁太后）临朝执政。

在又一轮政治大洗牌中，此时身在常州的苏东坡，仿佛是一个不问政事的居士，他在这里如在诗意中栖居，既无饥寒之忧，又可享江南如花似玉的美景之乐，而远离了政治的纷争，一个人才可以更像一个人那样过日子，这让他深感庸常人间的幸福，也萌生了以常州作为自己的终老之地的想法。在追求生活的快乐方面，他与他的恩师欧阳修十分相似，一样的风流，一样是进亦乐、退亦乐。然而，他不问政事，那些保守党人却不会忘记他，并把他视为自己坚定的同党。没过多久，苏轼就复为朝奉郎。元丰八年（1085年）五月，苏轼知登州（蓬莱），然到官五日就奉诏还朝，朝廷急于用人。而苏轼诚惶诚恐又在辗转中疲惫不堪，他曾在《定州谢到任表》中如此述说："坐席未暖，召节已行，筋力疲于往来,日月逝于道路……朝廷非不用臣,愚蠢自不安位。"然而,无论受宠若惊的惶恐,还是辗转宦途的疲惫,接下来,苏轼就进入了他一生仕途最飞黄腾达的一段岁月——

在朝半月,升起居舍人,掌记录皇帝日常行动与国家大事;

三个月后,又迁中书舍人,任起草诏令之职,参与机密;

未久,他又超升为翰林学士知制诰,又知礼部贡举,权力日重。

在这样短的时间里,苏东坡连升三级,官拜三品。他心里十分清楚,这样的好运,全赖司马光等元祐党人的提携与信任。但他却不领情,不领情也就罢了,这个曾经站在王安石对立面上的人,现在又公然站在了司马光的对立面。对司马光下令全面废止王安石新法,苏东坡坚决反对,他虽不赞成王安石那种疾风骤雨式的变革,但也反对把王安石所有的新政不问青红皂白地一律废除,重新回到老路上去。据《宋史》载:"初,祖宗时,差役行久生弊,编户充役者不习其役,又虐使之,多致破产,狭乡民至有终岁不得息者。王安石相神宗,改为免役,使户差高下出钱雇役,行法者过取,以为民病。司马光为相,知免役之害,不知其利,欲复差役,差官置局,轼与其选。轼曰:差役、免役,各有利害。免役之害,掊敛民财,十室九空,敛聚于上而下有钱荒之患。差役之害,民常在官,不得专力于农,而贪吏猾胥得缘为奸。此二害轻重,盖略等矣。"你说这个人,在新党(变法派)得势时,他是旧党(保守派),在旧党得势时,他又成了新党,这到底是怎么回事呢?

其实,只有细看那一段历史就会发现,苏轼既比王安石理性,又比司马光清醒,为政不能走极端,当年王安石变法走极端,如今司马光废止新法又走极端,这两种极端,都是利用手中主宰天下的权力,而不顾朝廷和生民的利益,如同翻身烤烙饼,让国家和老百姓两面受害。苏轼认为,对王安石颁行的新法,应该根据实施的效果做出理性的分析,凡行之有效、于国于民有利的,必须继续执行;对弊大于利的,则可废止;对有利有弊暂时难以做出定论的,则可进一步完善。可司马光似乎已预感到留给自己的时间不多,一心想在自己的有生之年以最快的速度将新法全部废除,苏轼越是跟他解释,他越是火冒三丈,没等苏轼把话讲完，司马光就怒气冲冲地打断了他，那苍老的喉咙里憋出来的嘶哑吼叫，让苏轼也忍无可忍了，他质问司马光："从前你任谏官时，因与韩琦在某些事情上意见不合，你也敢于同他抗辩到底，这事你还亲口向我讲过呢，而今，你自己做了宰相，难道就不让我把话讲完吗？"

从苏轼和司马光的这次历史性冲突看，如果不谈政见，仅从人格方面看，苏东坡比司马光要正直、大度、坦荡许多。历史上有两个司马光，他是文人，也是政客，如果给他足够的权力，他甚至可以称得上玩弄政治权术的高手。他的一部《资治通鉴》似乎把官场所有的问题都搞清楚了，他唯一搞不明白的，可能就是天下怎么会冒出一个苏轼这样的人？

苏轼也有两个，一个是居庙堂之高的苏轼，一个是处江湖之远的苏东坡，但两个司马光也理解不了一个苏轼。

苏轼又活该倒霉了，他既不能容于新党，又不能见谅于旧党，其处境依然像王安石执掌朝政时一样尴尬，他也只能故技重演，再度自求外调，以龙图阁学士的身份知杭州。一个士人，一个杭州，此时已暌违十六年，而在十六年的时间里，发生了太多的事情。不过，从官位看又很简单，一个通判变成了知府。在苏轼所处的时代，没有太守的官职，后世说苏轼是杭州太守，算是一种别称吧。这次重返天堂杭州，也许是苏轼一生除了栖居常州之外度过的最快乐的一段时光。他自比唐人白居易，当年，白居易在杭州刺史任上，为了贮蓄湖水灌溉农田，在旧日钱塘门外的石涵桥附近修筑了一条堤，人称白公堤，而苏东坡也在杭州干了一项名垂青史的水利工程，通过疏浚西湖，用挖出的泥在西湖旁边筑了一道堤，也就是著名的苏堤。白居易留下了"最爱湖东行不足，绿杨荫里白沙堤"的名句，而苏东坡也抒写了一首《饮湖上初晴后雨》："水光潋滟晴方好，山色空蒙雨亦奇。欲把西湖比西子，淡妆浓抹总相宜。"这是西湖的绝唱，在描写西湖的古诗中无人能够超越。

就在他于杭州满怀着恬静和酣畅的心情，过着乐不思蜀的日子时，元祐六年（1091年），他又奉诏回朝。此时，王安石和司马光都已去世四五个年头了，苏轼也已五十四岁，正值春秋鼎盛的岁月，他也登上了一生仕途的巅峰，官拜吏部尚书，离宰执大臣只有一步之遥了。按说，一个人上了这岁数，也该摸着额头上的皱纹过日子了。他大半生已经历了那么多的大起大落，对这次来之不易的重用和高位，他应该倍加珍惜。然而，没过多久，他又因与执政者政见不合，被贬为颍州（今安徽阜阳）太守，翌年又转任扬州太守，随即又拜兵部尚书、礼部尚书。在短短的两年里，一个士人的命运如此跌宕起伏，如此频繁地升降，不说绝无仅有，却又实在少有。这样的命运哪怕在想象中也难以出现。这样的大起大落无论对于朝廷还是苏东坡本人，都充满了荒诞的戏剧性，却又总以悲剧收场。

五、一个神话的创造者

苏轼一生最后一段悲剧性的命运是从元祐八年（1093年）开始。

是年，六十二岁的高太后病逝，十六岁的宋哲宗赵煦亲政。

这个短命的少年天子，也称得上是北宋颇有作为的皇帝之一，这个帝王的血液里全然继承了他父亲宋神宗的气质和性格，也非常崇敬父皇敢作敢为的性格和变法之策，在他亲政的第二年，便改元为绍圣，"以绍述熙宁（变法）、元丰（改制）为志"，那个被高太后贬谪多年的章惇又奉诏回朝，拜为宰相（尚书左仆射兼门下侍郎），复行新法。历史上对章惇个性的描述之一，就是这个人特别记仇、报复心极强，而在推动改革方面，他在骨子里比王安石更加铁血无情、杀伐决断。铁血加上仇恨，也就注定了接下来的又一场政治大清洗，那些被高太后倚重的元祐诸臣，其悲惨的命运也因此而注定了。苏轼、苏辙等所谓旧党党人，很快就像历史垃圾一样被逐出朝廷，流放岭南。

苏东坡被贬逐到岭南时已五十七岁，奔六十的人了。他可能已经预料到，此生再难有出头之日。自古以来，被崇山峻岭层层阻隔的遥远岭南，便是流放之地的代名词，作为改革派领袖的章惇对他痛下杀手，显得有些不问青红皂白。苏轼年轻时虽然反对王安石变法，到了中晚年,他对新法的态度已经基本转变,在政见上可以说已与章惇是一致的。但苏轼这个人又确实有些古怪,他曾为反对新法与王安石激辩,又曾为支持新法而同司马光激辩,但他却从未为自己的命运去辩护。在被贬岭南之前,他先被贬定州太守,又被贬为宁远军节度副使,随后才被章惇一棍子打到了离京师遥不可及的惠阳(今广东惠州)。

如今我也来到了岭南,不知和苏东坡当年走过的是不是同一条路,但大方向是一致的,我栖居的一个小镇,离苏东坡的贬谪之地近在咫尺。这难免让我时常产生幻觉,仿佛还能听见北宋年间那缥缈而又清晰的脚步声。想象那个时代,一个士人又该怎样才能穿越那些陡峭而嶙峋的关山,又该怎么躲过那些野兽和土匪的袭击?读苏辙的《和子瞻过岭》,可知苏辙对兄长牵肠挂肚的牵挂,也可知苏轼此行的艰辛:"山林瘴雾老难堪,归去中原茶亦甘。有命谁令终返北,无心自笑欲巢南。蛮音惯习疑伦语,脾病萦缠带岭岚。手挹祖师清净水,不嫌白发照毵毵。"而一个叫苏东坡的贬官,注定要在这条凶险而崎岖的路途上越走越远,一直走到死。

在流放的路途上,他那早已花白的头发像白云一样白,而他一生热爱美食的牙齿也开始松动、掉落。只有他的笑声依然透出健朗与洪亮。此前,他的第二位夫人王闰之已在高太后去世的同一年去世,这位比丈夫小十一岁的女人,陪伴丈夫走过了大起大落的二十五年,在苏轼一生的三房妻妾中,他们是爱得最苦的一对,也是最长久的一对。对爱妻之死,苏轼长歌以当哭,他在祭文中悲泣:"我曰归哉,行返丘园。曾不少须,弃我而先。孰迎我门,孰馈我田。已矣奈何,泪尽目干。旅殡国门,我实少恩。惟有同穴,尚蹈此言。呜呼哀哉。"但悲戚的文字又怎能平抑内心的悲恸,哪怕是刻在石头上的墓志铭也难填苏轼心灵的空洞。苏轼决然选择另一种方式,以全身心去弥补丧妻之痛。他提前说出了自己的遗嘱,百年之后,他要与他的爱妻闰之同穴而眠。他死后,苏辙遵从他的遗愿,将他与爱妻王闰之合葬,最终圆了他在祭文中"惟有同穴"的夙愿。

这里且不说那位小王夫人是如何勤劳与贤惠,只说她对丈夫的宽容。作为文人的苏轼，有着他恩师欧阳修一样的风流与浪漫，一生也有不少风流韵事，也只有像王闰之那种温柔而宽容的女人，才处处依着丈夫，容得他将自己的侍女朝云收在身边。而苏东坡这次远赴岭南，陪伴他长途跋涉的已是他生命中的第三个女人、侍妾王朝云。

说来话长，朝云是苏东坡在杭州通判任上时，王闰之从歌舞班中买来的一个十二岁的小歌女，并收为身边的侍女。这丫头不但伶俐乖巧，还特别忠贞。在苏东坡最困顿时，他身边的侍妾纷纷离去，朝云却一直陪伴其左右。而苏东坡特别钟情于她，还与一个接近于传说的典故有关："东坡一日退朝，食罢。扪腹徐行，顾谓侍儿曰：'汝辈且道是中有何物？'一婢遽曰：'都是文章。'坡不以为然。又一人曰：'满腹都是见识。'坡亦未以为当。至朝云，乃曰：'学士一肚皮不入时宜。'坡捧腹大笑。"不入时宜，正是苏东坡一生最突出的性格。

大约是在黄州，朝云被苏东坡收为侍妾，还特意为她起字子霞。她比苏东坡小二十六岁，在二十二岁为东坡生了个儿子。这让苏东坡喜不自禁，对友人说："云蓝小袖者，近辄生一子，想闻之一拊掌也。"他给孩子取名苏遁，乳名干儿，出生三日按习俗洗浴时，还写了一首著名的《洗儿戏作》："人皆养子望聪明，我被聪明误一生。惟愿孩儿愚且鲁，无灾无难到公卿。"此诗虽近乎游戏之作，却令人心酸不已。接踵而来的又是晚年丧子的大悲，干儿才十一个月大就因病不幸夭折，他痛不欲生地在诗中悲泣："吾年四十九，羁旅失幼子。幼子真吾儿，眉角生已似。未期观所好，蹒跚逐书史。摇头却梨栗，似识非分耻。吾老常鲜欢，赖此一笑喜。忽然遭夺去，恶业我累尔。衣薪那免俗，变灭须臾耳。归来怀抱空，老泪如泻水。我泪犹可拭，日远当日忘。母哭不可闻，欲与汝俱亡。故衣尚悬架，涨乳已流床。感此欲忘生，一卧终日僵。中年忝闻道，梦幻讲已详。储药如丘山，临病更求方。仍将恩爱刃，割此衰老肠。知迷欲自反，一恸送余伤。"

在三房妻妾中，苏东坡一生为朝云写的诗歌最多，他在诗中称朝云为"天女维摩"。她是为他散花的天女，是他的欢乐女神。据说苏东坡被贬惠州时，一心沉浸在悲苦与郁闷之中。朝云便吟唱他最爱听的《蝶恋花》词,每当朝云唱到"枝上柳绵吹又少"时,她自己却难以掩抑惆怅,"不胜伤悲,哭而止声"。东坡问何因,朝云答:"妾所不能竟(唱完)者,'天涯何处无芳草'句也。"苏轼大笑:"我正悲秋,而你又开始伤春了!"

可怜这样一个多情女子,也先于苏轼病逝。朝云病逝后,苏轼"终生不复听此词",从此一直鳏居。他按朝云的遗愿,将其葬于惠州西湖孤山南麓栖禅寺大圣塔下的松林之中,并在墓边筑六如亭以纪念,此亭还挂着据说是他当年撰写的楹联:"不合时宜,惟有朝云能识我;独弹古调,每逢暮雨倍思卿。"

宋哲宗绍圣四年(1097年),苏东坡已在惠州待了三个年头,此时他已经整整六十岁,在古人看来,这意味着人生进入了又一个轮回,然而对于他,这走不出的轮回,依然是流放,而且是更遥远的放逐。这一次他被贬至遥远天涯尽头的海南儋州(古名儋耳)。在他经历了无尽的坎坷磨难后,回想当年,也曾有过这样自嘲的笑谈,当年应制科考试,仁宗天子勉励他"直言极谏",他飘飘然信以为真,殊不知谏一回灭一回,越是直言,越是直接遭殃,越是极谏越是极尽贬谪,他甚至差点就被处以极刑了,虽说保全了一条性命,如今却被贬至遥远天涯尽头的海南儋州。一个发誓不杀士人、士大夫的王朝,把贬逐和流放作为最残酷的惩罚。据说,在宋朝,贬谪海南是仅比满门抄斩罪轻一等的惩罚。

从惠州到儋州,一路逆旅,一个与京师背道而驰的身影,已经苍老得有些佝偻了,他命定的只能越走越远。那时的琼州海峡如同天堑,只有漫涨的潮水,才能把一个花甲老人送到那座茫茫大海中的孤岛。他知道,王勃就是在这大海里淹死的,但是他,"九死南荒吾不恨,兹游奇绝冠平生"。 如果换了一个人,不知死过多少回了,哪怕不死,对这个世界也不知怀有怎样的刻骨仇恨和阴暗、扭曲、变态的心理。但他不会,无论怎样,这个人都不会绝望。若要描述这个人内心的扭曲和绝望是不可能的。如果以一句话来形容这个人的一生,他是在不断的失败中最完美地实现了自我。

当咸涩的海风一阵阵吹来,满头白发被海风吹开,萧萧如雪。而一盏风前的灯烛,又在天涯尽头的儋州点燃。同时点燃的,或许还有东坡书院的烛光。往事被风吹得更远，在这远离京师的孤岛上，他已不再问归期。他在儋州度过了三年时光，就像每一次他流放一样，无论走到哪里，他生命的每一寸光阴都不会虚度。他在这里开坛讲学，访贫问苦，依然竭尽全力干着造福一方的事。在这蛮荒之地，也有他拓荒的田园，有他播下的种子。他像一个辛勤而幸福的农夫，种着自己爱吃的菜蔬。那是一双越老越苍劲的手，一手拿着羊毫，一手攥着锄头，有时候还一边牵着牛鼻子，一边给自己的弟子讲着读书的要领。如今的儋州市中和镇就是苏东坡当年的贬谪之地，一座东坡书院依然在咸涩的海风中孑然而立。凝神谛听，你甚至能隐约听见那来自北宋的口音，依然传达着一种始终不渝的健朗与洪亮。

直到元符三年（1101年），宋徽宗即位，那个把他一贬再贬的同年进士章惇也被贬岭南雷州，苏东坡才结束了流放的命运，奉诏复任朝奉郎。他又踏上了遥遥无期的北归路。当年的离去多么遥远，回归的旅途就有多么漫长。一个人，一生颠沛流离，在回归的路上，显得越来越安详。他也许已经预感到，对于他，这一次回归已是真正的回归。看着天一点一点地亮起来，又一点一点地暗下去，眼前，那无限蔓延的地平线，又一次陷入了无边的黑暗。当他辗转抵达多少次在梦境中浮现的常州时，那正是一年最炎热的季节。那个恍惚间走来的身影，没入一片杂树的浓荫。当月光再次出现，照亮的已是一个毫无知觉的身体。

关于苏轼的死因，一般认为，是他在元符三年（1101年）五月北归途中，辗转行至真州（今仪征真州镇），瘴毒大作，重病数十日后于当年七月二十八日卒于常州。苏东坡享年六十五岁，谥文忠。应该说，这是不幸的苏东坡一辈子最幸运的一件事，他原本就有把常州作为自己的终老之地的想法。只是谁也没有想到，他这次长途跋涉的归来竟是为了赶往另一个世界。

现在，他的愿望终于实现了，这是上苍对他最后的恩赐。

一个人，一个生命，至此，似乎可以盖棺论定了。

在苏氏三父子中，他是走得最远的一个，命运最坎坷的一个，也是最招人妒恨的一个。

他和他父亲显然不同。如果说苏洵是以文学的方式来承载自己终生未竟的政治抱负,而他则是用文学来承载生命和灵魂,而文学总是在最关键的时刻及时拯救了他。同那个时代的士人相比,苏东坡是复杂的,又是简单的,他是一个溢于言表的人,一个把灵魂写在脸上的人。这个人似乎没有一点自我保护意识。然而,这就是他骨子里的东西,他心里怎么想,就怎么说,怎么做。他很认真,也很天真。他曾天真地认为他可以改变这个世界,他的宿命却是连自己也改变不了。多难是此人的宿命,浪漫是此人的天性。当这样的天性以豪放不羁的方式表现出来,这也让他几度直上青云,又几度被打入泥淖,连地狱都差不多下过了。这诡谲的命运说穿了还是由天性所注定。又无论遭遇怎样的命运,他总有一种方式来释放压抑和苦闷,这让他对生活从未表现出绝望。他曾说过人生赏心十六件乐事:"清溪浅水行舟;微雨竹窗夜话;暑至临溪濯足;雨后登楼看山;柳荫堤畔闲行;花坞樽前微笑;隔江山寺闻钟;月下东邻吹箫;晨兴半炷茗香;午倦一方藤枕;开瓮勿逢陶谢;接客不着衣冠;乞得名花盛开;飞来家禽自语;客至汲泉烹茶;抚琴听者知音。"这些,他都圆满地实现了。当一个人死了之后,你才发现他活得那样快乐,那样令人羡慕。又或许就是这生命的快乐,哪怕是苦中作乐,让他始终保持了自己的天性。无论走到哪里,他总是无拘无束。越是经过了长久的折磨,越是想放浪形骸。而他的这种天性或脾气,一辈子好像也改不了。哪怕让他重活一次,他一生可能还是这样子,一个乐天派。一个老顽童,一个可以任意出世入世的人,但绝对不是一个没心没肺的人。他一辈子留下了遍地遗迹,而所有的遗迹都是他乐天知命的遗言。

对这个人,我发现历史的评价还是相当严谨的,尽管他一生都没有远离政治,还几度位居尚书的高位,但很少有人称之为政治家,而更多是称之为文学家,一个足以用伟大来形容的文学家。事实上,他也更接近一个文人的形象,文学甚至是他的生命总和,他将生命中的一切都化为了文学。

从文学史看这个人，他的诗文明显分为两个阶段，如以"乌台诗案"为分界，一个是苏轼的诗文，一个是苏东坡的诗文。在题材上，其前期作品主要反映了苏轼的"具体的政治忧患"，在精神风骨上更接近范仲淹；而后期作品则将侧重点放在了"宽广的人生忧患"上，这也更能体现苏东坡对人生境界的追求，也可以说更接近他的恩师欧阳修；在风格上，其前期的作品血气方刚、大气磅礴，有人形容其如洪水决堤一泻千里、豪放奔腾、汪洋恣肆；而后期的作品则有释家的空灵隽永、道者的朴质清淡；在文化上，苏东坡前期更能体现儒家所提倡的社会责任，他深切关注百姓疾苦，而后期，尤其是两次遭贬之后，他则更加崇尚道家文化并回归到佛教中来，企图在宗教上得到解脱。这让他深受佛家的"平常心是道"的启发，在黄州、惠州、儋州等地过上了真正的农人的生活，并乐在其中。这是文学史对他的评价，我不想改写，只想强调，这个人一辈子都没有放弃作为一个士人的社会担当，一辈子都没有为救赎自己而放弃对百姓疾苦的深切关注。这其实更接近他对佛法的更高境界的追求，那就是观世音菩萨的大慈悲心、无上菩提心，以及济世度人、修道成佛的大悲咒。如果忽视了济世度人这一点，苏东坡最多是个天才的文学家，绝对不会如此伟大。

苏轼是继欧阳修之后的又一位北宋文坛领袖，与欧阳修并称"欧苏"，其文学观点与欧阳修一脉相承又有拓展和推进，他在《答王庠书》中指责"儒者之病，多空文而少实用"，主张"文章以华采为末而以体用为本"，诗要"有为"。同欧阳修相比，他更强调文学的独创性、表现力和艺术价值。既强调"有为而作"，又崇尚自然，摆脱束缚，"出新意于法度之中，寄妙理于豪放之外"。他认为作文应达到"如行云流水，初无定质，但常行于所当行，常止于所不可不止。文理自然，姿态横生"的艺术境界。在唐宋八大家中，苏轼与韩愈、柳宗元和欧阳修三家并称，甚至被后世认为是堪居首位、独占鳌头的；从诗歌看，苏轼最大的贡献是为宋诗在唐诗之后的发展开辟了新的道路。叶燮《原诗》云："苏轼之诗，其境界皆开辟古今之所未有，天地万物，嬉笑怒骂，无不鼓舞于笔端。"赵翼《瓯北诗话》说："以文为诗，自昌黎始，至东坡益大放厥词，别开生面，成一代之大观。……尤其不可及者，天生健笔一枝，爽如哀梨，快为并剪，有必达之隐，无难显之情，此所以继李、杜后为一大家也，而其不如李、杜处亦在此。"苏诗是否堪当与李白、杜甫比肩的又一位大家？赵翼只是一家之言，但苏诗在宋诗中为第一大家，遍观宋诗，还真是无人能出其右。而我独钟苏诗的一个重要原因，就是《宋史》中说出的那个理由，他"以诗托讽，庶几有补于国"，这又是李、杜所没有的贡献了，至少李、杜在这方面没有苏诗那样突出；如果说诗至盛唐，已至巅峰，而词至北宋，亦至巅峰。苏轼就是这个巅峰上的词人。从北宋诗文革新的意义上看，他是继范仲淹、欧阳修之后又一位开拓者，将北宋诗文革新运动的精神扩大到词的领域，扫除了晚唐五代以来的传统词风，开创了与婉约派并立的豪放派，而其中最大的一个贡献，就是他冲破了"诗庄词媚"的界限，对词的革新和发展做出了重大贡献。但也不能把开创的首功归于他，在我现有的阅读范围内，在北宋诗文革新运动中，第一个冲破"诗庄词媚"界限的是范仲淹，但从对后世产生的影响看，又必须承认，他在宋词革新中的影响力是巨大的。从创作实践上看，苏词现存三百四十多首，从风格上看大致可分三类：豪放风格；旷达风格；婉约风格。每一种风格他都有代表作，他一生留下了太多的传世名篇、千古绝唱，不胜枚举，为节省篇幅，这里就不展开了。刘辰翁在《辛稼轩词序》中说："词至东坡，倾荡磊落，如诗，如文，如天地奇观。"北宋苏东坡，南宋辛弃疾，是宋词的两座巅峰，他们也因此而并称"苏辛"。

除了在文学史上的伟大贡献，苏轼也是书画上的艺术大家。苏氏三父子都是大书家，但最突出的还是苏轼。在书法上，苏轼曾遍学晋、唐、五代名家，得力于王僧虔、李邕、徐浩、颜真卿、杨凝式，又以"自出新意，不践古人"而别开生面，自成一家，尤擅行、楷。他的书法，还真不是他恩师欧阳修那样的"文人书法"，在北宋书法家中也是独树一帜的大家，与黄庭坚、米芾、蔡襄并称"宋四家"。而"苏门四学士"之首的黄庭坚更是推崇自己的这位恩师："本朝善书者，自当推为第一。"黄庭坚把苏轼的书法推为本朝第一，这里边虽不排除有师恩之情，却也被后世普遍接受。苏轼在绘画上也是当世与后世公认的大家，他尤善画墨竹，除了墨竹，亦善作灵性而奇崛的枯木怪石。他不但是创作实践者，在书画理论上也均有卓见，尤以画论对后世的影响深远，如他提出"论画以形似，见与儿童邻"，反对形似，反对程式束缚，力主在形似之外更重视神似，画外有情，画有寄托，高度评价"诗中有画，画中有诗"的艺术造诣，提倡"诗画本一律，天工与清新"，并明确提出"士人画"的概念等，为后世文人画的发展奠定了理论基础。

在一个俊才辈出的文治盛世，苏轼拥有北宋时代最伟大的脑子，他在诗、文、词、书、画、修心、悟道、自然辟谷等方面均取得了登峰造极的成就，这是一个无与伦比的人，是中国历史上无与伦比的文学和艺术天才，一个无所不能又无不达到极致的全能型通才。对这个太全面、太完美的人你不知怎么形容他才好，后代文人称其为"坡仙""诗神""词圣"等。当代著名学者郭绍虞就从文学史的角度肯定了苏氏三父子占据了唐宋散文八大家中三个大家的地位，而无论在三苏还是唐宋八大家中，苏轼堪称"千古一人，罕见其匹"。

如果说他一生的命运就是一个大悲咒，那个时代对他有太多的不公，但上苍又对他特别垂青，让他成了一个文学艺术的神话创造者，他一辈子做着神仙也不可能做到的事情。

苏 辙

被颠覆的寓言

对苏辙的命名,其父苏洵在《名二子说》中也有一番颇费心机的交代:"辙,天下之车莫不由辙。而言车之功,辙不与焉。虽然,车仆马毙,而患亦不及辙。是辙者善处乎祸福之间也。辙乎,吾知免矣。"后世又从命名上对他的命运进行了一番解读和演绎:苏辙之辙,是轮与轨相互作用的一种必然结果——车轮碾过的痕迹,既能承受沉重的压力,又不太引人注意,这正好暗合了苏辙的性格,他一辈子谦卑、低调、循规蹈矩,从不张扬外露。这是一种望文生义的解读,也是一个关于轮与轨的寓言或预言,有宿命的意味,对后世影响深远。苏辙的历史形象,就这样被预言了,甚至被设定了。然而,从苏辙的一生看,这是一个被颠覆的寓言,他的一生就在一次次的颠覆中完成。

一、一个逆光的侧影

对苏辙,千百年来一直有一种观点,由于其兄长苏轼的光芒过于耀眼,以致他一直处于被遮掩、被忽视的状态。

从一幅传世的绘像来看,这样的遮掩或忽视又是真实存在的。那是一幅落款为"权眉州直牧冯会绘"的三苏图,正面的两个人,一个是头裹儒巾、白须飘拂到胸前的苏洵,一个一身官服、长着一脸茂盛黑须的苏轼，而那个仅仅比苏轼小两岁的小弟苏辙，却是在两个大人跟前毕恭毕敬地站着的一个孩子，而且是一个逆光的侧影，他一手捧着书卷，仰望着面前两个大人，像在恭听父兄的指教，又像在虚心请教。那尖削的下巴和浑圆的脸庞，充满了孩子气，而他的头巾，也是小孩子的。那两个比他高出一头的大人呢，一个扬起头，一个俯视着他。

冯会是清代一个善画人物、仕女和佛像的画家，所画均称神品。他也是一个士人，曾宦游四川，他自署"权眉州直牧"，就是三苏故里眉州的父母官，只不过是代理的。一个人去了三苏故里，不能不去拜访三苏的故居，对三苏的生平事迹应该多少是有些了解的，却不知他出于何种心理，为何要把那仅有两岁之差的兄弟俩描绘出如此大的反差，看上去苏轼绝对不止比苏辙大两岁，而是二十岁。这里边可能还真有对苏辙这个小兄弟下意识的忽视，而下意识的也就是根深蒂固的。又岂止是一个冯会，从历代的三苏图，到如今三苏园里三苏的雕像，几乎是这副模样，这般姿态。苏辙的存在，仿佛就是为了衬托那两个大人的高大形象。

必须避开这幅绘像，才有可能对这个历史人物有更接近真相的描述。

苏辙，字子由，生于宋仁宗宝元二年二月二十日（1039年3月18日）。

追溯此人平生，在而立之前，他与苏轼的人生轨迹几乎是重叠的，至少是平行的。这里不妨直接越过他的少年时代，从他十七岁迈出人生关键的一步开始。宋仁宗嘉祐元年（1056年），苏洵领着苏轼、苏辙远赴京师去拜见翰林学士欧阳修，也为来年的大比提前做准备。第一次走进京师，那器宇轩昂、龙鳞闪亮的皇城，在十九岁的兄长苏轼眼里，似乎没有太多的感觉，至少在苏轼的诗文中只是一笔带过，而在一个十七岁的少年眼里，仿佛在张望的一瞬间里，就被那辉煌的天子宫阙震撼了！苏辙在《上枢密韩太尉书》中惊叹不已地描述："至京师，仰观天子宫阙之壮，与仓廪府库、城池苑囿之富且大也，而后知天下之巨丽！"如果说这是本能的震撼，也显示出了兄弟俩不同的性格，作为兄长的苏轼或许也有震撼，或许也不在乎，但至少显得要比老弟苏辙沉稳内敛一些,恰好是苏辙的性格有些张扬显露。如果过度诠释一下，以天子宫阙为居庙堂之高的象征，苏辙对功名与地位的憧憬，似乎也比乃兄要强烈一些。

第二年，十八岁的苏辙与二十岁的兄长苏轼一起参加了由欧阳修担任主考的进士考试，兄弟俩一起金榜题名，而兄长苏轼要比老弟苏辙的名次高出许多，差一点就中了状元。这里就不说兄弟俩在京师造成的轰动效应了。由于母亲程夫人去世，他们一同返归故里，丁忧守制。四年之后的嘉祐六年（1061年），丁忧返京的兄弟俩又一同参加了由天子御试的制科考试，这一次兄弟俩的距离拉得更大了，苏轼入第三等，为"百年第一"，比中状元难多了，而苏辙被列为下等。其原因，只是他直言时政得失，得罪了当道，甚至可能直接冒犯了仁宗皇帝。从这件事上看，他又有些张扬外露了。

由于被列为制科下等，苏辙仅被授以商州军事推官，他嫌位卑官小，以"奏乞养亲"而辞职不去。这里边既有强烈的失落感，却也表现出了他性格上既不低调又不圆通的倔强性格，更不用说什么循规蹈矩了。从承受压力方面，他显然还欠火候；从引人注意方面，他显露出出人头地的强烈愿望。如此，通过一系列的历史事实推论，基本上可以把苏辙名字的含义以及由此而产生的望文生义的性格、命运的说法推翻了，这不是我这个历史的追记和追问者推翻的，而是苏辙自己推翻的。

紧接着还有更有力的证据。苏辙一方面以"奏乞养亲"而不去当那个商州军事推官，却又不想放弃自己的仕途前程，在左思右想之后，他决定给当时的朝廷重臣韩琦写一封信。在苏辙的一生中，这是一件载入史册的大事。而他这封信，后来也成为苏辙最负盛名的、堪称"绝妙奇文"的一篇书信体散文代表作——《上枢密韩太尉书》。韩琦是当时位尊权重的枢密使，苏洵一辈子做过的那个九品官儿（文安主簿）就是经韩琦推荐、被朝廷破格任命的。苏辙从父亲那里学到了这一妙招，也就是给权贵名流写信，以期能得到发现和赏识。这也是在没有机会的情况下自己创造机会，虽然大多数的上书如泥牛入海，希望极其渺茫，但总比无所作为好，茫茫人海中，总有那么一两个独具慧眼的贵人存在，碰到了就碰到了，万一碰不到呢，求官不到秀才在。又据说，苏辙这次给韩琦上书，就是他父亲苏洵给这小子支的招儿。

瞄准了一个人，给他写封信并不难，难的是如何把一封信写到让这个人心动的程度，还要充分展示自己是一个人才，甚至是一个不可多得的人才才好。韩琦虽不是欧阳修那样的千古伯乐，在爱惜人才上也是誉满朝野的。如果能得到韩大人的赏识和推荐，在仕途上给自己铺一条路，他这辈子就可以少走许多弯路了。这就是苏辙的真实意图，非常明确，但他又不能开门见山、非常明确地说出自己的真实意图。在这方面，苏辙还真是动了脑筋，发挥了水平，他先从自己做文章的心得说起，又考虑到做文章的道理说起来过于干瘪、枯燥，会使韩大人生厌，他必须写得特别生动、有文采，但又不能故意卖弄。想来想去，他还真是有神来之笔，先从为文如何养气入手，在他看来，养气有两种途径：一是如孟子那样，以修身而使刚正之气充溢于胸；二是像司马迁那样以仗剑远游而从山川、豪杰那里积养疏宕奇谲之气。而他在文中表示自己尤其看重后者，于是由古人推及自己，畅论天下奇闻壮观之于文气积养的作用，而天下奇观既指自然景观，又指古今豪杰，而他所强调的又在后者，走笔至此，他自然而然地从对恩师欧阳修的赞美转移到了对韩枢密的景仰，一篇最尴尬、最难做的文章，终于被他做出来了，既达到了拍马屁的目的，却又不显得阿谀奉承、低声下气。对这篇文章，清人吴楚材赞不绝口（见《古文观止》）："意只是欲求见太守，以尽天下之大观，以激发其志气，却以得见欧阳公，引起求见太尉；以历见名山大川京华人物，引起得见欧阳公；以作文养气，引起历见名山大川京华人物。注意在此，而立言在彼，绝妙奇文。"

这一篇"绝妙奇文"，让苏辙获得了极大的名声，也被后世公认为苏辙散文的代表作，但从其本意效果看，却又似乎没有太多的实际意义。翻检苏辙的年谱，他依然是从一个位卑官小的推官开始步入仕途的，凡进士及第，也只能从最底层、最卑微的小官做起，但也不是没有作用，从商州军事推官换成了大名府推官，这当是苏辙平生担任的第一个官职。但没过多久，他父亲苏洵又在京师逝世，兄弟俩扶柩归蜀，又一次回家丁忧守制。从进士及第到此时，兄弟俩已因父母亲的去世而耽误了六年的仕途前程，这也是他们的黄金岁月。

二、被颠覆的寓言

直到宋神宗熙宁元年（1068年），兄弟俩才回到京师，此时苏辙已奔三十了，但在仕途上一直没有太多的起色，不过王安石给了他一个机会，让他担任了制置三司条例司属官。

推官、属官，都是幕僚一类的小官，但这一次的政治地位不同了，官小衙门大，进中央机关了。说到这个"制置三司条例司"，又是非同一般的中央机关，熙宁二年（1069年）二月，王安石在担任参知政事的同时便创建了这个机构，这个人既有非同一般的政治智慧，对于权力又有超强的驾驭能力。变法以前，宰相和枢密使，一个是最高行政长官，一个是最高军事长官，但这两大军政官都没有财政权，还不得与闻财政大计，致使兵、财、民三权脱节，难以集中力量办大事。为改变这种情况，王安石考虑的首要问题就是如何将权力高度集中在自己的掌控之中，随之便成立了这个"经画邦计，议变旧法，以通天下之利"的决策机构，甚至相当于一个改革变法的总指挥部，其权力之大几乎凌驾于二府之上。在这个机构里，也集中安置了王安石信任和器重的改革派精英，很多都是他的心腹。苏辙能进入这一机构，应该对王安石充满感激。很多人都知道，苏辙的父亲苏洵是骂过王安石的，还写过一篇《辨奸论》含沙射影地指斥王安石是奸邪。若是王安石计较，能让那苏老泉的儿子进这样的心腹要害部门？

但王安石不计较，苏辙却计较起来了，他被王安石安置在了这样一个心腹部门，却不是王安石的心腹，他进了一个要害部门，却也不知要害。一句话，他和他兄长苏轼一样，一下就站在了王安石的对立面，反对王安石变法，而且是面对面的反对。他虽是一个小小的幕僚，但进入了王安石掌控的核心机关，这让他有机会当着王安石的面，说出自己的观点，指出青苗法的可怕隐患："以钱贷民，使出息二分，本以救民，非为利也；然出纳之际，吏缘为奸，虽有法不能禁；钱入民手，虽良民不免妄用；及其纳钱，虽富民不免逾限。如此，则恐鞭棰必用，州县之事不胜烦矣。唐刘晏掌国计，未尝有所假贷，有尤之者。"他援引唐朝财政官员刘晏话说："使民侥幸得钱，非国之福；使吏倚法督责，非民之便。吾虽未尝假贷，而四方丰凶贵贱，知之未尝逾时。有贱必籴，有贵必粜，以此四方无甚贵甚贱之病，安用贷为？"他还真是有很强的思辨能力和逻辑推理能力，一步一步地推出了他的结论："晏之所言，则常平法耳。今此法见在而患不修，公诚能有意于民，举而行之，则晏之功可立俟也！"

这个在王安石面前的苏辙，和那个"上枢密韩太尉书"的苏辙，几乎判若两人了。而王安石一直用他那白多黑少的眼睛瞅着他，苏洵骂他是个奸邪，他这奸邪还真是上了相的，又加之他哪怕在笑呢，一张脸也是铁青色，看上去有点恐怖。好在苏辙这小子最后还说了句乖话，"公诚能有意于民"，意思是，您老人家的心还是好的，是诚心想给老百姓做好事，王安石的脸色看上去才好转了一点。又从当时的情境看，像苏辙这样一个小幕僚，敢在高居宰辅的王安石面前直接指责新法，说明北宋的政治环境还是相当宽松的，一个文治盛世，还真是给了后世这样的想象空间。换个角度，又从苏辙本身看，他这样一番话，又颠覆了我此前对他的印象，看来，他也并非一个一味追求功名的钻营之徒，在政治立场上，他也是有原则的，甚至可以用信仰、信念坚定来形容。

苏辙当着王安石的面抨击新法，这应该是他一生中载入史册的第二件大事。

除了当面指责，他和苏轼一样，也屡次上书宋神宗，力陈法不可变。而王安石至少从表面上看，还不是那种心胸狭隘、小肚鸡肠之辈，对苏辙的指责也好，抨击也罢，他这个宰相还真是宽容大度，只是嗯嗯搪塞了一句："君言诚有理，当徐思之。"

如果苏辙真的觉得王安石会对变法重新思考，那就未免太天真了，为了这一场划时代的改革变法，王安石至少思考了二十年，可以说是深思熟虑了，早已认准了，只是一直没有找到推行的机会，如今终于有了这样一个千载难逢的机会，他怎么会"当徐思之"呢，从那副比铁还刚毅的脸孔看，他将以开天辟地般的气魄和豁出了性命的姿态去推行新法，实施他富国强兵的帝国梦。在王安石伟大的梦想面前，苏辙却不自量力，他见到了王安石本人就劝阻，见不到他时又上书。为阻止王安石变法，他连吃奶的劲儿都使出来了，结果很简单，历史以这样一句话就交代了："于是出为河南留守推官。"

从苏辙在王安石面前的表现来看，他虽不像苏轼那样豪放不羁，却也绝对不是那种谨小慎微之辈，他也是一个有棱角、有胆识、敢于犯上直谏的士人，其指责新法的锋芒毕露、慷慨激烈，比其兄长苏轼有过之而不无不及。又想到此前人们从苏氏兄弟的名字上对他们的性格、命运作比较，以及由此演绎的寓言或预言，至少从这时看，已经是一个被颠覆的寓言，接踵而来的自然是被颠覆的命运。又，如果一定要强调苏辙之"辙"是一个轮与轨的寓言，他的循规蹈矩也应该是孔夫子所谓的"从心所欲不逾矩"，一旦发现自己所遵循的规矩被动摇了，他就会站出来维护自己所笃信的规矩。

三十岁的苏辙，用了近十年的时间兜了一个圈子，又转回了他入仕的起点，从一个中央要害部门的属官，再次回到了一个地方的推官位置上。严格地说，这也不算是贬谪，以他官位品秩之低微，他也无官可贬，只能说是从中央机关下基层去锻炼吧。其时，恰逢他们苏家的恩公张方平贬知陈州。张方平以性格豪迈刚正、立场无所阿附而著称。在贬谪之前，他也曾官拜参政知事，由于他坚决反对任用王安石、反对王安石新法，在王安石上去后，他也就必须下来了。在反对王安石变法上，他虽说没有司马光那样闻名，却也是最坚定的反对派之一。对于苏氏三父子，无论是苏洵、苏轼和苏辙，他都给予过提携和关照，而这次被贬为河南留守推官的苏辙，又在张方平的关照下，"辟为教授"。"教授"一词，始于宋代，隋唐以前，地方教育都是由各级地方行政长官兼管，宋代则设置了专门管理教育的地方行政机构，并配备专门官员，又在州县官学设立学官或教官，这些学官、教官便称为"教授"。

这种教授,既是官学的管理者,也是教师,还是地方州、县长官的属吏。苏辙被张方平"辟为教授",也就成了张方平分管陈州官学的属吏了。

看苏辙"出为河南留守推官"后的一段生平事迹,从熙宁五年(1072年)到元丰二年(1079年),在长达七年的时间里没有详载,只知苏辙在这些年里一直追随张方平,张方平走到哪里,他也跟到哪里,历任陈州教授、南京判官等职。

宋神宗元丰二年(1079年),对于苏家是灾难性的一年,苏轼因"乌台诗案"而被捕入狱,为了营救兄长,苏辙上书,请求以自己的官职为兄赎罪,不准。他又上书,请求"效法缇萦",代兄受刑,替哥哥坐牢,依然不准。又相传,他烹制了哥哥最爱吃的五柳鱼(后称"东坡鱼"),去狱中送饭。但御史台狱壁垒森严,兄弟俩不能见面,只能请狱卒转递,又由于耳目繁杂,苏辙不能说这是他送的,苏轼也不知道这顿饭是老弟送的,还见鱼大惊,以为死期将至,这是行刑之前的最后一顿饭。事实上,他也早已做好了必死的准备,曾写了一首《狱中示子由》的绝命诗:"是处青山可埋骨,他年夜雨独伤神。与君世世为兄弟,更结人间未了因。"

苏轼最终逃脱一命,那一首写给苏辙的绝命诗最终变成了千古绝唱,如果说他追忆亡妻王弗的《江城子·记梦》堪称千古第一的悼亡词,这首《狱中示子由》则是千古第一的抒写兄弟手足之情的诗篇。他们既是同胞兄弟,又堪亦师亦友,苏辙曾深情地说:"抚我则兄,诲我则师。"而苏轼则说:"岂独为吾弟,要是贤友生。"而在经历了一场生死大难后,苏轼被贬湖北黄州任团练副使,苏辙因为营救兄长而牵连被贬,这一次是真正地被贬为监筠州盐酒税了。

北宋的筠州,也就是如今的江西鄱阳湖流域的高安县,除了鄱阳湖,还有筠河、锦江等河流,是个水网密织、洪水泛滥之地。苏辙还未到达任所,就遭遇了一场大雨,泛滥的筠河冲毁了筠州南城,连刺史府门也被冲坏了。盐酒税的房舍正好俯临锦江之滨,洪灾更严重。他赶到住所时,那破旧不堪的房舍风雨飘摇,又面临洪水的威胁,根本无法安身。他向州府报告,才借到部使者(北宋官名,掌管督察州郡的官员)

的房子暂时栖身。这房子也破旧不堪了,他撑起倾斜的墙体,又把塌了的地方补好,将听事堂东面的一线长廊辟成房舍,种上了两株杉树和上百棵竹子,将这房子命名为东轩,还做了一篇《东轩记》,这也是他的传世散文名篇之一。所谓监盐酒税,也就是一个在市场上管理盐酒鱼肉买卖、征收税费一类的小官,在苏辙来之前,原本有三名小吏一起做事,但他来后,其中两人都被免职了,所有事务全由他一个人干。据他在《东轩记》中的描述,每天,他坐守在市场上,或卖盐沽酒,或收猪、鱼交易的税,为尺寸的小利,时常与市场上的买卖人争执,天黑了回来,筋疲力尽,昏然睡去,第二天早上天亮了都不知道,而天一亮又得出去干事了,"无一日之休"。这样的生活,让他理解了颜回为什么甘于贫贱,让他看穿了那所谓的财富、权势,而他现在最想过的日子,就是回归故乡,去管理先辈遗留的破旧房舍产业,享受颜回那箪食瓢饮之乐。然而,他知道,哪怕这样的生活,对于他这样一个贬官,也只是一种奢望了。

苏辙的这一篇文章,这样的一种心态,说到底又没有太多的新意,更没有什么深蕴的人生哲理内涵。几乎所有政治失意、遭遇贬逐的士人、士大夫,在现实之路走到山穷水尽之后,无一例外地,都会以这样的方式在内心寻找一条精神上的出路,或一条心灵之路,而一旦峰回路转,他们立马又会奔向现实中的那条路……

三、光荣与耻辱

在苏辙被贬筠州六年之后,那条现实中的出路终于在苏辙面前出现了。

那是元丰八年(1085年),随着三十七岁的宋神宗驾崩,年仅九岁的宋哲宗即位后,太皇太后高氏(宣仁太后)临朝执政,苏氏兄弟又一同出现了命运的转机,而且是他们一生中最辉煌的转机。而在这转机的背后,是一个帝国的转身,又转回了宋仁宗的那条老路上了,高太后起用保守派大臣司马光、吕公著、文彦博和范仲淹之子范纯仁等,

"以复祖宗法度为先务,尽行仁宗之政",废除了宋神宗和王安石推行的新法,史称"元祐更化",实为一场彻头彻尾的政治复辟。

司马光穷其一生编撰《资治通鉴》,几乎把政治吃透了,自然很有政治策略,拜相之后,他立马就向太皇太后举荐了一批自己信得过、靠得住的官员进入台谏系统,苏辙就是其中之一。在全面废除新法的同时,司马光又通过台谏弹劾的方式,将王安石的余党逐出朝廷,一个帝国的政权很快就被卷土重来的保守派(元祐党人)牢牢掌控。

苏辙于元丰八年奉诏还朝,从落叶萧萧的深秋,走过风雪弥漫的冬天,抵达京师时,已是元祐元年(1086年)二月。早春二月,冰消雪化,他人生中那个漫长而冷酷的冬天也终于走到了尽头。但由于他官位品秩太低,仅被授以秘书省校书郎,此官的品秩相当于县尉,是个比芝麻官还小的小官。此时苏辙已年届四十六岁,从筠州辗转回到京师时,那一张蒙着灰尘的面孔,看上去又老又脏,脖子上的皮肉已经松弛,头发胡子像霜打过的苇絮。看来那贬官生涯,还真是一种把人变成鬼的苦役和折磨,尤其是他这种一贬到底的贬官。回首平生,唏嘘不已。他十八岁就金榜题名,二十二岁又参加天子御试的制科而步入仕途,曾被仁宗皇帝在内心里赞叹为日后的太平宰相,没承想经历了二十余年的蹉跎岁月,在仁宗驾崩后又经历了英宗、神宗、哲宗三朝天子,他却依然还在原地踏步,若从官场仕途看,他也算是那种最没有出息、最失败的士人了。他兄长苏轼虽说经历了九死一生的大难,却也早已历典数州,五品官服不知换过多少身了。

不过,这一次,他飞黄腾达的官运还真是来了,未及国门(京师城门),就改授右司谏,正七品。司谏自是谏官,掌讽谕规谏,凡朝廷阙失,大事廷诤,小事论奏。苏辙此时还哪有心思去思颜回之乐了,他几乎是全身心地拥抱着这个帝国,全身心地扑在了国事上。在任右司谏不到一年的时间里,他的脑子和手中的羊毫笔几乎没有停下来过,一篇奏章刚刚递上朝廷,紧接着又是一篇,据不完全统计,这数月之间他一共上了七十多篇奏章,而他老兄苏轼在同一时期所上奏章为二十篇,还不到他的三分之一。苏辙所上奏章不但多,而且质量高,对当时的重大政治问题，他的奏章几乎都囊括了，大多数都被采纳，随之便转化为政策，予以实施，后世有人称，元祐之政，实为苏辙之政。

而此时，兄弟俩在政见上出现了明显的裂缝，对司马光不看实际效果、不问青红皂白地尽废新法，苏轼挺身而出，义正词严地反对，他认为对那些实施效果很好的新法应该坚持，绝不能废除。苏辙则认为新法造成"民力困弊，海内愁怨"，对那些支持变法的大臣小臣，他认为"均皆有罪"，在如何处置这些罪臣方面，他主张"大臣诚退，则小臣非建议造事之人可一切不治，使得革面从君，竭力自效，以洗前恶"。对蔡确、韩缜、章惇等"首恶"，他就铁面无情了，在清除政敌方面，他和那些变法党人一样，也表现出了可怕的一面，尽管他此时并非直接掌握权力的权势者，但他那些欲将变法派斩草除根的奏章，每一篇都杀气腾腾。他第一状就告倒了宰相蔡确，接下来，他又一论章惇、再论安焘、三乞诛窜（或杀，或流放）吕惠卿、四论蔡京。他指责时任宰相的韩缜为枢密使时，"建修城养马之议，迷国误朝与确均，而不学无术去确远甚"。其意思是，韩缜在"迷国误朝"上与蔡确具有同等的罪责，但其才能方面又远不如蔡确。他又指责韩缜与契丹议定边界时竟收受契丹国的贿赂，出卖了七百里的国土，"举祖宗七百里之地以资寇仇"，韩缜为政卑鄙之极，为官残暴无比，在知秦州时竟以铁裹杖敲杀人，秦人有"宁逢乳虎，莫逢玉汝"之语，韩缜的残暴超过了哺乳期的母老虎，为此，他连续八次上书，请求朝廷严惩韩缜。而在苏辙担任右司谏两个月后，韩缜便于元祐元年（1086年）四月罢相。

苏辙在《乞诛窜吕惠卿状》中也历数"吕惠卿赋性凶邪、罪恶山积"，自熙宁以来几乎所有的新法"皆出于惠卿之手"，又"兴起大狱，以恐胁士人""排击忠良，引用邪党"，变法之罪，"惠卿之力十居八九"，罪大恶极。苏辙没有找到吕惠卿的卖国罪，但也指责了他祸国殃民的大罪"西戎无变，妄奏警急，擅领大众涉入虏境"，意思是吕惠卿在边境安宁时主动向西夏发起了侵略战争，让大宋帝国从此不得安宁，"自是戎人叛怨，边鄙骚动，河陇困竭，海内疲劳"。而吕惠卿为人更加阴狠险毒，王安石对"惠卿有卵翼之恩，有父师之义"，但吕惠卿在得势之后，对王安石"反眼相噬,化为仇敌",以致"发其私书""必致死地",真是连猪狗也不如,"此犬彘之所不为"。苏辙主张对这样的人应予以诛杀,如不杀也该流放。结果,吕惠卿被贬为建宁军节度副使。

接下来就轮到那个几乎与苏氏兄弟斗了一生的章惇了。这个章惇虽说将苏氏兄弟一贬再贬,但在"乌台诗案"中也曾营救过苏轼,苏辙或是多少念及他这一点恩德,也就显得宽容一些,只是上章请求罢黜章惇的枢密使。除了上述这些罪臣,在新党中还有一个更滑头的蔡京。变法派主政时,他以雷厉风行的方式推行新法而深受变法派青睐,当司马光主政后,蔡京权知开封府,在五天之内又雷厉风行地执行司马光的政策,督迫京畿各县废止新法,并全部恢复了变法之前的差役法。司马光对这个从变法派摇身一变的保守派刮目相看了:"使人人奉法如君,何不可行之有!"但苏辙还真是具有政治智慧,他一眼就看出了蔡京这种急转弯带来的另一种后果:"故意扰民,以坏成法。"于是,他又奏请《乞罢蔡京开封府状》说:"今者方欲推行差役旧法,王畿之政为天下表仪,而使怀私之人窃据首善之地,四方瞻望,何所取法?乞赐指挥先罢京开封府。"结果是,蔡京被罢免了开封知府,除知真定府。

由于苏辙的政治立场坚定,在"元祐更化"的第一年里为废除新法、清除变法党人起到了开山斧的作用,他扮演的这个角色还真像司马光的一把开山斧,而且是人不挥而自舞,刀锋所指,其锋芒咄咄逼人,荆棘草芥一扫而光。这是载入他人生史册的第三件大事。谁又能说这个人像他的名字一样,是个不张扬、不显露、不太引人注意的人呢?朝野上下都为之而瞩目,那些变法派的大小官吏们都为之而胆战。而此时,在那些变法党人遭到全面清洗之后,政权上已经出现了大量的空位,朝廷急于用人,而苏辙又是最急需的人才,于是,他在短短的几年里,开始创造官场上超升的奇迹。同年十一月,他由右司谏进为起居郎、中书舍人,一年后"除户部侍郎",相当于财政部副部长,至少也是正三品,元祐四年(1089年)擢翰林学士、知制诰,随后又"权吏部尚书"。吏部尚书为朝廷六部尚书之首,被称为天官、太宰、大冢宰,掌管全国官吏的任免、考核、升降、调动、奖掖封勋等事务,相当于现在的中央组织部部长、国家人事部部长。他这个尚书虽是代理的,却也是位高权重,离宰执大臣仅有一步之遥了。

在短短的三四年里,苏辙就从一个犯了严重政治错误的"科级干部"一跃而为中央最重要的"部长",宋朝士人的提拔和超升速度之快,还真是令人叹为观止。而此时,朝廷仿佛在比赛提拔这苏家兄弟俩,不过,老兄苏轼这次比他慢了一步,还只是超升为翰林学士知制诰,官拜三品,这辈子估计也难以赶上他这个小弟了,而且很快又要遭受贬谪了。

在"元祐更化"期间,苏辙不仅在内政上发挥了不是宰相、胜似宰相的作用,在外交上也扮演着重要角色。就在擢翰林学士、权吏部尚书后不久,苏辙便奉命作为国使,代表朝廷出使契丹,去祝贺契丹皇帝生辰。这是载入他人生史册的第四件大事。

北宋与契丹虽有过交恶,但自宋真宗景德元年十二月(1005年1月)订立澶渊之盟、结为兄弟之国后,八十多年来未起兵戈,一直是唇齿相依的友好邻邦,大宋帝国更多是在外交上施展其大国风度和怀柔之策,苏辙此行可谓任重而道远,路漫漫其修远兮,虽然很多历史没有记载的细节,但都被他以诗的方式保存下来了。当他跨过宋辽国界线、古北口长城要塞时,赋《古北口道中呈同事二首》:"日暖山溪冬未雪,寒生胡月夜无云。明朝对饮思乡岭,夷汉封疆自此分。"在经过杨业庙时,他对当年的故国如今已为异国而惆怅不已。杨业也就是历史上和古戏曲中那个威震敌胆的杨令公,那庙中的塑像身披铠甲,头戴战盔,一副随时准备披挂上阵的临战姿态。此人号称"杨无敌",在北宋初年收复燕云的战争中,他曾大破契丹军于雁门关,后为契丹所擒,绝食而死。他的气节不但让国人敬仰,也让他生前的敌人崇敬。苏辙在《过杨无敌庙》中抒写这位民族英雄:"驰驱本为中原用,尝享能令异域尊。"

一出燕山,同繁华富庶的宋境相比,契丹境内荒芜连天,而他们走过的许多地方,几乎草木不生。苏辙此行,不仅抵达了辽上京临潢府(今内蒙古巴林右旗境内),还不辞辛劳地访问了辽中京大定府(今内蒙古宁城县境内)、南京析津府(今北京)和契丹人的祖山木叶山(今内蒙古翁牛特旗的海金山),这渺远无涯的漠北大荒,万里绝域,让一个来自中原的士人眼界大开,也感到了"寄蜉蝣于天地,渺沧海之一粟"的深深怅惘。这是他兄长苏轼在《前赤壁赋》中的感叹,也是他此时的真实心境。他也是一个诗人,走到哪里就把诗写到那里。从他传世的诗篇看,他对这异域的土地没有丝毫征伐的野心,也远离了唐人边塞诗中的那种强硬而血性的悲怆,只有对异域风土人情情真意切的描写,舒展开来的是纯粹而淡远的意境。这应该是从唐诗到宋诗的一个变化,同那些刀光剑影、马革裹尸的唐代边塞诗相比,宋人对这些异域的存在则更多地表现出了温情和内敛。这也清楚地表明了苏辙对故国山河沉沦于夷人之手的惆怅与遗憾,但他又是一个纯粹的和平主义者。他所抒写的其实是另一类边塞诗,但被中国文学史有意或无意地忽略了。

当苏辙走进驿馆,一抬头就看到了墙壁上挂着苏轼的诗文。许多人听说这次来的大宋国使就是苏东坡的兄弟,纷纷向他打听苏轼的消息。苏辙自然知道兄长的名声有多大,却未曾想到这名声已远播异域。他当即写了四首绝句寄给兄长,其一曰:"谁将家集过幽都?逢见胡人问大苏。莫把文章动蛮貊,恐妨谈笑卧江湖。"如果说苏轼的诗让苏辙看到了文化的力量,他回国时则又一次深切地感受到了和平的力量。契丹人依依不舍,把宋朝的使者送了一程又一程,一直送到了两国的边界桑干河畔,才像久别重逢又将分别的兄弟一样含泪话别。苏辙在《渡桑干》一诗中深情地写道:"胡人送客不忍去,久安和好依中原。年年相送桑干上,欲话白沟一惆怅。"

苏辙出使契丹还朝后,又上奏《北使还论北边事札子》六篇,详细描述了他在契丹的见闻,这对宋朝了解契丹的国情大有裨益。他之所以在此次出使中看了契丹那么多地方,无疑也有了解契丹国情的用意。他还提出了在宋辽外交关系中应该注意的不少问题,感到在保守国家机密上尤其要注意,如他发现,"本朝印本文字多已流传在彼(契丹人手中),其间臣僚章疏及士子策论,言及朝廷得失、军国利害,盖不为少",为防泄露国家机密,他主张要高度警觉和加强管制。另外,宋王朝对使臣防范甚严,并派遣亲从随官进行监视,对此,他没有异议,但他认为这些"亲从官多市井小人,差遣入国,自谓得以伺察上下;入界之后,恣情妄作,都辖以下,望风畏避,不敢谁何。虽于副使,亦多謇傲。夷狄窥见,于体不便"。因此,他郑重建议:"选差使副,责任不轻,不须旁令小人更加伺察。"

但这次不辱使命的出使,并未让苏辙立马超升到宰执大臣,也没有让他当上正式的吏部尚书,元祐六年(1091年),拜御史中丞,总执台纲,也就是御史台长官,实为国家最高监察机构的长官。虽没有升官,但依然是重用。同年,又拜尚书右丞,进门下侍郎。在宋神宗元丰改制后,门下侍郎与尚书右仆射兼中书侍郎同为宰相,执掌朝政。这也是司马光干过的职位,而现在终于轮到苏辙了。对此,苏辙谦卑地自称"世本寒微,技止文墨。向者翱翔翰苑,才殚于书诏之间;总执台纲,力尽于议论之际。至于参陪大政,实匪其人"。谦虚归谦虚,每一个将登高位者都必然会表现一番谦虚的姿态,但他在"元祐更化"期间所表现出来的干练与政绩,也足以登上这样的高位了,对高太后"念臣嘉祐之直言(指《御试制科策》),仕亦既久;识臣建元(即元祐元年)之司谏,心则无邪。忘其鄙凡,日加亲近",他更是感恩戴德。在熬了多少年头之后,苏辙终于抵达了权力的巅峰,这也是他人生的巅峰,他不负仁宗当年的期望,终于当上了一个期待已久的"太平宰相"。

然而就在他登峰造极的时候,却干下了一件令后世匪夷所思的事情。

若要把此事厘清,还得从保守派与变法派的斗法开始,这样的斗法也体现在外交事务上。其时,东北的契丹早已从北宋的敌国变成了友好邻邦,而西北的西夏却一直是北宋的心头之患。而经略西夏是以王安石为首的变法派标榜的一大功绩,所谓经略,也就是以军事进取为主,换言之,变法派也是主战派。随着高太后临朝执政,保守派上台之后,很快就在废除新法的同时将这种以战为主的对外政策一并废止,在处理西夏事务上发生了一百八十度的转变,由主动进取转向被动防守,而力主对西夏议和的就是门下侍郎(宰相)司马光,其基本主张就是"弃地议和",竟然将王安石变法期间打下了的一大片河山(分布在今宁夏东部和陕西省北部安疆、葭芦、浮图、米脂四寨）全部归还给了西夏。说穿了就是"以土地换和平"。

苏辙在进入台谏系统之后，也一直支持这一主张。作为一个对义理极端看重的士人，苏辙也是从义理角度出发去探讨对夏关系，而对于义理的探讨一般都从正义性和是否有损于道义的角度出发。如苏辙就认为现在用所占领的西夏领地"虽吾中国之人犹知为利而不知其为义也"，意思是说，神宗朝时，在变法派的力主之下，攻占了一部分西夏的国土，而国人只知道获得了利益，却不知道这样的攻占是不义的。从这一基本立场出发，苏辙提出陕西、河东两路，民力困匮，故而"安靖则有余，举动则不足，利在绥抚，不利征伐"，从军事上看，苏辙觉得镇守西部边防的四座要塞是加重防御负担的无用之地，主张退守到神宗开拓前的边界。这实质上是对神宗和变法派在疆域上的开拓性贡献的全盘否定。

就是在这一背景下，朝廷命苏辙处理对西夏的外交事务。而西夏就没有契丹那么友善了，两国的谈判还在进行中，西夏竟突然发兵袭击泾原，一举杀掠大宋弓箭手数千人。范育、种宜等守将，在危急中修筑城堡，拼命抵抗，苏辙竟然请求罢免范育、种宜。随后，西夏又发十万余骑兵逼近通远军辖区，搞了三天大屠杀，守将请求趁他们撤退时予以追击，苏辙竟说敌军"专于所争处杀人，此非西人之罪"，意思是，若是没有土地纷争，也就没有这样的杀戮。按苏辙的逻辑，那些大肆烧杀抢掠的西夏骑兵无罪，有罪的反而是那些主张抵抗的爱国将领，是他们"辄敢生事，不守诚信"所致。为此，苏辙在高太后的支持下，压抑主战派将领，奉行不抵抗政策，但这种"以土地换和平"的政策，换来的不是和平，而是大宋帝国的屈辱，帝国版图也进一步萎缩。

那么，苏辙的兄长苏轼又是怎么看待战争与和平的呢？应该说，苏轼在这方面是更理性也更明智的，他一针见血地指出朝廷的妥协退让"意在息民，不惮屈己"，而对西夏"纳之太速，曾未一战，而厌兵欲和之意已见乎外"，致使西夏可能更加放肆。苏轼还真是一个历史上罕见的在理智上一直保持清醒的政治家，无论内政还是外交，他清醒的程度超过了为大宋帝国拓展新路的王安石，也超过了把大宋帝国扭回老路上的司马光，更超过了他的老弟苏辙，可惜，他一辈子也抵达不了主宰天下的大位，否则，王安石的新法就不会被废止，一个帝国也不会在左右之间发生这种剧烈的摇摆。大宋帝国最缺少的就是苏轼这种既充满了激情又充满了理性，既光明磊落又"敦兮其若朴，旷兮其若谷"的伟大政治家。

当然，也不能不说，这一段历史说起来过于复杂，战争与和平，罪与罚，在一个多民族的中国，历来都是一件相当难以评说的事情。苏辙的历史，以及后世对苏辙的评价，也因他在处理西夏事务上的败笔而变得复杂起来，有言辞激烈者，甚至指斥他为国贼。对此，我不予置评，我只是觉得，从苏辙的本性看，他并非一个复杂的人物，而是一个复杂时代的人物。

西夏主和是载入苏辙人生史册的第五件大事，也是苏辙一生中的一个大败笔。他在自己最辉煌的人生岁月，几乎是下意识地抒写了耻辱的一笔。

苏辙不但卷入了战争与和平的争议，也卷入了历史上著名的"回河之争"。此事，也可以说是载入他人生的第六件大事。

江河治理，或曰水利，在中国从来都是高度敏感的政治。北宋时期，是黄河决口最频繁的时期，两三年、三四年就会发生一次大决口。这让北宋中后期的治黄问题与当时的宋辽对峙、朝廷纷争交织在一起，使黄河治理和防洪受多种因素掣肘。宋仁宗景祐元年（1034年），当时苏辙还只有四五岁，黄河在潭州横陇（今河南濮阳东）决口，主流冲出故道，经今河北大名、馆陶和山东聊城、惠民等地，一路奔向山东滨县入海。这是宋代黄河的第一次大改道，改道后的黄干流史称"横陇故道"，但行河时间不长。仅仅十四年之后，庆历八年（1048年），黄河又在澶州商胡决口，和御河裹挟在一起奔流入海。所谓御河，也就是卫运河，该河形成历史悠久，秦汉时期称为清河，为黄河故道，因水清而得名，隋唐两代是大运河——永济渠的一部分，宋代称御河，元代临清到四女寺成为京杭大运河的一段，民国后始称卫运河。和黄河一样，御河也是一条悬河，是典型的复式断面蜿蜒形半地上河。黄河的这次改道，是北宋的第二次大改道，史称"商胡决口"。究其原因，除了洪患，也是当时为了实施堵口而失败所造成的。改道之后，行河十四年的横陇故道完全淤废。到皇祐三年（1051年）时，黄河又在馆陶县（今河北馆陶县）郭固决口，堵塞后河道出现改道南流的趋势。河北转运使李仲昌提议堵塞商胡北流河道，开六塔河以回复横陇故道，但遭到欧阳修的反对，他认为横陇故道已埋塞二十多年，黄河已弃的河道难以恢复。然而，回复横陇故道的建议却被朝廷采纳，结果正如欧阳修所料，就在开六塔河引黄河水入横陇故道的当晚，由于水流宣泄不及而决口，河北数千里地一片汪洋，老百姓死伤无数，横陇故道的回复以失败而告终。

九年之后，嘉祐五年（1060年），黄河在大名府魏县第六埽决口，河水一分为二，宋人将原来的商胡河称为"北流"，新冲出的岔流则为"东流"，从此形成了"二股河"入海的奇特景象。黄河分成北流和东流后，黄河的灾难也变成了双重的灾难，一边是尚未稳定的新河道决溢频繁，一边是日渐萎缩的旧河道防不胜防。在商胡改道、黄河北流之后的约四十年间，围绕着是任由黄河北流还是把黄河重新纳回故道这一问题，上自皇帝、下至群臣都卷入了一场无休无止的争论，这也就是所谓"回河之争"。第一种主张是维持黄河北流河道，通过修筑堤防，减缓河北水患；第二种主张是堵塞北流旧道，稳定东流新河道。

在变法派把持朝政的年代，宋神宗和宰相王安石都力主"回河"，鉴于六塔河的悲惨教训，他们还是比较谨慎，没有急于求成，而是先派人在二股河口修建挑水坝，以此遏水向东。对回河之议，司马光一开始是同意的，但他到实地考察后，认为东流浅狭，堤防未全，如果回河，必然引发新的决口。他并未反对回河，但建议缓行。然而，宋神宗和王安石却没有那样长久的耐心。缓行？缓到什么时候才行？熙宁二年（1069年）八月，趁东流畅通、北流渐浅之际，他们觉得这是一个回河的绝好机会，一举闭塞了北流，让黄河回归东流，结果，悲剧再次发生，黄河在闭口以南的许家港东溃决，地处北流与东流之间的若干州县遭受了一场灭顶之灾。

北流闭塞后，朝廷虽然采取了诸多措施来维护东流，但东流仍然频频决口。至元丰四年（1081年），黄河在澶州小吴埽决口，北注御河，大致沿着王莽河故道入永济渠，经若干州县后入海。自此，东流断流，黄河重又恢复了北流的局面。据《宋史·河渠志》载：元丰五年（1082年），"河（黄河）归北流"后，依然决溢不断，随后，回河东流之议复起。大臣文彦博等都力主回河东流，右相范纯仁和苏辙等则力主维持现状，反对回河。而此时的"回河之争"，已非单纯的水利之争，已经超越水利上升到了战略的层面。此时，已是宋哲宗的时代，哲宗即位后，就有凭借黄河天险"御辽"（防御契丹）的目的，只有回河东流才能达到这个目的。当时回河派的代表王岩叟一口气列举了黄河北流的七大危害，另一代表安焘则说出了天子的真实用意："设险"（防御契丹）先于"治河"。

双方各执己见，争论了数年之久，苏辙面对回河加速之势，连上三疏，极力反对："议复故道，事之经岁，役兵二万，聚梢桩等物三十余万。方河朔灾伤困弊，而兴必不可成之功，吏民窃叹。""今小吴决口，入地已深，而孙村所开，丈尺有限，不独不能回河，亦必不能分水。况黄河之性，急则通流，缓则淤淀，既无东西皆急之势，安有两河并行之理？纵使两河并行，未免各立堤防，其费又倍矣。"在疏中，他针对北流致"御河湮灭失馈运之利""恩、冀以北，涨水为害，公私损耗""河徙无常，万一自契丹界入海，边防失备"等三说进行了反驳，极力主张停止回河之役。无论他如何雄辩与疾呼，回流派还是占据了上风，并强行通过三次大规模的黄河改道工程，以迫使黄河恢复东流。然而，每一次挽河东流都以不久便发生大决口而告终，不仅造成极大的浪费，而且带来巨大的洪水灾害。

元祐四年（1089年）正月，朝廷下诏停止回河及修减水河；七月，冀州南宫等五埽危急，都水监仍坚主东流或"二股分行，以纾下流之患"。八月，苏辙再次上疏力谏："夏秋之交，暑雨频并。河流暴涨出岸，由孙村东行，盖每岁常事。而李伟与河埽使臣因此张皇，以分水为名，欲发回河之议，都水监从而和之。河事一兴，求无不可，况大臣以其符合己说而乐闻乎？""臣愿急命有司，徐观水势所向，依累年涨水旧例，因其东溢，引入故道，以纾北京朝夕之忧。故道堤防坏决者，第略加修葺，免其决溢而已。至于开河、进约等事，一切毋得兴功，俟河势稍定然后议。"元祐五年（1090年）二月、九月，苏辙又两次进言谏阻东流，并要求"罢吴安持、李伟都水监差遣，正其欺罔之罪"，甚至以"修河司若不罢，李伟若不去，河水终不得顺流，河朔生灵终不得安居"之词相警告。但以太后为主的中枢始终倾向东流，虽时停时作，至元祐七年（1092年）十月河水已大部东流。绍圣元年（1094年），"尽闭北流，全河之水东还故道"。

这次黄河回复东流，仅仅只过了五年时间，至元符二年（1099年），黄河又于内黄决口，东流断绝，主流又趋向北流。积极主张回河的吴安持、郑祐、李仲、李伟等人被朝廷加罪，"投之远方"。而在旷日持久的"回河之争"中，始终站在真理一边的苏辙，并没有笑到最后，而是早已提前被淘汰出局。

四、生于早春，死于晚秋

苏辙的一生中最辉煌的岁月，也就是"元祐更化"（又称"元祐党争"，是1086—1093年元祐年间以司马光为首的旧党推翻王安石变法的事件）的那七八年，他把一个士人的能量倾情释放了，他也把人生的价值最大化了，他的人格本色和政治本色也暴露无遗了，而我们也在他五十岁左右的这一段岁月里，终于看清了苏辙真实的历史形象。

还是那句话，他是一个被颠覆的寓言，接下来又将是被颠覆的命运。

宋哲宗绍圣元年（1094年），随着高太后病逝，一场"元祐更化"也将为这位太皇太后的殉葬，而随着十六岁的宋哲宗亲政，这位对先帝神宗充满了崇敬的少年天子，又再次起用了变法派大臣，一个帝国从钟摆的一极又摆向了另一极。那些当年被苏辙弹劾落马的元丰诸臣（变法派）卷土重来，而苏氏兄弟那个宿命中的政敌章惇，此时已掌握了相印，又开始全面恢复被废止的新法，同时也对苏轼、苏辙等元祐大臣实施复仇式的政治清洗。说起来，章惇不但和苏轼是同年进士和年轻时的好友，还有些沾亲带故，他的外甥女嫁给了苏辙的第三个儿子。但搞政治的人，只能从政治出发，绝不会考虑这种亲朋好友之类的私人情谊，章惇不考虑，苏辙又考虑过吗？政治从来都是铁血和铁腕，从来不会温情脉脉。苏辙再次被贬没有任何意外，他因"忤哲宗及元丰诸臣"被贬汝州。此时他已五十五岁，从青云直上到急遽坠落，对于这样一个早已过了天命的士人，应该认命了，应该也没太多失落感。他又将重新在心灵召唤那早已失落的颜回之乐，或是带着范仲淹式那种宠辱不惊的自我安慰，从此迈上他那步步成灰的贬官生涯，从汝州又重返筠州，接下来还有化州、雷州、循州、永州、岳州……

兄弟俩当初仿佛比赛般地提拔超升，如今又比赛般地看谁贬谪得更远。一个帝国的政治游戏，也让他们的人生变成了游戏。这一次，老兄苏轼又一次"胜出"，在几度贬谪后最终被贬谪到了海南岛儋州，成为苏家走得最远的一个人，而苏辙也一度贬到了与海南岛隔海相望的雷州，与老兄也只隔着一个海峡了。苏辙的那个贬官之名叫"雷州安置"，其实不是什么正经官名，而是将某个贬官安置在某个地方居住，或许还带有监视居住的意思。那时的雷州是南蛮之地，苏辙长途跋涉抵达蛮乡，一双鞋子的鞋底已经磨穿，连脚趾都露在了外头。又加之水土不服，吃不惯蛮乡的饭食，那些蛮乡人大快朵颐的薰鼠、蝙蝠、蛇鳖之类，他别说吃进嘴里，看一眼也恶心得要吐。雷州既在大海边上，自然也有海鲜之类，可那时候的海鲜，如沙虫、海蜇、生蚝、乌贼之类，对一个来自中原的士大夫也是腥臭难闻。他以诗的方式，悲惨地诉说着那难以讲述的苦难，仅十来天他就瘦得"帽宽带落惊僮仆"。同他那位时常狂笑的老兄相比，他更多的是苦笑。在《雷州谢表》中，他痛不欲生地喃喃着："……身锢陋邦，地穷南服。夷言莫辨，海气常昏。出有践蛇茹蛊之忧，处有湿淫阴伏之病。艰虞所迫，性命岂常！"这样的日子比他监筠州盐酒税时还要悲惨十倍，几乎就是在地狱里徒劳地挣扎了。

苏洵曾经预言他儿子苏辙，"虽然，车仆马毙，而患亦不及辙。是辙者善处乎祸福之间也。辙乎，吾知免矣"。而苏辙在"车仆马毙，而患亦不及辙"的悲惨境地，虽不一定"善处"，却也得到了不少好心人善意的关照，雷州知县张逢帮他租到了太庙斋郎吴国鉴的住宅供他栖身，海康县令陈谔又派人给他把房子修葺一新，每月还亲携酒菜来给苏辙打打牙祭。滴水之恩当涌泉相报，苏辙这辈子注定是报答不了了，他只能在写给兄长的诗《次韵子瞻和渊明拟古》中倾诉他的感激和慰藉："邑中有佳士，忠信可与友。相逢话禅寂，落日共杯酒。"没想到，在这样一个天高皇帝远的地方，居然也有章惇的耳目，听说苏辙在雷州没有被折磨死，还住进了一座官舍里，章惇竟下令把苏辙从官舍中逐出。苏辙只好租民房安身，章惇要派耳目调查，欲加之以强占民宅之罪，好在苏辙还防着这一手，手里有一纸房租契约。

在苏氏兄弟流放的岁月，大宋帝国依然在左右之间剧烈摇摆，随着那个短命的少年天子宋哲宗驾崩，又一个年仅十二岁的儿皇帝继位，也就是宋徽宗赵佶，北宋帝国的灭亡之日从这位儿皇帝即位就进入了倒计时。因"章惇尝反对其嗣立"，也遭受了贬谪，而且和苏辙一样，也贬到了雷州。历史，就像这个王朝一样充满戏剧性。不过，此时，苏辙早已离开了雷州，"复太中大夫"，不过，他再也不可恢复"元祐更化"时的辉煌，朝政很快就被蔡京等把持。蔡京名义上是所谓新党，实际是一个惯于见风使舵的投机政客，但无论他怎么见风使舵，都不可能忘记苏辙弹劾他的那一笔仇恨。苏辙"复太中大夫"未久，随即又降居许州。而他老兄苏轼在徽宗即位后，奉诏复任朝奉郎，元符三年（1100年）五月，苏轼于北归途中，辗转行至真州（今仪征真州镇），瘴毒大作，重病数十日后死于常州。

在苏轼病逝后，仅仅比苏轼小两岁的苏辙，又继续活了十一个年头。

宋徽宗崇宁三年（1104年），六十五岁的苏辙最终以致仕的方式结束了他一生的贬官生涯，定居颍川，终于过上了他憧憬久已的田园隐逸生活。苏辙的晚年，已是北宋的黄昏，一个帝国被蔡京等人折腾得更加动荡不安了，在元祐党人累遭迫害之时，苏辙筑室于许州，闭门不出。从他的《游西湖》一诗,也可以窥见他晚年孤独而黯淡的心境:"闭门不出十年久,湖上重游一梦回。行过闾阎争问讯,忽逢鱼鸟亦惊猜。可怜举目非吾党,谁与开樽共一杯?归去无言掩屏卧,古人时向梦中来。"他在颍州筑室曰"遗老斋",自号"颍滨遗老",以读书著述、默坐参禅为事。在度过了八年的隐逸生活之后,这个叫苏辙的北宋士人,伴随着一个轮与轨的寓言,于宋徽宗政和二年十月三日(1112年10月25日)安详地去世,就像他诗中的自言自语,"归去无言掩屏卧",他也算死得其所也。他生于早春,死于晚秋,享年七十三岁,死后追复端明殿学士,谥文定。

在苏氏三父子中,苏辙是官做得最大的一个,也是活得最长的一个。

一句提前交代的历史,在他死亡十五年之后,北宋帝国就灭亡了。

一个人的一生就这样完了,漫长而又短暂。不过,他的生命还将以另一种方式延续。

对于古人,白纸黑字是比花翎顶戴更具人格化的表达,一度位极人臣的苏辙,也是中国文学史上的顶尖级人物。但无论是作为明人标榜的唐宋八大家之一,还是在苏氏三父子中,苏辙的文章,与其父兄相比都略输文采,但也是当之无愧的大家。在古文写作上,苏辙在弱冠之年,便在他那篇著名的《上枢密韩太尉书》中提出了自己的文学主张:"文者,气之所形。然文不可以学而能,气可以养而致。"养气,既在于内心的修养,但尤其重要的是依靠广阔的生活阅历,司马迁"行天下,周览四海名山大川,与燕赵间豪俊交游,故其文疏荡,颇有奇气"。而从苏辙的文章看,他更多是从外部出发而非从内心出发,他最擅长的是"以古今成败得失为议论之要"的政论和史论,这也是他父亲苏洵最擅长的。在兄弟俩的文章中,苏辙比苏轼更有父亲风范。对于这种承继关系,苏辙在《历代论引》中坦承,他的生平学问深受其父兄影响:"予少而力学,先君,予师也;亡兄子瞻,予师友也。父兄之学,皆以古今成败得失为议论之要。"但很明显,苏辙继承父亲的更多,其学问又以儒学为主,他最倾慕的又是孟子,自称"其学出于孟子",而实则"遍观乎百家"。看他的政论,文如其人,也绝非一个低调、内敛、不动声色的循规蹈矩者,如其《新论》(上)论"当今天下之事,治而不至于安,乱而不至于危,纪纲粗立而不举,无急变而有缓病",一针见血,直逼当时政局。所谓当局者迷,一个人在自己所处的那个时代,能够了解并理解那个时代的现状是很难的,但苏辙十分准确地把那个时代的现状揭示出来了,这也表明了他对现实的清醒,他的政论与史论都是疗治国疾时疾的药方,但遗憾的是,他这些药方都不是治本而是治标的。而范仲淹在庆历新政中开具的药方、王安石在熙宁变法中开具的药方才是治本的药方,然而那药效又太猛了,让一个外强中干、百病缠身的帝国有些吃不消。苏辙又在《上皇帝书》中说:"今世之患,莫急于无财。"这也验证了他目光的犀利,而王安石变法的核心意图之一,就是为了解决他所看到的问题,但对王安石开的药方,他又是一个决绝的反对派。

除了政论,苏辙还写了大量的史论,骨子里其实也是借古讽今的政论,最具代表性的无疑是那篇《六国论》,他论齐、楚、燕、赵四国不去支援前方的韩、魏,与之团结御秦,结果最终落得一个与韩、魏一起灭亡的教训,以此对北宋帝国发出警示,但在实际行动中,他又采取以土地换和平的绥靖和苟安政策,而最终也没能给北宋帝国换来真正的和平,而北宋帝国真正的和平,则是靠寇准、范仲淹等人打出来的,"以战逼和"。在《三国论》中,他将刘备与刘邦相比,认为刘备"智短而勇不足",又"不知因其所不足以求胜",自然也有以古鉴今的寓意,而在国家战略上,他自己也恰恰表现出了"智短而勇不足"的弱点。《宋史》本传称他"论事精确,修辞简严",这倒是一句实在话,但同他一生没有做过官的父亲相比,无论从政治的角度看,还是从军事、外交的角度看,苏辙都远不及乃父也。有人认为,和苏轼相比,苏辙的文章特点在于"稳",此说又涉嫌是为了牵强于那个轮与轨的寓言了,但我感觉,他的文章虽然没有苏轼的豪迈之气,却也不是所谓"稳",他论见于笔锋还是很犀利的,甚至很有攻击力的,也是毫不留情的,譬如说他那篇论冯道文章,就与一般人的观点不同,可谓一篇立异的翻案文章:"冯道以宰相事四姓九君,议者讥其反君事雠,无士君子之操。

大义既亏,虽有善不录也。"——这句话,还真是揭示出了国人古往今来的一个通病。

对于唐宋文章,苏辙最尊崇韩愈、欧阳修,但他的尊崇也是一分为二的,其政治思想则比较接近韩、欧,但对韩、欧以及他父亲崇尚佛道他则不以为然。他在史论《历代论》中也论到了佛老问题,如论虔信于佛法的梁武帝,他的看法既不同于韩愈,亦不同于欧阳修。他认为:"东汉以来,佛法始入中国,其道与《老子》相出入,皆《易》所谓形而上者,而汉士大夫不能明也;魏晋以后,略知之矣。好之笃者,则欲施之于世;疾之深者,则欲绝之于世。二者皆非也。老佛之道与吾道同而欲绝之,老佛之教与吾教异而欲行之,皆失之矣。"他说"老佛之道与吾道同",和柳宗元的见解有些相似,但苏辙和柳宗元都非佞佛者,而是他们在政治上、人生仕途上遭受挫折之后,在没有出路的穷途中寻找的精神寄托,远没有达到皈依的程度,一旦时来运转,他们又会全身心地拥抱现实。对此,苏辙在《逍遥聪禅师塔碑》一文中说得再明白不过了:"予元丰中以罪谪高安(监筠州盐酒税),既涉世多难,知佛法之可以为归也。"这和柳宗元在永州的心境如出一辙。

除了政论,苏辙还写了不少秀杰深醇的散文,也就是那种比较纯粹的美文,如其《黄州快哉亭记》等,就是一篇历来被人推崇备至的名篇,也是他这方面最具代表性的作品,但说穿了,也就是将写景、叙事、抒情、议论紧密结合并融为一体。若说这种文章的做法"鲜明地体现了作者散文的风格",我是绝对不认可的,古往今来,天下散文,谁又不是这样的做法?这绝非个人风格,而是散文写作的共性与通识。但这篇散文,在苏辙的那些所谓美文类散文中,又的确是艺术技巧已至炉火纯青的一篇。

苏辙不是才华横溢的诗人,读其诗甚至感觉他缺少这方面的天赋,也看得出,他在诗歌创作上力图追步苏轼,但较之苏轼,不论思想和才华上都弱了许多。他的诗很大一部分是他的人生史,又多是生活琐事,也有不少咏物写景、与苏轼唱和之作。也正是通过他这些诗,让我们看到了一个比正史中有更多细节、更多侧面的苏辙。又透过他的漫游各地的身影，让我们看到了那个时代的部分真相。譬如他那些出使契丹的诗，贬谪途中的诗，保留了大量的历史细节。他晚年退居颍州后，又写出了如《秋稼》等反映民生疾苦、对现实生活揭示得比较深刻的诗。另外，由于远离了官场，过上了陶渊明式的生活，也就有了陶渊明式的意境与情趣，或闲淡，或悠远。如《南斋竹》："幽居一室少尘缘，妻子相看意自闲。行到南窗修竹下，恍然如见旧溪山。"这一类诗，由于抒写的是个人真实的生活、真切的生活感受，也就比前期那些应景之作更多地贯注了生命体验，其艺术成就也超过了前期。对于诗歌创作，苏辙在《诗病五事》中也提出了自己的主张，那就是以"道"——思想内容为衡量标准，也正是基于这一"文以载道"的价值标准，他对李白、白居易、韩愈、孟郊等都有讥评，他说"唐人工于为诗而陋于闻道"，这倒不是他一个人的偏见，而是一个时代的主流，但他说李白"华而不实"，还真是让我猛地一惊，李白在中国诗歌史上是无人能超越的巅峰，一个如同神话般的巅峰，苏辙竟如此轻蔑地指斥他"华而不实"，还真是一个大胆放肆、敢想敢说、有啥说啥的人，绝不是那轮与轨的寓言中所预设的一个谦卑、低调、循规蹈矩，从不张扬外露的苏辙，至此，一个宿命的寓言最终被颠覆，他的一生也以颠覆的方式完成。

  我觉得，这其实是苏辙的可爱之处，哪怕是一个放肆而偏激的苏辙，也比那个被正史描述得循规蹈矩、呆滞刻板的苏辙可爱多了：苏辙可以批评李白，但他的诗却难望李白之项背；苏辙也可以批评唐诗"陋于闻道"，但那些充满说教意味的宋诗却远不如唐诗。同诗相比，苏辙的赋倒是更加出色，例如《墨竹赋》赞美画家文同的墨竹，把竹子的情态写得细致逼真，更见苏辙的功力。他不是画家，却是书家。苏氏三父子都是书家，苏辙的书法在运笔结字与其兄苏轼颇为接近，工整有序，但潇洒自如不足。

  回到开头的一个问题，有人为苏辙抱屈，由于其兄苏东坡在北宋文坛上的盟主地位，以及他在中国文学史和文化史上的巨大影响，在苏东坡无与伦比的光环下，人们往往只把目光聚焦于苏东坡身上，而同样作为唐宋八大家之一的苏辙,也就处于被遮掩、被忽视的状态,像是一个永远长不大的孩子。这话不是没有道理,但苏东坡的光环连他父亲都可以遮掩,而苏辙的光环怎么就遮掩不了他兄长呢?这就是历史的真相,同苏东坡所抵达的那个高度相比,无论是人生境界,还是艺术境界,苏辙还真是矮了一头,那个"权眉州直牧冯会绘"的三苏图,还真是一幅神品,达到了苏东坡所说的神似的境界。

五、是处青山可埋骨

从眉山三苏祠走向中原的三苏坟,是一条必然的路。苏洵和他两个天才的儿子苏轼、苏辙就是从这条路上走过来的。从一个人诞生的故乡出发,去一个人最终的归焉之地,才觉得把一个生命完整的一生走完了。

人这一生,一生一死,生命如同两极之间的舞蹈,在生与死之间显现的就是一个人、一个生命的全部意义和价值。而生死之外的价值,或腐朽,或永恒,一切都是他者的言说,逝者早已置之度外。在时隔千年之后,多少念头早已风化为碎片,血肉生命早已化为尘埃,剩下的也就只有那同样把一切置之度外的坟茔了。

要去那片坟地,先必须穿越一座广大的园林。这是一处远离他们故乡眉山的三苏园,也是一座远比他们故乡那座三苏园更大的山水园林。我从不相信转世,但却虔信轮回,在大片的翠竹、松柏与无影无形的风之间,你将邂逅广庆寺、三苏祠、东坡碑林、东坡湖。它们的存在,只有一个永恒的主题,轮回。这其实并非宿命,而是人类对抗遗忘的方式之一。在某种意义上说,这是一代又一代以轮回的方式在大地上续写的史记。尽管我早已预料到它们的出现,兴许还会在别处的天底下反复出现,但我还是感到一次次惊心动魄。这样的感觉来自没有奇山异水的中原,兴许只有中原才有如此的渊博与厚重,才能以如此的大气魄、大手笔和阔大的襟怀来进行这样的书写。

又一次站在东坡湖畔。我不知天底下有多少个以东坡的名字来命名的湖泊,这个人一生从岷江走向黄河,又从黄河走向淮河、大运河、长江、珠江、南海,他几乎把中国的大江大湖大海都走遍了,这让他的生命、他的骨血、他的文字几乎被各种滋味的水浸透了。而眼前的这个东坡湖,与他诞生之地的那个东坡湖遥相呼应,一个恍若前世,一个如同今生。我知道,眼前这个东坡湖,只是人间的又一次复制,一个没有任何诗意的人工湖。它的存在并非为风景而虚设。我来这里时,小暑刚过,中原已是大热天了。这也是中原最干涸的季节,每一寸土地都处在焦渴无比的状态。一个触目的事实就在焦渴中出现了,这东坡湖水正在一点一滴地浇灌着被烈日晒得四处开裂冒烟的农田,剩下的便只有这样一个趴在泥淖里、被太阳晒得四处开裂冒烟的东坡湖了。当淤泥上泛起阳光的照射,干涸的东坡湖也浪影重重。尽管没有看到我想看到的那波光潋滟的风景,但东坡湖四周那长势喜人、一片葱茏的庄稼,多少缓解了一下我内心里不可名状的焦虑。设若苏东坡活着,我想他一定会这样做,这也是他在家乡眉山干过的傻事,哪怕自家的池塘里干得只剩下了一口水,他也会先给农人来缓解焦渴……

一条石头铺出来的路笼罩在深沉的阴影之中,穿过缄默的土地,通向一条神道。四株古柏,不知长了多少年了,已长得极古、极拙,昏昏沉沉如同坠入梦中。树荫下,是一声不吭的石马、石羊、石虎、石人,它们侍列在神道两侧,摆出一个严整的仪仗。一切皆有前定的宿命,在静穆中,我深深地感知了一种接近神圣的美。迎面是一座高大的红石牌坊,一抬头就看见四个苍劲的大字镌刻于坊楣正中:青山玉瘗。两边枋柱上,是一副阴刻的楹联,其实是苏轼的两句诗:"是处青山可埋骨,他年夜雨独伤神。"这是他卷入乌台诗案被打入牢狱时写给其弟苏辙的《狱中寄子由二首》中的诗句,接下来的两句正是"与君世世为兄弟,更结人间未了因"。这两个最终长眠于此的兄弟,还真是"世世为兄弟"了。

穿过简陋的石坊、飨堂、祭坛,走进了墓园。感觉已置身于一座原始森林,只有中原大地才能长出这种参天古树,那古老而浓密的树木已长得像中原的泥土一样发黑,浮动着阵阵暗香。这些古树的寿命,有的据说比这片坟地的历史还长，却如灵魂附体，它们不像别处的古柏高耸昂挺，朝着天空生长，而是纷纷倒向另一个方向，看上去，连阳光也是倾斜的。我下意识地辨别着它们生长的方向——西南，大西南。只要你沿着这个方向，一直不停地走，就可以走到遥远川西盆地的那座眉山。人非草木，而这充满了灵性的大自然却仿佛有一种超自然的力量，为你揭示了一个故乡的存在。这也让我对那片坟地投向了疑惑的一瞥。这不只是我的疑惑，而是一个千年悬念。

一直以来，后世围绕这片坟地的争议不断。每一个漂泊的生命，走到了生命的尽头，都会有着强烈的落叶归根的本能。在苏辙的《次韵子瞻寄贺生日》一诗中，也流露了他对最后归宿的想法，"归心天若许，定卜老泉室"，可见他想的还是要落叶归根，葬入故乡老翁井畔埋葬着父母亲的祖坟，而他们又为什么会选择这远离故乡的异乡作为自己最后的归宿？

对此，后世还真有不少的猜想。一说是北宋士人非常推崇嵩山周围的土厚水深之地，希望自己死后能葬于此地。而郏县，正处于伏牛山北部余脉向豫东平原过渡地带，这也正是士大夫们崇尚的土厚水深之地。在苏氏三父子中，最早流露此愿的应该是苏洵。苏洵晚年居京师（汴京）时，早有夙愿要迁居洛阳，并留下了这样的诗句："经行天下爱嵩岳，遂欲买地居妻孥。"但苏洵最终没有归葬此地，他埋葬于此的只是一座迟到了数百年的衣冠冢。而父亲的遗愿则成了苏轼的遗言。关于他对自己后事的安排，有这样一段文字记载："公（苏轼）始病，以书属辙曰：'即死，葬我嵩山下，子为我铭。'"于是，苏辙便按照亡兄苏轼的遗命，最终把他葬于嵩山下这片土地上。他自己死后，也陪伴亡兄长眠于此。这不是死亡的故事，而是生命的承诺。

这其间还有一个比较可信的原因，苏东坡在经历了漫长的流放后，临死前，全家的生活已相当窘迫，其子在苏轼过世之后，只得去投靠隐居颖州的叔父苏辙。而苏辙也是一生清廉，实在拿不出太多的钱来帮助亡兄一家人，又有如是记载可以佐证："东坡以病殁于晋陵，（苏轼之子）伯达、叔仲归许昌，生事萧然。公（苏辙）笃爱天伦，曩岁别业在浚都,鬻之九千数百缗,悉以助焉,嘱勿轻用。"透过这寒碜的文字可知,当时苏辙首先想要襄助的是亡兄抛下的一家人怎么生活下去,然后才能考虑亡兄的葬事。而故乡眉山路途遥远,要扶柩归蜀必须付出很大一笔费用,无论是几度官拜尚书的苏东坡,还是一度高居宰辅、位极人臣的苏辙,都拿不出这笔可以让他们魂归故里的资费。而一生的清廉,也是他们选择就近安葬的原因之一。

还有一种说法,宋朝时,凡在朝廷担任过官员的人,去世后一般都安葬于京师(汴京)方圆五百里之内的地方。对朝廷的这种意图,又有几种猜测,或是一种礼遇,或是一种牵挂,或是一种莫名的防范。而人都死了,还要防范他们什么呢?比较可信的,还是所谓礼遇吧,苏氏兄弟都是历经仁、英、神、哲、徽的五朝元老,他们的归焉之地,也就只能依朝制,在朝廷划出的半径内来选择了。在这个半径之内选择的余地还是很大的,苏辙之所以选择于此,一则这里正是父兄所愿之嵩山下;二则这里也有一座嵩阳峨眉山,也就是如今三苏坟所在地的小峨眉山,葬在异乡,恰似故乡;三则这里虽地处中原,却恍若水网密布的江南,境内有北汝河、干河、二十里铺河、青龙河、蓝河、吕梁河等十多条河流。从风水学上看,"其地背也,雄峙扈阳,其地面也清流汝水。观形胜,适可为宅兆之佳地",自然也是士大夫归焉之风水宝地。

猜测这兄弟俩的身后事,其实是对那个王朝以及生命真相的一种猜测,又无论哪一种说法,都无法绕开苏氏兄弟和汝州的缘分。北宋年间,郏县(古郏城县)隶属汝州,苏轼一生"历典八州",在被贬黄州数年后,又接诏书,从黄州转任汝州团练副使。他从黄州赴汝州途中,由于遭遇了丧子之痛等一连串的厄运,在他的反复求告和朝廷的恩准之下,半道上去了常州,汝州也就成了他失之交臂之地。但他失之交臂的地方,却被他老弟苏辙弥补了。苏辙于宋哲宗绍圣元年(1094年)出知汝州,期间,恰逢苏轼由定州南迁英州,途经汝州。天各一方、睽违多年的兄弟在汝州重逢。苏辙领着兄长游览汝州名胜,而汝州郏城县自古就有龙凤宝地之美称,尤以黄帝钧天台闻名。兄弟二人登临钧天台,北望莲花山，见莲花山余脉下延，"状若列眉"，酷似家乡峨眉山，就商量百年之后，以此作为归焉之地。而在苏轼病逝于常州后的第二年，其子苏过便遵父亲的遗嘱将苏轼的灵柩运至郏城县安葬。十年后，政和二年（1112年），苏辙卒于颍昌，其子亦将他与苏轼葬于一处，时称二苏坟。又过了数百年，元至正十年（1350年）冬，郏城县尹杨允远赴眉山苏坟山拜谒，想到一个父亲和两个儿子在生前就聚少离多，死后仍天各一方，心中不忍，又谓："两公之学实出其父老泉先生教也，虽眉汝之墓相望数千里，而其精灵之往来，必陟降左右。"遂置苏洵衣冠冢于两公冢右。从此，原来的二苏坟就成了三苏坟。我觉得，这是最接近历史真相的一说。

猜测历史的真相，其实也是猜测生命的真相。一个生命降临在这个世界上，是偶然的，无缘无故的，没有任何选择的可能。而一个生命走到了终极，他的终极关怀多少是可以选择的，既是选择，得看缘分了。所谓缘分，其实也是宿命。苏轼原本已与汝州失之交臂，并把常州作为自己的终老之地。在常州病逝后，却又葬于汝州郏城，岁月中有太多的阴差阳错，到头来，原本与汝州无缘的苏东坡，却从此与汝州结下了千古不渝的缘分。

一条必然的路，最终把三个经世不灭的灵魂引向了这里。

天长地久，静静地安放着三座坟茔，自东北向西南依次排列，排列如他们在祠堂里的座位。中间那一座"宋老泉苏先生墓"，是苏洵的衣冠冢；左手是"宋颍滨子由苏先生墓"，苏辙墓；右手则是"宋东坡子瞻苏先生墓"，苏轼墓。谁都知道他们是一家人，哪怕在泥土里埋了一千年，他们也仍然是一家人，你甚至无法为他们中的哪一个单独去作一篇文章，他们的生命从生到死都是纠结在一起的，他们有一个共同的历史性命名"三苏"。在中国历史上，世代簪缨之家比比皆是，父子三人都是皇帝的也不稀罕，但父子三人同为天下文豪者，则极为罕见。在中国古代文学史上，也曾有一些名垂青史的文学世家，如三国时期的三曹（曹操、曹丕、曹植）、明公安派的三袁（袁宗道、袁宏道、袁中道），但像三苏这样父子三人名列唐宋八大家，以其文学成就之高、影响之大，无论三曹还是三袁都是比不上的。具体来看,在三苏中,又以大苏——苏轼的文学成就最高,小苏——苏辙的官做得最大,而他们的父亲老苏无论文名还是官位都稍逊一筹,但他在中国文学史上,也同样是大师级的人物。像中国这种特有的家庭,真是无与伦比,堪称当之无愧的"中国第一文人家庭"。

从一座墓走向另一座墓,我走得小心翼翼,中原大地,一不小心就会踩着古人的脊梁。多少年来,他们在一个远离故乡的山脚下躺着,躺在一堆中原肥沃的黑土垒成的坟墓里。这没有什么,所有的生命最终都会为土地埋葬,你本是尘土,仍归于尘土。这墓看上去也是苍绿色的,像笼罩着它们的古柏一样的颜色。三座墓都不大,非常简陋,连墓碑也非常粗糙。如果不是墓碑上铭刻着苏东坡的名字,你绝对不会相信这是一座三度高居尚书的大夫墓;如果不是这墓碑上铭刻着苏辙的名字,你更不会相信这是一座位极人臣的宰相墓。

在苏氏兄弟被埋葬后不久,一个令后世文人无比景仰的帝国也被埋葬了。随着北宋的覆灭,中原大地沦陷为金、元等北方少数民族耀武扬威之地,但苏氏兄弟的坟茔却没有沦陷,无论是谁入主中原,又无论他们怎样耀武扬威,他们对这两座北宋文人的墓冢都十分敬重,在戎马倥偬间,这片坟地还不断得以扩建。先是朝绅们请建广庆寺,并获得了朝廷的恩准。这个广庆寺,人道是寺小名气大,它与苏东坡有不解之缘,只因苏东坡一生与僧佛也有不解之缘。尤其到了晚年,厄运连连的苏东坡更渴望从佛教中得以解脱,在他步履维艰的放逐生涯中,曾给自己起了两个佛号,一曰行脚僧,一曰苦行僧。这广庆寺可以说就是为他而建。而广庆寺之名,据说为宋高宗所赐。那时的宋高宗正在兵荒马乱中仓皇南渡,还能牵挂着这逝去的文人,也算难得了。一片坟地,有了一座寺院,也就有僧人四时守护坟院,每逢春秋大祭和苏轼兄弟的祭日,众僧则要为长眠于这里的苏氏兄弟超度亡灵。到了元代,随着政权的巩固,对这片墓园的规模又有较大的拓展,从封树筑垣、竖碑神道,到为苏洵置衣冠冢,都是元朝时代的故事。正因为有了千百年来的守望,三苏坟才能一直保存到现在,又因为历朝历代的扩建，才造就了一座中原的山水人文园林。这不是对一片坟地的守望，而是对文化的千年守望；这也不是对一片墓园的扩建，而是对中国文学史的另一种书写。

坟墓不只是死亡的符号，更是大地与时间坐标上的古老标志。不是每一座坟墓都能保留下来，时间会在一个漫长的过程中做出选择，然后保留最突出的那一部分，并以突出的方式诉说着生命的价值。而每一座坟茔都有自己的命运，就像这坟墓的主人，各有各的命运。由于岁月悠久，也难免有一些荒芜的岁月，这片荒芜的坟地也曾成了小孩捉迷藏的地方，没有谁能找到那个钻进墓穴里的顽童，除非他自己从里边钻出来；也曾有盗墓贼光顾这寒碜而简陋的坟墓，在苏轼墓上还有盗洞。他们不知道埋在这里的这个人有多穷，又多么富有。他一生最富有的是难以历数的磨难和忧患，还有满腹的才华和一种向死而生的欢乐，那是谁也无法盗走的。

千年之后，我伫立于此。更多的人和我一样，来到这里，只是发呆。莫名地发一阵呆，又怅然若失地走了。在我离去时，忽然起风了，但此处的静穆，并未为风声所打破。蓦然回首，他们依然静静地躺在这里，整个世界似乎都为他们安静下来。

王安石

双刃剑,或双重人格

面对这样一个人,我的内心就像我接下来的叙述一样夹带着矛盾、紧张而小心。

他的面貌震住了我。一幅不知何年何月何人描绘出来的画像,在一段难以确定又年深月久、早已发黄的岁月中,露出的是一张严谨而工整的国字大脸,那凝视着你的瞳孔、扬起的眼角和眉梢、高挺的鼻梁、沉静的胡髭与须髯,还有那抿着的不苟言笑的嘴唇,这清晰地呈现出来的每一个细节,都在颠覆我对此人的想象,一点也没有想象中那像黑铁一样的冷酷,也不像想象的那样充满棱角,这就是一副标准的古典政治家的形象,一个忠直得近乎纯厚的士大夫形象,却有一股不怒而威的正气仿佛充盈于胸间。

我忽然有些忿忿不平了,这样一个相貌堂堂的人,竟然有人拿他的长相进行人身攻击,说他眼睛白多黑少,像东晋的王敦,天生一副奸臣相!还有人说,此人大奸似忠,大诈似信。这其中最著名的一个人,就是那个一辈子屡屡发出盛世危言的苏洵,就是他那篇嬉笑怒骂、含沙射影的《辨奸论》。无论怎么看,从哪个角度去看,也实在看不出这是一副奸相。我也越来越不相信,苏洵会是那样一个人,会炮制这样一篇奇文。事实上,很多人都难以置信,很多人都断定,此文是一篇冒苏洵之名的伪作,在亵渎了这个人的同时,也亵渎了苏洵。

对这个人,无论你内心里多么矛盾,也只能以正传的方式进行叙述，他不是寇准、苏洵那种一半活在传说中的人物，这个人的一生几乎没有传说，只有太多的谣言，太多的污蔑，然而他又没有被越描越黑，哪怕远隔千载，岁月发黄，他脸上也没有一个死气沉沉的霉斑，依然浩然清朗，气韵生动，英气逼人，一个突如其来的感觉逼真地出现了，他不像一个古人，更接近一个现代人的形象，但他却又要和一大堆故纸堆里的古人生活在一起，这让我有某种错位感，这个人的一生，或许就处于历史的错位之中。

一、一个被历史提前塑造的国士

那是一个确凿的时间，宋真宗天禧五年十一月十二日，公元1021年12月18日。

那也是一个确凿无疑的地点，北宋时代的临江军，也就是如今的江西樟树。

此时，他父亲王益正在临江军判官任上，这个即将被命名为王安石的婴儿，是一个直接诞生于官舍的官二代或官三代。又有更确切的记载，那一场分娩相当轻松和舒畅，生下来的是一个结结实实的黑小子，而且不是一般的黑，浑身上下像黑陶一样釉黑发亮。接下来就该给他命名了，他父亲给他命名为安石，据说是出于对东晋谢安由来已久的崇敬，他渴望自己能生下一个像谢安一样的儿子，于是取谢安之字，替儿子命名。谢安，字安石，此人既是东晋名士，又是一代名相。他多才多艺，善行书，通音律，对儒、佛、玄学无一不通。而他一生所干的最伟大的一件事，就是作为晋军总指挥，以区区八万兵力奇迹般地击败了号称百万的前秦大军，从而打造了中国战争史上一个以少胜多的经典战例——淝水之战。那个南控江淮、北极大漠的前秦帝国，中国历史上第一个统一北方的非汉民族政权，遭此惨败，从此一蹶不振，而谢安以一战为东晋赢得几十年的安宁和平。这是一个功高盖世的人物，将毫无悬念地登上位极人臣的高位。在拜相后，他以儒、道互补治国安邦。道者，性情闲雅温和，儒者，则处事又公允明断。谢氏为东晋高门士族，在那个门阀制度主宰一切，甚至可以挑战皇权的时代，谢安胸怀江山社稷，以谢氏家族利益服从于晋室利益，不专权树私，不居功自傲，这让他与王敦等谋逆篡位、祸乱天下的门阀形成了鲜明对照。如果名字真是命运的寄寓，王益对儿子的命名也就寄寓了非同一般的期望，希冀他日后也能成为一个将相兼荣，既有宰相气度又有儒将风范的非凡人物，至少是希望他也具有谢安那样非凡的品格。不过，从谢安的结局看却又不太美妙，由于功名太盛，为晋孝武帝猜忌，谢安只得避祸于广陵，终在悒郁中病逝。

这里，还是从追溯这个非凡人物的家世开始。尽管人生非凡，但他的家世平平。王安石世称临川先生，临川是他家乡肯定是不错的，据王安石追忆父亲的《先大夫述》："王氏，其先出太原，今为抚州临川人，不知始所以徙。"而临川是个大邑，他到底是北宋临川盐阜岭人（今江西省抚州市临川区邓家巷），还是临川之东的东乡人（今江西省东乡县上池村人）？这是个问题，就像他本人一样，从生到死都充满了争论。但可以肯定，此人生于仕宦之家，至少也是官二代。又虽说是仕宦之家，但临川王家绝对不是东晋谢氏那种高门士族，在一个名叫王安石的"稀世之异人"横空出世之前，他家宗谱上连个小有名气的祖宗也遍寻不见。其祖王用之，一说历任扬州学正、衡阳知县、池州通判、大理卫尉寺丞等，又一说，终生未仕，而前者有张冠李戴之嫌，后者的可能性更大；其父王益（字舜良，又字损之），则是一个确凿无疑的官员，二十一岁中进士，从主簿、判官、知县、知州一步一步地干到死，官至尚书都官员外郎，卒赠工部郎中，用现在的话说，也就是个中层干部吧。如果不是他一连生了四个进士儿子，还生下了一个两次拜相、位极人臣的"稀世之异人"，又干出了一番"非常之大事"，像他这样一个一辈子未登显位又无显名的"中层干部"，兴许早已被历史无声无息地湮没了。而古人之所以汲汲于功名，除了生前能够奢侈地享受荣华富贵的生活，死后又能千古流芳，还可以封妻荫子、光宗耀祖。这种以功名而设计的极具功利性的制度，是一个泱泱古国数千年来持之以恒、从未衰退的历史动力。王益后以子贵，追封楚国公，赠太师中书令，就全仗他这个不是谢安、胜似谢安的儿子了。

王益一生娶了两房妻室,原配徐氏,继配吴氏,他以强大的生命创造力,生下了众多的子女,不说女儿,光儿子就有七个,依次排行为:安仁、安道、安石、安国、安世、安礼、安上。除了王安石这个伟大的儿子,其余六个儿子也皆有出息,长子安仁"七岁好学,毅然不苟戏笑",读书二十年,宋仁宗皇祐元年(1049年)冯京榜进士,官至转运使以监江宁府盐院;次子安道未见科举功名,曾授衡州军司法参军;四子安国熙宁年间(1068—1077年)赐进士及第,曾任西京国子监教授;五子安世亦未见科举功名,曾授当涂县主簿,但不幸于二十多岁时病逝;六子安礼为嘉祐六年(1061年)进士,官至尚书左丞;七子安上似乎也为中进士,但据说在当时政坛、文坛皆有一定的影响,曾为右赞善大夫、权发遣度支判官,权三司使,后又权发遣江南东路提点刑狱,元丰三年(1080年),"因事被追两官勒停",被撤职。在除王安石以外的六兄弟中,又以王安国、王安礼的出息最大,这兄弟俩在仕途功名、诗文、学问上直追王安石,也是当之无愧的北宋政治家,王安礼、王安国又与王安石那有神童之称的儿子王雱世称"临川三王"。这里不说别的,只说科举功名,父亲王益是进士,包括王安石在内,兄弟四个是进士,第三代中,王雱和他的同辈兄弟有三人是进士,祖孙三代一门八进士,如果说王安石是一个"稀世之异人",这样一个家庭也是千百年罕见了。

王安石出生时,王益还只是一个比七品芝麻官还低一等的判官,有人误以为是通判,谬矣,通判比判官的级别要高多了,而判官名之曰官,却非正官而为僚佐。不过,接下来,王益也将按部就班地得以提拔,当上知县、知州等既是实职又有实权的正官,但他也将生下更多的子女。王安石出生后,他父亲又陆续给他生下了四个弟弟,还有三个妹妹。而他上头除了两个哥哥,还不知道有没有姐姐。这样一大家子人,吃饭,穿衣,读书,全靠王益一个人的俸禄,想想也知道那家庭负担有多重。王益是一个对家室儿女有高度责任感的父亲,他游宦到哪里,就将自己的父母亲和一大家子人带到哪里。王安石就是在父亲辗转各地的宦途中长大的。

一个很现实的问题,像他这样一个级别不高的地方官,能够养活这一大家子人吗？

这对于我接下来的叙述很重要，不妨看看当时的实情——

在一个天子与士大夫共治天下的文治盛世，也以优厚的待遇把士大夫（公务员）直接变成了既得利益者，宋真宗赵恒以诗的方式把真话给自己抖出来了："富家不用买良田，书中自有千钟粟；安居不用架高堂，书中自有黄金屋；出门莫恨无人随，书中车马多如簇；娶妻莫恨无良媒，书中自有颜如玉；男儿若遂平生志，六经勤向窗前读。"在这样一个文治盛世，只要你能通过读书考取功名，人间的荣华富贵应有尽有。北宋官员的俸禄之优厚是历代王朝中最高的，为汉代的六倍、清代的十倍，也远超盛唐。这里不妨以县官为基准，来看看北宋官员的待遇到底如何，据《宋史·职官志》载，凡大县（万户以上）县令月薪二十千（二十贯），小县县令每月十二千，除了正俸还有禄粟，每月三至五石（一百二十市斤为一石）。在王家人口最多的时候，王益也早就当上了州府官，待遇也就更高了。除正俸之外，宋朝官员还有各种补贴，如茶、酒、厨料、薪、蒿、炭、盐，都不用自己掏钱去买，连喂马的草料和随身差役的衣粮、伙食费等，也是国家掏钱，福利好得不得了。此外，还有"公用钱"（招待费）和"职田"，如节度使兼使相公，用钱可高达二万贯，而且上不封顶，"用尽续给，不限年月"，用完了，马上就继续发给你。北宋对官员实行高俸禄、高福利，一个直接目的就是高薪养廉。对此，宋太宗说得再明白不过了："廪禄之制，宜从优异，庶几丰泰，责之廉隅。"而除了明言，还有暗语，士大夫既是北宋的既得利益者，也是大宋帝国统治集团的柱础，唯其如此，他们才会死心塌地地忠诚于这个王朝，服膺于这个帝国，你若与这个王朝帝国过不去，那就是跟自己过不去了。

又看北宋历史上的两次改革，是否触犯了士大夫的既得利益呢？

从范仲淹在"庆历新政"中提出的施政纲领看，他明确提出"养贤之方，必先厚禄，禄厚然后可以责廉隅"，很明显，他在这方面的"新政"和太宗的旧政是高度一致的；又看王安石的熙宁变法，高俸禄、高福利不但有增无减，而且在正俸之外又增加了"吏禄"。于此可见，这两次改革不但无损于士大夫集团的既得利益，而是在高度维护的基础上又给予了更高的待遇。这些士大夫们在为官时享受了优厚的待遇，在致仕退休时，往往还要再升一级官阶，以享受更高的退休待遇。而皇帝特别下旨嘉赏的，还可以转升两级。如果官员退休时已位极人臣无法再升，则加封王爵。除了生前待遇，死后还有哀荣，而这些哀荣也不仅仅是虚荣，对其子孙都有恩荫。但这样的高薪养廉既难以养廉，又让更多的人拼命往公务员队伍里钻，致使官僚队伍不断膨胀，随之而来的便是国家财政难以承受的沉重负担，从而导致了一直无法革除的冗官之弊和积重难返的财政危机。我在这里拿王益的家庭负担来说事，实在不是多余的话，此事与日后的王安石变法有直接关系，这里提前作一番必要的交代。

又据王安石在《先大夫述》中对父亲追忆，王益做了一辈子官，为官清廉，从不置田产，一家人也就没有安身立命的根基，这当是他在宦途辗转中一直拖家带口的原因之一，吃穿用度全靠官俸，住的也是官舍。但由于大宋帝国对官员的优厚待遇，他养活这么一大家人也不用犯愁。这里不说他有多么高尚，就为了这样的优厚待遇，他对这个王朝帝国也该充满了感恩之心，敬业尽责地为这个帝国服务。当然，他也是一个当之无愧的好官，他从入仕之初、任建安主簿开始，就彰显出了一个能吏的干练。刚来时，由于年少位卑，很多人没把他放在眼里，但几个月之后，他的干练能干和干出来的实绩就让人们心服口服了，甚至还有些敬畏了，连县令都依赖他治县。当时，县人由于不按时纳税，州府追究到了县里。王益查明了实情，替老百姓说话了。公曰："孔目吏尚不时入税，贫民何独为邪？"意思是，孔目吏尚且不按时缴税，怎么偏偏让贫苦百姓按时缴税呢？孔目吏，是唐宋时代的一种地方军事幕僚官，而王益这个县主簿很果断，"即与校至府门，取孔目吏以归，杖二十，与之期三日"。那个孔目吏被王益捉拿归案，挨了二十大板，限期三天把欠税缴清了。这个效果立竿见影，"自将已下皆侧目"，一县的老百姓无不按时纳税了。从建安主簿迁为临江军判官后，"守不法，公遇事辄据争之"，太守是他的顶头上司，但对这个不守法令的太守，他总是据理力争，这凸显了他坚持原则、不畏权势的性格。——

王益辗转各地为官时，正是宋仁宗缔造的仁治盛世，也被历代后世公认为中国历史上最好的时代。但从王益的事迹可以看出，一个文治盛世的吏治并没有后世想象的那样美妙，一方面是违法乱纪的官僚，一方面是为非作歹的"豪吏大姓"，而这就是一个帝国的统治基础，而像王益这样正直的官员，在统治集团内部也就只能处于尖锐的矛盾和对抗地位。又看王益这样一个正直官员的表现，一方面，他是一位很有魄力也很严厉的官员，他的严厉，一是对属下的约束很严，二是对上司违法乱纪的抗争之厉，三是对于那些欺侮损害底层人民利益的大户豪族也敢于严厉打击。另一方面，他对老百姓又很宽仁，凡坐堂审案，他很少动刑，不像别的青天大老爷那样，惊堂木一拍，就要喝令凶似恶神的皂隶抡起板子打人。王安石称道父亲"一以恩信治之，尝历岁不笞一人"。而一旦遇到了凶险与危机，无论是翁源降虎，还是韶州平叛，他又表现出了大无畏的勇气，他知韶州时，当地屯兵正欲发动一场叛乱，还准备劫狱。当别的官吏在变乱发生时，"无所可枝梧，佐吏始殊恐"，他却临危不惧，"公不为动，独捕其首五人"，以铁腕的方式将一场即将发生的叛乱扑灭了，大胆、冷静，果敢而神速。

　　在北宋理学先驱胡瑗看来，像王益这样的官员，也就是他理想主义的"政范"——政治典范、模范官员，王益的事迹也被他收入了《政范》一书中。而在王安石的追忆中，无论其父王益走到哪里，无不称治，"领新淦县，县大治"，"改大理寺丞，知庐陵县，又大治"，然而他创造了"大治"的政绩，一生却未得到朝廷的"大用"，这又不能不说是帝国体制上的问题了。王安石对父亲深情的缅怀，自然也有一个儿子为父亲彰显功业的因素，但更多的是，他以这种追忆或缅怀的方式，深深地感知了父亲的为官之道，从小耳濡目染，在自己步入仕途后继承了父亲的精神遗产，从政治的意义上看，没有人能超过父亲对他的影响。而从王安石日后表现出来的政治性格和人格看，他与父亲又何其相似乃尔！

　　又从人生意义上，王安石忆其父亲："公于忠义孝友，非勉也，宦游常奉亲行，独西川以远，又法不听。在新繁未尝剧饮酒，岁时思慕，哭殊悲。其自奉如甚啬者，异时悉所有又贷于人。治酒食，须以娱其亲，无秋毫爱也，人乃或以为奢。居未尝怒笞子弟，每置酒，从容为陈孝悌仁义之本，古今存亡治乱之所以然，甚适。"大意是，他父亲为国尽忠，对父母尽孝，他辗转宦途时，都是带着父母前往，只有当他远赴四川为官时，由于蜀道之难，又因朝廷制度不许携亲，他才未能带着父母一起去。他是一个温和慈祥的父亲，从不对孩子发脾气，从不打骂孩子，对孩子的教育一般是在饭桌上，他有小酌的习惯，一边慢慢饮酒，一边娓娓道来，给孩子们讲那些孝悌仁义、兴亡治乱的道理，而且讲得形象生动，很适合孩子的天性，一直渗透到孩子们的心底。在王安石眼里，父亲还有一个美德，他对自己吝啬苛刻，待友却极厚，常倾其所有，一点也不吝啬。

王益既是一个具有典范意义的官员，但他对人生仕途上的功名利禄并不在意。他曾做过这样一首诗，抒发自己像范蠡一样功成身退的心愿："灵谷神仙宅，言归肆目新。山光远如画，秋色老于人。世事棋争劫，人心海变尘。功成思范蠡，湖上一闲身。"从王安石入仕后的心态上看，和父亲也是相似的。不过，他也对父亲的一生发出了不无遗憾的喟叹："其自任以世之重也，虽人望公则亦然，卒之官不充其材以夭。呜呼！其命也。"他认为以其父的德行和能力，原本应该在更高的地位上有更高的建树，而朝廷还没有重用这样一个人才，他就英年早逝了。可惜了，这也是他的命吧。

除了父亲，从家庭生活看，同寇准、范仲淹、欧阳修、周敦颐那些年幼丧父、由寡母抚养成人的士人相比，王安石是幸运的，他拥有一个完美、健康的大家庭，母亲吴氏对王安石一生的影响，虽说没有父亲那样明显，却又似乎更加深远。王安石在兄弟中排行第三，却是二房（吴夫人）的长子。他步入仕途后，也像父亲生前一样，在辗转宦途时都是带着母亲一同前往。吴氏嫁给王益时年方十九，比丈夫小八岁，她生于书香之家，据说还是临川的诗书望族。据曾巩为她撰写的墓志铭称道：吴夫人"好学强记，老而不倦，其取舍是非，有人所不能及者"。又据在王安石所撰的《外祖黄夫人墓表》称，他外祖母黄氏也知书达礼，

"又喜书史，晓大致，往往引以辅导处士，信厚闻于乡，子为士，无亏行，繄夫人之助"。而王安石兄弟后来皆有大出息，除了父系血统，有一半应归功于其诗书望族的母系血缘。这是一位有大德的母亲，天下最难当的就是后母，而她对王益前妻谢氏所生的两个儿子安仁、安道，视如己出。她是众多儿女最直接的教母，对孩子管教据说要比作为父亲的王益更严厉一些。在她的教养下，除了儿子，王家三个女儿都知书达理。王安石后来于仁宗嘉祐五年（1060年）出使辽国前，曾写一首著名的诗篇《示长安君》："少年离别意非轻，老去相逢亦怆情。草草杯盘供笑语，昏昏灯火话平生。自怜湖海三年隔，又作尘沙万里行。欲问后期何日是，寄书应见雁南征。"这个长安君就是王安石的大妹妹王淑文，后来嫁给了工部侍郎张奎，封长安县君，据说善诗，在当时还小有名气。除了相夫教子，吴氏作为一个大家庭的主妇，还要当家理财，如何把丈夫的正俸、禄粟、七七八八的补贴之类厘清，又如何安排这上有父母、下有儿女的一大家人的吃饭、穿衣、读书的各种费用，又如何做到开源节流、收支平衡，还真是难为了这位主妇。看日后的王安石变法，就是从理财入手，甚至把为国理财作为其变法的核心，或许从他母亲为家理财开始就有很多潜移默化的切身感受了。

宋仁宗明道二年（1033年），也就是王安石十二岁那年，这是王安石出生后第一次有比较明确的年度记载，这年，因祖父王用之去世，他随父从韶州回临川故里丁忧守制。这三年间，王安石在家乡的云峰书院就读。这座书院位于上池村东明珠峰东南半山腰，王安石后来自号半山，晚年定居江宁时，又将自家宅第取名半山园，据说就是因为这一段经历。而他故乡的后世为了纪念他，后来又将云峰书院改名为半山书院，至今犹在。就在云峰书院就读时，少年王安石曾赋七绝，《云峰早照》一首："一株明霞黯淡红，瓦沟已现雪花飘。前山不放晓寒散，犹镇白云两山峰。"这也是王安石自幼聪颖、少年早慧的佐证之一。又据说他少好读书，一过目则终身不忘，《宋史》更是称他"属文动笔如飞，初若不经意，既成，见者皆服其精妙"，连站在一边看的人也在他走笔之间眉飞色舞，惊叹其精妙！还有更神奇的，宋仁宗景祐二年（1035

年），大西北那早被大宋纳入帝国版图的党项羌（西夏）勃然生变，江山变色，其首领赵元昊发动叛乱，欲从大宋帝国版图上分裂出去，独立建国。这消息伴随着强劲的西北风呼啸般传来，朝野上下为之震动，连远在抚州临川故乡的少年王安石也听说了。在忧愤之中，他一挥而就，赋《闲居遣兴》一首，在诗中发出悲愤的追问："谁将天下安危事，一把诗书子细论？"——这不是传说，而是他现存最早的一首诗，而此时，他还是一个年仅十四岁的少年，不说他的才华如何了得，只说他小小年岁就能以天下安危为己任，并发出这样发人深省、撼人心魄的追问。宋朝既是一个文治盛世，也是一个盛产神童的时代，仿佛真有天人感应。同那些个神乎其神的神童们相比，王安石并未被历史刻意塑造成一个神童的形象，他也不是一般意义的神童，而是一个被历史提前塑造的或提前长大的国士！

景祐四年（1037年），王益通判江宁（今南京），十六岁的王安石随行。

从此，他一生就与江宁结下了不解之缘。后来他一生三知江宁，江宁既是他一生居住时间最长的地方，也是他的归焉之地，虽是第二故乡，却远胜于他那一直到现在还争执不休的故乡。江宁也是他一生中的第一伤心地，他父亲通判江宁不过两年，就于宝元二年（1039年）二月病逝，年方四十六岁。对于那一大家子人，如同一个生活的顶梁柱、一个精神支柱顷刻间就一起倒塌了。王安石曾写过一首长诗《忆昨诗示诸外弟》："精神流离肝肺绝，眦血被面无时晞。母兄呱呱泣相守，三载厌食钟山薇。"这是一个硬汉子一生少有的一篇泣血之作，哪怕远隔千载，也能让人感受到人生支柱倒塌的断裂与撕心之痛。

父亲死后，王安石跟着两个同父异母的兄长入江宁府学，攻读儒家经典，接下来便是科举考试了。这也是天下诸生一直的追求，但他与诸生又有不同，除了孔孟之学，他还遍览诸子百家，在后来致好友曾巩的信中，他说："故某自百家诸子之书。至于《难经》《素问》《本草》诸小说，无所不读，农夫女工，无所不问，然后于经为能知其大体而无疑。"而在百家中，他对《商君书》《韩非子》等"弃古法新"的法家典籍尤为推崇，自小就兴趣盎然、百读不厌。他对商鞅这个被儒家打入了历史另册的变法派人物充满了崇敬:"自古驱民在信诚,一言为重百金轻。今人未可非商鞅,商鞅能令政必行。"他读书从不死记硬背,而是充满了求索和追问。由于儒家经典在秦始皇焚书坑儒后,很多原书散失不全,王安石一方面对所能搜罗到的经典,尽可能以研读的方式力图还原经典的本来面目,不为董仲舒"罢黜百家,独尊儒术"之后的传注者所惑,通过对诸子百家的比照阅读,努力去接近儒家的原典意义。

庆历元年(1041年)春,年方弱冠的王安石离开江宁,赴京应礼部试。从他的《忆昨诗示诸外弟》一诗看,他对通过科举入仕没有过分强烈的功名追求,倒有几分无奈的苦涩:"刻章琢句献天子,钓取薄禄欢庭闱。"他之所以去应试,是为了解决一个很现实的问题,在父亲病逝之后,一家人的生活陷入了困境之中,若能通过科考入仕"钓取薄禄",就能给惨戚的家庭和不堪重负的母亲多少带来一些欣慰与欢笑。他还真是没有让母亲失望,在他赴京应试的第二年,即庆历二年(1042年),也就是范仲淹推行庆历新政的那年,二十一岁的王安石以和他父亲当年登科一样的年龄,登杨寘榜进士第四名。那时候,谁中了状元,就以谁的名字来称呼本次进士榜,杨寘榜进士,杨寘就是状元。

从史上的另一种说法看,这杨寘榜差一点就成了王安石榜,按礼部考试成绩,王安石已中进士第一名,主考将一甲进士(前十名)的试卷呈送仁宗皇帝,位列前三名的是,王安石第一,王珪第二,韩绛第三,只等天子钦点状元、榜眼和探花了。而对前三名的试卷,天子自然看得挺仔细,王安石那篇文章还真是让仁宗边看边击节赞叹,天子正看得龙颜大悦,却忽然脸色一沉,那卷子上竟然冒出了一句话,一下刺痛了天子的龙眼,仁宗"咯噔"一下,就把卷子按下了。又到底是一句什么话让天子感到刺眼呢?据说,王安石借用了《尚书·洛诰》中的一个典故:孺子其朋。原句是"孺子其朋,孺子其朋,其往",意思是"你这年轻的小孩啊,今后和群臣相处时,你要像朋友一样融洽啊"。这是周公辅成王的一句劝诫,语重心长。周成王即位时还是个小孩子,也可以说是个儿皇帝,由周公摄政,而宋仁宗即位时也是个十二三岁的小孩子,儿皇帝,由刘太后擅政多年,这段当儿皇帝的经历让仁宗心里一直很别扭，而王安石说者无心，仁宗听者有意，一句话无意间触动了一个天子的心结，王安石也就活该倒霉了。仁宗说："此语忌，不可魁天下。"一气之下，就把王安石与那个原本列在第四名的杨寘给对调了，一个已经到手的状元，被天子这么颠倒了一下，也就沦为了第四名，愣是连个榜眼、探花也没捞上。对此事，王安石一辈子也未提及，但后世却说得有鼻子有眼，若果真如此，王安石只因这说者无心的一句话就丢了一个状元郎，这大宋帝国的国考也就有点近乎儿戏了。历史上，像这样的事情还不少，王安石的前辈欧阳修是个失落的状元，王安石晚辈的苏东坡也是个失落的状元，但到底是怎么回事，也没有人去考证过，或许考无可考了。

又不管怎样，王安石还是幸运的，多少人穷极一生也无法跨过的一道门槛，他一步就轻而易举地跨过了，他人生的第一阶段以金榜题名而告一段落，接下来，他就要迈上那"看似平常最奇绝"的仕途了。

二、看似平常最奇绝

王安石是名列第四的一甲进士，初授官职的起点也就比较高，以秘书郎签书淮南节度判官厅公事，这个起点要比他那从建安主簿干起的父亲略高一等，他去任职的地方也是个好地方，就是那个琼花盛开、美女如云、让风流天子隋炀帝惊艳销魂的扬州。

此时的扬州太守也是非同一般的人物，就是那个与北宋第一名臣范仲淹并称为"韩范"的韩大人韩琦。此公的历史地位虽不如范仲淹，但当时的政治地位或官位都超越了范仲淹，他亲身经历并参与了抵御西夏、庆历新政等许多重大历史事件，缔造了为相十载、辅佐三朝的仕途辉煌，而王安石签书淮南，就是被派往扬州去做太守韩琦的幕僚。不过，此时韩琦正处于人生的一段低谷，作为庆历党人的领袖之一，他在庆历新政垂败之际请求外放，罢枢密副使，加资政殿学士，知扬州。虽说是人生低谷，但此时韩琦还只有三十多岁，随时都有东山再起的机会。王安石刚刚步入仕途就遇到了这样一个大贵人，这对他的仕途发展无疑提供了巨大的机会。

　　从王安石的政治抱负看,他未来厉行熙宁变法,与庆历新政一脉相承,与韩琦在政见上也该是不谋而合的,事实上,这也是一个未来熙宁变法的领袖与庆历党人的第一次交集,亦可谓熙宁变法与庆历新政的提前遭遇,他已提前交上了大运,而结果却是让人大跌眼镜。涉世未深的王安石,从一开始就没能与自己这位上司处理好关系。他显然还未完成一个士人到士大夫的转变,"每读书达旦,伏案睡片刻,日已高,急赴府,多不及梳洗,韩琦见王安石年少,疑夜饮放逸"。对那些青年官吏来说,这是一个教训,读书自然是好事,但这样通宵达旦地读书,读得这样脸也不洗、头也不梳,太阳照着屁股了才急急忙忙赶去上班,上司对你自然就没有好印象了。

　　对王安石这副不修边幅、近乎邋遢的形象,时人曾对他进行妖魔化的描述。苏洵在那篇著名的《辨奸论》中,就有如此不堪的描述:"夫面垢不忘洗,衣垢不忘浣,此人之至情也。今也不然,衣臣虏之衣,食犬彘之食,囚首丧面而谈诗书,此岂其情也哉?"大意是,此人他经常不梳洗就出门见人,看书入神时,随手就拿东西吃,连吃了狗食猪食也不知道。而谁都知道,犬彘在古代是比喻卑劣行为或卑劣之人的常用词,苏洵如此含沙射影地咒骂王安石,也只能说明他自己有些卑劣下作了。不过,也有后世说,此文是一篇冒用苏洵之名的伪作。但王安石这样不修边幅、邋里邋遢,却又似乎不是假的,在他一生中随时都会表现出来。王安石的上级韩大人,他看了这个下属这样一副邋里邋遢的形象,又怎么会对他有好印象呢?况乎,他又根本不知道王安石是在通宵达旦地读书,还以为他是"夜饮放逸",浪荡不羁,既耽误了公事,又荒废了青春。韩琦是个沉静寡言的人,但在隐忍多日后,他终于忍不住开口了:"君少年无废书,不可自弃!"无疑,韩琦对他的批评都是善意的,语重心长的。到了这时候,王安石是应该老老实实地接受批评的,在承认错误的同时,他也可把自己并未荒废读书的实情告诉这位充满了善意的上司,多少可以消除一下上级对自己的误解。但王安石却没有半点解释,就一声不吭地退走了,还暗自嘀咕:"韩公非知我者！"

从王安石的嘀咕看，这位初出茅庐的年轻官员也太自负了，而那个韩大人还真不是他的知音。又据说，"韩琦虽重文，而不以吏事许之。王安石秩满去，会有上韩琦书者多用古字，韩琦笑而为僚属曰：'惜王廷评不在此。此人颇识难字。'王安石以为轻己，由是怨之"。大意是，王安石在韩琦手下担任廷评（又称"廷尉评"，幕僚或属官名）时，对有文才的读书人虽说很重视，但对王安石却很慢待，从不把公事交给他办。王安石任满离去后，有人给韩琦上书，其中有很多生僻的古字，一般人都不认得，韩琦则笑着对僚属说："可惜王廷评不在这里，他倒是认得不少难字。"王安石听说后，有一种备受愚弄的屈辱感，他觉得韩琦是轻视他、嘲笑他，难道他王安石除了认得几个别人不认得的难字，就什么也干不了？心高气傲的王安石，是一个像范仲淹那样有志于天下的士人，可惜他的上司不是范仲淹，而是韩琦。要说呢，这也实在不能怪人家韩大人，韩琦其实和他一样，"有大志气，端重寡言，不好嬉弄，性纯一，无邪曲，学问过人"，这两人的性情其实很相似，而韩琦又岂止是等闲之辈，他是史上公认的三朝贤相，也是一个奖掖后进犹恐不及的伯乐，一生不知发现、提携、荐举了多少人才。这样一个人，又不知有多少人想巴结他，譬如说那苏洵、苏辙父子，都绞尽脑汁地给他上书，也都得到了他的引荐。还真是可惜了，这个伯乐竟没有发现自己眼皮底下就有一匹无与伦比的千里马，而这匹千里马也实在太不会表现自己了，他们的性情如此相似，连相貌都有几分相像，貌似父子兄弟，却如此不投缘，也不能说是没缘分，只能说王安石还真是少不更事，既不善于表现自己，又不会处理人际关系，尤其是上下级之间的关系，从而错失了他入仕之后的第一个绝好机会。韩琦此时虽然暂处人生低谷，但过不了几年，他便重返朝廷枢要位置，两摄相印，主宰天下，许多他看好的下属，随着他的高升都得以超升，而王安石错失了这个机遇后，也就只能在仕途上一步一步地走了。又有史载，"韩琦后知王安石之贤，欲收之门下，王安石不从"，可见他对自己的这个老上级是有多深的成见，而他俩命运中的一次交集，也将是宿命般的分道扬镳。

而就在王安石和韩琦相处得别别扭扭时,他还有被另一个伯乐赏识的机会,那可是一个千古伯乐——欧阳修。欧阳修和王安石到底是什么关系?一般都说是师生关系,然细看历史,却也未必。世称唐宋八大家的宋六家,除了欧阳修本人外,其余皆出于他门下,如三苏中的老苏(苏洵)虽说与欧阳修年岁差不多,却是拜于欧阳修门下又是在欧阳修的直接推荐下一举成名天下知的,自然是师生关系;他两个儿子大苏和小苏则是欧阳修主持礼部考试时登进士榜,这在科举时代是更正宗的师生关系;曾巩就不说了,他是欧阳修的入室弟子、得意门生。唯独一个王安石,既非出自欧阳修门下,也非欧阳修担任礼部主考时的士子,也就没有通常意义的师生关系了。而追溯王安石与欧阳修的关系,又得说到曾巩这个中介了。曾巩既是欧阳修的得意门生,又是王安石一生交谊最深的友人,两人还兼有同乡和亲戚关系。曾巩对王安石的文章一直非常推崇,曾两次向欧阳修写信推荐王安石。庆历四年(1044年),也就是王安石正在扬州淮南判官任上时,曾巩在《上欧阳舍人书》中向欧阳修推荐王安石这个不可多得的人才:"巩之友王安石,文甚古,行甚称文。虽已得科名,居今知安石者尚少也。彼诚自重,不愿知于人,尝于巩言:非先生无足知我也。"从这封信中看,曾巩还真是王安石的知音,王安石还真是一个"彼诚自重,不愿知于人"的青年士人,但这又并非他的谦卑低调,恰恰相反,他内心里自负得要命,而这种特别自负的人,又总以清高孤傲、特立独行的方式表现出来。但也应该注意到,从曾巩这封信看,王安石在同曾巩私下里的交谈中,也曾流露出对欧阳修的敬重,认为只有欧阳修先生这样的人才能理解他:"非先生无足知我也。"而他之所以与韩琦的关系搞得别别扭扭,又只因"韩公非知我者"!

然而,虽说他寄望于欧阳修这样的伯乐理解他、赏识他,却也并不能断定他"希望得游于其门下",执弟子礼。接着往下看,庆历六年(1046年,一说为庆历七年),此时,作为庆历党人的欧阳修也跌入了人生低谷,正在贬知滁州任上,曾巩来滁州拜访恩师,还特意带了王安石、王回、王向等人的文章，推荐给欧阳修，也有意让欧阳修对这些文章做一下评判。而欧阳修看了王安石的文章，亦如后来宋神宗（还是太子时）看了王安石的文章一样，大有相见恨晚之感，他一边诵读，一边抄写，一边兴奋而急切地让曾巩转告王安石，他想见见王安石！这是有曾巩写给王安石的书信为证的："欧公悉见足下之文，爱叹诵写，不胜其勤。至此论人事甚众，恨不与足下共讲评之，其恨无量。"但这个千古伯乐却未料到，他发现了王安石这匹千里马，这匹千里马却没有听从他的召唤，投奔到他这个伯乐门下。且不说拜师，哪怕他让王安石来见一面，那小子竟然都没来，据说还拒绝了。这也太不近情理了，欧阳修此时虽是一个贬官，但论官位，他是滁州太守（知州），王安石此时连个七品芝麻官也不是；论文名，欧阳修此时已是一代文坛盟主，北宋文坛领袖，王安石此时还只是个籍籍无名的业余作者，用曾巩的话说，"居今知安石者尚少也"，以欧阳修文坛领袖的地位，只要一句话就可以让王安石像后来的苏洵一样一举成名天下知。更何况，王安石不是也曾说过"非先生无足知我"吗？如今他终于遇到知音了，欧阳修又这样赏识他，几乎是激赏了，让他来见个面他竟然都不肯来，更不说来拜师了，天知道他是怎么想的。但从王安石的性格看，他还真是不愿意拜师门当学生。前文提及，韩琦后来也曾"欲收之门下"，结果被王安石一口拒绝了，而欧阳修倒不像韩琦那样好为人师，只是想与这位年轻才俊见个面，竟也被他拒绝了。又看王安石平生，他除了塾学、府学的那些授业之师，再就是给范仲淹写信请教了，他称范仲淹为自己的"一世之师"，那还是在范仲淹死后，对其他的前辈，无论官位之高，文名之盛，他几乎没有拜入谁家师门。而由于王安石的这一次拒绝，他和欧阳修第一次见面，至少被推迟了十年。

如此一来，王安石既错失了一次在仕途上走捷径的机会，又丧失了一次在文途上一举成名天下知的机会，接下来的路也就只能靠他自己一步一步来走了。在步入仕途的第五年，也就是庆历七年（1047年），王安石在他二十六岁时，知鄞县。在那个时代，这是按部就班的正常提拔，同二十岁就当上了县令的寇准相比，他在仕途上这关键性的一步迈得太慢了，但同三十出头才当上县令的范仲淹相比，他又提前了三四年。作为一县的长官，对于历代官员都是一个十分关键的岗位。王安石知鄞县三年，为他一生的仕途打下了坚实的基础，他的政治才能也得以充分施展和全方位的锻炼。

北宋的鄞县，也就是今之宁波市鄞州区，王安石赴任之后，第一就是了解县情，他头顶斗笠，脚蹬草鞋，东到穿山，西至桃源，走遍了"东西十有四乡"，对这一方水土，他心里有数了："鄞之地邑，跨负江海，水有所去，故人无水忧。"而鄞县不怕水，却怕旱，由于水利年久失修，一旦遇到旱年，河渠淤塞不堪，无法引水灌溉，庄稼就会绝收。应该说，王安石算是那种运气比较好的官员，他知鄞县的第一年风调雨顺，是一个瓢满钵满的大丰年。王安石一生居安思危的危机意识也在这个好年景里表现出来了，他决定趁着老百姓吃得饱穿得暖的一个好年景，利用冬闲季节兴修水利，"乘人之有余，及其暇时，大为浚治渠川，使水有所潴，可以无不足水之患"。一个县令的想法，恰好迎合了老百姓的想法，各乡百姓早已深受旱灾之苦，一听说这新来的县令要大修水利，县里既有统一规划，又有大手笔的投资，只要他们投劳出力，还有公家管饭，他们又怎么不愿意呢？用历史话语说，他们"亦皆惩旱之数而幸今之有余力，闻之翕然皆劝，趋之无敢爱力"。凡官方和老百姓想到一起时，要干一件什么事再难也不难了，那年久失修的水利很快就得以全面整修。这也是王安石知鄞县载入史册的第一件大事："起堤堰，决陂塘，为水陆之利。"

如果说兴修水利是每个传统意义上的好官都会去干的好事，王安石在鄞县干的另一件事，就不是一个好官的作为了，而是一个政治家的作为。那是他知鄞县的第二年，在青黄不接的春播季节，由于地主豪强对土地的兼并、对农人的盘剥，很多农户沦为了赤贫，在交完皇粮国税和地主的田租后，每到了春耕时节，连种子粮也没有了。王安石对那些兼并土地的地主豪强一辈子深恶痛绝，但这是朝政，他一个七品芝麻官是不可能从体制上去改变的，但他也想出了一个既对老百姓有利又对国家有利的双赢之举，那就是，先把县府粮仓中的储粮借贷给农人，让他们先填饱了肚子有力气种田，约定到秋收之后加纳少量利息偿还。这样一来，县府粮仓里的存粮既能年复一年地更换为新粮，还能增加一些利息。这就是王安石知鄞县载入史册的第二件大事："贷谷与民，出息以偿，俾新陈相易，邑人便之。"而他的这一举措，还将有更深远的意义，这就是他日后在熙宁变法推行的青苗法，但此时还只是一个尚未命名的雏形。

除了对青苗法的尝试，王安石在第三个年头里，对鄞县的政治、经济、教育乃至军事（兵役）等各方面都进行了一些试验性的改革，但由于受到国家政策的限制，他一个七品芝麻官，哪怕吃了豹子胆也不可能改变国家的体制和律令，就是吃了豹子胆他暂时也没有这样大的能量，也就只能是一些小打小闹的改革。从历史意义看，鄞县可谓他摸索改革变法之路的一块最初的处女地和试验田，为他日后推行一场划时代的伟大改革积累了一些局部经验，当然，也难免会有挫折和教训，这也是他小试牛刀的尝试吧。

宋仁宗皇祐二年（1050年），王安石从鄞县卸任，恰此时，当年那个庆历新政的总设计师范仲淹在贬官生涯中几经辗转后，又知杭州。王安石比范仲淹晚生三十二年，在范仲淹推行庆历新政时，王安石二十岁出头，一个假设，如果庆历新政没有流产，范仲淹此时正在执政，在王安石入仕之后，无论在什么岗位上，他都会成为庆历新政的一个得力干将。而历史没有假设，范仲淹的庆历新政必将由一个叫王安石的晚辈转化为熙宁变法，而这两位北宋时代的伟大改革家，一生是否有过交集呢？应该有，而且就在眼前了。

鄞县离杭州没有多远，而范仲淹既然是王安石的精神导师，一个此前的改革派领袖和一个未来的改革派领袖，是不会错失一次历史性会晤的。在此之前，王安石也曾多次给范仲淹写信，向范仲淹请教改革除弊的良方，虽有尺牍往返，却还从未有过直接交集。趁卸任之际，王安石去杭州拜访了这位老前辈。这一老一少，一个是"求之千百年间，盖示一二见"的范仲淹，一个是"希世之异人"王安石，在美如仙境般的西子湖畔相见了。此时，范仲淹已六十二岁，在西湖的碧波中，映现出一个孤立而苍老的身影，须发飘白，背已佝偻，由于多年来患有肺疾，哪怕在这如天堂一般的地方，老人也在一声紧似一声的咳嗽。他大约已预感到时日不多，而壮志未酬，内心也越来越感到压抑和痛苦。而此时的王安石年近而立，和这样一个老人在一起，仿佛也有了一个沧桑的心境，也是满腹沉重满心忧患。他们就这样忧心忡忡地交谈着，话题是那样沉重，而那在风中泛起粼粼波澜的西湖，在他们饱经沧桑的视野里，仿佛闪烁着费解的启示。

当王安石告别这个老前辈时，一种悲凉的预感逼真地出现了。

他的预感在两年后应验了，范仲淹在赴最后一任贬官的半途上一病不起。当范仲淹病逝的噩耗传来时，王安石的悲切难以形容，他心里涌动着很多不可名状的感受和惆怅。

他在《祭范颍州文》中悲叹："呜呼我公，一世之师。由初迄终，名节无疵……"

然而，在范仲淹辞世多年之后，王安石却又在宋神宗面前批评范仲淹"好广名誉，结游士，以为党助，甚坏风俗……"

如果仅仅只看到了历史的某个片段，或许永远也看不清历史的全部真相，而历史的部分真相时常会颠覆全部的历史。历史上仿佛有两个王安石，一个给范仲淹以最高的礼赞，在这个王安石眼里，范仲淹是一个"名节无疵"的千古完人；一个是"甚坏风俗"者。这两个王安石或两个范仲淹，到底是谁发生了人格分裂？历史深处，人性深处，有着某种不寻常的、幽邃的神秘感，阴暗得不可探究。

接着往下看。从王安石知鄞县三年的人生仕途看，他的政绩，他埋头实干又不张扬的品格，如桃李不言，下自成蹊，渐渐引起了朝廷的注意，时任宰相文彦博称道他"恬然自守，未易多得"，并向朝廷推荐他这个不可多得的人才，特征召他试馆职。入馆阁，拜翰林，对于宋朝士人来说，如同鲤鱼跳龙门，是日后超升宰执大臣的一个重要台阶，多少士人为之梦寐以求，但王安石又一次做出了让人匪夷所思的选择，他以"祖母年老，先臣未葬，弟妹当嫁，家贫口众，难住京师"而"乞不就试"。应该说，王安石所言确是实情。他在兄弟中虽是排行第三，却是二房长子，而他那两位同父异母的兄长，长兄安仁，读书二十年，直至皇祐元年（1049年）才中冯京榜进士，比他晚了七年，而仕途也自然比他晚了许多，估计此时还是个八九品的小官，而他二哥安道一生未见科举功名，至少得等到王安石得势之后，才能以荫恩授以官职。而这两位兄长此时皆已成家，连养活自己的家小都勉为其难。一大家子人，从年迈的祖母、母亲到众多的弟妹，就全靠王安石来养活了。这也是早逝的父亲提前交给他的沉重负担。又据王安石之子王雱的年龄推测，此子生于庆历四年（1044年），王安石应该在庆历三年就已结婚，他也有自己的家小要养。二十多岁的王安石，承担的是一个四世同堂的大家庭，其负担比父亲生前更加沉重。而在京师要解决一大家子人的住房问题，还真是比在州县难得多。这都是实情，但显然又不是全部的实情。王安石绝不是一个简单的人，肯定还有他不简单的考量。对此，我只能从他的人生走向去猜测他的心机，他可能有与一般士人非同一般的想法，还是想从地方上一级一级台阶往上爬，与其上调朝廷，在一个清水衙门担任一个虚职，那还不如在地方上担任一个实职，扎扎实实的，为自己日后登上高位打下更坚实的政治基础。当然，对于王安石这种无与伦比的政治家，你也不能从一般的仕途功名去理解，或许更应从一个政治家有志于天下的崇高理想去猜想。据此，又可以按照当年的政治逻辑推论：他想从各个侧面、各个阶层去探究这个国家积重难返的病根在哪里，以便开出对症下药的处方。

对历史事实，可以分析，但没有假设，在放弃了一次青云直上的机遇后，王安石也就只能接受按部就班的安排，从七品县令升为六品通判，以殿中丞通判舒州（今安徽省潜山县）。庆历二年（1042年），他正当而立之年，在这个舒州让他挺不舒心。走马上任，迎接他的是一场旷日持久的大旱，从春到夏，干裂的农田像被火烧过似的。眼看就到了秋收季节，那些衣衫破烂、骨瘦如柴的农人，站在被烈日烤焦了的稻禾间，眼里充满了绝望，那蒙着灰尘的肮脏丑陋的面孔，也像他们脚下的土地一样被烈日晒得干裂了。看见来了个当官模样的人，走到了离他们最近的地方，他们跪下了，磕头，呼号，把一双双瘦黑干枯的手伸向他："青天大老爷，救救我们啊！"

　　作为通判，他是有权监督州县官员的，但几乎所有的官吏都把责任一股脑儿推给了老天爷，老天爷不下雨有什么办法呢？但王安石察看之后，发现舒州并不缺水，这里地处长江北岸、皖河上游，怎么会缺水呢？缺的是水利工程，没有水渠把江河里的水引到老百姓的农田里来。这水利工程早就该修了，那些当官的都干什么去了？看着那些吃皇粮、领俸禄的大小官僚，对眼看就要绝收的粮食，对老百姓的死活，都不管不问，一个个坐在大大小小的衙门里，摇着鹅毛扇，王安石眼里火星子直窜。那些尸位素餐的官僚师爷们也不想想，那田野里的庄稼干死了，绝收了，那在烈日下煎熬的老百姓，正在徒劳地苦苦挣扎，他们吃的皇粮又从哪里来？他们领的俸禄又从哪里来？

　　终于，苦旱的舒州人在农历七月中旬盼来了一场祈求已久的雨水，但上苍恩赐的一场雨水却难以浇灭王安石心中的焦虑和怒火，他在《舒州七月十一日雨》一诗中奋笔疾书："行看舒气来方勇，卧听秋声落竟悭。淅沥未生罗豆水，苍茫空失皖公山。火耕又见无遗种，肉食何妨有厚颜。巫祝万端曾不救，只疑天赐雨工闲。"

　　除了天灾，还有甚于天灾的人祸。舒州原本是一个"土沃人良耕"的富庶之乡，而王安石眼睁睁地看着的却是一个"百室无一盈""市有弃饿婴"的荒州。在他通判舒州的三年里（他自叹是"三年佐荒州"），通过一次次明察暗访，他发现很多官僚与豪强大贾相互勾结，形成了一条条权势与黑金的利益链，一环扣着一环，这样一个地主兼并和酷吏"掊克"的特权利益集团，在对土地大量兼并的同时，又垄断了市场。究其原因，则是自北宋开国之初，为了迅速恢复历经战乱、满目疮痍的农业生产，对地主采取了"不抑兼并"的态度，而在经历了近一百年之后，从最初的"不抑兼并"到如今已形成了积重难返的土地兼并，致使三分之一的自耕农沦为赤贫的佃户，而豪强地主又在权势者的保护伞下，采取各种伎俩隐瞒土地，致使富者有田无税，而贫者的税负越来越沉重，又加之连年自然灾害，很多地方都发生了大饥荒。民以食为天，王安石作为一个政治家在理智上的清醒，深知当天下出现大量的饥民，这个国家也就高度危险了，哪怕凭人类的本能，一个人也会在饿死和别的死亡方式中做出最本能的生命选择，那就是揭竿而起的反叛。"时日曷丧，予及汝偕亡！"当夏人在绝望中发出这样的呐喊，中国历史的某种未来便已确立，而这样的反叛从一开始就是以决绝的同归于尽的方式，"予及汝偕亡"！

应该说，王安石是一个提前终结了某种盛世幻觉的人，他有一种强烈的危机感，他已经意识到这个帝国的体制出了问题。但此时，他至少还没有那么强烈、那么明确地指向体制，更多的还是指向那些治政无方的昏官、那些搜刮民财的贪官、那些戕害百姓的酷吏。而在他看来，这一切都可以归结为"兼并"，他在其五言古体（五古）诗《兼并》中明确表达了自己的政见："三代子百姓，公私无异财。人主擅操柄，如天持斗魁。赋予皆自我，兼并乃奸回。奸回法有诛，势亦无自来。后世始倒持，黔首遂难裁。秦王不知此，更筑怀清台。礼义日已偷，圣经久埋埃。法尚有存者，欲言时所哈。俗吏不知方，掊克乃为材。俗儒不知变，兼并可无摧。利孔至百出，小人私阖开。有司与之争，民愈可怜哉。"从这首五言诗中可以看到王安石对民生疾苦的真诚悲悯。但严格说，他的出发点、立足点，都并非站在人民的立场上，作为大宋帝国一位赤胆忠心的臣子，他一直坚定地站在统治者的立场上，而他看到的一切，想到的一切，只有一个核心意图，就是要为这个帝国来化解危机，这无所不在的危机已经直接危及了帝国的统治基础。这也是他在熙宁变法之前提前就开好的一个药方，从"不抑兼并"到强有力地抑制兼并，给那些走投无路、随时都可能揭竿而起、走向反叛之路的老百姓开辟一条活路。

像王安石这样一位有思想、有政见的士人，其实一个更适合他的岗位，就是在天子脚下当一名谏官。这个机会其实也有，就在他通判舒州期间，欧阳修等人就向朝廷推荐他为谏官，朝廷曾两次征召他赴京任职，他依然以"家贫口众，难住京师"而辞谢。从舒州通判届满卸任后，朝廷再次征召他赴京。王安石于至和元年（1054年）自舒州抵京，特授集贤校理。此职为集贤院下属文职散官，主要是校勘典籍，但王安石显然不想坐冷板凳,在几番辞谢后,于同年九月"除群牧司判官"。群牧司是宋景德四年(1007年)设置的一个机构,掌管国家公用马匹(御马、军马,给官员按级别配备的车马),从这一机构的负责人看,又可谓位高权重,设制置使一人,以枢密使或副使任职,也就是由国家最高军事长官或副职担任;以下,又设使一人,以两省以上官充;副使一人,以合门以上及内侍都知充;以下,又有都监二人、判官二人。王安石从通判迁为群牧判官,也是一个很不错的安排,他这官职,司马光的父亲也当过,据司马光《训俭示康》称:"先公为群牧判官。"

就在王安石此次赴京任职的第二年,嘉祐元年(1056年),三十五岁的王安石终于和年近天命的欧阳修见面了。春秋鼎盛的欧阳修,此时正处于仕途与文途的鼎盛时期,他以一首《赠王介甫》来表达他对王安石的激赏和相见恨晚的慨叹:"翰林风月三千首,吏部文章二百年。老去自怜心尚在,后来谁与子争先。朱门歌舞争新态,绿绮尘埃试拂弦。常恨闻名不相识,相逢樽酒盍留连。"从这首诗看,欧阳修在对晚辈后生的奖掖面前,绝对没有一个文坛盟主和朝廷大臣的倚老卖老或故作高深姿态的矫情,他以李白之诗(翰林风月)来比拟王安石之诗,以他最崇敬的韩愈之文(吏部文章)来比拟王安石之文。在他眼里,王安石的诗文都是当代文坛的两座顶峰,而且让后世望尘莫及——"后来谁与子争先?"王安石投桃报李,以《奉酬永叔见赠》一诗表达了对欧阳修的钦佩与景仰,也以谦虚谨慎的态度抒写了自己的志向:"欲传道义心犹在,强学文章力已穷。他日若能窥孟子,终身何敢望韩公。抠衣最出诸生后,倒屣尝倾广座中,只恐虚名因此得,嘉篇为贶岂宜蒙。"

这原本是一段文坛佳话,却引起了后世无聊的纷争。一是就王安石之诗攻击王安石其人,说王安石以"他日若能窥孟子"自诩圣人,又以"此身安敢望韩公"将欧阳修比作韩愈,在欧阳修面前何其张狂,好在欧阳修大人不计小人过,"不以为嫌"。又借欧阳修之口,以讥讽王安石的无知,说是,欧阳修读王安石的答诗后,笑道:"介甫错认某意,所用事乃(南齐)谢朓为吏部尚书,沈约与之书,云二百年来无此作也。"又言：若是韩吏部，那到现在何止二百年？从这样的编造看，无知的不是王安石，而恰好是这些挑拨古人恩怨、搬弄千年是非的恶意造谣者。沈约在评价谢朓之诗时，确乎说过"二百年来无此作也"，而孙樵上韩愈书中，亦有"二百年来无此文"之语。而欧阳修以李白之诗比王安石之诗，以韩愈之文比王安石之文，一诗一文，对仗工整严谨，又不重复，若以谢吏部之诗比王安石之文，就有点牛头不对马嘴了，而古人在诗歌对仗中切忌重复性比喻。而古人在数字方面多用约数，"二百年"未必就一定是说二百年。这是常识。那些搬弄是非者，为了证明王安石的"无知"，结果把欧阳修推向了"无知"（知其一，不知其二）的境地，而只能证明他们自己的恶毒与无知。又，哪怕欧阳修所谓的吏部文章真的是指谢吏部，王安石理解为韩吏部，也不是无知的误解，而是最正确的答案。欧阳修也极少对谁揶揄讥讽，他对王安石这种有个性的"非常之人"还特别赏识，一个千古伯乐，自然有非同一般的人才观，他主张"尽去寻常之格，以求非常之人"，对王安石的揄扬和荐引，既是出于他爱才的美德，也是他人才观的高度体现，更是因为王安石有真才实学，否则，他也就不是什么千古伯乐了。在《荐王安石吕公著札子》中，他称道王安石"德行文学，为众所推，守道安贫，刚而不屈"，绝非虚言，而是实事求是的评价。

王安石在京师任职的两个年头里，没有得以提拔重用，既不是欧阳修的荐举没有作用，也不是朝廷对他的忽视，说到底，还是王安石自己的问题。他在两年里十多次上书，请求外任，你既然这样不安心，又怎么让朝廷放心呢？嘉祐二年（1057年）五月，王安石改太常博士，知常州。在度过了他三十六岁那个波澜不惊的本命年之后，接下来他就进入了他仕途上变动最频繁的一年。嘉祐三年（1058年）二月，他从常州知州迁为提点江南东路刑狱公事，大约相当于今天的省检察长，至少也是正四品。半年之后，又迁三司度支判官，大约相当于财政部部长助理。不过，在关于王安石人生仕履的记载中，他于何时迁三司度支判官，一直是一个疑点和难点，一般认为是嘉祐三年十月。对他担任此职，"闻者莫不喜悦"，但他本人却依然是再三推辞，他给时任宰相的富弼上书，请求朝廷让他继续在地方任职，但未获批准，他只得赴京任职。

王安石从二十岁出头步入仕途，从签书淮南节度判官一步一步地往上走，从七品县令、六品通判、五品知州、四品提点江南东路刑狱，一级也没有漏过。至此，他在地方官任上已干了十六七年，虽扮演了不同的角色，却从未得到过越级提拔，至少从客观上看，他确实是在按部就班地走稳棋。而他在稳步进取中，能在三十七岁这年被擢拔到一个朝廷重要部门任职，而且是一个四品要职，可见其前途无量。

可从他这一段人生仕途看，至少有一点在我的意料之外，王安石并非我也曾想当然的那种热血沸腾、随时都准备赴汤蹈火、冲锋陷阵的勇猛之士，至少现在还不是，从他在地方官任上长达十六七年的历练上看，他每一步都走得很稳，没有大起，也没有大落。据史载，他在各地为官时，皆以正直和执法严明而著称，每到一地，都干出了扎扎实实的政绩，凡一个传统意义上的好官该干的事，他都会尽心尽力地去干，也可以说是一个既能干又务实的太平官，而那也是仁慈的宋仁宗缔造的一段太平盛世。

但王安石似乎有点沉不住气了，就在这一年，他干了一件让任何史家都不会遗漏的大事，也可说是他走了多少年稳棋之后走出来的一步险棋——

三、秦汉以下第一大文

追溯历史，所有的悬念都不是悬念。

王安石走出的那一步险棋，就是给宋仁宗上了一篇万言书。

然而，已历经十六七载官场历练、从而立走向不惑的王安石，或许真如孔圣人在《论语·为政》中所谓，遇事能明辨不疑了，没有什么可以顾虑、疑惑的了，还有一点很重要，人之不惑，也能很好地控制情绪的变化了。

王安石那篇《上仁宗皇帝言事书》，后来被戊戌变法的领袖之一梁启超称为"秦汉以下第一大文"。对此,《宋史》王安石本传对前因后果倒是交代得相当清楚:王安石"移提点江东刑狱,入为度支判官。时嘉祐三年也。安石议论高奇……慨然有矫世变俗之志。于是上万言书"。

一个还不够级别的官员,越级给上级领导上书("越次言事"),并且是登峰造极地给皇帝上书,所谓风险与机遇并存,这是在天大的风险与天大的机遇中的一次博弈、一场豪赌。若是天子龙颜大悦,对上书者很可能天降鸿福;反之,若是天颜震怒,则是天大的灾难。王安石的文章之高超、思辨之缜密,也在这篇万言书中得以全面地施展。他以自己入仕以来对政事的观察和亲身经历,甚至还可以往前推到他追随父亲宦游的经历,向一个仁慈的天子倾诉了他对这个帝国的真实看法。

王安石上书的政治意图在于"变更天下之弊法",但他一开始并未直接切入高度敏感的政治改革,而是从人才问题切入,这是他的智慧,他或许设想过,从人才问题推动变革,仁宗皇帝比较容易接受。而人才问题必然会指向为国择仕的科举制,王安石当然不会反对科举制,他针对的是当时科举制度的腐败、学校教育的废弛。由于科场流弊丛生,加之考试内容和方式的陈腐、死板,只重文辞,不尚实学,一方面使得官僚行政机构十分庞大和腐朽,官场上"无能之士,禄以利臻;才俊之流,坐成白首";另一方面,各级政府部门又极度缺乏可用之才,"以一路数千里之间。能推行朝廷之法令,知其所缓急,而一切能使民以修其职事者甚少,而不才苟简贪鄙之人,至不可胜数,其能讲先王之意以合当时之变者,盖阖郡之间,往往而绝也",而人才的缺乏,不只是在体制内,也表现在体制外,"在位之人才不足矣,而间巷草野之间,亦少可用之才"。由此,他从制度的各个角度和侧面,伸出了他的政治触角,提出了一系列以"改革吏制,选拔贤能"为中心的改革主张,而变法又必须以人为主体,人的改变是变法的先决条件和最后归宿。

总之,王安石的这篇万言书,顺耳的好话特别少,带刺的坏话特别多。又不能不说,王安石经历的那个时代,以及他所看到的一个太平盛世的部分真相,绝对没有后世文人想象的那样繁荣、那样富庶、那样美妙。他更深入也更真切地看到了一个帝国内部的秘密，否则，他接下来要干的一件最伟大的事，甚至连他一生存在的意义，都将丧失了一个绝对不能丧失的前提。这个前提就是他对北宋帝国积贫积弱的局面所产生的强烈的危机感和忧患意识，他针对由人才危机而必然造成的政治危机、财政危机、民生危机，最终的结果是社稷危机，在他看来，这样一个让仁宗皇帝陶醉其中的太平盛世，实在是金玉其外、败絮其中，从上到下、从里到外都已经糟透了，"内则不能无以社稷为忧，外则不能无惧于夷狄"，大厦将倾，危在旦夕！而所有问题都可以归结于体制上的问题，若要挽大厦于既倒，只有一条路可走，脱胎换骨，变法图强，这让他"慨然有矫世变俗之志"，他一腔热血地疾呼当今天子，趁早采取改革变法之举，"大有为之时，正在今日！"

但他显然也预料到宋仁宗不会采纳他的变法主张，于是，又以最危险的方式，向帝国的最高统治者发出了最危险的警告："社稷之托，封疆之守，陛下其能久以天幸为常，而无一旦之忧乎？盖汉之张角，三十六万同日而起，所在郡国莫能发其谋。唐之黄巢，横行天下，而所至将吏无能与之抗者，汉唐之所以亡，祸自此始。"——如果朝廷不"变更天下之弊法"，势必发生汉之张角、唐之黄巢那样的叛乱，大宋帝国也将像汉唐那样被推翻。

当一个士人发出这样的盛世危言，他的处境有多危险？无异于是在找死！

看了这一篇万言书，又感觉很多话都不是他说的，而是另一个人早就说过的。

回顾那昙花一现的庆历新政，只要大致了解范仲淹那《条陈十事》者，就会发现，王安石提出的危机与对策，范仲淹早在庆历新政中就提前说过了，而王安石针对一系列的问题提出的以求"合于当世之变"的主张，亦与范仲淹在庆历新政中开出的药方如出一辙，在范仲淹的《条陈十事》中提出的十项改革大纲中，同样以"改革吏制，选拔贤能"为其中心，如"明黜陟""抑侥幸""精贡举""择官长"等，说穿了都是人才问题。王安石也从不讳言范仲淹是他的"一世之师"。而对于既是政治家又是文学家的王安石，这也是一篇可以从政治和文学上双重解读的文章，堪称他政论散文的一篇代表作。王安石作为明人标榜的唐宋八大家之一，自有非同一般的文笔，这篇文章也高度体现了他"文道合一"的主张。他认为，"所谓文者，务为有补于世而已矣。所谓辞者，犹器之有刻镂绘画也。诚使巧且华，不必适用；诚使适用，亦不必巧且华。要之以适用为本，以刻镂绘画为之容也"。他充满了雄辩而又文采斐然的散文，尤其是其政论文，在唐宋八大家中是突出的，可以追苏洵盖苏辙。如若以综合实力排名，我一直认为，王安石至少应排在苏洵、苏辙和曾巩之前。

这里不谈文章，只谈政治。历史虽说换了主角，但天子还是原来的天子。年轻的宋仁宗在庆历年间，也曾一度热血沸腾，锐意变革，范仲淹这个庆历新政的总设计师，几乎是在仁宗皇帝急不可耐的催促下，夜以继日地赶写出《条陈十事》，然而在盘根错节的阻力面前，一个天子的热血沸腾很快就沦为了一时的心血来潮，随着庆历新政的流产，范仲淹等庆历党人也随之遭受政治清洗，或贬谪，或流放。可见，这个仁慈的宋仁宗也有可怕的一面，连范仲淹那种功高盖世、将相兼荣的大臣他都予以毫不留情地打压，更何况眼下这个翅膀尚未长硬的王安石，他的确是在拿自己的仕途前程来冒险了。理性地看，这对王安石个人是一着险棋，对大宋帝国更是一着险棋。宋仁宗当初之所以在走出庆历新政这一步险棋后又立马"悔棋"，很可能是一个天子最正确的选择。

这里不妨再假设一下，如果仁宗按范仲淹那《条陈十事》继续走下去，也同样是机遇与风险并存，从机遇上看，有可能药到病除，从而消除一个帝国的诸多沉疴隐疾，以无病一身轻的健康肌体和如同换血般的生命活力，登上一个更高的文治盛世；从风险看，若要将改革进行到底，势必以拿出狼虎猛药，以政治强人式的铁腕与铁血清除朝野上下盘根错节的重重阻力，而很多已经固化的特权阶层、利益集团就是这个帝国的统治基础，极有可能药到病未除，反而激发了病灶，提前引爆所有的危机。随着各种矛盾的总爆发，这个王朝很可能提前崩溃，也很可能急转直下，陷入一个万劫不复的乱世。这又无异于找死了。如果一个王朝真只有死路一条，与其找死，那还真不如等死，无论寿命长短，姑且也可谓寿终正寝吧。仁宗圣明，他一生既无丰功也无伟业，从文治武功上看，还真是一个十分平凡的天子，而他在平凡中最英明的表现，或许就是在凶险莫测中提前看到了一种灾难性的后果，从此他一辈子从容沉着地走稳棋，一心去当他那个"守成贤主"，而他最渴望的人才不是范仲淹、王安石这样有思想、有政见、有志于天下的改革派，而是能够按照他这个天子的仁治理想，去帮他维持社会和谐局面的太平官、太平宰相。又从历史事实看，他的选择也足以用英明伟大来形容。他在位的四十余年里，从文化上看，被史学家称为中国文化最为灿烂的时代，被林语堂称为中国文人"最好的时代"，从经济总量上看，似乎也不像王安石认为的那样危机四伏、积贫积弱，这个时期的中国堪称世界第一大经济体。又从仁宗驾崩后的历史描述看，"大宋朝野上下莫不哭号""京师罢市巷哭，数日不绝，虽乞丐与小儿，皆焚纸钱哭于大内之前""燕境之人无远近皆哭"，无论在国内还是境外他都是一位深受爱戴的仁君。

宋仁宗不是历史的创造者，但一个文治盛世在他手里几乎达到前无古人的巅峰状态。后世对他的评价更是到了无以复加的程度，认为他缔造的"仁治盛世"远胜于盛唐的"贞观之治"和"开元盛世"。明末清初大儒王夫之在《宋论》中对他赞不绝口："仁宗之称盛治，至于今而闻者羡之。帝躬慈俭之德，而宰执台谏侍从之臣，皆所谓君子人也，宜其治之盛也！"

更有明人盛赞："宋之英主，无出仁宗！"

在对一位天子的仁治理想有了基本了解之后，对王安石的这次上书的结果也基本上就能预料了，一个年轻时那么锐意变革的皇帝，在亲手扼杀了北宋历史上的第一次变革之后，到了安详而淡定的晚年，又怎么可能去推行第二次变革呢？不过，王安石走出的这一步凶险莫测的险棋，对于他个人的命运却也有惊无险。宋仁宗只是将他那篇万言书束之高阁，但并未对王安石怎么样，似乎觉得他还算是一个不可多得的人才，从接下来的仕途上看，王安石还将继续走上坡路。

大约就在这一段时间，王安石独出机杼，写出了他的传世诗篇《明妃曲》，这是当世与后世公认的咏王昭君最好的诗。他在第一首诗中发出了"意态由来画不成，当时枉杀毛延寿"的哀叹，让人下意识地觉得，这是他在咏叹自己的变法主张也是"意态由来画不成"，他的第二首《明妃曲》又有"汉恩自浅胡恩深，人生乐在相知心"之叹，这也是他给后世留下的极具争议的两句诗，到南宋以后，很多对王安石充满偏见的人也屡屡发出自己的偏见，以"汉恩浅""胡恩深"指斥他"背君父之恩""坏天下人心术"。好在，他同时代的人，还没有把文学和政治直接挂钩、上纲上线，他这二首《明妃曲》还引来了欧阳修、司马光、梅尧臣等著名诗人唱和，也就没有像后来苏轼那样卷入"乌台诗案"的文字狱。

王安石的这篇万言书，还留下了一个伟大的伏笔，一位未来的天子，此时还是个十来岁的小孩子（后来的宋神宗赵顼），据说对他已"久慕其名"。看来，王安石还只能耐心等待，一直等到那个在宿命中支持他变法的真命天子出现。

四、一朝天子一朝臣

在极其渺茫可虑的等待中，眨眼又是三年。

宋仁宗嘉祐六年（1061年），年届不惑之年的王安石，在仕途上依然按部就班地上升，被任命为工部郎中、知制诰、纠察在京刑狱。知制诰是为天子起草诏令文告，这意味着他已经接近权力的最高决策层，但以他此时的官位，尚不足以影响朝政，他渴望的变法依然处于被搁置的状态。

从生活上看，此时他诸弟皆已成家立业，他沉重的家庭负担大大减轻，又身兼数职，官位与俸禄都有提升，不是达官，却也是显宦了。很多士大夫混到了这个地步，就该妻妾成群了，别说这些上流社会的士大夫，就是一般民间的富裕人家，谁又不是三妻四妾的？

那么，王安石呢？说起来，自然就要引出他夫人吴氏了。吴氏生于金溪的一个书香之家，是一位知书达礼、貌美而贤淑的女子，据说她能诗善文，曾作小词《约诸亲游西池》，"待到明年重把酒，携手。那知无雨又无风"，就这几句，又隽永，又灵秀，令人忍不住遥想那娇小而灵秀可人的容颜。据一些近乎与趣闻笑话的笔记载："荆公夫人吴，性好洁，与公不和。"又据说，王安石的形象绝不像有人攻击他是一副奸邪真相，他相貌堂堂，年轻时还英气逼人，但他还真是有些不修边幅、邋里邋遢的。据宋人笔记《石林燕语》载：王安石"性不修饰，经岁不洗沐，衣服虽敝，亦不浣濯……见新衣，辄服之，亦不问所从来"。又据说，他连洞房花烛夜也没有沐浴更衣，走进洞房，扑面而来的一股汗馊味。想想也知道，一个是"性好洁"，甚至有洁癖的女子，一个是邋里邋遢的男人，自然也就"不和"了。据说吴夫人在新婚之夜哭得一塌糊涂，从第二天起，无论王安石有多忙碌，吴氏都逼着他洗脸、洗澡，否则就不准他上床，但王安石的坏习惯却好像一辈子也没有改过来。在宋人笔记中，有人感慨：吴夫人"性好洁"，而"荆公终日不梳洗，虮虱满衣，当是月老错配"。

而就在王安石知制诰的这段时间里，吴夫人也干了一件载入史册的事情，她为丈夫买了一妾。话说王安石下班回家，没看见夫人，却见家中冒出个年轻的陌生女子，吃惊地问："何物也？"——问她是什么人。女子曰："夫人令执事左右。"这一女子相告，她是王夫人买来的侍妾。安石曰："汝谁氏？"王安石又问她的姓氏家世，（女子）曰："妾之夫为军将，运米失舟，家资尽没犹不足，又卖妾以偿。"据这女子说，她本是一位将军夫人，由于丈夫（大约是一位负责军粮运输的后勤将军）在押运粮食时遭遇不测，船沉了，一船的粮食也没了，按规定必须赔偿，结果，她丈夫赔光了全部家产也不够，只好把老婆卖掉了来抵债。公愀然曰："夫人用钱几何得汝？"王安石对这位将军夫人的悲惨遭遇既同情又悲怆，问这女子，他夫人是用多少钱将她买来的？（女子）曰："九十贯。"这笔钱，大约相当于王安石一个月的俸禄。王安石很快就将这女子的丈夫唤来，查实之后，让他把夫人领回去，那卖身钱，也送给这一对可怜的夫妇了——"公呼其夫,令为夫妇如初,尽以钱赐之。"

我相信这是王安石生活中的一个真实片段,而且不是一般人记下来的,而是著名理学家邵雍之子邵伯温在《河南邵氏闻见录》(卷十一)中记载的,邵雍尝与王安石同朝为官,他的儿子记下的这个片段,可以说是第一手资料,其真实性毋庸置疑。而理学家对人格人品的完美要求,几近苛刻,这是人所共知的。邵氏记下王安石的这一生活片段,无疑也是为了展现他高洁的人格和品行。这也是我不愿意割舍的一个片段,它不仅直接反映了王安石的人品,也一下颠覆了那个邋里邋遢的王安石的形象,哪怕他真的很邋遢,他的心里很干净,几乎是一尘不染。另外,这个片段也折射出了北宋时代的多种生活状态和社会原生态,这在官修的正史里是不多见的。

嘉祐八年(1063年),农历三月,宋仁宗赵祯驾崩,在位四十一年、享年五十四岁。

谁将成为大宋帝国的第五位天子?这是一个由来已久的问题。

赵祯曾生有三个儿子,但全都夭折了。为了给大宋帝国生下一个小皇帝,他也太性急了,为此而纵欲过度,把一个身子早早掏空了,却愣是生不出一个皇子,还落下了一个像痨病鬼一样虚弱的身体。而皇帝不急太监急,眼看仁宗久久无嗣,满朝文武忧心忡忡,而仁宗最难以忍受的就是那貌似赤胆忠心又有窥探隐私之嫌的眼神。为了让那些异样的眼神恢复正常,在他的默许下,皇后曹氏将濮安懿王赵允让第十三子接进宫中抚养,算是过继给仁宗为嗣,赐名赵宗实。这样一来,就没有哪个朝臣再为皇嗣之事在他跟前嚼舌根了。宗实四岁入宫,但一开始并未册立太子,此时仁宗皇帝还没死心,还盼着有个自己亲生的皇太子。宝元二年(1039年),仁宗还真是生下了一个小皇帝——赵昕,七岁的宗实又被送回到他生父赵允让身边。然而这个早早就被封为豫王的赵昕也太不争气了,在四岁时就夭折了。从此仁宗一辈子再也没有生育,眼看着年纪越来越大,身子越来越虚,也就只能把一个过继皇子视为己出了。仁宗对这孩子一边用心观察,一边刻意培养。宗实十八岁时,就被命为右卫大将军。又查他的年表,他曾历任左监门卫率府副率、右羽林军大将军、宜州刺史、岳州团练使、秦州防御使等职。这些职务自然都是仁宗的特意安排，以此来历练和磨砺他。

应该说，这位过继皇子的表现似乎让仁宗皇帝颇为中意，他天性极为孝顺，喜好读书，从不嬉游玩乐，而且像仁宗皇帝一样节俭，朴素得像一个儒者。在仁宗驾崩的前一年八月，仁宗在大病一场后，似有不久于人世的预感，才正式册立宗实为皇太子，又赐名赵曙。是年，正是宗实的而立之年。仁宗驾崩的第二天，韩琦等执政大臣奉曹皇后懿旨进入内宫，对最高权力的移交做了一番安排。曹后决定立召皇太子进宫，正式向他通报先皇驾崩，让他即位。按说，赵曙从四岁便过继给仁宗，仁宗和曹后都对他视如己出，作为正式册立的皇太子，应该庄严地接过帝国的最高权杖。但他一听要他当皇帝，竟吓得浑身发抖脸发白，连声说："某不敢为，某不敢为……"他一边说一边往门外跑，韩琦等大臣一齐拥上去把他抱住了，有人替他解开发髻，戴上皇冠，有人替他脱下官服，换上龙袍，然后又一起把他推上了龙椅。

大宋帝国的第五位皇帝就这样充满戏剧性地登基了，是为宋英宗。

一个疑问，这个英宗怎么一听要他当皇帝就吓成那样子了？莫不是假装呢？从历史事实看，还真不是，英宗登基不久，也就几天吧，忽然发病，神志不清了，浑浑噩噩的连宰相韩琦等以前熟悉的人他都不认得了，满嘴胡言乱语，像说梦话一样。在仁宗出殡那天，他的病情愈加厉害，在给仁宗的灵柩跪拜祭奠时，他忽然一跃而起，一边狂奔一边乱喊乱叫，好像有个鬼在背后追他。宰相韩琦急忙上前抱住他，又命太监小心护理皇帝，实际上是不要让他乱说乱动了。谁都看得出来，这英宗不是身上有病，是心里有病。有人说他是心虚了，毕竟不是仁宗天子的正宗龙脉，不是真命天子，既受宠若惊，又极度不自信，也就难免精神失常。按说，像英宗这样三十多岁的太子即位，太后一般是不必垂帘听政的，但英宗都病成这样子了，宰相韩琦也只好率文武百官觐见太后，请她临朝称制。为此，还专门下了一道诏书：在英宗上朝听政前，由皇太后于内东门小殿垂帘听政，待英宗病情好转后，曹太后即撤帘归政。此举既保证了帝国最高权力的稳定，又提前预防了太后专权擅政。

宋英宗病了一年多，时好时坏。每次犯病，他就打骂宦官。这让一些宦官怀恨在心，撺掇太后废掉英宗，另立新帝。曹太后自然知道英宗有病，可看了英宗写的那些骂她的词曲，还有那些对宫廷不满的文稿，又不像是有病。而这段时间，实际上主宰朝政的是宰相韩琦，当太后命太监把英宗的那些词曲文稿送给韩琦，韩琦当场就焚毁了，又去劝解、安慰曹太后。而英宗对太后也极为不满，韩琦又来劝解、安慰英宗。这一段历史，史称"两宫失和"。韩琦这个太平宰相，成了那一对帝后与母子之间的和事佬。直到第二年五月，一会儿清醒一会儿糊涂的英宗皇帝才算真正回过神来，但他对自己怎么当上皇帝这回事儿还有些虚无缥缈，然而一顶皇冠和一把龙椅却又十分真切。随着他病情已大为好转，曹太后随即撤帘归政。但这位宋英宗还真不像真命天子，病愈亲政不过三年，便于治平四年（1067年）正月驾崩，正好死在他三十六岁的本命年，这一道坎他没能迈过去。随着"英宗崩，神宗立"，已历五帝的北宋王朝又一次改朝换代……

从历史意义上来看，短命的宋英宗只是北宋历史上一段短暂的、充满了戏剧性的插曲，也可以说是从宋仁宗到宋神宗之间的一段过渡，从一个仁治盛世过渡到一个划时代的改革变法时期。而在这段过渡时期，实际上是宰相韩琦执政。这是有确凿的史实的：英宗赵曙想为仁宗守丧三年，命韩琦代理军政事务——这不是代替宰相的职权，韩琦本身就是宰相，而是代理皇帝的职权，但因韩琦和其他执政大臣都不答应，赵曙才收回成命。

在交代了一段时代背景之后，再看我们的主人公王安石，他这段时间在干什么呢？历史对他这段时间的交代很简单，因"言忤旨意"，他难以在朝为官。而在尴尬之中，让他有了一个解脱的机会。是年八月，王母吴氏逝于京师，十月归葬江宁。王安石以母病为由辞官，随后又扶柩回江宁丁忧守制。从仁宗驾崩，到王安石母病、母丧，在近半年的时间里，王安石是在朝廷里别别扭扭地度过的，而母亲的病逝还真是让他提前结束了一段十分尴尬的为官生涯。

从他四十三岁到四十七岁，也就是英宗在位的四五年里，对王安石如同一段政治上的空白，这几年里朝廷也屡召王安石赴京，但他均以为母服丧或自己有病为由"恳辞入朝"。这数年间他显得特别冷漠，似乎从此再也不去关心国事，在一个王朝将他的改革变法方略搁置之后，他仿佛提前把自己搁置了。所谓历史，永远是过去式，只有等到后来才会显山露水，对于此时的王安石，一切都还蒙在鼓里，他又怎么会知道，英宗在位仅五个年头就会驾崩？他又怎么会知道，接下来的一个天子也和他一样"慨然有矫世变俗之志"？人类对未来将要发生的一切都渺茫得难以探究。然而历史的事实却又是注定了的，从事实上看，他是在等待，他似乎有足够的耐心来等待一个宿命中的天子出现，一个属于自己的时代来临……

从历史的宿命看，也正是因为宋英宗的短命，让大宋帝国一个叱咤风云的天子提前横空出世了。从太宗进入中年之后，历经真宗、仁宗、英宗三朝，这些四平八稳的皇帝，既无棱角，更无血性，一个个都像是天秤座上出生，坐龙庭如八仙桌上打掌，让你十二个放心。又不能不说，在他们在位的近百年里，一个大宋帝国也是四平八稳，在平稳中，更觉历史进行得相当缓慢，让人有些昏昏欲睡。而当这个王朝的第六位皇帝宋神宗赵顼横空出世，一个帝国就像一座压抑了许久的火山，突然爆发了，而一旦爆发，顷刻间就会释放出惊人的能量。

关于这位神宗皇帝的诞生，一开始就有宿命的神奇色彩。赵顼是在庆历新政失败后的第三年出生的，一场改革流产了，而一场未来的改革正在孕育之中，他降生的确切时辰是庆历八年戊子年四月十日，公元 1048 年 5 月 25 日，出生当天，"祥光照室，群鼠吐五色气聚集成云"。他是英宗的长子，这也是短命的英宗皇帝又一宿命的意义，也是生命的意义，他为大宋帝国也为一场划时代的变革贡献了一个伟大的皇帝。

随着大宋帝国的第六位天子、十九岁的宋神宗赵顼登基，一场被搁置已久的变法呼之欲出。

从赵顼对王安石已"久慕其名"的历史交代看，他至少在王安石给仁宗皇帝上那篇万言书时就开始"慕其名"了。而他即位后第一个想到的人可能就是王安石。据《宋史》载，赵顼自幼"好学请问，至日晏忘食"。而他当太子时最入迷的书籍便是四书五经之外的《韩非子》，对其"富国强兵"之术产生了难以遏制的兴趣。而当他读到王安石那篇被束之高阁的《上仁宗皇帝言事书》，赵顼"由是想见其人"。历史的记载，有时候就是对历史的解释，于是，神宗即位不久，便对王安石先"诏以故官知江宁府"，在地方官中，这已是名副其实的重用了，但这还只是神宗为王安石铺陈的第一步台阶。

没过多久，熙宁元年（1068年）四月，"神宗诏越次入对"，也就是超越了官位秩序的君臣交谈。王安石这一次没有像以前那样"恳辞入朝"，他仿佛听到了神圣的召唤，日夜兼程，自江宁入京，觐见天子。一位四十七岁的臣子与一位年方弱冠的天子，相见恨晚，虽是"越次以对"，却是倾心相谈，而王安石也比他十年前《上仁宗皇帝言事书》中提出的变法主张更加深思熟虑了。他对自大宋开国近百年来所积累的弊端、蛰伏着的危机，从国情、体制、科举以及奢靡无节的颓败风气等，逐一予以冷峻地揭示。对此前他已提出的人才问题以及由此而推及的陈腐僵化的教育体制和科举制度，还有土地兼并问题等，就不赘述了，这里重点解读一下他提出的一个根本性问题，这是直接针对大宋开国以来的基本国策所造成的体制问题，北宋开国已一百余年，在经历了一场流产的庆历新政之后，赵宋王朝一直深陷在积贫积弱的状态。所谓积贫积弱，《宋史》亦有明确记载："承平既久，户口岁增。兵籍益广，吏员益众。佛老外国，耗蠹中土。县官之费，数百于昔。百姓益稍纵侈，而上下始困于财矣。"又突出地表现为"三冗"——

一是冗官。北宋政府为了化解军事强人和政治强人的崛起，采用了集中皇权、分化事权的方式，以位极人臣的宰相为例，为了限制宰相的权力，一直都是由多人担任，同时还设置了枢密使、参知政事、三司使等，以此来分割宰相的军、政、财权，这些人又被称为"二府大臣"。这在预防军政强人的崛起上，是历代王朝做得最成功的，赵宋三百多年天下，从未出现过足以挑战皇权的力量，但也因此而付出高昂的政治成本，致使国家部门和官职数量成倍增加，形成了官、职和差遣分离的三套班子。另外，宋朝除了科举取士，为笼络官员，又采用了恩荫制，一个朝臣一生当中可以推荐数十个亲属当官，如此一来，经科举、恩荫和荐举等方式演变出大量冗官，有官有职却无事可干的官员约占官员总数六成以上，吃皇粮、领俸禄而不能干事、无事可干者，壅塞官场，超过了历代王朝。这样一来，北宋成为中国历史上机构最臃肿的王朝之一，也是行政效率最低下的王朝之一。

二是冗兵。北宋开国之后，太祖、太宗吸取了唐末、五代王朝频繁更迭、不断发生军事政变的教训，对军事强人比对政治强人防范得更严，为了不让军权集中在将领手里，宋太祖采纳宰相赵普的建议，在兵役制度上实行更戍法，对武将频繁更替调动，导致兵无常帅，帅无常师，并设立不同机构来管辖和制衡军队，将调兵权与领兵权分离，此举在削弱了军事强人实力的同时，也削弱了军队战斗力。另外，为了解决一时的阵痛，北宋政府又实施募兵制，时常采取荒年募兵之举，大量招收饥民、流民入伍，由养兵变成了养人。据历史上数据，宋太祖开宝年间（968—976年），禁军和厢军的人数还不到三十万（二十七万），到了宋太宗至道年间（995—997年），就增加了三十多万（六十六万），宋真宗天禧年间（1017—1021年），二十余年间，又增加了三十多万（九十一万），宋仁宗庆历年间（1041—1048年）又增加了三十多万（一百二十五万），差不多每二十年就增加三十多万，到宋神宗登基时已达一百四十多万。随着兵员像滚雪球似的增加，军费势必也迅速增加，而这种由乌合之众组成的军队，其指挥效率和战斗力却没有提升。北宋军队一直以步兵为主，由于将大量的军费用于养兵，没有经费因应敌情的变化而更新换代，在与西夏、辽、金等北方少数民族政权的骑兵作战时，北宋军队一直处于被动挨打的劣势。

三是冗费，既有那么多冗官、冗兵，必然会导致国家财政支出的剧增，造成积重难返的财政危机。援引李亚平《帝国政界往事》里的数据，北宋时代的国家财政收入每年在6300万到6800万缗钱，而军政开支达6000万缗，此外还有皇家开支、每年给西夏和辽国的岁币，国家财政就已经入不敷出，拿不出任何经费来做文化、教育、水利、交通和城建等公益事业和民生工程了。

历史的叙述充满了悖论，后世极尽赞美之词的仁宗盛世，与王安石和宋神宗看到的一个危机四伏的北宋帝国，仿佛是两个不同的帝国，又到底哪一个更逼真呢？若仁宗盛世不是幻觉，范仲淹的庆历新政和王安石熙宁变法还真是没有太多的意义，至少没有那么迫切。而若王安石与宋神宗看到的是真相，那就非改不可了，而且是迫在眉睫、势在必行。神宗登基之初，就提出"当今理财最为急务，养兵备边，府库不可不丰"，这与王安石在给宋仁宗的上书里提到的"因天下之利，以生天下之财；取天下之财，以供天下之费"不谋而合。王安石的变法主张，无疑充满了理想主义的设想或设计，对其成败、得失、利弊，谁也不能先入为主地下结论，只能在实施过程中去验证。而宋神宗与宋仁宗的最大区别在于，宋仁宗连试一试的胆量也没有，而宋神宗至少在胆识上超过了仁宗，他敢！那么，这改革变法的第一步又从哪里开始呢？

宋神宗问王安石："不知卿所施设，以何为先？"

王安石答："变风俗，立法度，方今所急也。凡欲美风俗，在长君子，消小人，以礼义廉耻由君子出故也。"

从接下来的事实看，这一次"越次入对"，王安石的变法主张深深打动了神宗。同年九月，宋神宗便诏命王安石为翰林学士侍讲，奉之为国师。对沉默了多年忽如一步登天的王安石，很多大臣一下还回不过神来，而一旦回过神来就有了某种不祥的预感。这其中，很多都是当年参与过庆历新政的一些元老重臣，如韩琦、富弼等人，这些二十年前最坚决的改革派，在二十年后几乎无一例外一变而为顽固的保守派。此时，韩琦已是执政三朝的宰相，虽说是一朝天子一朝臣，可他这个执政大臣从仁宗晚年、英宗一朝到神宗登基，依然是宰相。在改朝换代之际，他原本打算忠心耿耿地辅佐新主，没想到这个新主甫一登基，竟如此看重王安石，几置他这样的元老大臣于不顾，便请辞相印。这种以退为进的政治把戏，也是那些老谋深算的老臣们时常使出的故技。不过，这一次他失算了，年方弱冠的神宗似乎毫无挽留他的意思，去试探着问他："卿去谁可属国者？王安石何如？"

韩琦倒也直率:"安石为翰林学士则有余,处辅弼之地则不可。"

韩琦这句话后来载入《宋史》,成了历史评价王安石的基调,也就是说,历史的观点和韩琦是高度一致的。

而富弼罢相位时,也不同意拜王安石为相,他推荐了文彦博。

除了这些元老,当朝许多少壮派大臣,如参知政事吴奎和唐介、御史中丞吕诲、侍读孙固等,对王安石也都不看好。当一个人被埋没时,偶尔会有伯乐发现和推荐;当一个人将要提拔时,说好话的就不多了,挑毛病的更多,而王安石还真是一身毛病,如他"护前自用""狷狭少容",在他们眼里,王安石就是一个刚愎自用又心胸狭窄的人,而他那变法图强的主张"论议迂阔"。如果这些看法发生在变法之中或之后,有了一些可指责的事实,尚可理解;而在变法之前,便如此先入为主地下结论,那就不能不说是偏见了。在人生仕途的关键时刻,不怕没人说好话,就怕有人说坏话,政治也好,官场也罢,貌似强大无比,其实非常脆弱,一句话有时候就会颠覆一个人的政治前途,甚至颠覆一段历史。而对这样一个浑身都是毛病的王安石,当时拥有话语权的人,几乎没有一个人看好,在众声喧哗中,一个既年轻又没有政治经验的皇帝,如果稍有迟疑,王安石就不可能"带病提拔"了,更不可能以冲锋陷阵的骁勇和不顾一切的力量去推动一场划时代的大变革了。好在神宗就像铜铸的金刚、铁打的罗汉,他是铁了心了,又早已吃下定心丸了,对此,凡是对王安石的指责,他"或以不答相对,或以默然置之",对王安石的德才兼备他是坚信不疑、非用不可了。他以一个皇帝的绝对权力,为王安石排除了一切阻力。

熙宁二年(1069年)二月,王安石以谏议大夫参知政事,名义上虽是副相,但就像范仲淹当年当参政知事一样,实际上已主宰朝政了,而一场几乎让天地间骤然变色的变法,从一个士人的二十多年来的设想,也终于变成了强大的国家意志,史称"熙宁变法",俗称王安石变法。

此时正是农历二月,对于四十八岁的王安石来说,他生命中最重要的一个春天来临了,对于开国一百零八年的大宋帝国来说,一场酝酿已久的变法将在这个春天拉开序幕,这是一个发生在北宋时代的春天里的故事。

五、双刃剑，或双重人格

每想起那个时代，总有一种惊心动魄之感。

从熙宁二年（1069年）春天开始，历史的注意力便聚焦于赵顼与王安石这一对君臣身上，他们将是接下来所有朝中大事的中心，也是风暴的中心。一个年方弱冠的天子，和一个突击提拔、一步登天的执政大臣，能否承载一个时代大转型大变局的压力？这个已经循规蹈矩地运行了一百余年的帝国又会不会在一场急转弯中倾斜、失重，甚至提前倾覆？这些，都是那个仁慈英明的仁宗皇帝早已预料到的风险。

此时的王安石，在很多元老和大臣眼里，是一个十足的政治暴发户，而他发动的改革就是一次政治奇袭。很多人已经发出了预言：德薄者居高位，不仅会播恶于世，自身也极易陷入危境。这样的判断预言是有明显的偏见和误区的。王安石虽是迅速得以超升，但已历经二十多年的官场历练，而且是以稳扎稳打的方式一步一步上来的，若不是英宗一朝被耽误了，若不是他与主政英宗一朝的韩琦素有过节，又不愿意与韩琦合作，论资排辈，他也早该当上二府大臣了。而他推行的变法，也已经运筹设计了二十多年，在地方上也有过尝试，可以说是深思熟虑而胸有成竹了，也就不是什么政治的奇袭或"屌丝的逆袭"。但有一点还真是王安石的薄弱处，由于他在英宗一朝离开了朝廷，此前又从未在朝廷身居要职，又加之他本身特立独行的性格，也就没有人气，没有班底，没有形成自己执政的政治基础，这是他最明显的薄弱处，甚至是一个致命的薄弱处。

王安石显然也意识到了这一点，而从他使出的第一招看，又足以让人惊叹了。在他的运筹之下，神宗特命设置了"制置三司条例司"，即制定户部、度支、盐铁三司条例的专门机构，以"经画邦计，议变旧法，以通天下之利"，由王安石和知枢密院事陈升之主持，而实际上又是由王安石来主持了。从王安石的这一政治设计意图看，无疑是以对改革变法的中枢和自身权力的强化为目的。这一机构,相当于改革变法的总设计院、总指挥部,掌筹划国家经济、改变旧法、制定并颁布新法等朝政大权。而王安石筹划这一机构,还大有深意。在变法之前,宋朝在政制设计上,由宰相主政,枢密使掌军,但这二府大臣均"不得与闻财政大计",造成兵、财、民三权分离、脱节,而王安石通过这个临时机构,一下便把中央政府的主要权力集中起来了,他掌控了这个机构的实权,实际上也就将执政大权集中在了自己的手上,甚至可以凌驾于宰相和枢密使之上,这也让他从一个没有政治基础和政治班底的参政知事迅速崛起为北宋历史上第一政治强人。

当然,哪怕是政治强人,也不能没有一个强大的政治班底。而此时,那些元老大臣们,要么直接站在了他的对立面,要么抱着观望或不合作的态度,急于用人的王安石貌似面临人才危机了。这个倒是不必担心,天底下,从来不缺少在仕途功名上锐意进取者。在王安石的推荐下,吕惠卿、章惇(章敦)、蔡确、曾布、吕嘉问、沈括、薛向、苏辙等一批政治新锐纷纷得以提拔重用,进入了他主宰的这一机关。而王安石用人,最看重的是实际才干,这也是他对科举改革的第一目标。而他擢拔的这一批锐意进取的新锐,为制定、贯彻和执行新法,组成了一个充满了活力和执行力的政治班底,这可能是有宋以来最强有力的一个政治机构、政治班底。王安石又从这个班底里选派了一批得力干将分赴各路,"相度农田水利、税赋、科率、徭役利害",一方面是实地调研推行新法、察看新法的效果,以便从新法实施的过程中发现问题,从而调整和制定出切实可行的政策,以兴利除弊,"变而通之";另一方面也是对地方官员在执行新法的纠察、监督,看看其是否在执行新法,有没有在执行过程中走偏。这其实就是范仲淹当年派遣按察使下去巡察的做法,范仲淹在庆历新政中的作为,都被他借鉴为熙宁变法的指南。

又不能不说,这些少壮派官员,既朝气勃勃,雄心勃勃,却也不乏野心勃勃的机会主义者和政治投机分子,如吕惠卿、章惇(章敦)、蔡确等,后来都超升为宰执大臣,也都被打入了历史的另册,被视为奸臣;从另一方面看,一开始,政治营垒也并非泾渭分明,譬如说,苏辙也曾一度受到王安石的信任，被延揽入这一班底，但他很快就站在了王安石的对立面。这样的人自然不只是一个苏辙。

随着改革变法从设计推进到实施阶段，变法派和反对派（保守派）、新党和旧党这两大政治营垒也越来越分明了。那些依然健在的庆历党人，呼啦一下，几乎全都站在改革变法的对立面，这给人一种强烈的历史错位感。在一个国家波澜壮阔转型中，他们如一群生活在过去的老人。其实王安石此时推行的新法，就是他们当年推行的新政，但历史就是这样，此一时，彼一时，同一个历史人物总是用不了多久，几乎就被时间篡改得面目全非。

在保守派中，韩琦可谓一个元老派的代表。这位三朝元老、两度拜相的老臣，在罢相之后虽说大势已去，其政治生涯和生命都已经进入尾声，但他丰沛的政治人脉以及在朝野上下形成的势力和影响力不容小觑。这位当年庆历新政的主将之一，也可以说是庆历党人的领袖之一，此时已变成了一个最坚定的保守派，在久经历练后，他还没有老眼昏花，第一眼就洞穿了王安石设置的这个"制置三司条例司"，若要反对王安石变法，首先就必须以釜底抽薪的方式，抽掉王安石的这个政治基础。韩琦在其奏疏中，指斥"制置三司条例司虽大臣主领，然终是定夺之所"，他还真是一下就打在了王安石的七寸上，又把这个机构的实质一下挑明了，这一机构"不关中书、枢密院，不奉圣旨直可施行者，如此则是中书外又有一中书也"。韩琦的攻击可谓直指王安石在政治设计上的核心意图，这个"制置三司条例司"确实是超然于相府和枢密院之上的机构，一个被赋予了绝对权力的机构，别说宰相和枢密使等二府大臣，王安石利用这一机构，甚至可以越过皇权对全国发号施令。韩琦从政治上攻击王安石，是在对年轻的天子发出预警，千万不要忘记太祖开国之初为大宋帝国制定的基本国策，对政治强人的崛起要保持高度警惕！

再看看另一位庆历党人、元老大臣欧阳修对王安石变法的态度。欧阳修和王安石虽说不是后世所说的那种师生关系，但欧阳修对王安石的赏识、荐引有口皆碑，王安石对这位前辈的尊重也有目共睹。欧阳修对王安石变法也不是笼统的反对，而是很具体地反对青苗法。

王安石在熙宁二年首先颁行的是均输法、青苗法和农田水利法等，而青苗法又是王安石推行新法的重中之重。他认为，"今所以未举事者，凡以财不足故，故臣以理财为方今先急"，而"理财以农事为急，农以去其疾苦、抑兼并、便趋农为急"。但从新法的推行情况看，青苗法一经推出，就成了朝野上下反对最激烈的一项新法。追溯起来，此法在王安石知鄞县时就有过尝试，效果还挺不错。但此法也并非王安石首创，起源于唐朝中后叶，由于当时唐朝中央政权被各路藩镇分割，除了军队数量不足外，更悲惨的是没钱，青苗法就在那时出现，其主要目的就是为朝廷创收。但王安石所推行的青苗法和唐代的青苗法虽名称相同还是有很大区别的，其本质实为政府实施的农业信贷政策。其具体举措是，在各地设有常平、惠民等仓库（此法亦称"常平给敛法""常平敛散法"），以调剂百姓粮食歉收时的食粮不足，凡州县各等民户，在每年夏秋两收前，可到当地官府借贷现钱或粮谷，以补助耕作。借户贫富搭配，十人为保，互相检查。贷款数额依各户资产分五等，一等户每次可借十五贯，末等户一贯。当年借款随春秋两税归还，每期取息二分。应该说，这是一项非常好的惠民举措，也是王安石在地方官任上就实践过的，既能抑制豪强对土地的兼并，又能在青黄不接的时候救济百姓，如果能够不走样地贯彻执行，后又能完善发展，很可能会成为中国历史上划时代的农业银行的雏形。

从实施过程看，王安石虽以铁腕推行新法，至少一开始还是比较冷静、理智的，他并未一下就在全国全面推开，初期仅在河北路、京东路、淮南路三路推行，以观其效，之后才在其他诸路全面推行。然而，从青苗法推行的实际效果看，这一惠民政策在实施过程中很快就一变而为坑农政策，诚如司马光所指出的，青苗法"分遣使者散青苗钱于天下而收其息，使人愁痛，父子不相见，兄弟妻子离散"。当时，很多地方官员发现新法有空子可钻，抑或是为了邀功，便强逼老百姓向官府借贷，并且随意提高利息。信贷基础是以自愿为原则的，当借贷变成了摊派性的强贷，就已变质为农民的另一种税负，而青苗法实际上就变质为官府巧立名目放高利贷，有的甚至重达三四分的高息。青苗法原本是为了解决老百姓青黄不接的困难，结果却加重了老百姓的负担，以致出现司马光所说的"兄弟妻子离散"的悲惨局面。对于这种悲惨的状况，苏氏兄弟也眼睁睁地看见了，也向神宗和王安石反映过。而苏东坡给神宗的上书中指责"（陛下）求治太急"，虽然言辞激烈，又确实是说到根本上的真话。如果神宗和王安石不是这样急切地全面推广青苗法，慢慢发现这些问题，对新法的漏洞进行修补，这种悲惨的局面是可以防止的。另外，在全面推广新法之前，还可以培训一批专业人员，去监督新法的实施，也不会出现那么严重的问题。而一旦出现了问题，满朝文武就更加理直气壮地攻击新法，又从攻击新法而对王安石进行人身攻击。范仲淹之子范纯仁上书，指责王安石"搭克财利"，舍"尧舜知人安民之道"，御史中丞吕诲上书弹劾王安石"巧诈"，"置诸宰辅，天下必受其祸"。而这些以正直敢言而著称的士大夫们，除了反对新法，指出问题，却很少有人提出对策，开出对症下药的诊断，他们所开出的唯一的药方，就是废除新法，回到那条土地兼并的老路上去。

　　对青苗法的看法，欧阳修跟司马光差不多，他既给神宗上疏要求终止青苗变法，也给王安石写信规劝，但以王安石那历史上有名的"拗相公"的性格，一旦打定了主意，就不可动摇了。欧阳修既不能阻止青苗法的颁布，恰好此时又有御史蒋之奇参劾他"帷簿不修"，说他与自己的大儿媳吴春燕有染，欧阳修心灰意冷，上书要求早日致仕，在神宗对欧阳修慰意挽留甚至想要重用他时，王安石表现出了一个政治家冷酷无情的一面，他在神宗面前如是评说自己的这位恩公："修善附流俗，以韩琦为社稷臣。如此人，在一郡则坏一郡，在朝廷则坏朝廷，留之何用！"结果是欧阳修致仕未准，于熙宁三年（1070年）"除检校太保宣徽南院使"等职，他坚辞不受，改知蔡州。这位年届花甲的老臣只得扶杖走向他一生最后的仕途，他依然坚持一生奉行的宽简仁政，以不扰民为第一善政，对那扰民坑农的青苗法也就拒不执行。当一场划时代的改革已经席卷了大宋帝国时，欧阳修主政的这一方小天地，却如同世外桃源，欧阳修怡然自得地徜徉于清爽的空气和田园牧歌之中，那些在阳光下躬耕于垄亩的农人也像欧阳修一样悠闲、自在，这一方水土和整个大宋帝国的改革潮形成巨大的反差，这里的人竟不知青苗法为何物，亦如桃花源中人。不过，这个桃花源也很快就再也找不到了，第二年六月，欧阳修便以太子少师致仕，又于致仕的第二年辞世。

后来，当青苗法最终在元祐元年（1086年）被司马光强行废止，很多人都认为这是王安石变法的一大败笔，却从来没有人想过怎么从维护新法的基础上来加以完善。这与其说是王安石一人的败笔，不如说是一代士人的败笔，诚如后世学者指出，"故后世只知青苗之败，不复察青苗之妙，故后世王朝兴替总难脱土地分而兼并之轮回"（卢辞：《从王安石变法看资本论指导中国三化的局限及其完善》）。——这也是从良好的愿望出发最终变成恶政的一个标本。

在所有的反对派中，又以司马光最激烈、最坚决，也最全面，他当着神宗皇帝的面和王安石展开了一场激辩，但他的辩才和逻辑思维显然都不如王安石。这是众所周知的事实。还有一些反对派，如范仲淹的儿子范纯仁，这位历史上有名的"布衣宰相"，同知谏院，他上奏神宗，指斥王安石变法，改变了祖宗法度，搜刮钱财，天怒人怨。《尚书》说："怨恨哪里在明处呢，要注意那些看不见的地方啊！"当神宗问他，什么是看不见的怨恨呢？他说，就是杜牧所说的"天下之人，不敢言而敢怒"啊。对变法所遭遇的强大阻力，似乎都在王安石的预料之中，却不知他是否料到，连自己的两个同胞手足也站在了他的对立面。按说，兄弟政见不一，至少可在兄弟手足之情协调，何况王安石对自己的兄弟都有抚育之恩。但王安石最看好的那位三弟王安礼（排行第六）却向神宗皇帝大胆进谏，反对变法。这也证明了，政治的力量足以突破家庭所谓手足之情、兄友弟恭，一旦遭遇政治则不堪一击。这个王安礼在苏轼蒙难时从容面君，极力营救，在元丰四年（1081年），拜尚书右丞，又迁左丞，是王氏兄弟中的又一位执政大臣。王安石的大弟王安国（排行第四）文才出众，广结善友，是个出名的贤士，但一直未得科举功名。直到熙宁元年（1068年），他已年过不惑，才以布衣之身，由王安石的同年进士韩绛举荐，经神宗召试，赐进士及第，任西京国子监教授。可想而知，若不是王安石此时权倾朝野，王安国又怎么会在其兄拜参知政事的同一年赐进士及第？那么，他对王安石变法又如何看呢？熙宁四年（1071年），王安国任满回京，神宗还真是特意召见他，询问外界对王安石变法的反映。王安国实话实说，他对王安石变法不甚理解，但也颇有微词："恨知人不明，聚敛太急耳！"大意是，外面痛恨他（王安石）知人不明，用人不当，敛财太急了！结果是，神宗不悦，对他未予重用，只授予崇文院校书，后改为著作佐郎秘阁校理，世称"王校理"。

改革变法，从来就是一把双刃剑，而越是双刃剑，也越是能彰显出政治家的双重人格。

每个人都以自己的方式创造自身的人格形象，王安石无所畏惧的性格或意志也是一把双刃剑，其实也是一种双重人格。在推行新法的过程中，作为北宋第一政治强人的王安石，在排斥异己、力推变法的同时，也彰显出了某种可怕的极权人格，一旦大权在握，成为掌握核心权力的政治主体，他便把朝堂变成了自己的一言堂，说一不二，一言九鼎，顺我者昌，逆我者亡。一个士人或士大夫，竟然施展出了惊心动魄的伟力，但说穿了，王安石本身是不可能拥有如此大的力量的，还必须有一种更强大的力量来作支撑，那就是皇权！王安石是幸运的，在历史的风云际会中，他邂逅了宋神宗这样一个血气方刚又有胆有识的皇帝，他几乎全靠一个天子君权神授、无人超越也无人敢于挑战的力量，将韩琦、欧阳修、富弼、文彦博等德高望重的元老重臣，以及司马光、苏轼、苏辙、程颢、程颐等在朝野上下都颇有声誉的名士，一个一个排挤出局。尽管如此，王安石也绝非奸佞小人。从历史逻辑上去理解，一方面，为了推行新政，他就必须对反对派进行打击和清洗，把自己的眼中钉一个一个拔掉，如果说这很残酷，但也是政治家的残酷。若心慈手软，就无法将改革进行到底。在排除政敌后，王安石又以自己另起炉灶组建的政治班底掌控了朝政，从而保证了一系列新法的推行。但也必须注意到，对于自己的政敌，他在大权在握时也保持了一个基本底线，仅仅只是将其降职或外放，从未罗织罪名陷害对手，更未将任何一个政敌置于死地。这是历史事实。而当苏轼卷入"乌台诗案",王安石的学生李定对苏轼百般构陷,苏轼本人已经屈打成招,一心求死以摆脱那痛不欲生的深渊,此时已经辞官的王安石挺身而出,上书神宗,疾呼"岂有圣世而杀才士乎",在营救苏轼时,他这句话起到了关键作用。这也是无可置疑的历史事实。

对一个政治家,你也很难从人格上去做出评价,只能看他的核心意图,他这样做的核心意图,显然不是为自己获得政治利益,用现代话语说,一切为了国家和人民的利益,这是政治家与政客最严格的划分标准,一条很清楚的道德伦理底线。也正是基于这一点,他惊人的意志,他的果敢坚定,他为推动变法而奋不顾身、一往无前的努力,才显示出了一种感动人的精神的力量或人格力量,在千年之后仍然让人感到一阵阵震撼。

遍观诸史,我感觉历史中真的有某种宿命的存在。从整个中国历史看,虽说人民才是创造历史的主人,但在某个历史的节点上我个人认为在推动历史进程中帝王将相一类的非凡人物的作用不可忽视,赵顼和王安石就是这种创造历史的英雄,正是他们最大程度地影响着、推动着一个国家或民族的发展进程。

在对持不同政见者进行无情排斥的同时,王安石又在对思想的控制上大做文章,他主持完成了对儒家经典的重新训释,并颁行天下,即《三经新义》(《周礼义》《书义》《诗义》),也称"荆公新学"。当时,在一个时代急遽转型时,很多人都以儒家经典为圭臬,对变法的道德伦理问题进行攻击,试图以此来影响神宗皇帝。对此,年轻的神宗倒是不太在乎,对守旧势力空言道德而反对变法,在政治上无所作为,他颇为反感,尝言"人臣但能言道德,而不以功名之实,亦无补于事"。但这样的攻击和纷争虽然对天子没有太大的影响,却引起了思想界的分歧。而几乎所有的政治家,在排斥异己的同时,更要排斥异见,从秦始皇焚书坑儒、董仲舒罢黜百家,到王安石的《三经新义》,都是为了排斥异见、统一思想,使天下归心,以期能上下同心地推行新法。熙宁五年(1072年),在王安石的建议下,神宗正式提出应该颁行新的经义。次年,神宗任命王安石提举经义局，由吕惠卿、王安石之子王雱等兼修撰。在重新训释经义时，王安石确定了这样几条原则：（1）训释经义，是为了破除伪说，教育士子，使其符合盛王时的做法；（2）要恢复经文本义，打破疏不破注的成法，反对汉以后烦琐的章句传注使源流失正的陋习；（3）阐明经文义理，反对对经义的曲解和烦琐学风。熙宁八年（1075年），《三经新义》大功告成，计有《毛诗义》二十卷、《尚书义》十三卷、《周官新义》十六卷，又以《周官新义》最为重要，这是王安石为熙宁变法打造的托古改制的理论根据、思想武器，也是王安石"以经术造士"的一条捷径。一个月后，《三经新义》便被颁赐给宗室、大学及诸州府学，作为全国学生必读的教科书和科举考试的依据。

王安石炮制的这部"新经典"在当时的影响有多大，想想就知道了，甚至根本不用想，王安石原本就不是让你想，而是给你灌输，让你全盘接受。当一个人拥有了主宰天下的权力，也就可以从制度上去控制人的思想，而科举制就是传达统治者意志最好和最有效的途径，除了《三经新义》给你提供的标准答案，所有的答案都是错的。从王安石以《三经新义》为国择仕到后来明清以八股文取士，实是从一条历史的逻辑链延伸而来。如果你想通过科考入仕，就只能接受《三经新义》，而每次科考，只要考生的意见与《三经新义》稍有出入，立刻就会淘汰出局，就像欧阳修当年罢黜太学体一样。而每当王安石对训释有所改变，为应天下考生之需，随即又会推出最新版，天下士子也只能跟着王安石脑子里随时都会冒出来的某个念头急转弯，若是根本上形势一时转不过弯来，那也活该你倒霉了。在大多数人眼里，这部王氏经学《三经新义》是王安石的一个大败笔。这是必然的，一部直接为当下政治服务的"新经典"，从一开始就不是从纯粹的学术出发，为了达到自己的政治目的，将天下人的思想统一到自己的思想，既难免急就章，更难免有太多的穿凿附会。但也应该看到，《三经新义》也并非一无是处，至少不像有些人说的应该扫进历史的垃圾堆，它开宋代义理之学代替汉唐传注经学之风，对理学的形成是有开拓性意义和深远影响的。而那些肆意贬低王安石学术功底者，其实和王安石犯了同样偏执和极端的错误。朱熹认为："《易》是荆公旧作，却自好。《三经义》是后来作底，却不好。"王安石早年所著的《易解》，虽说也体现了自己的政治观点，却不是直接为政治服务的急就章，也没有那么多直接为政治服务的穿凿附会，更能彰显其学术价值。

从熙宁二年（1069年）的那个春天起，王安石以谏议大夫参知政事开始颁行新法，到熙宁三年（1070年）十二月，四十九岁的王安石拜同中书门下平章事、史馆大学士，与同年进士韩绛并相，到熙宁七年（1074年）四月，五十三岁的王安石第一次罢相，以吏部尚书、观文殿大学士出知江宁府，新法遭遇首次挫折。在这四五个年头里，王安石先后推出了均输法、青苗法、市易法、免役法、方田均税法、农田水利法，在军事方面还推出了置将法、保甲法、保马法等。在他第一次罢相的同年，又行手实法。这一系列变法涉及社会、经济、政治、军事、文化各个方面。这是中国历史上继商鞅变法之后又远远超过商鞅变法规模的社会变革运动，在一场波澜壮阔的大变革中，一个王朝又能否承受住改革变法所掀起的惊涛骇浪？

六、从熙宁变法到元丰改制

必须承认，王安石的变法对旧体制有着极强的摧毁能力，但在摧毁之后，他却没有等量代换的重建能力，这是他变法遭遇挫折直至最终失败的最主要的原因。

宋朝是一个以文人治国的王朝，这也是后世文人对宋朝充满了景仰的原因之一，还没有哪个王朝帝国对文人如此看重，把文人的能量发挥到了极致，而王安石则是极致中的极致，也可以说是一个登峰造极的极端了。他绝对是北宋第一政治强人。然而，一个历史事实早已摆在那里，在铁腕推行变法的过程中，王安石获得了最高权力的支持，却始终没有得到天下百姓的支持，这也是从商鞅变法、庆历新政到熙宁变法的一个根本特性，从一开始就是从上到下的改革，这让变法始终没有坚实的民意作为基石。

当王安石变法遭遇强大的阻力时，之所以能够强有力地推进，只因有一个超过了阻力的强大推动力，事实上也是这样。王安石变法几乎完全仰仗一个皇帝所拥有的绝对权力，在不遗余力地推动。换言之，当这种绝对权力一旦丧失，变法立刻就会失败；而当神宗开始左右摇摆时，变法也就处于摇摆的状态。宋神宗是北宋时代最有雄心气魄的天子，也是一个很有政治智慧的最高统治者。他的左右摇摆，与他改革的信念无关，而是一个帝国在改革的剧烈震荡中发生的必然反应，他也下意识地希望，在各种政治势力的对撞与交锋中，找到一个平衡点。政治是平衡的艺术，一场历史性的大变革，必然会引发权力的竞逐与分配，而年轻的神宗，其实有着比王安石更成熟的考虑，他一直试图通过妥协与合作的重组以勉力维持新政。

就在他在摇摆中寻找一个平衡的支点时，这个帝国也开始接连发生灾难，不是政治灾难，而是自然灾害。

熙宁七年（1074年）春，"天大旱，久不雨"。其实，在一个幅员辽阔的帝国，发生任何自然灾害都是正常的。但很多人感觉不正常，这些天灾就是"天变"，甚至是天谴。在一个天意远甚于民意的时代，一些必然发生的自然灾变，很快就成为保守派谴责变法"逆天"的借口，由此而引发各种灾难性的遐想，一时间，朝野上下的守旧势力都以"天变"为不祥之兆，掀起了又一轮对变法的舆论围剿。这已不是政治纷争的口水战，口水战的背后还有更深的政治阴谋，一场接踵而至的政治风暴，已在帝国的宫闱中酝酿已久。

追溯起来，由于仁宗无子，最终才把英宗赵曙选为皇储，以继大统。由英宗而神宗，均非仁宗一脉相承的直系皇家血脉，而血统决定了皇权的正统性。当年宋英宗登基时，由于心虚，以致精神失常，突然发疯，在位不过五年，就病了四年，在宰相韩琦等大臣的拥戴下，曹后临朝执政。而从政见上看，早在范仲淹推行庆历新政时，她就提出过一些反对意见。如今，虽已历三朝，曹后依然健在，在世人心目中，她就是仁宗皇帝的化身。而神宗既非仁宗的直系血脉，在这个太皇太后面前也不能不低调和谨慎。而此时，值此天变之际，曹后从深宫中颤颤巍巍地走向了前台，她努力直起一个老身凝望着她的皇孙子，一双老眼里闪烁着幽深的光泽，说："如今民间深怨青苗法、募役法，难道皇帝不该想想吗？"接下来，她又语重心长地提醒神宗，"王安石确有才学，可惜仇人太多，你若真爱惜人才，不如让他暂时离京外任。"又看宋神宗的生母高太后是如何的说法。这位高后，也将在神宗驾崩、哲宗继位后垂帘听政，王安石颁行的新法就是在她执政时全部废除的。不过，此时她还难以预料未来的历史，还只能以天变为借口，向神宗哭诉"安石乱天下"。作为神宗皇后的向后，也跟着皇祖母和皇太后一起规劝神宗。

当这三代皇后一起来规劝宋神宗，一个像钟摆一样摇摆的天子，不由自主地偏向她们一边了。自从仁宗皇帝在位初期由章献明萧皇后刘氏首开宋朝太后临朝执政的先例，从北宋到南宋，终赵宋一朝，帝国宫闱就是这个王朝和皇权平行的一种政治力量，几乎形成了皇帝和太后轮流执政的格局，而这些太皇太后、太后、皇后的背后是具有强大势力的外戚，这是宋神宗不能不权衡的。又，如果王安石在历经五年变法后能交出一份满意的答卷，神宗也就有辩解和反驳的底气了，事实上，这也是神宗最犯虚的地方，也是王安石最犯虚的地方。

对王安石变法失败的原因，后世有人从思想上找，有人从他的性格上找，但最根本的原因还是他颁行的新法本身的问题。回顾这波澜壮阔的五年，只见一道道新法颁行全国，却未见成效。王安石在全力以赴推行变法的过程中，几乎没有余力来观察和验证新法的效果，几乎每一项新法都有先天缺陷，王安石又无暇顾及而未能及时修补，已经是在为变法而变法了。而通过变法，也确实在一定程度上限制了地主和豪商对土地的兼并，促进了农田水利事业的发展，尤其是国家财政状况有所改善，但变法在触犯了豪强地主利益的同时，并未从根本上解决底层人民所遭受的压迫和奴役，变法不是让他们的生存状况变得更好了，甚至是变得更糟糕了。后世把王安石变法的失败归咎于官僚、大地主的激烈反对，说法至少是比较片面的。熙宁变法的激烈反对者，都是当时大宋帝国的精英，如欧阳修、苏氏兄弟、司马光等，一味指斥他们是官僚、大地主利益的代表，明显是有偏见的，这也是二十世纪之后才出现的偏见。这些反对变法的精英和王安石这种推动变法的精英一样，都是以天下兴亡为己任的士人，堪称国士。像欧阳修、司马光、苏轼、苏辙等人所列举的变法带来的一系列弊端，也都是客观存在的。改革变法是为了化解帝国的危机，但已有的危机尚未化解，改革本身又产生了巨大危机，随着改革变法不断向深水区推进，这个帝国的统治基础开始在震荡中动摇。在围剿新法的喧嚣声浪中，一个年方弱冠的天子有些难以承受了，他也开始动摇了。

当王安石以"天变不足惧，人言不足恤，祖宗之法不足守"来抵御又一轮气势汹汹的围剿时，他仿佛是中世纪的堂吉诃德，在孤胆地、决绝地、疯狂地同整个世界决斗，朝野上下，几乎所有的人都站在了他的对立面，都是向他挑战的风车。很多人都以为这是一个改革家大无畏精神的高度体现，我却觉得，这恰恰是王安石内心虚弱的一种表现，他拿不出实实在在的改革成果来为自己辩解，他只能以这种貌似强大、色厉内荏的口号来抵挡，这也正是苏轼指斥他的"好为大言诡论"。然而，他这种没有底气和实力的抵抗只能是徒劳的挣扎，神宗的态度已没以前那样坚决了，他在理智上也显得比王安石更清醒，天怒背后其实是人怨："今取免行钱太重，人情咨怨，至出不逊语。自近臣以至后族，无不言其害。两宫泣下忧京师乱起，以为天旱更失人心。"神宗的这个判断非常实在，如果变法能达到国富民强的预期效果，也就不会出现这种天怒人怨的局势，纵有"天怒"，也不至于有"人怨"。这也是熙宁变法最终失败的根本原因。它没有让天下百姓分享改革变法的实惠，反而激化了各种社会矛盾，他说了一句很实诚也很悲凉的话："闻民间殊苦新法。"

当一个天子对一场变法进入冷峻的思考时，一个深陷于"众疑群谤"中的大臣，也就不可避免地进入了他的考量之中。此时，处于摇摆状态的神宗必须选择一个落点了，而王安石又是何等聪明，没等天子开口，他就主动辞去相位，回到了他变法之前的原点，知江宁府。这是王安石第一次罢相，也被后世公认，这是熙宁变法第一次遭受挫折的一个标志性事件。

王安石罢相，让反对派甚嚣尘上的声音暂时平息了，也让守旧势力产生了某种幻觉，以为时事将有大变。但他们很快又大失所望，神宗虽然收回了王安石的相印，却又诏告天下："间有未安，考察修完，期底至当。士大夫其务奉承之，以称朕意。无或狃于故常，以戾吾法。敢有弗率，必罚而不赦。"天子的意思很明白，态度依然坚决，必须坚定不移地执行变法路线。

从接下来的事实看，王安石这次被罢相，只是神宗向太皇太后、母后和自己的皇后以及她们背后的外戚做出的一种暂时妥协，也可以说是一种政治姿态。翌年二月，神宗旋又重新起用王安石为相。对此，史家认为，尽管王安石重掌相印，但神宗对王安石专用信任的程度已大大降低："王安石再相，上意颇厌之，事多不从。"此说虽有一厢情愿之嫌，但此时变法的局势又确实变得更加尖锐复杂了，除了反对派不遗余力地攻击，变法派内部也出现了矛盾和分裂。这又与历史上认为王安石无"知人之明"、重用"小人"有关了，而一个最典型的小人就是吕惠卿。此人二十三岁时，于宋仁宗嘉祐二年（1057年）中进士，也就是欧阳修担任主考的那个大宋进士精英榜，和苏轼苏辙兄弟、曾巩曾布兄弟为同年进士，也可谓欧阳修的门生。在得到王安石的赏识之前，他早已得到了欧阳修的赏识，欧阳修向仁宗皇帝极力推荐这个难得的人才："前真州军事推官吕惠卿，才识明敏，文辞优异，善于汲取前人经验而能反躬自省，可谓端雅之士，应当让其任馆阁之臣，作为国家养育贤才的储备。"世上无人否认欧阳修这个千古伯乐的"知人之明"，又怎么能以此来攻击王安石无"知人之明"、重用"小人"呢？

王安石在组建自己的政治班底时，发现吕惠卿还真是一个德才兼备的人才，支持变法的态度也非常坚决，这正是王安石渴求的贤才，他在向神宗进言时，对吕惠卿的称赞比欧阳修更高一筹："学先王之道而能用者，独惠卿而已。"而这个吕惠卿也很有拍马之术，他很少当面吹捧王安石，却逢人便说："惠卿读儒书，只知仲尼之可尊。读外典，只知佛之可贵。今之世，只知介甫之可师！"而一个下属，光会拍马也不行，还得有真才实学，王安石是个实在人，最看重的是实际才干。在"制置三司条例司"这个改革变法的总设计院和总指挥部里，吕惠卿从检详文字干起，他的能干很快就得到了王安石的赏识，凡大事小事，他都要先与吕惠卿商量，然后才实行。吕惠卿在一个政治强人的赏识下迅速崛起，成了王安石变法的心腹干将之一，又迅速超升到仅次于王安石的第二号人物，一度被时人称为"护法善神"。

就在吕惠卿和王安石处于政治蜜月期时，出了一点小意外，一天，王安石正在自己家里和吕惠卿商量政事，他的弟弟王安国在外面吹笛子，吹得还十分沉醉。王安石喊了一句，叫弟弟别吹了："停此郑声如何？"而王安国则回敬了老兄一句："远此佞人如何？"这兄弟俩很搞笑，又太有才了，在《论语》中，颜渊问孔子如何治理国家，子曰："放郑声，远佞人。"王安国叫王安石要"远佞人"，也许只是接着他老兄的话随口接上的一句，倒也诙谐机智。不过，王安国反对变法也是实情，对吕惠卿等也确无好感，此前也不是没有人提醒王安石提防吕惠卿之类的佞人。可他这样当着吕惠卿的面骂他是佞人，这就让吕惠卿忍无可忍。但此时王安石正在势头上，他也只好把这口恶气使劲吞下去了。等到熙宁七年（1074年），王安石罢相，吕惠卿拜参知政事，这里边也有王安石的荐引之功，但此时吕惠卿却开始恩将仇报，一是以郑侠上《流民图》诽谤新法为由制造了一桩文字狱，将王安国打为郑侠的同党，削职回乡，"天下之人皆以为冤"，而吕惠卿却终于报了一个怀恨多年又隐忍多年的仇恨。但吕惠卿又何止只是为了报仇，他钻进变法派队伍的投机面目也暴露无遗了，他想彻底搞掉王安石，从变法派的第二号人物变为相府的第一号人物，于是，他将多年来暗暗搜罗的王安石兄弟的罪行，秘密上奏宋神宗，其中有王安石写给他的私人信件，内中既有"无使齐年知"，"齐年"暗指反对变法的参知政事冯京，更有"无使上知"，意思是，他这信里的内容不能让皇上知道。这是王安石作为政治家实在不该犯的一个低级错误，也说明他对吕惠卿太信任了，哪怕心腹，这样的话也实在不该说啊，何况还是白纸黑字的真凭实据，连辩解的机会也没有了。宋神宗看了这样的信，有些政事王安石竟然不让自己知道，既反感也难免对王安石的政治动机有猜忌了。这也是造成君臣裂痕的一个重要原因。

当年，司马光曾提醒王安石，吕惠卿"憸巧，非佳士"，这是明确指出吕惠卿是奸邪之人，奉劝王安石慎用此人。但王安石不听，觉得这是保守派在挑拨变法派之间的关系。司马光只好对王安石发出无奈的告诫："夫忠信之士，于介甫当路之时，或龃龉可憎，及失势后，必徐得其力。谄谀之士，今日诚有顺适之快，一旦失势，将有卖介甫以自售者，介甫将何择焉？"没想到，司马光竟一语成谶。

当王安石重掌相印，吕惠卿该喝一壶了吧，却没有。王安石还真是有政治家的风范，他对这个几欲置自己于死地的吕惠卿不计前嫌，依然委以重任。按情理逻辑，吕惠卿应该多少表示一下自己的忏悔，以此来减轻一点负罪的痛苦。恰恰相反，很多人在加害了某个人后，不但没有负罪感，反而从此把这个人当作仇人，对加害过的人变本加厉地伤害。——这是人性深处一种极诡异的阴暗心理。此时王安石虽说又重掌相印，但吕惠卿以参知政事的政治地位，构成了与王安石抗衡的力量，他以此来继续和王安石这个宰相对着干，对王安石亲自任命的官员，甚至连王安石本人他都处处刁难、排挤倾轧，最终导致两人彻底反目。据说，王安石第二次罢相后，退隐江宁，每天奋笔疾书"福建子"三字，吕惠卿是福建人，王安石蔑称其为福建子（福建仔），如此以泄他心头之恨。这也表现出了王安石决绝的一面，他不会轻易去恨一个人，但一旦被他恨上了，也就不可原谅了。在王安石退隐之后，吕惠卿"除母丧，过金陵，以启与安石求和"，也就是给王安石写了一封请求和解的信，王安石回信说："与公同心，以至异意，皆缘国事，岂有他哉。"表示相见"不如相忘"。

一段插叙讲完，又该说到王安石第二次罢相了，这次罢相又与"天变"有关。熙宁九年（1076年），天上出现了扫帚星（彗星），守旧派又以"天变"为借口对变法发起了一轮大围剿。这年十月，王安石再次辞去相位，罢为镇南军节度使、同平章事、判江宁府。

细究王安石第二次辞相，其实还有个中原因。就在这年六月，他那有神童之称的儿子王雱不幸早逝，白发人送黑发人，这晚年丧子的惨痛打击，让原本在政坛上已有些孤独、疲倦、力不从心的王安石，萌生了退意。这一次隐退对于他，绝对不是一种以退为进的政治姿态，他是真的想要退隐归山了。从此，他便在江宁钟山过着闲居的生活。若从文学的角度看，这是王安石文学创作（尤其是诗歌）的一道分水岭。此前，他的诗文长于说理，如《感事》《兼并》《省兵》诸篇，反映与揭示的都是政治与社会问题；此后，王安石基本上是在隐居生活中度过的，而这种远离了庙堂的生活也让他的诗文走向了更纯粹的艺术境界。以诗歌为例，如《泊船瓜洲》《江上》《梅花》《书湖阴先生壁》等诗，意境幽远，充满了人生的况味，有一种让人回味不已的唯美精神。

　　王安石虽已归隐，变法还将继续。神宗终其一朝，除方田法是他在位时发现实不可行而罢废的，另有部分新法条文稍作调整外，对熙宁新法基本上得以贯彻执行。到元丰年间（1078—1085年），神宗又亲自主持改制，史称"元丰改制"，既可以视为熙宁变法的延伸，亦可视为神宗时代的又一场变革，其核心意图是在保持新法既得成果的基础上，使改革有所推进。这次改制，神宗绕开了容易引起争论的理财问题，试图在整顿冗官和强化军兵保甲问题上有所突破。元丰三年（1080年）八月，神宗正式启动官制改革，试图改变北宋开国以来十分混乱的官僚体制。他首先从积弊最深的差遣制度入手，诏令撤销只领空名的官职，原作为虚职的省、部、寺、监各官皆改为实际任事，并采用旧文散官的名称编成官阶，作为官员俸禄及升降的品阶标准。元丰五年（1082年），朝廷又以《唐六典》为蓝本，颁行三省、枢密、六部新官制。这一系列朝廷官制的改革，依然有很大的局限性，但表现了神宗维持新政、继续推进改革的心愿。当熙宁新法后来被司马光等元祐党人悉数废止，而元丰改制的成果却得以继承，奠定了北宋后期和南宋中央官制的基本构架。

　　元丰改制的另一个重点，是强化军兵保甲制度，以增强对辽、夏的战斗力，当然，也能更有效地镇压各地的农民起义。那么，从熙宁变法到元丰改制，对抗外族入侵的实际效果又如何呢？这里有一个推迟交代的事实：熙宁六年（1073年），在王安石指挥下，以王韶为秦凤路沿边安抚使，率军进攻吐蕃，一举收复河（今甘肃临夏）、岷（今甘肃岷县）等五州，拓地二千余里，受抚羌族三十万帐，从而建立起进攻西夏地区的有利战线。对一直被动挨打、乞和苟安的北宋王朝，这绝对是一次大捷，史称熙河大捷，宋神宗的兴奋可想而知，当即便解下身上的玉带赐给王安石，这是那个将相兼荣的寇准享受过的尊荣。到了元丰四年（1081年），神宗还想要进一步扩大战果，趁西夏皇室内乱之机，大宋帝国兵分五路，进攻西夏，结果是，"围灵州城（今宁夏灵武县）十八日不能下"，而深入夏地的各路宋军因粮草供应不上，冻馁死伤无数。此役虽不算是吃了败仗，却也是损兵折将，无功而返。第二年，心有不甘的神宗皇帝又听从给事中徐禧（字德占）之计，筑永乐城，谋划攻占西夏横山地区，以此进逼西夏都城兴庆府（今宁夏银川），试图攻夏雪耻，一举灭掉西夏这个心头之患，为朝廷节省给西夏的"岁赐"白银七万两、绢十五万匹。徐禧也是王安石青睐的变革派人物，但在军事上却是个马谡式的人物，他既不懂军事，又不听部将的建议，一意孤行。结果是，西夏调集三十万大军围攻永乐城，宋军死伤十三万多人，包括北宋三万多精锐的鄜延军将士全部战死，徐禧也在城陷后战死，一说是下落不明。神宗惊闻宋军惨败、永乐城陷，"早朝，对辅臣恸哭"。在一个天子绝望的恸哭声中，也意味着从熙宁变法到元丰改制，北宋的军事实力并没有显著的提升，不能简单地归咎于徐禧一个人的指挥失策。

元丰八年（1085年）三月，神宗驾崩，年仅三十七岁，仅比他父亲宋英宗多活了一年多，而接下来继位的是一个比神宗更短命的皇帝，也是北宋最短命的天子，宋哲宗赵煦。这个并非仁宗直系血脉、在北宋历史上如同一段插叙般的皇帝家族，出了三位英年早逝又很有作为的天子，似乎都有短命的遗传基因。

宋神宗是宋朝最有抱负、有作为的皇帝之一，在位十七年，他"不治宫室，不事游幸"，一生致力于实现富国强兵的目标，这是历史对他的评价；如果上苍让他再活三十七年，以他的雄心抱负和日益成熟的治国经验与智慧，熙宁变法是有可能进一步深化和完善的，至少不会那么快就随他一起被埋葬。然而，一切皆已为宿命所注定，这不仅是一个帝王的宿命，一个王朝的宿命，也是一个民族的宿命。

随着宋神宗的英年早逝，一场划时代的大变革也将为他殉葬。

七、对历史的一些假定与猜想

神宗驾崩后，由其第六子、年仅九岁的赵煦继位，是为宋哲宗。

随着又一个儿皇帝登基，北宋历史上又一次出现了太后垂帘听政的政局，而这一次临朝执政的就是宋神宗的生母高太后，也就是宋哲宗的祖母，此时她已被尊为太皇太后。历代女主君临天下，大多归功于那些短命的皇帝。英宗短命，神宗短命，而这个刚刚登基的哲宗更加短命，但眼下谁也不知道。北宋王朝的不幸，在于自仁宗以下的几代皇帝都短命，而北宋王朝的幸运，又在于这些短命的皇帝大都颇有作为。北宋历史上极少出现昏君，连最昏聩的宋徽宗也是才华横溢、聪明绝顶。北宋的宫闱中也充满了智慧，高太后也是一位严守妇德、母仪天下的贤后，仁宗曹后是她的小姨，自然也深受曹后的影响。她临朝执政九年，"以复祖宗法度为先务，尽行仁宗之政"，在对外政策上，则采取以土地换和平的政策，将王安石在熙河大捷中收复的安疆、葭芦、浮图、米脂四寨（今宁夏东部和陕西省北部）全部归还给了西夏。总之，无论对内还是对外，高太后都采取了缓和之策，一切为了和谐，一切以和为贵。

在宋神宗病逝的那一年，六十五岁的王安石进入了他一生中最悲凉的岁月。

神宗活着时，他虽已罢相归隐，却依然享受着无比的恩荣。他在五十八岁时进尚书左仆射，封舒国公，六十岁时又加特进尚书左仆射、门下侍郎，改封荆国公。六十四岁时，他预感时日不多，乞以宅为寺，神宗赐名"报宁"。这样的恩荣对于一个活着的大臣已经无以复加，生前而加封国公，并立生祠，除了那些开国元勋，在北宋历史上可谓绝无仅有，可见神宗对他多么看重。

王安石一直活到了元祐元年（1086年），上苍仿佛就是为了让他看到一个宿命的结果。

高太后执政后，随即便起用了他宿命的政敌司马光为相，司马光只比王安石多活了几个月，就在这不到一年的时间里，他以比王安石推行新法更快的速度、更强有力的方式，将熙宁新法一条一条地废止。王安石最大的不幸就是在活着时看到自己穷尽一生呕心沥血制定的新法被逐一废止，这样的痛苦如同凌迟，又如同自己的儿子被一个一个地扼杀，比丧子之痛还要让他痛不欲生。当王安石听到免役法也被废止时，他悲叹道："亦罢至此乎！"

未久，王安石便于元祐元年（1086年）四月初六郁然病逝，享年六十六岁，赠太傅。

而司马光仅仅比他多活了五个月，就于同年九月一日病逝，享年六十八岁，追封温国公。

这一对宿命的政敌，一个在活着时便两封国公，一个在死后追封为国公，一个是眼睁睁地看着自己推行的新法被一项项废止"郁然而逝"，一个则是如愿以偿，溘然长逝。司马光两眼一闭，就盖棺论定了，而王安石则死不瞑目，注定是一个盖棺千年难论定、死后还一直充满了争议的士人。

在中国历史上，像司马光这种儒学教化下的典范，历来受人景仰，几乎是没有什么争议的完人、圣人，而留下争议的恰好是王安石这样的改革家。商鞅如是，李斯如是，王安石亦如是。这里，有必要看看同时代的士人对王安石的评价。而在王安石变法时，这个时代最优秀的文人几乎都站在了王安石的对立面，这也让王安石成了北宋年间最孤独的一个文人。而在他去世后，又是这些曾站在他对立面的文人，摒弃了个人恩怨，给予了他公正的评价。

若从个人恩怨来看，最痛恨王安石的莫过于苏轼，他一生的悲惨命运都与王安石脱不了干系。苏轼一入仕途就被卷入了新旧两党的尖锐斗争，当一个人和另一个人的政见不同，明智者可以保持沉默，但以苏轼忠鲠讼直的个性又绝不是一个保持沉默的明智者，而他一旦开口，势必就会成为王安石的眼中钉。但苏轼与王安石的过节只因政见不同，虽说这也难免会波及他们的私人感情，但从两人的交往看，还是挺有人情味的。王安石辞官归隐江宁后，苏轼也正处于贬谪的人生低谷中。一次，王安石在病中，苏轼去看望他。这也是他们最有人情味的一次会面，仿佛都超越了政治上的分歧，恢复了诗人的本来面目，以诗唱和。在其《次荆公韵》中，苏轼写道："骑驴渺渺入荒陂，想见先生未病时。劝我试求三亩宅，从公已觉十年迟。"对最后一句如何理解，历代都有争议，一说是表达了苏轼对王安石急流勇退的仰慕，苏轼也有效法归隐之意；一说是苏轼对自己反对王安石变法已有所觉醒，甚至是忏悔。对于前一种解释是没有什么争议的，他诗中所谓"劝我试求三亩宅"，说的是王安石曾劝苏轼在金陵（江宁）买田，既作为仕途的一条退路，两人也可以朝夕相见。从苏轼致王安石的信中看，他也曾有此打算："某始欲买田金陵，庶几得陪杖履，老于钟山之下。"这些诗和信都表明，比王安石年轻十六七岁的苏轼还真是打算随王安石一起隐居金陵，也表明两人的私交是很好的，尤其此时两人都处于人生低谷，同是天涯沦落人，也就更见人生的真性情。而后一种解释，也并非完全说不过去，从苏轼后来坚决反对司马光全面废止新法的态度看，他对王安石变法是有了重新认识的。

宋哲宗即位后，苏轼得以重用，在代天子所拟的敕书中，他对王安石给予了高度评价："名高一时，学贯千载，智足以达其道，辩足以行期言；瑰玮之文，足以藻饰万物；卓绝之行，足以风动四方。"王安石去世后，时为中书舍人的苏轼又为其撰《王安石赠太傅》的"制词"，对王安石的道德文章亦给以公正的评价。对王安石的文才，苏轼也非常赞赏，称王安石所撰的《英宗实录》为本朝史书中写得最好的。

这一对持不同政见者，也成就了文人相亲的一段佳话。

我觉得苏轼对王安石的评价是最中肯的，也是最准确的，正因为天意要托付"非常之大事"，才产生王安石这样的"希世之异人"，这是一个史上罕有的绝世奇才，一个无法复制的奇人。

又看王安石宿命的政敌司马光如何评价他。对作为政治家的王安石，司马光是全盘否定的，但对王安石的道德文章也是十分欣赏的，认为"介甫文章节义过人处甚多"，他执政时还提醒朝廷，王安石"方今不幸谢世，反复之徒必诋毁百端"，郑重建议"朝廷宜加厚礼，以振浮薄之风"。正因为此，在悲愤中郁然病逝的王安石，其哀荣还在继续，死后又被追封为太傅。到了宋徽宗绍圣年间，又赐谥号为"文"，配享神宗庙廷，又配享文宣王庙。但到了宋钦宗时，又下诏停止他文宣王庙配享，这表明对王安石的崇高评价从此开始走低。

从接下来的历史看，大宋帝国的震荡与摇摆并未随着王安石、司马光这两个代表人物的生命终结而终结，随着宋哲宗的亲政，历史又一次被颠倒过来。

宋哲宗赵煦，这个短命的少年天子，也称得上是北宋颇有作为的皇帝之一，也是继神宗之后北宋帝国最后的一位英主。追溯他与高太后的关系又耐人寻味。从高太后策立九岁的赵煦为帝，到她对宋哲宗的临终嘱托，这位充满了政治智慧的太后可以说耗尽了她一生最后的心机。赵煦年幼多病，而高太后却严令太医不得医治，让一个小皇帝自己去同病痛抗争，这也太不近人情了，可高太后采取的这种虎妈狼母式的教子方式，显然是想让这个多病的儿皇帝增强自己的意志力。但这种无所不用其极的"呵护"或管束，势必又让哲宗深感窒息和束缚，由此而产生强烈的逆反心理。于是有人从这种人性的本能推测，当高太后一死，宋哲宗在经历了长久的压抑之后现在终于得以释放，当他放开手脚后，下意识地就会选择和高太后对着干，急不可待地改变太后的既定方针。这种猜测似乎颇为符合现代心理学，却也十分勉强。而我觉得哲宗的另一种心理或志向更接近历史真相，宋哲宗血液里继承了他父亲宋神宗的气质和性格，他也非常崇敬父皇敢作敢当的性格和变法之策，在他亲政的第二年，他便改元为绍圣，"以绍述熙宁（变法）、元丰（改制）为志"，那个被高太后贬谪多年的变法派大将章惇又奉诏回朝，拜为宰相（尚书左仆射兼门下侍郎），复行新法。

历史上对章惇个性的描述之一，就是这个人特别记仇、报复心极强，而在推动改革方面，他在骨子里比王安石更加铁血无情、杀伐决断。铁血加上仇恨，也就注定了接下来的又一场政治大清洗，那些对高太后重要的元祐诸臣，其悲惨的命运也因此而注定了。苏轼、苏辙等所谓旧党党人，很快就像历史垃圾一样被扫出门，流放岭南，连坟头长草的司马光也要追贬夺谥，乃至死去的高太后，章惇也不想放过她，想要追废其太后封号。好在宋哲宗虽说还是个少年，但也不是傻瓜，因"感悟其非而止"。或许是章惇做得实在太过分了，对所有的政敌恨不得赶尽杀绝，让人感觉像是一个阴森恐怖的恶魔，他才被打入历史的另册《奸臣传》。但从他与哲宗共治天下的那些年的历史事实看，说他是个奸邪又实在冤枉他了，这个人还真是政绩显赫。随着熙宁变法中的保甲法、免役法、青苗法重新恢复，并且有了比先前更完善的推广，在一定程度上缓解了农民负担，北宋帝国还真是从元祐党人萎靡颓顿、昏昏欲睡的状态下又重新振作起来。而同一味苟安求和的保守派相比，在对外政策上，改革派也显得更加自信和强硬。在宋哲宗和章惇主政时期，北宋停止了与西夏与虎谋皮似的谈判，显示出了一个帝国的本质，多次主动出兵讨伐蠢蠢欲动的西夏，而那些欺软怕硬的党项人，在一个突然变得非常强势、咄咄逼人的大宋帝国面前，还真是两股战战地软了下来，俯首向宋朝乞和。与此同时，北宋又显示出了一个泱泱大国开放的姿态，积极与外国通商，进行海外贸易，日本、朝鲜等国纷纷遣使来宋朝访问，并开始学习宋朝文化。一个短命的少年天子，和一个步入迟暮之年的改革派大臣，就在这样的高度默契之下，联手缔造了一个最繁华、最开放的北宋盛世，甚至可以说是宋朝三百多年历史上的一个巅峰时期，这也验证了改革变法的确是比回归老路更好的一条出路。

然而，这种由天子与士大夫共治天下的方式，也只是人治中比较好的一种方式而已，依然全凭一个天子或几个宰执大臣的个人权力或权威支撑着、推动着，而那些执掌权力的铁腕，既强大也脆弱，难以摆脱人亡政息的历史宿命。

元符三年一月十二日，公元1100年2月23日，年仅二十三岁的宋哲宗猝然驾崩，大宋帝国的最高权力又一次落到了女主的手里，这一次轮到向太后（神宗皇后）临朝主政。从仁宗曹后、英宗高后到神宗向后，都是反对变法的女主。一个帝国的政治，又将像翻烙饼一样翻过来。由于哲宗过世得太早了，连个皇子也没有来得及生下，只能在他众多的兄弟中，也就是宋神宗的皇子中去寻找继承人。好在，宋神宗虽寿不假年，但生子甚众，向太后像择萝卜一样挑来挑去，最终挑中了神宗第十一子、哲宗之弟、端王赵佶继位。赵佶此时年十八岁，眉清目秀，聪明伶俐，怪招人喜欢的，却有人大呼："端王轻佻，不可以君天下！"

这个人的眼光还真是很毒，他仿佛一眼就看到了这个皇帝的未来，甚至看到二十多年之后，北宋帝国就将在这小子手中灭亡的命运。这个人不是别人，就是章惇。无论从历史眼光还是政治眼光看，这个章惇还真是非凡之辈，竟有如此非凡的洞察力。而此时的另一位宰执大臣曾布（曾巩的同父异母弟）却在一侧压低声音劝他，悉听"太后处分"。而章惇也没有坚持，只是"叩拜而退"。随后，端王称帝，他就是历史上那个写得一笔瘦金体、多才多艺、时常去青楼与一代名妓李师师幽会的风流皇帝宋徽宗。二十多年后，不出章惇所料，这个太上皇就和他的儿子宋钦宗一起成为了金人的俘虏，一个北宋帝国也在这父子俩手中断送了。

而眼下，谁又能料到，北宋会在二十多年后灭亡呢？

随着又一轮政治大洗牌，在"迁章惇特进，封申国公"之后，很快又以"章惇尝反对其嗣立"，将其贬逐。崇宁四年（1105年），这个历史难以评说的一代名相或一代奸相就病死在贬官任上。尽管他一生对付政敌过于残忍，被人诅咒不得好死，但他的阳寿却也不短，一直活到了古稀之年。盖棺论定，对章惇这样一个人物，比对王安石更难以定论。但谁也不能否认，章惇是继王安石之后又一位改革变法派的领袖，从他多年来担任宰执大臣的事迹看，无论在王安石生前还是死后，他都是一个坚定不移的改革变法派，也正是因为他的复出，才将那已经被埋葬的改革变法之火再次点燃，又延烧出了北宋帝国最后的辉煌。而在改革变法的过程中，他甚至比王安石干出了更多的实绩。他在宋神宗、哲宗朝时两度担任宰执大臣，尤其是在哲宗时代权倾朝野，既有擅权、弄权的一面，却从不以官爵私其亲人，谋取私利。他的宿命和王安石一样，宋哲宗的宿命也和宋神宗一样，这也证明，在人治的时代，改变历史的，有时候就是一个皇帝的寿命。

走笔至此，我也只能痛下结论了，王安石变法，其实就是在宋哲宗驾崩、章惇被贬后才最终宣告失败的，这也是历史公认的一个结论。

随着北宋王朝的覆没，当历史进入南宋，对王安石变法总体上是否定的，认为王安石变法是"变乱祖宗法度，祸国殃民"。尤其是宋高宗赵构，为开脱父兄的历史罪责，把"国事失图"的原因由一代奸相蔡京上溯至王安石。宋高宗不但削去了王安石舒王的封号，又诏命重修《神宗实录》，以否定王安石变法为基调，把王安石视为北宋亡国的元凶。这一定论后来又在元人修的《宋史》中得以承袭，成为中国皇权时代对王安石的官方定论，王安石由此被打入历史另册，变成了一个奸臣的形象。

元、明、清以来，对王安石的历史评价基本上延续了南宋的观点，但依然充满了争议。比较有代表性的观点，一是贬低王安石者，如王夫之，认为王安石的"三不足"之说是"祸天下而得罪于名教"；一是褒扬王安石者，如蔡上翔，以为"荆公之时，国家全盛，熙河之捷，扩地数千里，开国百年以来所未有者。南渡以后，元祐诸贤之子孙，及苏程之门人故吏，发愤于党禁之祸，以攻蔡京为未足，乃以败乱之由，推原于荆公，皆妄说也。其实徽钦之祸,由于蔡京。蔡京之用,由于温公。而龟山之用，又由于蔡京，波澜相推，全与荆公无涉"。而龚自珍等人由于和王安石有着相近的变革思想，对王安石变法则给予坚决的肯定。

历史上，尽管对王安石变法一直处于难以定论的状态，但对王安石的道德文章却几乎没有争议。他既是政治强人，也是一代文豪，而他对两者的结合而形成了别具一格的"王荆公体"。从文学史的意义看，北宋时代由范仲淹、欧阳修掀起的诗文革新运动，在他手中得到了强有力的推动，又由于他所处的政治地位，对扫荡宋初风靡一时的浮华余风做出了无可替代的贡献。无论对王安石变法怎么评价，他作为唐宋八大家的崇高文学地位从来没有动摇过。当然，也不能不正视，他的不少诗文论辩说理成分过重,又过于冷硬和刚毅,对文学的形象性和韵味造成了挫伤。

梁启超尝谓,王安石是中国历史上"遭受污蔑最多的人",但对王安石的道德品行,无论是他的政敌还是朋友,极少有说三道四的,均以人品高洁来称道他。他两度拜相,位极人臣,但一生不坐轿子、不纳妾,也是死后无任何遗产的宰相。这里还有一段佳话,王安石归隐江宁后,便在江宁城东门和钟门(蒋山)之间盖了几间房屋,取名半山园,每次出门,他都是骑驴而行。有人看他年岁大了,怕有什么闪失,劝他还是坐轿比较好。王安石拈须笑道:"自古王公虽不道,未尝敢以人代畜也。"从这个细节也可看出,他对人的尊重,打心眼里就不把人当牲口使唤,更不愿骑在人的肩膀上作威作福。他为国理财,在自己的生活中却又把钱看得很淡。年轻时,他一个人承担起一大家子人的生活,每月俸禄到手,几个弟弟一下就围拢来,把一只只手伸过来要钱,王安石一句话,随便拿!

当历史进入二十世纪,以梁启超的《王荆公》为代表,为王安石及其变法彻底翻案,称王安石为"三代下求完人,惟公庶足以当之矣"。梁启超以戊戌变法的眼光,把青苗法和市易法看作近代文明国家的银行,把免役法视作"与今世各文明国收所得税之法正同""实国史上,世界史上最有名誉之社会革命",他还认为保甲法"与今世所谓警察者正相类"。而以小心求证为治学特点的胡适先生也有类似的评价。美籍华裔历史学家黄仁宇继承了梁启超、胡适等人的观点,按黄仁宇的说法,如果王安石变法成功,可以把中国历史的进程一口气提前一千年!

对王安石无与伦比的评价,无疑还是列宁的一句名言:王安石是"中国十一世纪伟大的改革家"。我觉得,王安石其实就是两种极端中的一种历史存在,他既是"中国十一世纪伟大的改革家",也是史上最伟大的失败者。

司马光

乾坤只在掌拿中

穿行于一大片古老的建筑中，恍然已经穿越时空，走进了宋朝的一条老街。

这是一条清晰的街道，一个确凿无疑的地址，光山县城正大街中段。若要寻觅司马光那远逝的身影，一切只能从这里开始，这是他的诞生地。河南信阳光山历史悠久，春秋属楚，秦代辖于九江郡，王莽时废国立县，隋文帝开皇十八年（589年）更名光城为"光山"，始为光山县。从那时起，光山县就叫这名字，如今还叫光山县，像这种历经千载而坐不改名的县份，在国中还不多见。中国人最不喜欢改弦更张，却又免不了频繁地改朝换代，随着江山易主，很多地方也随之改名换姓，在后世对历史的叙述中，因地名的不断变更给历史带来了一次次错位。但光山县似乎从未发生过历史的错位，它一直停留在原地，我眼前这座建筑，也依然停留在宋真宗天禧三年（1019年）农历十月十八日，司马光就降生于我眼前这座黝黑的建筑里。

走得很近了，才看见被淮河秋雨洗涤过的老青瓦，那屋脊像大别山的山脊一样明亮。这是时空中的一个坐标，就像我手中刚买的一张门票一样清晰。在这二十元一张的门票背后，印着司马光故居的所有景点和路线图。但严格说，这并非一个人的故乡或故居，这只是光山县衙的一处官舍。如今整个县署已经看不见了，只余这一片官舍，一座占地超过一千平方米的四合院。无论你从东门还是从西门走进来，都不会搞错方向，这是一座坐北朝南、悬山式砖木结构的四合院，二进，一棵棵古柏从东门外一直掩映过来，充满了浓荫蔽日的阴森感。

一、一个圣人胚子

在抬脚跨进大门的刹那，我下意识地犹豫了一下，忽然觉得走错了地方。

这是一个七品芝麻官的官舍吗？怎么看都像是一座富丽堂皇、壁垒森严的王府。下意识地仰望，一块高悬的门额被阳光照得光明磊落：司马光故居。

没错，绝对没错。但我还是一再犹豫。在中原秋日的阳光下逐渐深入，曲径通幽，从大门到照壁、前厅、厢房、书斋、后堂，无不精致严谨，穿越宋朝的碑刻、元朝的石狮，透过那些天井与封火山墙，是被阳光照亮的柏树、胡桃和梧桐，繁茂的花草如同江南的春天，而小桥流水成了中原的风景，却比江南少了些许秀丽，又多了几分中原的典雅。历史遗迹，有时候会颠覆后世对历史的看法，在一个积贫积弱的王朝，一座七品芝麻官的官舍就修得如此器宇轩昂，一个帝国的繁华和富庶跃然眼前。忽然想，王安石的那一场伤筋动骨的熙宁变法，又是否真的有必要进行？

然而，仔细看，这一座建筑只是保留了当年的原貌，骨子里的东西早就换了。在司马光辞世四十余年后，金军便摧毁了在司马光出生时还处于太平盛世的北宋帝国，这一座官舍也被摧毁，化为了瓦砾和灰烬。历史于是又一次被颠覆过来，王安石看到的危机绝对是真实的，一场如同大换血的变法又是有必要进行的，而且是必须进行到底的。要不，一个帝国怎么会被金人一触即溃？只能说其巍峨宫殿以及这气派的官舍早已是金玉其外、败絮其中了。然而，一场划时代的变革终于没有进行下去，这里我不想去追寻那些根本性的原因，我只想说，一切都与一次人间寻常的分娩有关,在一个叫王安石的婴儿诞生之前,一个叫司马光的婴儿已提前两年诞生了,这是一对宿命的政敌,他们将在一个王朝的进退中扮演各自的非凡角色。在数十年之后,一个王朝的历史,将由这两个人轮番改写。

在那久远的未来尚未来临之前,一口井是必然会提前出现的,我已提前感到了那凛冽袭人的寒气,俯身朝那幽深的井底一看,我两眼顿时充满了寒光。据《光山县志》载:"井在光山县治东儒学教谕舍前,宋司马池为光山令,生子于官廨,汲此井水以洗为名光。"这口井对司马光是充满神性的,这井水让他完成了最初的生命洗礼,也因此而被命名为司马井。而后来,当一个婴儿变成一个圣人之后,邑人又在井上建了一座养粹亭,来掩护这口圣井。一个神话般的故事,就发生在这口井边。而司马光之所以能成为中国知名度最高的古人之一,绝不是他编纂了一部有鉴于往事、以资于治道的《资治通鉴》,只因他在小小年岁就干出了一件大事:司马光砸缸。那是一个被反复描绘过的场面,一个几岁的小男孩,小脑袋上还扎着两个天真可笑的发髻,他手里搬着一块夸张的大石头,几乎使出了吃奶的劲儿,奋不顾身地砸向一口大水缸,"嘭!"水缸被砸出了一个大窟窿,水哗哗地流淌而出,那掉进水缸里的孩子很快就露出了被水淹没了的小脑袋瓜。这样一个家喻户晓的故事用不着我在这里啰唆,古往今来没有哪个中国人不知道,从此让他成了家喻户晓的神童,在民间,这几乎就是他一生的全部意义。但作为一个中国式的寓言或童话,在那口大水缸背后的一些细节,是我在成年后才引起注意的:第一,他是一个很有力量的破坏者;第二,他是一个很有智慧的拯救者。这似乎都是天生的,又几乎是在本能的驱使下完成的。

我在儿时自然就听说这个故事,也看到了那幅古老的图画,这图画据说就是司马光砸缸之后,东京和洛阳就有人把这个故事画成了图画,成了那个时代流传最广的儿童读物。但我看到图画上那个小小的司马光时,一点也感觉不到童趣和可爱,这孩子,从小就是一副小大人模样,像个小老头似的。

司马光这个神童，他的表现不只是在智商和才气上，而且体现在道德境界上，这就不是一般的神奇而是高贵的灵异，只能用一个词来形容——神圣！司马光有着良好的家庭背景或家教熏陶，这就与他父亲司马池有关了。司马池自称是晋朝安平王司马孚的后代，有着王室后裔的高贵血统。在司马光诞生时，他还只是一个小小的光山令，但他未来将累官至三司副使，成为主管国家财政的副手，也是北宋名臣。而司马池也有圣人风范，他幼年丧父，但家里相当富有，财产达数十万贯。但他为了专心读书，把家产全部让给伯父、叔父们。他在知光山县的当年秋天便生下了司马光，为其第三子。这也是他一生最有出息的儿子，几乎将他的另两个儿子全然遮蔽了。

从家教看，司马池教子的故事和司马光砸缸的故事一样广泛流传。相传司马光六岁时，一次，哥哥拿了一个核桃，想去掉它的皮，用石头敲，怎么也去不掉，就把它扔了。这时一个婢女看见了，拾了起来，她用滚烫的开水将核桃一烫，再用小刀轻轻一刮，皮就掉了，然后交给了司马光。司马光拿起这个去了皮的核桃高兴地跑了出去，哥哥看见后，好奇地问他核桃皮是怎么去掉的，司马光撒谎说："是我自己去掉的。"正巧，父亲司马池从外边回来，一打听情况，知道司马光撒了谎，就把他叫来，严厉地训斥："小孩怎么能撒谎骗人呢？"司马光一看父亲那威严的面孔，知道自己错了，乖乖地低头认错："孩儿以后再也不撒谎了。"司马池听到儿子的回答，疼爱地摸着司马光的小脑袋说："做人最要紧的是诚实，一个人如果不诚实，人家就不相信你，失信于人，就不会有威信，也就什么事都干不成了。"

从此，司马光再也不敢说谎，后来还把这件事写到纸上，时常提醒自己。到了老年，一个童年时代的故事又引申出一个老年的故事：有一次，他叫管家把家里一匹病马拉出去卖掉。这匹马虽说得了病，但看上去依然是一匹毛色纯正漂亮、高大有力又性情温驯的骏马。管家牵马出门时，司马光又再三叮嘱说："这马有病，一到夏天就干不了什么活，若是有人买，你可得老老实实地告诉人家。"管家觉得自己的主人真是读书读迂了，便笑了笑说："哪有像您这样的人呀，怎能把人家看不出的毛病说出来呢？"司马光脸色一下就变了，正色道："一匹马卖多少钱事小，对人不讲真话，坏了做人的名声事大。我们做人必须要老老实实，要是我们不说实话，得不偿失，损失将更大！"据说那管家听了此言，羞愧得满脸通红。而这样一个故事，其实也是一个成年人的童话，在塑造司马光这个一生"不宝金玉，而以忠信为宝"的圣人形象时，也只能把一匹有着隐疾的马和一个不太老实的管家作为衬托他的道具。司马光，字君实，号迂叟，他还真是史家所公认的一个诚实君子，也是一个迂夫子。清人陈宏谋尝言："司马光一生以至诚为主，以不欺为本。"后世对司马光盖棺论定之语，最突出的就是一个"诚"字。

司马光既有这样良好的家教，又有非同一般的天赋，像这样一个圣人胚子，从孩提时代开始就有着对极限人格的追求，只等着一番历练，就可以成为圣人了，而圣人的境界就是最终抵达完美的人生。

二、历史的一些切片

宋仁宗宝元六年（1043年），十九岁的司马光登进士甲科，而比他小两岁的王安石则在二十一岁时中第四名进士，虽说登科时间比他晚了一届，人家却差一点儿就中了状元。在科举功名上，司马光比王安石略逊一筹。不过，一个士子能在十九岁登甲科进士也非常了不得了，那个将相兼荣的前辈名相寇准也是在十八九岁就一举登上甲科进士龙虎榜。

司马光也像当年的寇准一样，登科后没有表现出丝毫少年得志的轻狂，他显得非常低调和谦虚，甚至谦虚得都有些过分了。在他晚年写给儿子司马康的训示《训俭示康》中，他曾提到几个细节，譬如说儿时长辈给他穿上漂亮的新衣服，他总是像一个小姑娘一样害羞脸红，把漂亮的新衣服脱下。另一个重要细节便是他登科时，与士子一同荣幸地得到仁宗皇帝的接见，这也是他第一次以天子门生的身份走进皇上的视线。在天子御赐的酒宴上，每个新科进士头上都插满了天子赏赐的鲜花，几杯美酒下肚，一个个都有些得意忘形了，唯独他一直正襟危坐，也不戴花。一个同年提醒说："戴花乃皇上之令也！"司马光这才勉勉强强地戴了一朵很小的花。但谦虚归谦虚，他有志于天下的志向却一点也不低调："贤者居世，会当履义蹈仁，以德自显，区区外名何足传邪！"

在接下来的人生仕途上，司马光在官场上一直显得极为低调，平日里从不显山露水，却又在某个历史关键点上偶尔露峥嵘。

司马光步入士林的最初几年，基本上是如星伴月般伴随着父亲走。他任华州判官时，他父亲司马池知同州，一个在今陕西华县，一个在今陕西大荔县，两县是同处关中平原的邻县，司马光这个大孝子也就可以时常去探望父母，事亲尽孝。未久，他父亲转知江南杭州，他随即上书"求签苏州判官事以便亲"，仁慈的皇上恩准了。就在他改判苏州不久，母亲病故。服丧期间，正值党项羌首领元昊叛宋称帝，建立西夏国。一个藩属国一旦独立，立马就把大宋视为最大的敌人，对北宋西部边陲大举进犯。为加强军事防御，宋仁宗诏令全国加强武备，连远在大后方的两浙，也要添置弓箭手、增设指挥使。这让司马父子在关注西北危机的同时，也看到了另一种危机，他们没有保持沉默，在司马池的授意下，由司马光代父草拟了《论两浙不宜添置弓手状》，上奏朝堂，这也是后来收入了司马光文集的一篇重要文章，其主要观点是认为战争发生在西北边陲，而两浙远在万里之遥的东南海滨，远水救不了近火，此举应对西北边关危机既无补于事，反而会滋事扰民，"吴人轻怯易惑，难晓道听途说，众情鼎沸"，若加重江南百姓的赋役，很可能又酿成另一种危机，外乱未平，又添内乱。——这当是司马光第一次露出他峥嵘的一面，针对朝政发出不同的声音，以异见的方式提出自己的政见，他也的确是站在宏观战略上来考虑问题的。江南既是远离边关的大后方，又是天下富庶之地，正好作为国家的战略大后方，只有保持江南的繁荣安稳，一个帝国的财政收入和战备物资就有了稳定的保证，这比征调"轻怯易惑"的吴人直接赴前线征战更有战略意义。

两年后，其父司马池在晋州病逝，司马光与兄长司马旦扶柩回故乡夏县安邑。一个大孝子接连遭受双亲离世打击，他也只能以读书与著书来排遣悲恸、聊寄哀思。他的不少文章，如《十哲论》《四豪论》《贾生论》等便是在居丧三年里所作。服满，他又签书武成军判官。于此可见，司马光入仕之初的那段人生仕途颇不顺遂，从十九岁中甲科进士到二十六七岁，七八年间一直在八九品的判官、主簿上辗转，而他获得的第一个实职也是代理的，"权知丰城县事"。在这代理县令任上，他居然在短短的时间里就"政声赫然，民称之"，这其实也是历史的套话，凡当过地方官的名臣，基本上能得到这样的溢美之词。

对司马光服满后的一段人生仕途，史载比较错乱，但有几件大事则是任何史籍都不会遗漏的。一是庆历六年（1046年），司马光"改大理评事，补国子直讲"。这段时间，接连有两位高官显宦死去了。一是大太监（中官）麦允言去世，在大出殡时，天子赐一品卤簿。所谓卤簿，即中国古代帝王外出时扈从的仪仗队，东汉蔡邕曾在史书中云："天子出，车驾次第，谓之卤簿。"天子之下，则为一品大臣才能享用一品卤簿。而天子赐一个大太监一品卤簿，这让此时还人微言轻的司马光露了一次峥嵘，他上书反对，打比方说："繁缨以朝，孔子且犹不可。允言近习之臣，非有元勋大劳而赠以三公官，给一品卤簿，其视繁缨，不亦大乎？"意思是，孔子尚且认为不可戴很多缨子的帽子上朝，麦允言只是皇上近侍，并没有多少功劳，却被赠以三公的官位，给予一品大臣的仪仗，看他帽上的缨子，不也太多了吗？

另一个死去的高官则是夏竦，初谥"文正"。若论功名，夏竦既拜枢密使，又拜宰相，位极人臣，这个谥号也当得起了；若论才学，"竦资性明敏，好学，自经史、百家、阴阳、律历，外至佛老之书，无不通晓。为文章，典雅藻丽"，似乎也当得起了。但夏竦"材术过人，急于进取，喜交结，任数术，倾侧反覆，世以为奸邪"。这是源自《宋史》的记载，也是当世人的看法，在司马光这个正人君子眼里，夏竦也就是个奸邪了。于是，他又上书反对夏竦的谥号："此谥之至美者，竦何人，可以当之？""文正"这个谥号，是对大臣最高的谥号、至美的谥号，夏竦是什么人,他受得起这个谥号吗?结果,夏竦被改谥为"文庄"。而"文正"这样的谥号,只有范仲淹才当之无愧,司马光也当之无愧,他们死后,皆谥"文正"。

接下来一件载入史册的大事是庆历七年(1047年),王则作乱。此人本是涿州人,后逃荒到贝州(今河北邢台市清河县一带),给地主放羊,应募到宋军中当兵,起事前是宣毅军的一名小校。其时,弥勒教在贝州民间秘密流传,这让王则捕捉到了一个机会,他利用"释迦佛衰谢,弥勒佛当持世"之说暗中联络信众,起兵反叛,在占领贝州后建国,号安阳,称东平郡王,其麾下军民皆在面部刺上"义军破赵得胜"六字,这与日后宋江只反贪官、不反皇帝的起义是截然不同的,大有舍得一身剐、敢把皇帝拉下马的势头。在王则势如破竹的攻势下,仁宗皇帝在上朝时,看着满朝冠冕堂皇、手执笏板的文武百官,发出了朝中无人的慨叹:"大臣无一人为了国事者,日日上殿何益?"是时,司马光父亲的好友庞籍为枢密副使,司马光在危急中写了一篇《上庞枢密论贝州事宜书》,建议对叛军"以计破",只诛首恶,余皆不问,以软硬兼施、威胁利诱并用的方式对叛军内部进行分化瓦解。但他的建议似乎并未得到朝廷采纳,朝廷采取的方式是血腥的镇压。庆历八年(1048年)正月,仁宗命文臣文彦博为河北宣抚使,统领大军围攻贝州。宋军攻城,久不能下,文彦博虽是文臣,但在军事上也挺有一套,他一边在北城急攻,一边在南城挖通地道,潜入城内,打得叛军措手不及,王则等义军首领被俘,而一部分突围出城的义军依然以村寨为堡垒同官军血战到最后,自焚而死。而王则等首领皆以最残酷的方式被处死。

此时的北宋正是如日中天的仁治盛世,王则作乱,只是发生在北宋中叶的一个短暂插曲,却也给一个太平盛世提前敲响了警钟,看来,大宋天下并不太平,盛世之下充满了危机。

宋仁宗皇祐元年(1049年),司马光正当而立之年,庞籍拜枢密使,随即便举荐司马光为馆阁校勘,但宋仁宗居然没有恩准。从中可以窥见,直到此时,仁宗对早有神童之名的司马光并不那么看好。直到皇祐三年（1051年），司马光三十三岁时，已拜宰相的庞籍又再次推荐司马光任馆阁校勘，同知太常礼院。这一次仁宗皇帝终于恩准了。司马光一入馆阁，便倾注了大量心血校勘《古文孝经》，该书被后世认为"系孔子壁中书，壁藏之时去圣未远其书最真"，但其古文有经无传，司马光是宋代第一个为《古文孝经》作注的人，并撰写了《古文孝经指解》，这也是他在学术上的重要贡献之一。两年后，司马光又授殿中丞，除史馆检讨，修日历，改集贤校理，专任史官。从此，他开始了对历史的潜心研究，他也是一个坐得住冷板凳的人。就在他在故纸堆里越钻越深时，他的恩公庞籍被罢为户部侍郎，知郓州（今山东郓城），又举荐司马光为郓州典学。

而在这一段短暂的历史中，显然遗漏了一个比较重要的史实：司马光与王安石的一段交集。翻检王安石年谱，他于至和元年（1054年）特授集贤校理，而此时司马光也改任集贤校理，他们应该在这段时间有过交集，成了同事，而王安石以善辨识生僻字、古奥字、难字而著称，两人在校勘古籍中自然有不少切磋交流，据说两人的关系还挺不错。但王安石显然不想坐冷板凳，在几番辞谢后，于同年九月"除群牧司判官"。司马光的父亲司马池也曾为群牧司判官，但司马光本人是否做过此官，一直查无可信的史料，但有后世称王安石和司马光曾同为群牧司判官，同修《起居注》，同居翰林学士，自此互相敬重，特相友善，他们和吕公著、韩维一起，四人常常聚会，时称"嘉祐四友"。

嘉祐是宋仁宗接下来的年号，而在至和元年（1054年），司马光便告别了王安石等友人，随恩公庞籍赴任郓州典学，未久又迁为通判，成为郓州的"二把手"。翌年，因庞籍转知并州（今太原），为河东路经略安抚使，司马光也随之通判并州。嘉祐元年（1056年），司马光在辗转的宦途上，依然为君而忧，他所忧虑的是仁宗膝下无嗣，而"仁宗始不豫，国嗣未立，天下寒心而莫敢言"。国不可一日无君，眼看当今天子正步入晚境，身体每况愈下，若不早立储君，一旦皇上突然驾崩，又没有继任者，很可能危及政权，引发天下动荡。第一个上书的并非司马光，而是范镇，"谏官范镇首发其议，光在并州闻而继之"，司马光连上三封《请建储副或进用宗室》，敦请仁宗早立储君，但三封状疏均如泥牛入海，司马光犹不甘休，"且贻书劝镇以死争"，而仁宗依然不为所动。

司马光既为储君操心，也为边防操心。他通判并州，而庞籍为河东路经略安抚使，其辖区就更大了，远及北宋与西夏的边境。自范仲淹等以文驭武的将领对西夏以战逼和之后，西夏已向宋朝俯首称臣，但宋、夏之间依然处于高度戒备的状态。司马光作为庞籍手下的第一心腹高参，从内地来到边关，第一考虑的就是边防。时并州举人刘邕著有《边议》十卷，司马光细读之后，颇以为然，便向主公推荐，而庞籍对司马光一向言听计从，随之便一面禁绝边民和西夏互市，一面修筑堡垒，"欲为国家保固疆圉"，然后招募百姓来此屯垦。这种闭关自守的策略实为极不明智的下策，也提前暴露了司马光在军事上、政治上的保守。偏在此时，又发生了一个意外事件，修筑堡垒由一个叫郭恩的将军具体操办，而郭恩是一个好酒贪杯的莽汉，一天晚上，他乘着酒兴壮胆，率师连夜渡河，突袭西夏，而夏军早有防备，宋军偷鸡不成蚀把米，被夏军打得落花流水，惨败而归，郭恩以自杀谢罪。这一下打乱了庞籍和司马光的如意算盘，也让朝廷再度陷入了慌乱，生恐一个来之不易的和平局面被再次打乱了，对此案必须一查到底。在御史的追查下，庞籍为了保护司马光这个晚辈，把所有的责任揽到了自己身上，贬知青州。而司马光又向皇帝连奏三状，一是澄清事实，此事只因庞公"过听臣言，以至于此"，应当"独臣罪，以至典刑"，试欲把罪责揽到自己头上，而恳请朝廷伏念庞籍"发于忠赤，不顾身谋"，以宽恕庞籍。而庞籍生恐司马光获罪，又连上奏章，"引咎自归"，依然是大包大揽地为司马光开脱。最终，司马光非但未受任何处分，还为自己博得了一个"贤德之人"的美名。几年后，庞籍病逝，司马光终身不忘庞籍对自己的大恩，待庞家人如自家人，视庞夫人为亲生母亲。

嘉祐三年（1058年），一段蹉跎岁月终于过去，年届不惑的司马光，迁开封府推官，赐五品服。一个早有神童之名、十九岁便登科入仕的士人，直到此时才做到五品官，在官场上实在是进步得很慢了。就在这时，又发生了一件事。据史载："交趾贡异兽，谓之麟，光言：真伪不可知，使其真，非自至不足为瑞，愿还其献。又奏赋以风。"这个司马光还真是多事，他看了那异兽之后，便上奏说，此兽真假不得而知，哪怕真是一只麒麟，既然不是它自己来的，也不能说是大宋的祥瑞之兆。因此，他奏请朝廷将异兽送还交趾，还意犹未尽地作了一篇赋来讽谏此事。

在五品官位上磨蹭了三年，司马光四十四岁时，逐渐得到朝廷的重用，擢修《起居注》。《起居注》是记录帝王的言行录，自汉以降，几乎历代帝王都有起居注，但一般不外传，仅作为撰修国史的基本材料之一。顾炎武在《日知录》中云："古之人君，左史记事，右史记言，所以防过失，而示后王。记注之职，其来尚矣。"凡修起居注者，皆为深受皇帝器重和信任的朝臣，对于司马光，这既是提拔也是重用了，但司马光却有点不识抬举，他认为自己担任此职"实非所长"，连上五状，决意推辞。他再三推辞的结果，非但没有惹恼仁宗，反而让他又一次升官了，仁宗诏命迁司马光为起居舍人，同知谏院。是年，苏轼、苏辙兄弟参加仁宗皇帝御试的制科考试，苏辙在对策中因言辞过激而让天子不悦，考官原本打算不录取他，司马光闻之而谏，认为苏辙虽然言辞过激但切中朝政要害，充满了爱君忧国之心，应该录取。因他的这一谏言，仁宗才恩准将苏辙录为制科的最后一等。一事未了，又生一事，其时发生了日食，按惯例，若日食不满度数，或京师看不见时，朝廷和地方官员就应当上表祝贺。司马光却惯于以逆向思维看问题，上奏说："四方都看得见日食，唯独京师看不见，这表明君王被阴险邪恶的小人所蒙蔽；若天下的人都知道，唯独朝廷不知道，它所带来的灾害会更厉害，根本就不应当庆贺。"他这拂逆之言，居然又一次得到了天子的器重，同年，又擢为知制诰，替皇帝起草诏令，但司马光故技重演，又以"实非所长"而连上九篇《辞知制诰状》，这次仁宗收回成命，而他这种以退为进的方式居然屡试不爽，仁宗又改授他为天章阁待制兼侍讲，仍知谏院。

司马光似乎更适合担当一个谏官的角色，北宋谏官虽说没有实权，但话语权相当强大，而在一个文治盛世，北宋历代天子都有唐太宗虚怀若谷的胸怀，也就冒出了很多如魏征一流的人物，而很多宰执大臣，如赵普、寇准、晏殊、范仲淹、欧阳修等，都有担任谏官的经历。司马光这个谏官自然不会保持沉默，在任职五年间，他先后向仁宗上"三言""五规"，累计上奏疏一百七十余道，而其中一条便是奏请仁宗尽早立储君。而此时，仁宗似有某种在世不久的预感，在逝世的前一年，终于册立养子赵曙为皇太子。

嘉祐八年（1063年）三月二十九日，宋仁宗赵祯驾崩，宋英宗赵曙即位。由于赵曙并非仁宗亲嗣，在登基之后突然发疯，宰相韩琦只好率文武百官恭请仁宗皇后曹氏临朝称制。英宗病了一年多，在他时好时坏、很不稳定的病情下，这个帝国的最高权力也开始变得不稳定了，最突出的表现就是两宫失和，英宗皇帝与曹太后的龃龉和争斗，自然不止只是两宫的争斗，势必扩大化，在朝臣中形成两派政争的势力。为调和两宫矛盾，作为谏官的司马光简直忙坏了，他一边《上皇太后疏》，一边《上皇帝疏》，有时候又上《两宫疏》，一年多时间里，他累计上奏章十七封，反复阐述"白璧之瑕，易离难合"这个古老的常识，苦口婆心地奉劝皇帝与太后以和为贵，两宫和睦，则天下祥和。

回顾司马光这五年里的奏疏，他的政见与立场也从各个侧面反映出来了，从而让后世看到了司马光作为一个政治家或一个国士的清晰形象。例如，他上《论宴饮状》，恳请仁慈的天子以天下苍生为念，禁止铺张奢华的宴饮之风；他上《言遗赐札子》，反对朝廷厚赏群臣。这是直指宋英宗的，当时，英宗将仁宗价值百余万的遗物颁赐群臣，司马光也得钱近千缗，但他分文未中饱私囊，而是将自己所得赏赐交给谏院，作为公使钱；他上《乞罢陕西义勇札子》，认为当时在边关征募"义勇"，使百姓"骨肉流离，田园荡尽"，并几番在君前奏对，加强边防必须从将帅与军政着手，一味拉夫凑数，只能"徒有惊扰，而实无所用"；他和王安石一样，一直关注最底层的农人的生存命运，也同样希望通过体制内的政策调整，尽可能让社会变得正义和公正。为此，他上《论财利疏》，认为当今天下最苦的是农人，他们苦身劳力，粗衣粗食，背负的苛捐杂税和各种徭役太沉重，遇到好年景，则要遭受官家、地主的层层盘剥，遇到凶年则流离失所、啼饥号寒，天下若要安稳，必须施仁政以减轻农人的重负。

从司马光这些奏疏看，他显然没有范仲淹那样深重的忧患意识和王安石那种危在旦夕的强烈危机感，很多都是急就章。这些谏言采纳的不多，大多以不置可否而告终。司马光显然并不甘心作为一个意见领袖，他想把自己的意见变成政治、政策，但达成愿景的很少。这让他很沮丧，于是又连上五状，要求自我降黜。而结果是，他又一次不降反升，宋英宗治平二年（1065年），司马光进龙图阁直学士，仍留任谏职。但司马光真不想当这个说了也白说的谏官了，又借机连上三状，恳请辞去谏职："臣从事谏职，首尾五年，自本朝以来，居此官者，未有如臣之久。臣资质愚戆，惟知报国，竭尽朴忠，与人立敌，前后甚众，四海之内，触处相逢，常恐异日身及子孙无立足之地，以此朝夕冀望解去。"

那么，他最想干的事又是什么呢？这早已不是疑问，事实上，还在宋仁宗末年，时任天章阁待制兼侍讲、知谏院的司马光，就立志要编撰一部《通志》，作为统治者的借鉴。宋英宗治平三年（1066年），他已编成《周纪》五卷，《秦纪》三卷，从周烈王二十三年（前403年）韩、赵、魏三家分晋起，到秦二世三年（前207年）秦朝灭亡为止，这近两百年的历史，也就是《资治通鉴》最初的一段历史。这八卷《通志》进呈皇上，英宗御览之后，对天下兴亡治乱感慨良多，又命司马光接续《通志》继续往下撰修，并御批设立书局，拨给专项经费，配备专业人员，由司马光自择官属，作为自己的助手。然而，一个格外看重历史的皇帝，却以极短暂的方式迅疾就走完了自己的人生。两年后，三十五岁的英宗驾崩，年轻的宋神宗赵顼即位。在一朝天子一朝臣的重新洗牌中，时任参知政事的欧阳修极力向神宗推荐司马光"德行淳正，学术通明"，堪为大用。神宗任司马光为翰林学士，不久，又任命司马光为御史中丞，此时司马光已年过天命，御史中丞也是御史台数一数二的要职了，从三品。

司马光从十九岁登科入仕，到五十一岁官至从三品，在三十余年的官场生涯里，发生在他身上的诸多历史细节，也可以说是一个个历史的切片。应该说，在仕途进取上他一直显得相当低调，从未表现出对仕途功名的强烈渴求，也从未表现出一个神童高智商的机敏和一个久经官场者老谋深算的世故。他从未走过捷径，没有令人羡慕的腾达之路，这也是他与许多名臣名相最大的不同之处。他在仕途上走得很慢，很拖沓，也很平稳，没有跌宕起伏的人生仕途，一生都没有被贬谪的经历。

而此时，他从前的好友、宿命中的政敌王安石已迅速蹿升为参知政事。名义上虽是副相，但他这个参知政事的权势绝对超过了宰相，一个帝国的朝政实际上已由他主宰。这两人的仕途且不用说了，只说司马光的心情，如果说司马光一生也有心情坏透了的时候，那也怪不得别人，一切都是王安石的逼迫。一场历史性的交锋接下来就该上演了。

三、一场没有悬念的历史交锋

随着王安石登上帝国的最高政治舞台，北宋的历史已经进入一个新的章节，而在司马光眼里，这是一个历史的非常时刻。所谓非常，只因王安石变法正在突破和超越当时历史的常规区域，在当时所有正直的士大夫看来，这都是有悖常理的非常之举。

为了应对王安石的非常之举，司马光势必采取他认定的大义之举。一场没有悬念的历史性交锋就此开始了。时任右谏议大夫的司马光几乎是赤裸裸地对神宗皇帝说："臣之于王安石，犹冰炭之不可共器，若寒暑之不可同时。"

从历史事实看，司马光和王安石并非不共戴天的敌人，两人还在群牧司有一段共事的经历，相处还不错，差不多也够哥们了。有这样一个细节，一次，他们的顶头上司、时任群牧使的包拯，设宴招待同僚，透过这次酒宴可以看出两人的性格。司马光和王安石都不胜酒力，但在包拯劝酒时，司马光感到盛情难却，硬着头皮喝了几杯，而王安石不管包拯怎么劝，一直梗着脖子滴酒不沾。从这个细节看，司马光似乎比王安石更有人情味儿，或者说多少善于变通一些。但他对熙宁变法的态度，却表现出了像王安石一样的鲠直和决绝，王安石以决绝的方式推行熙宁变法，而他也以决绝的方式反对熙宁变法，这两个性格相似又道不同不相为谋的士大夫，为了坚守各自的政见，才变得势同冰炭，不共戴天，司马光成了熙宁变法最激烈、最坚决的反对者。

就在熙宁变法拉开序幕时，司马光和王安石就在年轻的神宗皇帝面前发生了一次义正词严的激辩，这已不是两位士大夫的是非之争，而是两股政治力量的殊死搏斗，如同一场命运的决战；这也并非两个士大夫个人命运之间的决战，而是一场关乎大宋帝国命运的决战。王安石感到这个帝国出现了危机，所以要推行熙宁变法；而司马光也同样感到了危机，那就是王安石的改革正在把这个帝国推向危机。此时已年过天命的司马光仿佛又回到了童年时代，仿佛又有一个孩子掉进大水缸里去了，如果不赶快砸破一口大缸，这孩子就没救了！而这个掉进水缸里的孩子，可以说是宋神宗，也可以说是王安石，更可以说是一个帝国。司马光的心急如焚和不顾一切的姿态，就像当年那个搬起石头去砸缸救人的孩子。但这一次，他要砸破一口大水缸已没有那么轻而易举了，而他的举动，到底是在拯救还是摧毁，一时间还真是谁也看不清楚。

如果说王安石就是那个掉进大水缸里的孩子，或是一个已经爬到了水缸上很快就要"咕咚"一声掉下去的孩子，那也是一个胆大包天的孩子，他对接下来发生的一切都无所畏惧，"天变不足畏，人言不足惧，祖宗不足法"，对这样一个大无畏的人，司马光还真是一点办法也没有，与其说他是在与王安石争辩，不如说是在拼命争取宋神宗，只要天子改变了立场，王安石再有本事也翻不了天。但怎么能说服宋神宗呢？

从司马光的主张看，他倒也并非那种冥顽不化的保守派人物，实际上是想在"守常"的前提下谨小慎微地进行修修补补式的改良，他认为北宋开国一百年以来，正处在"守成时期"，若要求变，也只能通过伦理纲常以求变，一切都只能在原有制度框架内进行，"大坏而更改，非得良匠美材不成,今二者皆无,臣恐风雨之不庇也"!很明显,他认为王安石不是什么"良匠美材"。但王安石却如吃了秤砣铁了心,非要以一场疾风骤雨似的大变革来推动一个帝国的大变局,但有着高度政治敏感的司马光,从一开始就洞察到了变法可能会走向另一种结果,然而具体又是哪里不妥,在变法推行之前他还不可能作很准确、很具体的估计,他只想奋不顾身地化解迫在眉睫的危险,先把那即将被淹没的生命解救出来。相比之下,王安石对变法已经有了数十年的深思熟虑,他指出的每一个弊政都是非常具体的,看得见摸得着的,也是让宋神宗充满了危机感的。结果是,司马光既没有王安石那种从基层一步一步积累起来的那些行政经验,又根本拿不出像王安石那样具体的对策,论口才、论文才,他也根本不是王安石的对手,王安石有一剑封喉的狠准劲儿,在王安石充满了严密逻辑推理的滔滔雄辩之下,司马光始终无法对王安石的观点做出有力的辩驳,说来说去,他只是一些老生常谈的圣人话语,祖宗之法不可变,如"大者为纲,小者为纪,所以张理上下,整齐人道也",又如"上以制下,寡以统众,而纲纪定矣",而血气方刚的神宗皇帝最讨厌的就是这种假圣人之口的老调重弹,司马光不但没有把天子拉拢过来,反而是推得更远了。

  透过这样一场历史性的激辩,难免让我对宋神宗时代产生某种憧憬之感,这里且不管争辩的一方谁掌握了真理,从这一场争论本身,亦可看出在皇权之下存在某种接近现代政制的熹微之光,我觉得可以名之曰皇权之下的"士人民主制"或"精英民主制"。这绝非我天真而虚妄的猜测,第一,一个天子虽独揽了天下大权,但他并未先入为主地下结论,在一项关乎国家与民族前途的重大决策中,他给了大臣十分充分的空间,让他们亮出各自的主张,然后在两种不同政见的争辩中做出自己的判断和决策;第二,当时的朝臣都有表达自己观点的通畅渠道,哪怕级别尚不足以通天的官员,也可以"越次入对",还可以通过上书、奏章等各种通畅的渠道,充分表达自己的观点。我甚至觉得,这两点正是中国王朝不断更迭却又能把一种体制延续数千年的原因之一。而北宋王朝在这方面表现得尤其突出,从庆历新政、熙宁变法、元丰改制一直到后来的元祐更化,无论改革派还是保守派,大臣和精英都有非常充分的表达空间,也有你方唱罢我登台的英雄用武之地。

又看司马光和王安石激烈交锋的核心意图,其实只是政治路线之争,其出发点和终极目标是高度一致的,他们都是竭诚为国、以天下为己任的国士,其尖锐的矛盾只是表现在具体措施上,可谓志同而道不合。这样的争议在本质上可谓纯粹的君子之争,绝对不是为一己私利或个人恩怨,事实上他们所代表的都是当时的封建国家的根本利益,都希图能通过治理而达到国富民强的愿望。

一场激辩,是早已摆在那里的结果,没有任何悬念,但司马光还只是暂时败下阵来,那个最终的结果,至少还将等待十多年才见分晓。而司马光的暂时之败,除了王安石此时位高权重,还有一个重要原因,他实在拿不出一个比王安石更好的办法,来化解北宋开国以来积重难返的政治、经济、军事危机,他也就无法阻挡一场疾风暴雨式的变革。

司马光当然不会这样轻易放弃自己的政见,在败下阵来后他又一连写了三封《与介甫书》,每封都是被浓墨渲染得力透纸背的长信,怒气冲冲地列出了王安石变法"侵官""生事""征利""拒谏""致怨"等五宗罪。对王安石和司马光之争,后世想当然地认为,王安石变法以"国富"为目标,司马光则站在富民的立场上,这又未免太绝对了,也可能是被司马光的说法迷惑了。司马光也想当然地认为,天下财富,不在民间,就在官府;不取于民,从何取之?国富则民穷,民富则国穷。而王安石变法的意图,并非对财富的重新分配,而是通过如何把蛋糕做大,为此,他明确提出"理财"以"不加赋"为前提,也就是在不增加老百姓负担的前提下,通过改革变法推动国民经济的繁荣发展,以财富的增值而达到"税基"扩大,他推行的青苗法、免役法、市易法、农田水利法等,均是以"变更天下之弊法"而推出的新法,力图以此推动国民经济的良性发展。对司马光提出的问题,王安石以《答司马谏议书》逐一予以回复,读他这篇答辩式政论散文,真不愧为一代散文大家,他仅以寥寥数百言,针对司马光指责新法"侵官""生事""征利""拒谏"等事,逐条予以批驳,言简意赅,雄辩有力。诚如刘熙载在《艺概·文概》中对此文的评价："只用一二语，便可扫却他人数大段。"这样的文章可以翻来覆去地看，你说他刚愎自用也好，刚毅果断也好，若要从逻辑上去反驳他，还真是不容易，而同心急上火的司马光相比，他的措辞又是那样从容得体，绝口不出恶言，也就更有政治家风度。

司马光也同样表现出了政治家的风范，当时，也曾有人劝司马光弹劾王安石，但他一口回绝了，理由是王安石没有任何私利，而他对王安石一生的看法，基本可以概括为一句话："介甫无它，唯执拗耳。"而王安石也曾由衷地感叹："司马君实，君子人也！"

四、有鉴于往事，以资于治道

在接下来的十五年里，司马光很自觉地选择了回避和退让，他可能已经明智地意识到，接下来发生的一切将是他不可抗拒的。但这并不意味着他在政治上放弃了进取，而是选择了执着的等待。对于后世而言，一切历史都已经注定；对于他们，一切还是充满了变数的悬念。

司马光在王安石变法时期远离朝廷十五年，绝非是因为宋神宗或王安石的权力压服，在与王安石激辩之后，他并未遭受贬谪，还被神宗钦命为枢密副使，跻身于二府大臣之列，但司马光还真是对高官厚禄不那么看重，他坚辞不就，上疏请求外任。

熙宁四年（1071年），司马光判西京（洛阳）御史台。他之所以主动从政治中心退出，从东京迁往西京，只因他还有一件大事要干，那就是他一生所干的最伟大的一件事，接续编纂未竟的《通志》，后定名为《资治通鉴》，这是宋神宗钦赐的书名，而编纂此书的核心意图就是"有鉴于往事，以资于治道"，神宗还亲自为此书作序。

司马光从京师退居西京，书局也随之一起迁至洛阳。从熙宁四年至元丰七年（1084年），在这长达十三年的时间里（一说为十五年），对于王安石等变法派人物，这是他们轰轰烈烈地推行变法的时间，对于司马光，则是他一生最安静的一段岁月，他如同一个疯狂世界中的独醒者、旁观者，从此不问人间是非，一心埋头编纂《资治通鉴》，用他自己的话说是"日力不足，继之以夜"。一个工程如此浩瀚，真有汗牛充栋之感。想象那样一个埋在故纸堆里的背影，可以把你不由自主地带入历史的景深。司马光也的确是在历史的时空中反复调焦，想要摄取最清晰的历史图像。《资治通鉴》是中国历史上最浩大的一部编年史，也是名副其实的宏大叙事，凡二百九十四卷，四百余万言，上起战国初年韩、赵、魏三家分晋，下迄五代后周灭亡（959年），全书以年月为经，以史实为纬，对一千三百多年的漫长历史的来龙去脉进行了梳理。

一部《资治通鉴》是我从弱冠之年读到天命之年的历史，每一次重读，都感觉司马光的内心装着一部最完整的历史，包括现实与未来，思接千载，驰骋八荒。这是一个有主见、有野心的修史者。很多修史者只是历史的记录者，甚至不清楚他们记录的到底是什么，而司马光一开始就有着自己的核心意图，这不是一部普通的史籍，而是一部供统治者作为资鉴的历史。他想把所有说不清道不明的史实都交代清楚。在厘清历史的同时，他也清除了历史的各种不同含义和可能性，凡他不认同的一切，那都是历史的杂音与噪声，凡重大历史事件，都被他分解成了一个个解剖的切片，对前因后果以及各方面的关联都有自己的分析，使读者对史实的发展尤其是转折点或关节点一目了然，知其然又知其所以然。

司马光主持编纂《资治通鉴》，遵循的是一种既有的历史叙事模式，一种政治主宰的叙事模式，书写的是一部以政治为本位或官本位的历史，在他笔下，历史只是政治的载体，甚至就是他本人政治抱负的载体，就是一部彻头彻尾的政治史。政治是历史唯一的脉络，他以自己的政治立场或政见为前提，对一千三百余年的历史进行了个人化的言说，所有的沉思或反思都是从政治出发，他试图通过历史探悉天下兴亡的规律，以历史的方式去告诫当世以及后世统治者怎么去统治天下，怎么防止重蹈历史覆辙。在这方面，司马光拥有伟大的天赋，从发凡起例到几经删削定稿，司马光从不假他人之手，都是亲自动手，这既是对历史高度负责的态度，其实也是一种高度警觉心理，唯恐写错了一个字就改变了他的原意。如果历史是一部漫长的连续剧，他不只是场记，而且扮演了一个历史评论员或裁判员的角色，并企图以自己的思想解释历史中所有的一切，这也使得一部《资治通鉴》从头到尾都是一个人的历史，充满了先入为主的一家之言，《资治通鉴》也就成了一部主观色彩最浓厚的史籍，而这恰恰又是司马光对历史最卓著的贡献之一，他把对历史的忠实记录、秉笔直书一变而为历史评传。

对一个权力被抽空的士大夫，这其实是一种最成功的补偿。这样一部史籍，无论在范围还是对历史的评说上，都是史上空前的。司马光堪称一个历史的集大成者，一个当之无愧的史学巨匠。但若实话实说，他并没有太多的历史发现或深邃的内涵，他讲述的是政治的通识，强调的是最普遍的规则，也是历代王朝的游戏规则。他有太多先入为主的理性意识，充满了对政治的简单化解读，历史就像他的预先设计，每一个人都是符号化的人物。我觉得，这正是他与司马迁最大的不同，《史记》中对时代、人性和命运等深层命题的感悟和反思，在《资治通鉴》中几乎没有。他似乎也无意于谋求对历史的深度拓展，但他在理智上又十分清醒，历史是现实的另一种呈现，既往遇到的问题在现实中也会遇到，以前遇到过的将来也会遇到。唯其如此，他更着意于反复阐释和强调如何通过体制、道统和权力来主宰天下。

这部历史过于密实了，几乎没有任何留白，他也不想留下任何历史的空白。对赵宋开国后的历史，他虽说没有在《资治通鉴》中书写，但也并未采取回避的态度，只是改换了另一种方式，写进了他的《涑水纪闻》。这种笔记体的历史，其实是比《资治通鉴》更鲜活的原汁原味的历史。

在书写历史的同时，司马光也把自己变成了历史景深中的一个人物。他一生的主要成就反映在学术上，而其中最伟大的贡献便是主持编纂了一部《资治通鉴》（简称《通鉴》）。对这部自司马迁的《史记》以来最伟大的史书，后世给予了极高的评价，而最具代表性的是宋元之际史学家胡三省的评价："为人君而不知《通鉴》，则欲治而不知自治之源，恶乱而不知防乱之术；为人臣而不知《通鉴》，则上无以事君，下无以治民。……乃如用兵行师，创法立制，而不知迹古人之所以得，鉴古人之所以失，则求胜而败，图利而害，此必然者也。"无论治国、为政、统兵，一部《资治通鉴》都是必读书，读过该书的人和没读过的人，绝对是不一样的。而清代大史学家王鸣盛认为，这不仅是统治者的必读书，也是天下人尤其是学者的必读书："此天地间必不可无之书，亦学者不可不读之书。"

梁启超作为戊戌变法的领袖之一，对王安石变法失败充满了扼腕之痛，对扼杀新法的司马光自然没有什么好感。但他并不以人废言，在对历代史学家的评价中，他把司马光与司马迁、杜佑、郑樵、袁枢、黄宗羲并列，奉为中国史学上的"六君子"，认为其余史家多碌碌无为，因人成事，《二十四史》不过是二十四姓的家谱，是"地球上空前绝后之一大相斫书"，所有的本纪、列传只是"无数之墓志铭"的"乱堆错落"，"汗牛充栋之史书，皆如蜡人院之偶像"等，但他对《资治通鉴》也给予极高的评价："司马温公《通鉴》，亦天地一大文也。其结构之宏伟，其取材之丰赡，使后世有欲著通史者，势不能不据以为蓝本，而至今卒未有能愈之者焉。温公亦伟人哉！"

一个人穷其一生，能够编纂这样一部伟大的著作也堪称伟大的一生了。

当全书大功告成、觐献天子时，司马光在《进资治通鉴表》中向天子既有欣慰也不无悲哀地倾诉："臣今筋骨癯瘁，目视昏近，齿牙无几，神识衰耗，旋踵而忘。臣之精力，尽于此书。"司马光为此书几乎倾注了毕生的心血，此时他已经六十五岁了，他预感自己的大限即将来临。但在大限来临之前，他还有一件未竟的事要干。那是一件悬置多年但一直未决的大事，如果他和王安石在十五六年前的那场交锋真的是一场历史性的决战，他必须给历史一个最终的结果，绝不会留下一个悬念。在他殚精竭虑，消耗着自己生命的能量时，他也在积聚能量，只等那拼死一搏的机会降临。

当然，有些事绝非他想干就能干的，就像王安石变法一样，凡创造或改写历史的人,都必须拥有一个历史性机会。就在《资治通鉴》成书的第二年,元丰八年(1085年),随着年仅三十七岁的宋神宗驾崩,时年八九岁的宋哲宗赵煦即位,由那个坚决反对王安石变法的太皇太后高氏垂帘听政,这个机会来临了。高太后一旦摄政,几乎没有任何犹豫,随即便诏司马光入京,主持国政,翌年又拜尚书左仆射兼门下侍郎,成为名副其实的宰相。

当执政权从王安石等变革派手中回到司马光等保守派手中,一个帝国的命运随之便被颠覆。此时,北宋王朝用了十多年时间完成了一次艰难的转身,变法的效果逐渐显示出来,但司马光主持国政的第一句话就是:"四患未除,死不瞑目!"所谓"四患",便是王安石推行的青苗法、免役法等。这是司马光回光返照般的一段岁月,也是他奋不顾身的一段岁月,那个搬起石头砸缸的孩子,此时已是一副拼尽老命的姿态,罢黜新党,尽废新法。我深信司马光绝非为了争一口气,他也是一个很能沉住气的人,原本不该这么急躁和极端,然而,历史的事实谁也无法改写,王安石和司马光这一对宿命的政敌,他们有很多相似之处,他们的目的也是高度一致的,当年王安石厉行变法,以国家和人民的名义进行,认准了必须革除天下弊政,才能挽救一个危机四伏的帝国,把天下苍生从水深火热中拯救出来;如今司马光又是以国家和人民的名义罢黜新党、废止新法,根本不管新法实施的效果如何。随着历史像烙饼似的又翻了一个身,那所谓的国家和人民实际上是在水深火热中被两面炙烤。而老百姓除了揭竿而起、走上反叛的一条路,在秩序的常态下,发不出任何声音,没有任何出路,只能被强加于他们的代言人所愚弄。

理性地看,新法之所以能在司马光手中轻而易举地废除,表明它一直未形成一个支撑体系,从头到尾,支撑它的就是一个皇帝的极权。这样的极权,既可以让王安石铲除异己,一意孤行,也同样可以让司马光铲除异己,一意孤行。而那个真正充满了理性精神的苏轼,当年是王安石势必铲除的异己,如今也是司马光势必铲除的异己。可敬又可悲的苏轼,恰好扮演了王安石和司马光之间的参照物,他最应当扮演的历史角色其实不是文学家,而是政治家,但历史却没有选择他。

同样的目的,同样的手腕,却不是一个殊途同归的结果。王安石以铁腕推行变法,司马光以铁腕废除新法,那种强悍而决绝的力量,在这两个不同类型的士大夫代表身上同样表现出来了,何其相似乃尔!从历史的事实看,这是一次彻头彻尾的复辟,史称"元祐更化"。他以一场复辟,再次扭转了历史的走向,把一个在他看来已经滑出了跑道的北宋帝国,重新纳入了他在《通鉴》里设定的正轨,让一个王朝回归了他认为的正常社会。从此,一个王道帝国,又在他的《通鉴》里循规蹈矩、按部就班地运行。对一个民族而言,这不只是历史的倒退,而且是创造力和激情的退化,让这个民族重新回到了平庸,变得如此没有梦想,而对此,历史从来没有对他真正清算过,一直到现在。

这就是司马光最后书写的历史,也是《资治通鉴》没有书写的却直抵历史命门的一笔,堪称一个断然、决绝的豹尾,他几乎把自己的老命全都豁出来了。

司马光这种利用绝对权力做出的极端行径,在政治上表现出来的不是老练稳健,而是歇斯底里。对于王安石变法,苏东坡既不赞成王安石那种疾风骤雨式的变革,但也反对把王安石所有的新政一股脑儿全部废除,重新回到老路上去,这实际上是从一个极端走向另一个极端。

宋哲宗元祐元年九月一日(1086年10月11日),司马光病逝,享年六十八岁。而王安石只比他早逝几个月。这一对宿命的政敌,一个死于元祐更化的春天,一个死于元祐更化的秋天,他们都在生前看到了一场历史性决战的最终结果。而王安石是眼睁睁地看着自己推行的新法一项项被废止"郁然而逝",司马光则是如愿以偿,溘然长逝。

在重读《宋史》时我对历史有了更深刻的宿命感,很多事离开了宿命你还真是无法解释。司马光在担任宰相八个月之后即与世长辞,他实际执政的时间也就一年多点的时间。如果宋神宗再多活一年,或者说司马光早逝一年,北宋的历史就将改写,而中华民族或许就是另一种命运。

同王安石相比,司马光又似乎更得民心。他辞世后,"京师人为之罢市往吊,鬻衣以致奠,巷哭以过车者,盖以千万数"。为了去悼念他,很多穷苦百姓连衣服也卖掉了。当灵柩运往他的祖籍夏县时,鸣冈山下,涑水两岸,"民哭公甚哀,如哭其私亲。四方来会葬者盖数万人,家家挂像,饭食必祝"。——我相信这一切都是真实的,但最真实的还是一句"鬻衣以致奠",是这个人终结了王安石变法给一个帝国、一个民族带来的难以承受的阵痛,尤其是那些老百姓,虽说穷得"鬻衣以致奠",但终于又回到了那种"暂时做稳了奴隶的时代",也就暂时不会陷入那种翻来覆去的穷折腾了。他死后,朝廷将他葬于高陵,追赠太师、温国公,谥文正,又赐碑"忠清粹德"。

这个人很简单,又非常不简单。究其一生,他仿佛就干了三件事,一是砸破了一口水缸,二是编纂了一部《资治通鉴》,三是反对王安石变法并最终废除了所有的新法。他也可以死而瞑目了,这三件事他都如愿以偿了。

五、与孔孟并列的圣人

这里埋葬的是一个相隔今天已上千年的古人。我去上坟的那一天,鸣冈山的灰霾像大锅一样压下来。他的坟墓如此高大,连笼罩了一切的灰霾也难以将其遮蔽。

这里不是他的诞生地,而是他的祖籍安邑,也就是如今的山西夏县涑水乡。涑水是黄河的一级支流,但很小,很短暂,司马光世称"涑水先生",只因这是其祖居地,而一条默默无闻的涑水河也因他而流芳百世。如今这条河已基本上处于干涸状态,然而却会将你引向一座东倚太岳余脉的墓园,这是一个走向崇高的过程。

这座墓园比他诞生的那座庭院要宏大得多,占地约三万平方米。光山县那座司马光故居仅仅只是一处市级文物保护单位,而这座司马光墓园则是全国重点文物保护单位。汉民族重死轻生,尤其是对那些重如泰山的圣人,必须以一种重如泰山的方式来埋葬。

在墓园里,居然又看到了一尊司马光砸缸的现代雕塑,比他故居的那座更加赫然醒目,这孩子从生到死仿佛都在干一件事——砸。我仿佛看到了某种不祥之物,迅疾地绕开了这尊雕塑,从茔地、碑楼、碑亭、余庆禅寺一路看过来,远远就看到了宋哲宗元祐元年(1086年)的敕牒,敕建香火寺余庆禅院,在寺后还可觅见当年的牒文刻石。寺内有大殿五间,却非儒家的庙堂,而是佛寺,现存大佛三尊,西壁还有八尊金漆彩塑罗汉,这是典型的宋代雕塑风格,应是当年的原塑。离禅院不远处,便是宋哲宗御篆的"忠清粹德之碑",碑文为苏轼撰书。苏轼一生少作行状、碑志一类的文章,但至少为三个人做过,一是为他们苏家的大贵人张方平作了一篇《故龙图阁学士滕公墓志铭》,再就是为王安石、司马光这一对宿命的政敌做过此类文章。苏轼的文字与书法都是大手笔,在经历了年深日久的湮没后,一块神道碑居然又被后世在一棵古杏树底下掘出,从此也就有了一个诗意的名字——杏花碑。一个圣人也算是在诗意里栖居了。但这块神道碑被挖出来时,那镌刻在石头上的文字已经磨灭,在金代又临摹刻了四石嵌壁。这一块一块的碑刻,以对抗遗忘的方式,让后世铭记一个古人,感觉一千年前的工匠,依然在一笔一画地刻画着他的命运,对于一个更重身后名的民族,死亡从来不是生命的终结,而是命运的另一种开始。

在司马光生前,还没有谁把他当成一个圣人,死后不久还曾两度被打入了历史另册,一是宋哲宗绍圣元年(1094年),以变法党人章惇为相,复熙丰之制,斥司马光为奸党,将其追随者贬逐出朝;二是宋徽宗崇宁元年(1102年),以变法党人自诩的蔡京为宰相,又尽复绍圣之法,并将司马光、苏轼等三百零九人扣上"元祐奸党"的帽子,立碑于端礼门,昭示全国。凡被刻上党人碑的官员,死者罢黜功名,重者关押,轻者贬放远地。这就是历史上臭名昭著的"元祐党人碑",后因星变而毁碑,其后党人子孙不以为耻,反以先祖名列此碑为荣,又重行摹刻。而臭名昭著者不是司马光等元祐党人,而是宋徽宗和蔡京。他们试图改写历史。这为他们埋下了一个必将身败名裂的历史隐患,一个将成为历史上臭名昭著的昏君,一个将成为历史上臭名昭著的奸臣。

当赵宋王朝的历史进入南宋之后,对司马光的评价一路飙升,而对王安石的评价则一路看跌。历史上,第一个对司马光给予圣人、完人般评价的,当是南宋大儒朱熹,他对司马光赞不绝口:"公忠信孝友恭俭正直出于天性,其好学如饥渴之嗜饮食,于财利纷华如恶臭;诚心自然,天下信之。退居于洛,往来陕洛间,皆化其德,师其学,法其俭。有不善曰:君实得无知乎!博学无所不通。"

朱熹这样评价是有事实依据的。司马光特别强调修身,"正心以为本,修身以为基",这与程朱理学的"存天理,灭人欲"不谋而合。而朱熹一辈子淡泊朴素,几乎是过着清教徒般的生活。对司马光的清廉和不讲排场,有一个被后世反复援引的典型事迹,据北宋学者邵伯温所撰之《邵氏闻见录》载:"司马温公为西京留台,每出,乘马,或不张盖,自持扇障日。程伊川谓曰:'公出无从骑,市人或不识,有未便者。'公曰:'某惟求人不识耳。'"意思是,司马光判西京御史台时,他的官位和享受的待遇已经很高了,但每次出行既不用随从骑士护卫,坐马车亦不张车盖,自己举着一把扇子遮挡阳光。其时,正是理学家程颐和司马光交往热络的一段时间,他不免替司马光担心起来,几番劝说他老人家这样太不安全了,既没有人护卫,街市上老百姓又不知道车上坐的是谁,万一出了啥事怎么办?司马光则拈须笑答:"某惟求人不识耳。"言下之意,他只想做一个默默无闻的普通人,那该有多好啊。

邵伯温由此而大发感慨:"呜呼!二公之贤多同,至议新法不合绝交,惜哉!"

邵伯温是有内圣外王之誉的北宋大儒邵雍之子,他少壮时是坚定地站在司马光的立场上的,是坚决反对变法的保守派,但他对司马光和王安石的道德品格都非常尊重,尤其难能可贵的是,在他晚年的笔记中对熙宁变法和元丰改制有了更多的省思,对司马光等保守派不问青红皂白尽废新法也作了批评,《邵氏闻见录》虽然是宋人笔记,但在臧否人事上比较客观,保存了很多有关北宋末年变法与反变法的珍贵史料,对正史的缺憾是一种矫正和弥补。

宋朝士大夫有纳妾蓄妓的风尚,但司马光、王安石和后来的岳飞,均是有宋一朝极为罕见的不纳妾、不蓄妓的文臣武将。司马光年老体弱时，其友刘贤良拟买一婢女供其使唤，但司马光婉言拒之，他说："吾几十年来，食不敢常有肉，衣不敢有纯帛，多穿麻葛粗布，何敢以五十万市一婢乎？"

司马光夫人张氏是大家闺秀，其父张存，历典数州。但司马光这个老丈人却在历史上扮演了一个不太光彩的角色。当年范仲淹为防守西夏的副帅，时值张存知延州，眼看边关告急，延州危在旦夕，张存生恐做了党项羌的刀下鬼，便以家中还有八旬老母为由，苦苦哀求范帅将其调往后方。而范仲淹也是一个有名的大孝子，对张存便有了几分同情心，又看张存那两股战战的样子，还真不放心把一座延州交给他，便奏请仁宗皇帝，将张存调后方为官，以尽孝侍母。范仲淹待人仁义，在奏疏中非但没有指责张存贪生怕死，还为他美言了几句，结果张存还调到了一个好地方，知真定府，而真定府正是范仲淹的出生地。说起来，还真有不少巧合，范仲淹，谥文正，司马光去世后也谥文正。后来，范仲淹的孙女（范纯仁之女）又嫁给司马光之子司马康。司马光一生貌似低调谦卑，却也没有几人能入他的法眼，但他对范仲淹充满了崇敬，范仲淹辞世后，他在祭文中哀悼："上天生公，固为吾宋，以尧舜佐吾君，忘身而忠国，雄文奇谋，大忠伟节，充塞宇宙，照耀日月，前不愧于古人，后可师于来者。"

在这一点上司马光和王安石也非常相似，王安石一生很少拜谁为师，连欧阳修那样的大师他也不拜，但他认了范仲淹这个"一世之师"，而司马光也从不轻易拜师，却也认了范仲淹这个"前不愧于古人，后可师于来者"的师尊。

这里还说司马光的婚事与家事。司马光孩提时代，他未来的老丈人张存和司马光之父司马池便素有交往，张存自然也知道司马光的神童名声，又见这小子不但聪明伶俐，从小就知书达礼、品行端正，像个小圣人似的，便动了心思，把自己的三千金早早许配给了司马光，也算是订了娃娃亲吧。而这老丈人还真是从小看到老，没把这个女婿看走眼。司马光婚后三十多年，直到年过半百，张氏一直没有生育，"不孝有三，无后为大"，但他从未想过要纳妾生子，那句"贫贱之交不可忘，糟糠之妻不下堂"，据说就是他脱口而出的名言。他不急，但张夫人却焦急万分，于是背着司马光买了一个美女，悄悄安置在卧室内，自己则借故外出了。司马光见了一个芳香四溢的美人儿却无动于衷，只当没有看见似的，一头钻进书斋里看书去了。那小女子胆子还不小，居然也跟进了书房，还装模作样地取了一本书，躬身向先生道了万福，又请教道："请问相公，中丞是什么书呀？"司马光一嗅到那袭人的香气，赶紧退到了离她一丈来远的地方，端起一副夫子脸孔，对她拱了拱手，毕恭毕敬地答道："中丞是尚书，不是书。"一个美女碰上了这么个不解风情的书呆子，顿觉无趣，随即便知趣地走掉了。又有一次，司马光应邀到老丈人张存家去赏花，张夫人又和丈母娘偷偷合计，据说他老丈人也参与了，特意安排了一个美貌丫鬟，为司马光侍寝。入夜，司马光正在床上读书，一见那风姿绰约的丫鬟偎上来，他又羞又恼，挥舞着手中书赶那丫鬟赶紧走："夫人不在，你来见我作甚？"那丫鬟哭哭啼啼地走了，而丈人家上上下下都知道了这事儿，对司马光这坐怀不乱的高贵品性一个个都佩服得五体投地，那些读过几句书的人，都夸奖司马光和张夫人伉俪情深，俨然就是汉之司马相如与卓文君白头偕老的翻版。

　　司马光居西京洛阳十五载，洛阳乃千年帝都，为北宋第一等的繁华之地，洛阳牡丹天下奇，每到元宵，又有张灯结彩、火树银花的灯会，他夫人张氏也爱个热闹，想去看看花灯，可司马光却愣是没有一点生活情趣，无论外边的世界有多么繁华热闹，他手里都只有一卷书，兀自在灯下直直地看着，简直像是一截枯槁的呆木头。他不会享受生活也就罢了，却拦着夫人不让去："家里也点灯，何必出去看？"张夫人被这书呆子逗乐了，笑着说："不只是看灯，也可看看人哪！"司马光一听，居然也笑了，笑得还特别怪异："看人？难道我是鬼吗？"

　　这些掌故都来自宋人笔记，有的早已成为民间传说，为的是塑造出司马光这个正人君子的形象，却又适得其反，令人不觉此人可爱，反而觉得是不近人情。不过，司马光一生拒不纳妾、与妻子相依为命似乎又是真实的历史。他一生没有子嗣，前文提及他有个儿子司马康，其实此子并非司马光亲生，而是他长兄司马旦之子，过继给他以承续其一脉香火。

司马光最为后世所津津乐道的还是清廉，他没有给子孙留下任何遗产，却留下了很多箴言，而他最著名的一句名言是："积金以遗子孙，子孙未必能守；积书以遗子孙，子孙未必能读。不如积阴德于冥冥之中，子孙必有受其报者。"他深知"侈则多欲。君子多欲则念慕富贵，枉道速祸"，而"由俭入奢易，由奢入俭难"，那就不如恪守一生一世的清贫，"众人皆以奢靡为荣，吾心独以俭朴为美"。在洛阳编修《资治通鉴》时，他的居所极简陋，连个安静读书的地方也没有，于是另辟一地下室，作为自己的书房。当时大臣王拱辰亦居洛阳，宅第非常豪奢，中堂建屋三层，最上一层称朝天阁，洛阳人戏称："王家钻天，司马入地。"而关于他清廉的最有名的一个传说是"典地葬妻"，夫人去世后，司马光竟然穷得无以为葬，只好把家中仅有的三顷薄田典当出去，来安葬妻子。司马光任官近四十年，贫穷如此，实在令人难以置信，以其官位之高，哪怕凭俸禄，也不至于穷到"典地葬妻"的程度。我深信司马光有着可贵的清廉，但不太相信他会有这样穷，你也只能把这个故事当成民间传说。

此外，司马光一生的低调也是有名的。他家有一个老仆，跟了他多少年一直不知道他当了多大的官，一直叫他"君实秀才"。在这老仆眼里，秀才已很了不得了。一次，苏轼来司马光家里造访，听这老仆直呼主子为秀才，不禁好笑，戏谑道："你家主人不是秀才，已经是相公矣，应呼为君实相公！"老仆大吃一惊，这才知道自己的主子是主宰天下的宰相，从此一见主子，便哈着腰、撅着屁股，恭恭敬敬地呼主子为君实相公，他还挺得意地说："幸得大苏学士告诉了我实情！"他又怎能不得意呢，一个主子的光荣也是奴才的光荣，他有了一个位极人臣的主子，也就成了一个"登峰造极"的奴才。

司马光看见老仆这样子，跌足长叹："我家这个老仆，活活被子瞻给教坏了！"

综观司马光一生，现代历史对他的评价是：北宋著名政治家、文学家、史学家。他有多著名自不用说，盛名之下，庶几无虚。具体来看，作为政治家的司马光，只是开了历史的倒车，哪怕他真的拥有最完美的人格，也绝对不可原谅他对历史的反动；作为文学家的司马光，从其诗文看，在当世并不突出，对后世影响有限。宋朝是词的巅峰时代，司马光也留下了一些词作，但和二程等理学家的诗词一样，他过于理性，那种以强求而得来的诗意词韵，生硬而别扭，大多充满了说教味，在他身上也看不到任何的诗意或诗性精神。但司马光偶尔也有超水平发挥，我以为他写得最妙的一首词是《阮郎归·渔舟容易入春山》："渔舟容易入春山，仙家日月闲。绮窗纱幌映朱颜，相逢醉梦间。 松露冷，海霜殷。匆匆整棹还。落花寂寂水潺潺，重寻此路难。"也有人为他没有被列入唐宋八大家而抱憾不已，认为司马光的文学贡献被低估了，然而，司马光的那些散文，又怎么能与他同时代的文学大家相比，尤不能与他宿命的政敌王安石相比，他的文笔凝重而遒劲，但缺少一种天生的文气，同唐宋八大家中的任何一位相比，高下优劣一目了然；从学术上看，他一生最伟大的贡献就是编纂了一部皇皇二百九十四卷、四百余万言的《资治通鉴》，这也足以让他成为一个当之无愧的史学巨匠。除此之外，他一生博览群书，著述宏富，诚如他在诗中的自况："我以著书为职业，为君偷暇上高楼。"他在文学、经学、哲学乃至医学方面都进行过钻研和著述，主要著述有《翰林诗草》《注古文学经》《易说》《注太玄经》《注扬子》《书仪》《游山行记》《续诗治》《医问》《涑水纪闻》《类篇》《司马文正公集》等，可谓一个大杂家，但又很难说出类拔萃。司马光也是一代鸿儒，对宋学（理学）也有一定的贡献，但严格地说，他也并非一个儒学大师或宗师，既无开创性的贡献，也未起到不可替代的作用。

从人格上看，司马光和王安石一样，他们的内心都是强大的，都是充满了行动能力的士人，而他们在政治上的巅峰对决只因道不同不相为谋，但他们都是以天下为己任的、当之无愧的国士。司马光特别强调"学者贵于行之，而不贵于知之"，这也是大宋国士的基本共性。而从孔子开始，儒家都是讲究知行合一、经世致用的，把行动力置于首位，学以致用，坐而起行，一切都是为了经世。

司马光以穷其一生的追求就是达到圣人境界。谁能为圣人定义？为这个定义者其实就是他自己，他为圣人、愚人、君子、小人划出了清晰的标准："才者，德之资也；德者，才之帅也。……是故才德全尽谓之圣人，才德兼亡谓之愚人；德胜才谓之君子，才胜德谓之小人。"在他自己的修炼和后世的塑造下，他也从一个充满了高贵灵性的圣人胚子，修炼成了一个"才德全尽"的圣人，一个儒教意义上的至善的化身和象征。这是一个尊贵而神圣的神话。到了明嘉靖年间，司马光的圣人地位才得到了历史性的追认，成为与孔孟并列的三圣之一。于是，明人在他的墓园里又特选巨石，依宋碑复制了其神道碑，并建碑亭，又在碑亭之东建了一座守坟祠。

只有死亡才能让一个生命回到孤独的自身。此刻已是黄昏，在晦暗的天空下，一道穿越灰霾的夕光如宗教般的圣光，一座坟墓如此崇高，它的意义直到最后才被揭示，这其实不是墓茔，而是一个庄严的圣坛。它为一个民族重新确立了未来的精神高度，一直到现在依然是一个牢不可破的坐标。当鸟声穿过幽深而寂静的山林，我久久地仰望着司马光崇高的塑像。当一个人成了圣人，他其实变得非常简单了，没有了深邃复杂的人性，只有被长明灯照耀的光明。从此，他可以生活在任何时代。他的眼神里有一种我似曾相识，甚至非常熟悉的内容，这是我在孔子、孟子的眼神里看见过的，这是圣人特有的目光。连他茂盛、威严而又仁慈的胡须，也像是在刻意模仿至圣先师。

这是他与圣人的高度默契，也是历史对他的高度默认。

一步一步地登上鸣冈山，我想再看看这座墓园的全景，伫立山头，忽然想起他的一首《岭头诗》："一上一上又一上，看看行到岭头上。乾坤只在掌拿中，四海五湖归一望。"这首诗很有能量，一开始是那种特别隐忍的、内敛的力量，而一旦登顶，顷刻间便充满了爆发力。诗如其人，我觉得这就是司马光一生最逼真的写照，这个人一生给人低调而温和、内敛而诚恳的印象，而一旦爆发，就表现出了惊人的能量和胸襟气魄，乾坤只在掌拿中。这是司马光一生的至高追求。而对于我，从一个人的诞生地，到一个人的归焉之地，一切仿佛只在两张门票中发生，所谓历史，只是我手里捏着的两张门票的票根。